民营企业破产管理法律实务

主　编　江丁库

副主编　郑小雄　李轶成　金永熙

人民法院出版社

图书在版编目（CIP）数据

民营企业破产管理法律实务 / 江丁库主编.—北京：人民法院出版社，2019.1

ISBN 978-7-5109-2359-3

Ⅰ.①民…Ⅱ.①江…Ⅲ.①民营企业—破产法—研究—中国Ⅳ.①D922.291.924

中国版本图书馆CIP数据核字（2018）第286078号

民营企业破产管理法律实务

主编　江丁库　　　副主编　郑小雄　李轶成　金永熙

责任编辑	王婷　　执行编辑　尹立霞
出版发行	人民法院出版社
地　　址	北京市东城区东交民巷 27 号（100745）
电　　话	（010）67550637（执行编辑）　67550558（发行部查询）
	65223677（读者服务部）
客 服 QQ	2092078039
网　　址	http：//www.courtbook.com.cn
E－mail	courtpress@sohu.com
印　　刷	保定彩虹印刷有限公司
经　　销	新华书店
开　　本	787×1092 毫米　1/16
字　　数	479 千字
印　　张	27.5
版　　次	2019 年 1 月第 1 版　2019 年 1 月第 1 次印刷
书　　号	ISBN 978-7-5109-2359-3
定　　价	89.00 元

前　言

　　从 1987 年《企业破产法（试行）》施行至今的三十一年看，前十年应该是国有企业改制破产阶段，而后二十年是民营企业占主导的破产阶段。现民营企业破产和国有企业破产虽然统一适用《企业破产法》规定，但两者有很大的差异，本书就是从两者差异中寻找民营企业破产的特点来全面阐述民营企业破产的实务问题。本书四位作者都是全国民营经济发源地温州的法律工作者，多年来办理了大量的民营企业破产案件，积累了不少破产经验，创新了不少破产措施，凭此撰写了本书。

　　本书是一部研究民营企业破产管理法律实务问题的专著。全书共 12 章、55 节，选编了 56 个裁判案例，较为全面地介绍和分析了民营企业破产管理的法律规范与实务操作问题，既有民营企业破产法律基本知识的介绍，又有民营企业破产疑难问题的探讨，书中引编的裁判案例都能说明和解决一两个疑难、复杂的具体问题。本书具有较高的法理水准和较强的实务意义，希望能为法官、律师、银行职员、政府及其部门法制人员、民企法务人员、财会和资产管理从业人员参与和办理民营企业破产案件提供参考和借鉴。

目 录

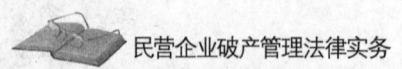

第三章　民企破产管理人

第四章　民企破产债权的申报与确认

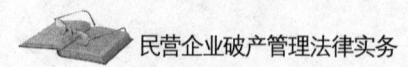

第七章　权利人在民企破产中的维权

第八章　民企破产重整程序

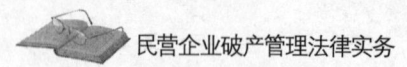
第九章　民企破产和解程序

第十章　民企破产清算程序

第十一章　民企破产适用简易程序

第十二章　民企破产后的连带清偿责任

第一章

民企破产概论

企业破产是企业在生产经营过程中出现不能清偿债务或者资不抵债时，由债权人或债务人请求法院受理破产申请，并由法院依破产程序偿还债务的一种法律制度。企业破产有广义与侠义之分，狭义的企业破产仅指宣告破产即破产清算，广义的企业破产还包括破产重整和破产和解。根据我国《企业破产法》(2006年，下同)规定，破产主体范围限定为具有法人资格的企业单位，机关法人、事业单位法人、社会团体法人、其他非法人经济组织以及自然人，目前不适用《企业破产法》规定的破产程序。

　　本书专门研究具有法人资格的民营企业（以下简称民企）的破产问题。

第一节　民企及其优劣势

在研究民企破产问题之前，首先介绍一下民企的范围、特性及其优势与劣势。

一、我国哪些企业是民企

"民营企业"是我国经济体制改革的产物，在法律上还没有这个概念，法学界将其作为公司或企业类别的名称来看待。法学界对民企的定义众说纷纭，但一致肯定的是，民企是相对公有制企业特别是国有企业而言的，即"所有的非公有制企业"都是"民企"。作者认为，这个说法过于笼统，不利于民企范围的界定。

根据所有制形式，我国将企业分类为国有企业、集体企业、私营企业以及外资企业、中外合资企业。

国有企业，是指资本全部或主要由国家投入并为国家所有而依法设立从事生产经营活动的经济组织，包括国家投资兴建的股份制企业、国有独资公司，以及适用《全民所有制工业企业法》由国家投资的其他企业。

集体企业也是公有制企业，是指财产属于劳动群众集体所有，实行共同劳动、以按劳分配为主的经济组织，包括城镇集体企业和乡村集体企业，以及适用《城镇集体所有制企业条例》《乡村集体所有制企业条例》由乡镇村投资设立的经济组织。

外资企业即外商独资企业，是指依照中国法律在中国境内设立的全部资本由外国投资者投资的企业。外资企业是一个独立的经济实体，独立经营，独立核算，独立承担法律责任。在组织形式上，外资企业可以是法人，也可以是非法人实体。具备法人条件的外资企业，依法取得法人资格，其组织形式一般为

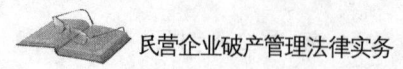

有限责任公司。

中外合资企业，是指中国合营者与外国合营者依照中国法律的规定，在中国境内共同投资、共同经营、并按投资比例分享利润、分担风险及亏损的企业。从分类学的角度讲，中外合资企业在我国国内属于非公有制经济性质的企业。

私营企业属于非公有制企业即私有企业，是指由自然人投资设立或由自然人控股，以雇佣劳动为基础的营利性经济组织，包括按照《公司法》《合伙企业法》《私营企业暂行条例》等法律、行政法规规定进行登记注册的私营有限责任公司、私营股份有限公司、私营合伙企业和私营独资企业等。

《公司法》按照企业的资本组织形式，将企业类型划分为国有独资、国有控股、有限责任公司、股份有限公司、合伙企业和个人独资企业等。按照"所有的非公有制企业均被统称为民营企业"的观点来界定，除国有独资、国有控股、国有资本企业和集体企业以及外商独资企业外，其他企业均属民营企业。

民企是"所有的非公有制企业"的观点，显然吸收了全部私营企业，而排除了全部国有企业。至于集体企业，目前作为公有制经济组织的性质并未发生变化，因此不能将其归类于民企，但在经济体制改革中，集体企业通过改制或转制等方式转化为私营企业的，应当归类为民企。我国民企，实际上是由国内自然人或私营企业出资兴办或经营的经济实体组织，具有自行组建、自行筹资、自主经营、自负盈亏、自谋发展的特征。也有学者将非公有制经济性质的中外合资企业也归类于民营企业。

二、我国民企的发展优势

我国改革开放后，民企像雨后春笋般发展，从小到大，从弱到强，从区域走向全国，从国内走向国际，经济实力不断增强，在国民经济中的地位不断提升。2018年11月1日，习近平总书记"在民营企业座谈会上的讲话"[①]中指出："截至2017年底，我国民营企业数量超过2700万家，个体工商户超过6500万户，注册资本超过165万亿元。概括起来说，民营经济具有

---

① 载《人民日报》2018年11月02日02版。

'五六七八九'的特征，即贡献了50%以上的税收，60%以上的国内生产总值，70%以上的技术创新成果，80%以上的城镇劳动就业，90%以上的企业数量。在世界500强企业中，我国民营企业由2010年的1家增加到2018年的28家。我国民营经济已经成为推动我国发展不可或缺的力量，成为创业就业的主要领域、技术创新的重要主体、国家税收的重要来源，为我国社会主义市场经济发展、政府职能转变、农村富余劳动力转移、国际市场开拓等发挥了重要作用。""我国经济发展能够创造中国奇迹，民营经济功不可没！""民营经济是我国经济制度的内在要素，民营企业和民营企业家是我们自己人。民营经济是社会主义市场经济发展的重要成果，是推动社会主义市场经济发展的重要力量，是推进供给侧结构性改革、推动高质量发展、建设现代化经济体系的重要主体，也是我们党长期执政、团结带领全国人民实现'两个一百年'奋斗目标和中华民族伟大复兴中国梦的重要力量。"

民企在改革开放中诞生后发展如此之快，并为党中央充分肯定，这与其自身所具有的优势有着直接的关系。

1. 创业者具有特别突出的敬业精神

民企是私有制性质的企业，私有制带来的个体利益大大地激发了投资者的创业积极性和敬业精神，所以，民企老板们都会全心全意地投入企业，甚至敢冒财产和生命之风险奋勇直前。我国民营经济发源地温州，绝大多数民企老板都能吃苦耐劳，艰苦奋斗，紧抓机遇，敢冒风险，于是创造了"敢为天下先"的自信和无畏的精神，这是其他类型的企业无法与其相比的。

2. 民企具有完全自主的经营权和管理权

民企经营思路、决策方式和劳动管理、融资渠道等，只要遵守法律即可，不受国家计划限制，不为政府强制干涉，具有完全自主的经营权和管理权。这种自主权使民企自由自在地在市场经济的广阔天地中翱翔。

3. 民企具有生产经营的高效性

民企管理权高度集中，特别是中小民企，决策权、经营权、人事权、财物权均掌控在大股东或实际控制人手中。这种集权管理虽有"不民主"的缺陷可能会出现一些失误，但其高效性显而易见，譬如，明天要发货的产品，老板一声令下，职工今夜就能赶制出来。高效性是民企快速发展的主要因素。

4.民企具有拓展市场的主动性

由于民企的效益与业主的利益息息相关，市场又是企业的生存所在，所以，民企老板拓展市场的欲望非常强烈，拉客户、跑单子成为老板们最关心和最主要的工作。

5.民企具有很强的市场适应性

民企大多规模较小，经营成本较低，机制相当灵活，船小好调头，可以根据市场的变化随时采取应对措施，今天订单少了明天就减员，自己不能主产就转给他人做加工，对市场具有很强的适应性。

三、我国民企的滞后劣势

任何事物都存在阳光的一面与阴暗的一面，看待民企也要一分为二。民企虽有上述优势，但同时也存在先天不足和人为造成的劣势。

1.经济实力薄弱，产业低端，市场竞争力不强

我国民企真正做强做大有强大经济实力的不多，超过90%属于中小微企业，而中小微民企经济底子薄，自有资产少，融资难度大，大多数从事传统制造业和服务业，产品附加值低，能耗高，投入产出低，缺乏关键核心技术和自主品牌，处于产业链低端；科技创新投入少，缺乏核心竞争力而难以持续发展。

2.公司治理结构不健全

从现状来看，除民企500强外，但大多数民企，特别是中小微民企，未能按照《公司法》的要求建立相应的公司治理结构和现代企业制度，一直沿用家族式管理，由家族成员或者亲戚朋友在企业中担任主要管理者来管控企业，并形成长期"家长式"集权统治，"人治"色彩浓厚，跟不上现代企业管理的步伐，而对"家长"又缺乏有效的监督和制约，当"家长"重大决策一旦失误，就会导致企业全盘皆输，甚至上演破产倒闭的悲剧。

3.股东缺乏凝聚力

民企具有很强的人合性，即股东之间存在着某种人缘关系，如兄弟姐妹股、亲戚好友股，等等。民企股东是企业的投资人，承担投资风险，且大多参与企业管理，对企业生存和发展有着决定性作用。但很多民企股东不像国有企业高管那样具有较强的组织观念和纪律观念，大多数文化素质不高又普遍缺乏管束，往往将个人利益凌驾于企业利益之上，企业大局观念淡薄，无视公司章程和制度，相互之间的意见难以统一，特别是企业出现重大困难或者严重亏损时，股东之间的矛盾往往会趋向激烈，常见姐妹股东吵闹，兄弟股东打架，由此导致企业分立削弱了整体实力，有的甚至闹成破产倒闭。

4. 财务管理混乱 公私财产混同严重

企业财务管理渗透和贯穿企业一切经济活动，是企业决策、计划和控制的重要依据之一，故应按照国家有关财务管理法规和公司章程规定进行规范管理。但不少老板认为"公司是我的，我也是公司的"。在这种观念的指导下，大多数民企没有像国有企业一样建立规范、严格的财务管理制度，在实际运营过程中，大量存在企业财务制度混乱、投资人财产和企业财产混同等问题。如，老板随意使用企业资金或处分企业财产，个人账户用于企业经营资金往来，个人需要资金利用企业名义对外借款，以企业财产作抵押来为自己融资，业主或股东甚至将个人和家庭的生活支出，或购置个人、家庭名下的资产（如购房）交由企业支付，这不仅否定了公司法人的独立人格，而且侵占了公司财产。不少民企还在财务管理上分"内账"与"外账"，"外账"对外公开，应付工商、税务检查和银行贷款，具有虚伪性。"内账"虽然具有真实性，但大多是为违规列支费用而设立的。

同时，我们也注意到，在"公司是我的，我也是公司的"意识支配下，不少民企业主、实际控制人勤俭节约、吝啬治企，甚至连基本工资、奖金及福利待遇也不要，全心全意地投入企业工作，但当民企进入破产程序后，他们突然穷得叮当响，而法律并不考虑他们的这些补偿，我们为此也有些遗憾。

5. 重大经营决策缺乏科学依据和可行性研究

企业重大经营决策攸关企业的生存发展，但有些中小民企不作可行性研究，以股东会代替专家论证，缺乏科学依据，不少老板单凭自己的脑袋拍拍胸脯就作出重大经营决策，风险系数非常高。如，前几年的一些温州民企老板，认为自己经营多年的实体企业"没名堂"，而房地产开发收益甚好，便响应"转型"的号召，将实体企业的资金调剂出来，或利用实体企业向银行贷款投资开发房地产，后来国家对房地产实施宏观调控以及限购政策，房地产市场一落千丈，于是出现，这边银行贷款到期，那边投资无法收回的困局。有的利用自有资金、银行贷款还吸收民间资金，半暗半明从事借贷经营，从中牟取高额利差，民间借贷风波爆发后，这边大量出借资金不能收回，那边债权人纷纷过来讨债，于是老板跑路、跳楼，企业纷纷破产倒闭。分析其原因，无非是这些民企老板为追求高额营利，对房地产投资和从事民间借贷等重大经营决策，不作可行性和合法性研究所致。

民企存在的上述弊端，也就成为民营经济发展中的劣势，劣势情形较多，民企也就难以存活下去，甚至走上破产倒闭的不归之路。

【案例分析】

提示：股东割据经营公司业务，利益冲突无法协调，法院判决公司解散清算。

案件介绍

2009年12月31日，某某小额贷款股份有限公司经工商核准登记成立，注册资本8000万元；经营范围为在某某区范围内办理各项小额贷款；办理小企业发展管理、财务等咨询业务。工商登记材料记载，该公司法人股东4家，自然人股东7人。其中，主发起人某某制造公司持股20%，某某物资公司、某某建设公司、某某程公司各持股10%；楼某等7人分别持股10%、5%、2.5%。实际持股情况为：主发起人制造公司的20%股份中10%系楼某某实际出资，制造公司的实际控制人系邵某某；物资公司的股份10%实际投资人系邵某；工程公司的10%股份中5%系楼某出资；盛某的10%股份实为邵某投资；李某的10%股份实为邵某某出资。

该小额贷款公司在经营过程中采取股东按其出资额"包贷包保包收"模式，即根据股东出资数额按一定比例，由各股东以公司名义自行发放贷款并提供担保，或由股东之间联保来对外发放贷款。结果出现股东自己贷款自己担保，公司实际上成为股东自己融资的平台，股东由此占用了绝大部分的贷款资金。后来出现，一个或部分股东发放贷款收不回来或出了问题，其他股东担心受到影响也拒绝偿还其名下的担保贷款，最后全部贷款逾期。2011年8月，小额贷款公司进行分红，将工程公司、建设公司、楼某某被排斥在外，工程公司、建设公司、楼某某以此为由拒付担保贷款利息，4400 万元贷款到期也未予以偿还。2011 年 9 月，股东之间由于上述原因爆发矛盾，公司不能正常经营，2011 年 9 月后停止了放贷业务。当地工商行政管理部门多次组织股东就经济纠纷、逾期还贷等问题进行协调，但都以失败告终，股东大会也未能就公司股权转让或决定公司解散、清算、逾期贷款催收等形成决议。

2012 年 7 月，工程公司、建设公司、楼某某向当地法院提起公司解散纠纷诉讼。

法院经审理认为：被告小额贷款公司由股东对名下的贷款额度实施包贷包收，并由股东追加担保的经营模式，导致经营业务处于"割据"状态；2011 年 8 月，被告小额贷款公司进行分红时将原告排斥在外，原告拒付担保贷款利息，4400 万元贷款本金到期也未偿还，致使双方矛盾进一步激化；原告与第三人股东实际各占公司 50% 的出资，双方股东意见分歧，无法形成有效表决，且经多次召集股东大会不成，最后召集成功一次也未能形成决议。上述情况表明，被告小额贷款公司在管理方面存在内部障碍，已经陷于僵局长期无法解决，经营管理发生严重困难。于是判决，解散被告小额贷款公司。后法院又受理该小额贷款公司清算案，依法组织了清算。

作者分析

公司终止的原因有两种，一是公司的解散，二是公司的破产，这两种情形都会引起公司的清算。本案中，4 家法人股东和 7 位自然人股东投资设立的小额贷款公司，属于具有法人资格的民营企业。法院判决解散该公司并依法组织清算，属于非破产清算。非破产清算，是在公司解散时，在财产足以偿还债务的情况下，依照公司法有关规定所进行的清算，从而使公司的法人资格归于消灭。

本案小额贷款公司解散并组织清算，主要事由是该公司出现了以下两大问题无法解决：

一是股东割据公司经营业务。根据《关于小额贷款公司试点的指导意见》（银监发〔2008〕23 号）的规定，小额贷款公司的小额贷款业务由公司统一经营和管理，而不能由股东个体经营。而该小额贷款公司在经营过程中采取"包贷包保包收"模式，即根据股东出资数额按一定比例，由各股东以公司名义自行发放贷款并提供担保，或由股东之间联保来对外发放贷款，结果出现股东自己贷款自己担保，公司实际上成为股东自己融资的平台，割据了公司经营业务，由此占用了绝大部分的贷款资金，严重违反了《关于小额贷款公司试点的指导意见》贷款经营的规定，导致企业管理十分混乱。

二是股东利益冲突无法协调。该小额贷款公司采取"包贷包保包收"模式后，出现这样一种恶劣后果，即一个或部分股东发放贷款收不回来或出了问题，其他股东担心受到影响也拒绝偿还其名下的担保贷款，股东之间的利益冲突激烈，最后全部贷款逾期。当地工商行政管理部门多次组织股东就经济纠纷、逾期还贷等问题进行协调都告失败，股东大会也未能就公司股权转让或决定公司解散、清算、逾期贷款催收等形成决议，股东利益冲突无法协调。

公司解散与公司破产不同，公司解散的一个前提条件是资产足以偿还全部债务，如果不具备这个条件，公司已经出现资不抵债事实的，就不能适用解散程序，而应当适用破产程序。《公司法》第一百九十六条规定，清算组在清理公司财产、编制公司资产负债表和财产清单后，发现公司财产不足清偿债务的，应当立即向法院申请破产。

本案给我们留下两个深刻的教训：一是民营企业必须认真执行《公司法》规定，建立并执行公司治理结构制度，规范公司经营行为，以免公司经营业务被股东"割据"而造成混乱和留下隐患；二是每位股东都必须严格遵守和认真执行公司的章程和制度，按照公司章程和制度办事，不可各行其是，以免出现股东僵局而导致"公司经营管理发生严重困难"。民营企业若存在类似上述的弊端，解散、倒闭甚至破产也就成为必然的后果。

第二节　民企破产与国企破产的异同

我国现行《企业破产法》对不同类型企业的破产在程序上是统一的，也就是说，所有企业法人破产都统一适用该法规定的清算、重整、和解等程序。民企和国企进入破产程序后，也同样统一适用《企业破产法》的规定，这是两者

共同之处。但是，国企与民企因产权归属、经济性质不同，国家和地方政府对国企的破产比较关注，且另有政策性规定需要在破产中予以处理和落实，所以两者的破产也存在许多不同之处。

一、是否需要政府批准不同

国企资产属于国家所有，由国有资产监督管理委员会（以下简称国资委）履行出资人职责，并负责监管工作，因此，国家和地方政府的意志和利益决定了国企的决策行为。国企破产涉及国有资产处置问题，政府是否同意破产就成为关键问题。因此与民企不同的是，不是债权人或债务人提出申请，法院就能受理国企破产的，还需要有主管部门、国资委、地方政府同意破产的审批意见。

根据国家有关规定，国企破产事先需要经过以下几个主要程序：一是国企提出破产申请并编制破产预案，由企业主管部门、国资委审核同意后，上报政府国企改革领导组办公室审核。二是政府国企改革领导组办公室初审后，认为符合破产法规定的，拟关闭破产项目，并组织会审，经会审同意后，正式下达关闭破产项目通知。三是国企主管部门接通知后，会同国企开展破产前期准备工作，包括，（1）制订关闭破产实施方案；（2）清理劳动关系、职工档案、企业债权债务、职工劳动债权；（3）制订职工安置方案，报劳动人事部门初审同意后，召开全体职工大会或职工代表大会对职工安置方案进行审议表决；（4）报劳动人事部门对职工安置方案进行审核；（5）对破产费用进行测算，并编制费用测算预案及说明；（6）办理退离休人员移交管理工作；（7）制订预防突发事件预案和措施，及时化解有关矛盾；（8）做好土地资产的权属、规划，地价备案及初审工作，报国土资源部门审核意；（9）建立项目责任制，明确责任机构和责任人员。四是国企关闭破产前期准备工作基本完成后，国有企业向主管部门提出书面报告，并提交破产启动申请及有关资料，由企业主管部门报政府国有企业改革领导组办公室审核确认后，正式下达关闭破产项目启动通知。五是国企据此向人民法院提出破产申请，人民法院受理后，正式进入破产程序。

民企则不同，其资产属于私有财产，不属于国资委管理范围，债权人或债务人提出的破产申请，只要符合《企业破产法》规定的破产条件，法院即可直

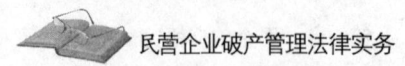

接予以受理，不存在政府、国资委及其主管部门批准破产的问题。

二、职工安置不同

国企破产，职工安置是个重大问题，而且比较复杂，难度也很大。首先，要按照有关政策规定，制订职工安置方案，报劳动部门初审同意后，召开全体职工大会或职工代表大会进行审议表决，然后进行安置。根据国务院有关国企破产的规定，国企破产的，当地政府应当采取专业培训、介绍就业、生产自救、劳务输出等各种措施，妥善安排职工重新就业；对自谋职业的，政府可以根据当地的实际情况，发放一次性安置费，不再保留国企职工身份；在职工失业期间，依照按照有关规定享受失业保险待遇，失业保险期满无法重新就业的，由当地民政部门按照规定发给社会救济金；因工致残或者患严重职业病、全部或者大部分丧失劳动能力的职工，作为离退休职工安置；职工安置费用来源不足的，按照企业隶属关系，由破产企业所在地政府负担。

民企破产的职工安置不一样。民企经法院裁定宣告破产后，除依法清偿劳动债权外，按照《劳动合同法》规定，民企与职工之间的劳动合同终止，企业为职工出具终止劳动合同证明书等材料，配合办理失业保险等社保手续，职工安置问题即告处置完毕，不存在职工再就业安置、另行发放一次性安置费、职工安置费用来源不足政府负担等问题。

三、土地使用权处置不同

国企土地使用权是依法通过出让、转让、划拨三种方式取得的。土地使用权的划拨，是土地使用者缴纳补偿、安置等费用后，县级以上人民政府依法批准将该幅土地交付其使用，或者将土地使用权无偿交付给土地使用者使用的行为。经国家批准无偿划拨国有土地使用权的，使用者不需要出钱购买，且无年限限制使用。最高人民法院在《关于破产企业国有划拨土地使用权应否列入破产财产等问题的批复》中指出：破产企业以划拨方式取得的国有土地使用权不属于破产财产，在企业破产时，人民政府可以予以收回。

民企没有资格通过无偿划拨取得国有土地使用权，而只能通过出让、转让两种方式取得，因此，民企破产几乎不存在划拨国有土地使用权的处置问题。

四、适用行政法规和规章不同

在我国，由于国企财产属于国家财产，国家和地方政府负有管理和监督的责任，为此也制定了一些行政法规和部行规章，如《国务院关于在若干城市试行国有企业破产有关问题的通知》（国发〔1994〕59号）《国务院关于在若干城市试行国有企业兼并破产和职工再就业有关问题的补充通知》（国发〔1997〕10号）和原国家经贸委、中国人民银行《关于1999年国有企业兼并破产工作有关问题的通知》（国经贸企改〔1999〕301号）等。这些行政法规和部行规章，在不与《企业破产法》矛盾的情况下，应适用于国企破产，但不适用于民企破产。

五、资产流失责任不同

国有资产流失是指国有资产的经营者、占用者、出资者、管理者，违犯国家法律、法规及其他有关规章制度，造成国有资产损失的行为。在国企破产程序中，若不按规定进行资产评估或者任意压低评估值，在进行国有产权转让和处置国有有形资产或者无形资产时，违反规定无偿或以低于市场的价格转让给非全民单位或者个人，在实行承包、租赁时违反规定低价发包或租赁，将国有资产低价折股、低价出售或者无偿分给个人，在财务管理中非法侵占国有资产，滥用经营权侵占国家所有者权益等，轻者给予直接责任人和负有领导责任的人员行政处罚，重者构成犯罪的，追究刑事责任。而民企破产一般不存在这些问题，民企股东或其他人员如果利用职务上的便利，将本企业财物非法占为己有，数额较大的，也只是构成职务侵占罪。

民企破产与国企破产还有其他一些区别，我们在后面分析有关问题时将继续进行说明。

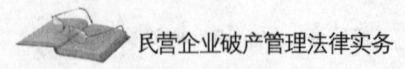

第三节　民企破产的价值与功能

我国每部法典都有其立法目的，并由立法目的体现其价值取向和社会功能。《企业破产法》作为规范企业法人破产的程序法也不例外，其价值和功能是显而易见的。我们在这里分析民企破产的法律价值和社会功能的问题。

一、民企破产的法律价值

法律价值是法律满足人类生存需要的基本性能，体现作为主体的人与作为客体的法之间需要和满足的对应关系。《企业破产法》也不例外地具有其法律价值。对民营企业破产而言，破产法律价值主要体现在以下几个方面：

1. 现行企业破产法对民企破产的平等地位价值

我国于1986年颁布的《企业破产法（试行）》，因当时民营企业并不发展，故只适用于全民所有制企业，而将民企排除在破产之外。后因民企迅速发展也需要优胜劣汰，2006年颁布的《企业破产法》适用于所有企业法人的破产，其中包括具有企业法人资格的民营企业，并且不分民营企业与国有企业、集体企业的区别，统一适用清算、重整、和解等程序，体现了民营企业与其他企业法人在破产价值上的平等地位。

2. 民企破产的公平价值

公平是民法最基本的价值取向。《民法总则》第六条规定："民事主体从事民事活动，应当遵循公平原则，合理确定各方的权利和义务。"此规定将公平提升为民事活动的一项基本原则，可见公平价值观具有社会普遍性的意义。公平原则要求，民事主体参与民事法律关系的机会平等，利益获得均衡，义务分配合理，责任承担适当，排除任何特权，反对权利与义务不一致。《企业破产法》作为民事程序法也不例外地表述公平价值，在第一条立法目的中就规定

"公平清理债权债务，保护债权人和债务人的合法权益"。由此可见，公平是我国破产法律的第一理念和首取价值。

民营企业破产与其他企业法人破产一样，公平价值有三个方面的重要表现：一是在民企破产中不论债权发生先后均以同等地位并存，公平对待所有债权人，平等分配债务人的破产财产；二是民企破产程序不仅只是保护债权人的利益，同时兼顾保护债务民企的利益，如重整、和解的程序和追收债权、取回财产等权利的行使，都体现兼顾债权人和债务人的双方利益；三是禁止资不抵债的债务民企对个别债权人进行清偿，否则，以个案方式处理债权债务，捷足先登的债权人在执行程序中很有可能先行受偿，而后来的债权人往往不能受偿，这显然有失公平。若通过破产程序，所有债权人的利益都会得到有序的公平受偿，避免了在缺乏公平清偿秩序的情况下可能受到的损害。

3. 民企破产的平衡价值

民事法理上的平衡，包括权利平衡和利益平衡，平衡价值是公平价值的核心。我国破产法上的平衡价值，主要是债权人与债务人之间、债权人之间以及债务人之间的合法利益的正面均衡。我们强调企业破产的平衡价值，原由是，债务人在资不抵债的情况下破产，各方当事人利益冲突较多，如：债权人与破产民企的利益冲突，债权人与破产民企职工的利益冲突，民企股东与破产民企的利益冲突，债权人之间的利益冲突，优先债权与普通债权的利益冲突，公法债权与私益债权的利益冲突，等等，只有通过破产程序才能得以衡平，使债权人根据自己债权的性质能够获得一个合理的清偿。当然，利益平衡不是平均分配，而是在法律框架下，对破产财产按照规定顺序进行公平清偿。

二、民企破产的社会功能

法的功能是指法律所发挥的有利作用，可分为规范功能和社会功能。法的规范功能主要是指引、评价、教育、预测和强制的作用。法的社会功能主要是维护特定人群的社会关系和社会秩序的作用。民营企业适用《企业破产法》破产的社会功能主要表现于以下两个方面：

1. 维护和稳定民营经济秩序的功能

维持和稳定市场经济秩序是现代社会得以存在并谋求发展的前提条件，而这离不开法律规范对市场经济秩序进行调整，使之处于一种良好的状态，这是法的基本功能。民企资不抵债，大多数债权债务较多，利益主体矛盾冲突尖锐，法律关系复杂，如果不能通过重整程序和和解程序起死回生的话，若让其继续滞留市场，将直接影响民营经济发展和社会稳定。《企业破产法》第一条将"维护社会主义市场经济秩序"作为破产立法目的进行规定，充分说明了企业破产具有稳定社会经济秩序的功能。资不抵债的民企通过破产程序合法退出市场，不仅能将有效的资源要素尽快重新配置，在社会经济中继续发挥作用，而且能够化解其与债权人的矛盾冲突，从而使局部混乱的经济秩序和社会秩序恢复正常，这是民企破产的功能之所在。

2.助推现代化民营经济体系建设的功能

建设现代化经济体系是党中央从国家事业全局出发，顺应中国特色社会主义进入新时代的新要求而作出的重大决策部署，也是开启全面建设社会主义现代化国家新征程的重大任务，其中，深化供给侧结构性改革是其战略措施。现代化经济体系建设和供给侧结构性改革不只是国有企业的"专利"，也是民营企业继续发展的历史使命。民营企业在建设现代化经济体系中也必须坚持去产能、去库存、去杠杆、降成本、补短板，优化存量资源配置，扩大优质增量供给，实现供需动态平衡。对民企破产虽是走向死亡的选择，但这种优胜劣汰是人类社会发展的一个重要的价值取向，具有维护债权人团体利益和社会整体利益的作用，且是建设现代化民营经济体系的必然。

民企破产实践中的"腾笼换鸟"，就是法院通过破产程序，运用清算手段促使丧失经营价值的民企及时退出市场，对破产民企的资源进行重新配置，把其科技、资本、劳动力和人力资源等生产要素进行重新调整。这将促进民营经济和产业体系优质高效，从而推进现代化民营经济体系的建设。

三、民企破产的规范功能

民企适用《企业破产法》的规范功能，涉及具体破产事务的方方面面，但主要表现于以下两个方面：

1.救治破产民企的功能

企业法人虽具有破产原因，但仍有维持价值和再生希望，仍有可能适应市

场需要的，根据《企业破产法》规定，应当优先运用和解、重整的方式进行救治。《企业破产法》的重整制度集中体现了救治的法律功能，并代表了现代破产法律制度的发展趋势。民企也一样，若因资不抵债进入破产程序，但有挽救价值和可能的，可以向法院申请重整。法院裁定民企重整的，民企通过引进投资人，进行业务重组和债务调整，从而摆脱财务困境获得重生。破产民企另一条救治途径是和解，若能与债权人会议就债务清偿达成和解协议，并经法院认可的，也能走出困境。破产民企重整成功或达成和解协议，不仅解决了债权人的债权问题，而且避免了破产清算，恢复了营业能力，重新获得生机而重返市场。

　　2.破产民企退出市场的功能

　　从表面上看，即"救治"又"退出"是矛盾的，其实是统一的。这种统一性表现为，在一般情况下，先考虑"救治"，后考虑"退出"；在不能"救治"的情况下再"退出"。也就是说，能"救治"就应先救治，实在不能"救治"的才"退出"。"退出"就是破产清算。破产清算具有淘汰落后产能、优化市场资源配置的直接作用。对救治无效和处于僵尸状态的民企，不能让其继续"挣扎"造成社会危害，而应根据《企业破产法》的规定，果断地宣告其破产并进行清算，经清算、评估、变价和分配还债后，法院裁定终结破产程序，破产民企由原登记机关办理注销登记，使之完全退出市场。

第四节　民企发展与破产的趋势

　　民企整体持续发展是必然的，随之破产倒闭增多也是必然的，这是民营经济在前进中优胜劣汰的必然趋势。

一、民企整体持续发展的趋势

　　我们认为，民企在整体上将不断持续发展，有以下两个主要理由：
　　一是党和国家政策继续鼓励和支持民营经济发展。习近平总书记在十九大报告中指出："必须坚持和完善我国社会主义基本经济制度和分配制度，毫不动摇巩固和发展公有制经济，毫不动摇鼓励、支持、引导非公有制经济发展。""要支持民营企业发展，激发各类市场主体活力，要努力实现更高质量、更有效率、更加公平、更可持续的发展。"特别是，习近平总书记于 2018 年 11 月 1 日主持召开了民营企业座谈会并发表了重要讲话，他充分肯定了我国民营经济的重要地位和作用，阐明了当前民营经济发展遇到的困难和问题，据此提出了大力支持民营企业发展壮大的六大政策举措。党中央这些决定，给民营企业发出明确的新一轮发展机遇期的信号，各地方政府据此必将制定继续鼓励和支持民营经济发展的政策，这将大大激发人民群众创办民营企业和办好民营企业的积极性。

二是发展民营经济是人民群众致富的重要途径。四十年改革开放的实践证明，"哪里的民营经济活跃，哪里的经济就发达，人民群众的生活就富裕"（张德江语）。在我国的富裕人群中，民企投资者占据多数，如浙江省和广东省，因民营经济发达使得人均可支配收入处于全国领先地位。近些年来，国家和地方政府进一步降低民营企业准入门槛，加大力度支持民营经济发展，于是许多国人把就业、发展和富裕的希望投向民营企业和民营经济，民营企业和民营经济将迎来新一轮的蓬勃发展。

二、民企破产倒闭的趋势

从 1986 年 12 月《企业破产法（试行）》公布至今的三十二年来看，前十五年主要是国有企业改制破产，而后十五年主要是民营企业破产。根据全国工商联合会编写的《我国民营企业发展报告》蓝皮书披露，我国民营企业的平均生命周期只有 2.9 年，有 60% 的民营企业在 5 年内破产，85% 在 10 年内"死亡"。在民营经济相当发达的温州地区，2017 年实有各类企业 223180 户，其中，私营企业就达 200561 户，约占 90%，同年，私营企业注销 10416 户，超过 5%；2012 年至 2017 年 6 月，温州两级法院共受理破产案件 1132 件，其中绝大部分为中小民营企业。从全国法院受理破产案件情况来看，民营企业倒闭破产在总体上呈现增多趋势，主要原因有：

1. 民营企业准入条件较低发展过快，其中投入资金严重不足，产品又缺乏市场的"劣质"公司混进市场的不少，它们在激烈的竞争中经不起风吹浪打，

很快就败下阵来关门歇业，企业寿命很短。民营企业发展数量越多，市场竞争越加激烈，实体强大的往往战胜实力弱小的，实力弱小的败下阵来容易倒闭破产，优胜劣汰将会越演越烈。

2. 民营企业存在的劣势和弊端在较长时间内不能有效地解决，如，经济实力薄弱、产业低端化，并非业主通过主观努力就能及时增强和提升。又如，在根深蒂固的传统观念下，家族式治理和"家长式"集权难以转换为现代公司治理结构。再如，业主或股东为了自己或企业获得不当利益，将会继续故意将公私财物混同。这些先天不足和人为因素是造成民营企业破产倒闭的主要原因。

3. 业主和股东破产意识的逐步提高。过去，不少民企主或股东怕企业破产，担心自己失去事业又倒霉没面子，所以，在资不抵债的情况下苦苦挣扎。有的隐瞒债务事实真相，千方百计再举债勉强维持，结果越陷越深不能自拔；有的出现严重亏损资不抵债后，担心自己永远还不清债务，害怕债权人上门讨债，便"跑路"逃避债务，甚至因绝望跳楼自杀。这些年，不少民企业主和股东对破产有了正确的认识，自我淘汰和依法解脱债务的意识逐步提高，民企自行申请破产的大量增加。

4. 法院敞开大门受理破产案件。过去，因破产案件法律问题复杂，审理难度大，办案时间长，加之审判力量和审理破产经验不足，不少法院对破产案件存在畏难情绪，便借各种理由将不少破产案件拒之门外。2016 年 7 月 28 日，最高人民法院下发了《关于破产案件立案受理有关问题的通知》，要求地方各级法院"不得在法定条件外设置附加条件，限制剥夺当事人的破产申请权，阻止破产案件立案受理，影响破产程序正常启动"；"自 2016 年 8 月 1 日起，对于债权人、债务人等法定主体提出的破产申请材料，人民法院立案部门应一律接受并出具书面凭证"。此通知清除了拒绝、拖延受理破产案件的障碍，敞开大门予以受理，此后，民企进入司法程序破产的大量增加，这对依法促进市场主体再生或有序退出，优化社会资源配置，完善优胜劣汰机制，推进和保障供给侧结构性改革具有重要意义。

民企破产固然是民企自身原因所致，但外部因素也会严重影响其存亡，譬如，社会经济平稳发展，融资渠道畅通，行政管理宽松，绝大部分民企是能顺利生存和发展的，反之，金融危机爆发，国家银根收紧，社会经济下坡，就有可能出现破产倒闭潮，所以，民企破产状况还具有阶段性的特征。

第二章

民企破产程序

破产程序是企业进行破产处理的司法程序，主要规范重整、和解、清算的操作过程。民企作为我国一类破产主体，与国有企业、集体企业一样适用《企业破产法》规定的破产程序，但由于民企自身特性所决定，在适用《企业破产法》进行破产时有着自己的特别之处，本章将结合破产程序作具体分析。

第一节 民企破产原因

破产原因，也称破产界限，是指认定债务人丧失清偿能力，当事人得以提出破产申请，法院据以启动破产程序的法律事实。债务民企只有出现或存在这种法律事实，当事人才能对其申请破产，法院才可以受理对其破产申请。破产原因所解决的是债务人出现哪些法律事实才能启动破产程序的问题。

《最高人民法院关于适用〈中华人民共和国企业破产法〉若干问题的规定（一）》（以下简称《破产法司法解释一》）第七条规定，人民法院收到破产申请后应当及时对破产原因以及有关材料和证据等进行审查，并依法作出是否受理的裁定。所以，我们在研究破产程序启动前，首先要分析破产原因的问题。《企业破产法》第二条第一款规定："企业法人不能清偿到期债务，并且资产不足以清偿全部债务或者明显缺乏清偿能力的，依照本法规定清理债务。"第二款规定："企业法人有前款规定情形，或者有明显丧失清偿能力可能的，可以依照本法规定进行重整。"这是破产原因的规定。据此规定，民企破产在实体上应当具有以下原因：

一、不能清偿到期债务，并且资产不足以清偿全部债务

1. 不能清偿到期债务。清偿能力是债务人履行债务使债权人实现债权的能力。民企具有清偿债务能力，就不可能存在"资不抵债"的情形，也就不可能破产，但若不能清偿到期债务，并且资产不足以清偿全部债务的，便成为一种破产原因。

这里的"不能清偿到期债务"，是指企业法人所负的债务清偿期限已经届至，债权人要求其清偿而企业法人不可能予以清偿的事实状态。根据《破产法司法解释一》第二条规定，民企同时存在下列情形的，应当认定不能清偿到期

债务：（1）债权债务关系依法成立；（2）债务履行期限已经届满；（3）债务人未完全清偿债务。这三种情形同时存在便构成"不能清偿到期债务"。但计算不能清偿债务数额时，应当不考虑部分债务未到期，而应将所有债务都纳入债务总额。

2.资产不足以清偿全部债务。是指企业法人的资产总和小于其债务总和，也就是说，企业法人实有资产不足以清偿全部债务，即通常所说的"资不抵债"。民企"资不抵债"的重点在于资产与债务比例关系，并不考虑民企的信用、声誉等其他非财产因素。

在实践中，对民企"资不抵债"的认定需要注意两个事情：一是大多数民企在经营过程中或多或少都会发生短期资金周转困难的问题，资产负债表上也有可能出现阶段性"资不抵债"的反映，但多数有可能通过经营收入或融入资金予以化解。在这种情况下，债权人就向法院申请民企破产，对其自己和债务民企都是不利的。二是不少民企由于财务管理混乱，公私财物混同，其所做出的资产负债表的真实性是值得怀疑的，如一些潜在的债权和收益没有从账面上反映出来，资产负债表上的"资不抵债"难以作为认定民企是否已经构成破产的依据。在这种情况下，债权人仅在资产负债表上看其"资不抵债"或"不能清偿到期债务"，而未深究"资产负债表"是否真实，就向法院申请民企破产将对自己不利，法院也不一定予以受理。

对民企偿债能力的客观判断，不能仅看其资产负债表，还应通过审计、资产评估等途径进行确认，并应用尽手段搞清其债务和资产的真相，在确定真正构成"不能清偿到期债务，并且资产不足以清偿全部债务"后，再向法院申请债务民企破产。

二、不能清偿到期债务，并且明显缺乏清偿能力

这种破产原因与上种破产原因相同的地方都是以"企业法人不能清偿到期债务"为前提条件。两者不同的是，上种破产原因同时以"资产不足以清偿全部债务"为条件，而这种破产原因同时以"明显缺乏清偿能力"为条件。

"明显缺乏清偿能力"与"资产不足以清偿全部债务"是有关系的，其中，如果债务人账面资产虽大于其所负的债务，没有出现"资产不足以清偿全部债

务"的情形，但"明显缺乏清偿能力"也属于破产原因。譬如，某一民企虽然资产大于债务，但大量应收账款通过诉讼程序仍无法收回不能清偿到期债务，或者已经停止生产经营只留下固定资产而成为"僵尸企业"，在这些明显缺乏清偿能力的情况下，如果也一定要等待到继续亏损到资不抵债时才可以破产的话，一方面会增加债务企业的债务负担，另一方面将会进一步损害债权人的利益。因此，《企业破产法》将"企业法人不能清偿到期债务，并且明显缺乏清偿能力"的情形作为破产原因进行规定。

关于"明显缺乏清偿能力"的具体认定标准问题，《破产法司法解释一》第四条规定，债务人账面资产虽大于负债，但存在下列情形之一的，人民法院应当认定其明显缺乏清偿能力：（1）因资金严重不足或者财产不能变现等原因，无法清偿债务；（2）法定代表人下落不明且无其他人员负责管理财财产，无法清偿债务；（3）经人民法院强制执行，无法清偿债务；（4）长期亏损且经营扭亏困难，无法清偿债务；（5）导致债务人丧失清偿能力的其他情形。

三、有明显丧失清偿能力可能

《企业破产法》第二条第二款规定："企业法人有前款规定情形，或者有明显丧失清偿能力可能的，可以依照本法规定进行重整。"据此规定，当事人申请破产重整，除有"企业法人有前款规定情形"外，还有"有明显丧失清偿能力可能的"重整原因。

"明显缺乏清偿能力"属于已经实际发生"不能清偿到期债务"的事实状况，而"有明显丧失清偿能力可能"属于虽尚未实际发生"不能清偿到期债务"的事实，但将有发生这种事实的可能性。两者相比较，以"有明显丧失清偿能力可能"的条件要求显然低于以"明显缺乏清偿能力"的条件要求，所以，"有明显丧失清偿能力可能"只能适用重整，而不适用破产清算。

关于债务民企的资产范围问题。企业资产，是指由企业过去经营交易或各种事项形成的，由企业拥有或控制的，预期会给企业带来经济利益的资源，包括流动资产、固定资产、有形资产、无形资产、不动产等。民企资产虽然没有国企资产那么庞大，但在某些方面法律问题是比较复杂的，我们应当依据《最高人民法院关于适用〈中华人民共和国企业破产法〉若干问题的规定（二）》

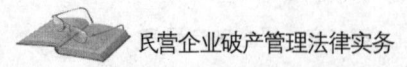

（以下简称《破产法司法解释二》）的有关规定进行认定。

根据《破产法司法解释二》第一、三、四、五条规定，下列财产应当认定为债务人财产：（1）企业所有的货币、实物，依法享有的可以用货币估价并可以依法转让的债权、股权、知识产权、用益物权的财产和财产权益；（2）企业特定财产在担保物权消灭或者实现担保物权后的剩余财产；（3）企业按份享有所有权的共有财产的相关份额财产，共同享有所有权的共有财产的相应财产权利，依法分割共有财产所得部分财产；（4）企业依法执行回转的财产。此外，民营企业被业主、股东或他人占有的财产，也应属于民营企业的财产。

根据《破产法司法解释二》第二条规定，下列财产不应认定为债务人企业的财产：（1）债务人企业基于仓储、保管、承揽、代销、借用、寄存、租赁等合同或者其他法律关系占有、使用的他人财产；（2）债务人企业在所有权保留买卖中尚未取得所有权的财产；（3）所有权专属于国家且不得转让的财产；（4）其他依照法律、行政法规不属于债务人的财产。

此外，民企法人财产与股东个人财产属于各自独立的财产，所以民企占有、使用业主或股东的财产，不能认定为民企财产，反之，业主或股东占有民企的财产，应认定为民企财产。

【裁判案例】

提示：民企资产不足以清偿全部到期债务，法院裁定受理对其破产清算申请。

李某某诉中银典当公司委托理财合同纠纷一案，巢湖市法院判决中银典当公司向李某某偿付本金755280元及利息损失。该判决生效后，中银典当公司一直未予履行。2015年10月15日，李某某向巢湖市法院申请强制执行。巢湖市法院在执行中查实，中银典当公司不仅无力偿还李某某的债务，且已有多起债务进入执行阶段未能清偿。据此，李某某向合肥市中院申请中银典当公司破产清算。中银典当公司提出异议，并提交了2015年的《资产负债表》。该表载明的主要资产为"未确认融资费用"。因该《资产负债表》系中银典当公司单方制作，李某某亦不予认可。据此，合肥市中院认定，李某某对中银典当公司申请破产清算，"资不抵债"的证据不足，"本案不符合破产受理条件"，裁定不予受理。

李某某不服上述裁定，向安徽省高院提起上诉称：中银典当公司提供的2015年12月的资产负债表系其单方制作，且未将涉及法院诉讼、执行的各项债务核算在内，实际已是资不抵债，不具备继续经营能力，合肥市中院裁定不予受理的理由没有事实依据。请求安徽省高院撤销合肥市中院裁定，依法裁定受理对中银典当公司的破产清算申请。

安徽省高院认为，本案系债权人申请债务人破产清算案。如债务人不能清偿到期债务，债权人可以向人民法院提出对债务人进行破产清算的申请。根据《破产法司法解释一》第二条的规定，债务人同时存在下列情形的，应当认定其不能清偿到期债务，即债权债务关系依法成立，债务履行期限已经届满，债务人未完全清偿债务。具体到本案，债权人李某某申请对中银典当公司破产清算时，向合肥市中院提交的巢湖市法院民事判决书和受理申请执行案件通知书，可以证明李某某与中银典当公司之间的债权债务关系依法成立，债务的履行期间已经届满，且李某某的债权未获清偿。一审中，中银典当公司虽对李某某的破产申请提出异议，并提交了该公司2015年的《资产负债表》，但其中载明的主要资产为"未确认融资费用"，且该《资产负债表》系中银典当公司单方制作，李某某亦不予认可，故一审据此认定"本案不符合破产受理条件"的依据不足。

二审中，中银典当公司认可其实有资产仅为用于经营的三间门面房，巢湖市中院曾以166.9万元底价进行拍卖，但因该房产办理产权转移登记需另行缴纳60余万元的税费而流拍。同时，中银典当公司向本院提交了要求保留上述资产以进行企业破产重整的书面申请。经核实，中银典当公司目前尚有400余万元未清偿债务已进入执行程序，涉及包括李某某在内的十余名债权人。该事实足以认定中银典当公司不能清偿到期债务，李某某的破产清算申请符合受理条件，其上诉理由成立。

安徽省高院认定，合肥市中院一审裁定缺乏事实和法律依据，于是裁定：一、撤销合肥市中院的民事裁定；二、由合肥市中院受理李某某对中银典当公司的破产清算申请。

【案例分析】

提示：债权人申请债务人破产不能证实"资不抵债"且虚构债权事实，法院裁定不予受理。

案件介绍

2017 年，王某某向长春市中院提出对金盛房开公司进行破产重整申请，主要理由是：王某某"曾以受让债权方式成为金盛房开公司债权人，到期金盛房开公司不能清偿其本金及利息 2633 万元债务，并且资产不足以清偿全部债务"。长春市中院将王某某提出的破产重整申请通知了金盛房开公司，金盛房开公司表示无异议。

长春市中院查明：金盛房开公司于 2002 年 4 月 15 日经工商行政管理部门登记注册成立，公司类型为有限责任公司（系自然人投资和控股）。该公司成立时股东为王某某及王 B。2002 年 10 月，通过协议，该公司股东变更为王某某、王 B 及华建房开公司。金盛房开公司名下有一宗国有出让商业土地使用权及其地上的在建工程，经评估资产市场价值总额 21870.45 万元。

金盛房开公司声称对外负担 33950 万元债务，长春市中院查明其得到相应裁判文书确认的债务本金数额合计 8538 万元，其余债务数额缺乏有效证据证实。

长春市中院又查明：2017 年 1 月 16 日至 23 日，陈 A、陈 B、王某某及张某某等人采取循环打款方式捏造出陈 A 向金盛房开公司出借 14230 万元，进而虚构金盛房开公司无力偿还该笔欠款的事实。在听证会时，陈 A 拒不提供证明资金来源以及自身经济状况的证据。

长春市中院认为：王某某对金盛房开公司是否享有真实的债权尚未得到有效证据证实，对王某某的破产重整申请不应受理。另外，金盛房开公司并未达到破产界限，王某某与金盛房开公司伙同陈 A、陈 B、张某某等人采取虚构债务的手段，制造金盛房开公司符合破产原因的假象，并向法院申请进行破产重整。由于金盛房开公司不具备破产原因，且存在双方当事人实施虚假诉讼的情形，法院亦应驳回王某某的申请。长春市中院裁定：对王某某的申请，不

予受理。

王某某向吉林省高院提起上诉称：1. 一审认定金盛房开公司未达到破产界限是错误的。金盛房开公司在一审提交的司法审计报告和资产评估报告显示金盛房开公司负债24012万元，评估报告显示金盛房开公司唯一资产评估价格为21870万元，明显资不抵债。2. 一审认定王某某存在虚假诉讼是错误的。金盛房开公司欠王某某2633万元是真实的，由于王某某将该笔债权转让给陈A的事实没有得到生效判决确认，才提出本案破产重整申请。王某某与陈A、金盛房开公司循环转账行为是为实现王某某与陈A的债权转让，未损害金盛房开公司或第三人利益。王某某作为合法债权人，申请金盛房开公司破产重整的行为受法律保护。请求撤销原审裁定，受理王某某的破产重整申请。

吉林省高院认为：王某某对金盛房开公司的债权并未得到充分有效的证据加以证明，且王某某对其与陈A、陈B及张某某等人循环打款行为的解释不符合常理，王某某对此行为未能说明合法合理的理由，亦未提供有效证据推翻一审所认定的虚构金盛房开公司14230万元债务的事实，故对王某某关于其不存在虚假诉讼的主张，本院不予支持。

根据房地产估价报告，金盛房开公司资产市场价值总额21870万元。王某某上诉主张金盛房开公司负债24012万元，但未能提供有效证据加以证明。王某某一审提交的司法鉴定审计报告，形成于2015年7月15日，距今已近两年之久，已不能作为本案认定事实的依据，故王某某以该审计报告证明金盛房开公司的资产及负债状况，本院不予采信。王某某虽在二审中主张金盛房开公司所负相关债务及利息已达到23986万元，但其对该债务利息现状的主张并未提供有效证据加以证明，故即使一审法院对金盛房开公司所负债务本金数额进行了认定，本院亦无法仅依照王某某自行计算的利息数额加以认定，故对王某某的该项主张本院不予支持。另一方面，王某某所主张的金盛房开公司所拖欠的工资、投资款亦未提供有效证据加以证明；即使金盛房开公司存在该种债务及拖欠税款，现有证据亦无法证明金盛房开公司已达到破产重整的界限，同时结合王某某参与实施本案虚假诉讼行为的情形，一审法院对王某某的申请不予受理并无不当。

吉林省高院认定，一审裁定认定事实清楚、适用法律正确，于是裁定驳回上诉，维持原裁定。

作者分析

本案是一起债权人申请债务人破产重整的案件，焦点是"破产界限""资不抵债"及其证据的问题。

破产界限是企业法人破产条件是否达到的问题。在本案中，王某某的诉讼请求为"破产重整"，而《企业破产法》第二条规定的三种破产原因，都可以视具体情况适用于破产重整。王某某申请破产重整的主要理由是，金盛房开公司"资产不足以清偿全部债务"，那么，法院就应从此着手审查金盛房开公司是否达到"资产不足以清偿全部债务"的程度，如果确实资不抵债的，法院就应支持王某某的破产申请裁定予以受理；如果没有到达资不抵债程度的，即资产大于债务，且无明显丧失清偿能力可能的，法院就不能予以受理。而债务人是否越过"破产界限"，关键又看当事人提供的证据是否证实"资不抵债"。

法院接受当事人破产申请后的审查，虽未表面事实审查，但表面事实也需证据予以证实。《企业破产法》第八条规定，当事人向法院提出破产申请，应当提交破产申请书和有关证据。《破产法司法解释一》第六条和第七条进一步规定，债权人申请债务人破产的，应当提交债务人不能清偿到期债务的有关证据；人民法院受理破产申请后，应当责令债务人依法提交其财产状况说明、债务清册、债权清册、财务会计报告等有关材料；法院收到破产申请后应当及时对申请人的破产原因以及有关材料和证据等进行审查，并依据《企业破产法》第十条的规定作出是否受理的裁定。由此可见，当事人申请破产重整必须提供证据证明债务人"资不抵债"的表面事实，法院对证据进行审查后，再认定债务人是否达到"破产界限"以及是否予以受理。

金盛房开公司声称对外负担33950万元债务，但法院认定有证据证实的债务只有8538万元，其余债务数额缺乏有效证据证实。金盛房开公司名下的土地使用权及地上在建工程，市场价值总额21870.45万元，与债务8538万元比较，多出13000多万元，显然，金盛房开公司不存在"资不抵债"的情形，故未越过破产界限。

王某某上诉主张金盛房开公司负债24012万元，金盛房开公司声称对外负担33950万元债务，除上述8538万元债务外，王某某和金盛房开公司都未能提供有效证据证明其余债务，且王某某与他人采取循环打款方式捏造出陈A向金盛房开公司出借 14230 万元的虚构事实。基于上述事实，法院对王某某申请金盛房开公司破产重整不予受理是正确的。

在民企中，股东、债权人、债务人三者之间的关系，由于利益驱使往往是复杂的，破产背后有可能潜在"化敌为友"的配合，对此，法院和管理人要特别予以关注。本案中，债权人王某某提出破产重整申请，债务人金盛房开公司也表示无异议。但企业破产并非由"一个愿打、一个愿挨"两厢情愿的"苦肉计"决定的，而由法院根据法定的原因、条件和标准，在证据确凿的基础上，认定债务人是否超越"破产界限"和是否达到"资不抵债"。

第二节　民企破产申请与审查及注意事项

破产程序属于民事诉讼程序的范畴，但破产程序是专门解决企业破产的法定程序，两者是一般与特殊的关系。根据"特别法优于一般法"的法律适用原则，民企破产首先要适用《企业破产法》及其司法解释的专门程序规范，只有在《企业破产法》及其司法解释没有规定的情况下，才适用一般民事诉讼程序的规定。

一般民事诉讼程序的启动基于原告的起诉，而破产程序的启动首先在于申请人提出破产申请，所以没有一般民事诉讼程序中的原告与被告，而只有申请人与被申请人。在一般民事诉讼程序中，原告一般为债权人，而不存在债务人对自己提出诉讼，而在破产程序启动时，债务民企可以对自己提出破产申请，此时，债务民企既是申请人又是被申请人，而在一般民事诉讼程序中不可能出现原告即被告的情况。

破产申请是当事人的诉讼行为，审查破产申请是法院的司法行为。法院经审查，认为当事人提起的破产申请符合法定条件裁定予以受理的，破产程序启动。

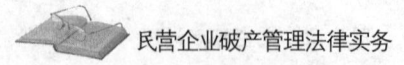

一、民企破产申请

民企破产申请，是当事人向法院提出通过破产程序由债务民企清偿债权债务的诉讼请求。当事人提出民企破产申请，只是向法院敲响破产大门，法院是否打开破产大门，要看当事人提出的申请是否符合法定条件，符合法定条件的，法院裁定受理；如果不符合法定条件的，则裁定不予受理，破产程序就启动不了。

1. 民企破产申请主体

民企出现破产原因，并非所有与其有关的人都具有申请其破产的主体资格。根据《企业破产法》第七条规定，民企破产申请主体（申请人）有三种：一是债务民企本人，即民企出现破产原因，自己向法院提出破产申请；二是债务民企的债权人，债权人在债务民企具有破产原因的情况下，可以向法院提出对债务民企进行破产的申请；三是清算责任人，清算责任人申请债务民企破产清算有个前置条件，即"企业法人已解散但未清算或者未清算完毕"，在此情形下，依法负有清算责任的人应当向法院申请破产清算。

破产申请中的债权人与债务通常为债权债务关系的平等民事主体，但也存在一些特殊申请人。如，《江苏省高级人民法院民二庭破产案件审理指南》（2017年修订版）说明的特殊申请人有：（1）国家机关。债务人欠缴税款、社会保险费用或者法定住房公积金的，税务部门、劳动保障部门或者住房公积金管理部门可以向法院申请债务人破产。（2）职工债权人。职工劳动债权的性质也是债权，为维护职工权益，保障职工劳动债权，职工债权人也可以申请其所在的民企破产。

除上述当事人外，其他单位和个人，即使与破产案件有利害关系，也不具有破产申请的主体资格，如企业法人的股东、高管、董事等，都无权申请所在民企破产。

在破产程序理论研究中，有学者认为，破产程序必须有两个或两个以上债权人。理由是，破产程序的主要功能是将破产财产向全体债权人公平分配清偿，"全体债权人"就需要有两个或两个以上债权人的存在，并已经申报债权。如果债务企业只有一个债权人，只能适用民事诉讼程序，而不适用破产程序。

我们认为，这种观点有失偏颇。在对债务民企提出破产申请时，申请人只

有一个债权人也为正常现象，这并不影响法院受理破产申请。理由是：法院在裁定受理破产申请时，尚不可知晓且不可确定破产民企到底有多少债权人，债权人到底有多少只有在申报期限结算时才能确定。因此，即使最后确定申请债务民企破产的债权人是唯一的债权人，此前和此后的破产程序亦应照样进行，包括可以重整、和解等，只是在唯一债权人的情况下确认债权和清偿债务显得比较简单而已。

例如，温州市鹿城区法院审理的东海金属材料经营部破产案。2014年11月18日，申请人亿隆铜业公司以被申请人东海金属材料经营部未履行（2014）浙温商终字第1252号民事判决书为由向鹿城区法院申请强制执行。鹿城区法院在执行过程中查明，被执行人东海金属材料经营部无财产可供执行。2015年7月15日，鹿城区法院受理亿隆铜业公司对东海金属材料经营部的破产清算申请，后裁定破产清算。在本案债权申报期限内，仅有亿隆铜业公司一名债权人申报债权，成为唯一破产债权人。2015年11月6日，债务人东海金属材料经营部与债权人亿隆铜业公司达成的和解协议。鹿城区法院认为，债务人东海金属材料经营部与债权人亿隆铜业公司达成的和解协议未违反法律规定，遂依照《企业破产法》第一百零五条之规定，裁定如下：一、认可东海金属材料经营部与亿隆铜业公司达成的和解协议；二、终结东海金属材料经营部的破产程序。

2. 民企破产申请材料

根据《企业破产法》第八条规定，申请人对债务民企向法院提出破产申请，应当提交破产申请书和有关证据。破产申请书应当载明下列事项：（1）申请人、被申请人的基本情况；（2）申请目的；（3）申请的事实和理由；（4）人民法院认为应当载明的其他事项。在提交破产申请书的同时，债务人提出申请的，还应当向法院提交财产状况说明、债务清册、债权清册、有关财务会计报告、职工安置预案以及职工工资的支付和社会保险费用的缴纳情况；债权人申请债务人破产的，应当提交债务人不能清偿到期债务的有关证据。

这里的"有关证据"，还应包括用于证明申请人身份真实性的文件，如企业法人的营业执照，公民的身份证或护照等；用于证明申请事实和理由的文件，如债权人用以证明债权有效存在和债务人到期不履行的合同、借据、催款通知书等。

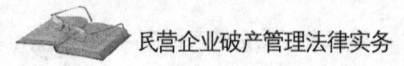

二、申请人撤回破产申请

《企业破产法》第九条规定："人民法院受理破产申请前，申请人可以请求撤回申请。"也就是说，申请人在法院受理破产申请之前可以撤回破产申请，但在法院受理破产申请后则不可撤回破产申请。主要理由是：破产程序因裁定受理而启动后，法院将会做出一系列司法行为，如通知当事人、指定管理人、破产公告、宣告债务人对个别债权人的债务清偿无效等等，这些诉讼行为大多不可逆转。再者，破产程序是众多债权人的集体清偿程序，而不是申请人个别清偿程序，如果允许申请人在法院受理后再撤回破产申请，有违破产集体主义规则。

三、民企破产异议及其理由

债权人是申请债务人破产的主体之一，但为防止债权人滥用破产申请权，同时为了保障债务人的程序权利，《企业破产法》第十条赋予债务人提出破产异议的权利。债务人提出异议是对债权人申请其破产所提出的不同意见。

债权人申请对债务民企破产的，异议人只能是债务民企。如果债务民企自己申请破产，不可能又对自己的申请提出异议。债权人或债务民企如果认为申请破产有错误的，可以根据《企业破产法》第九条规定请求撤回申请。

从司法实践情况来看，国企提出破产异议是少见的，主要原因是，国企破产经主管部门、国资委、当地政府前期审查、批准等程序把关后再向法院申请破产，如无特殊情形，一般都符合破产条件。其二是，当地政府批准国企破产具有一定的行政效力，国企应当服从。在此情况下，国企即使提出异议，其异议往往不能成立。当然，法院经审查认为国企不具破产原因或者不符合破产条件的，应当依法裁判不予受理。

民企破产则不一样。民企对国企而言，享有更多的自主权，且企业破产直接涉及股东的切身利益，故提出对债权人申请其破产提出异议较为多见。

民企对债权人申请其破产提出异议，所要注意的是有以下五种理由：

一是民企以其具有清偿能力或者资产超过债务为由，对债权人认为其"资不抵债"提出异议，并以此为由对抗债权人的破产申请；

二是民企以自己对债权人不存在债务、债权债务尚有争议未确定、债权债务未到期为由，否定债权人提出破产申请的主体资格；

三是债权债务数额存在差异，由于这种差异，民企主张尚未到达"资不抵债"程度；

四是以仍有经营能力和发展前景为由，主张不应予以破产；

五是以股东个人占有企业资产，但若予以追回就能清偿部分债务，不至于"不能清偿到期债务"为由，主张先追回被股东占有的资产先行对抗破产申请。

债权人申请债务民企破产，将债务民企推向生死攸关的地步，债务民企依法定程序提出异议也就不足为怪，而法院不论其提出的破产异议的理由是否成立都应认真对待，都应让债务民企充分行使陈述、质证、抗辩等救济权利，通过开庭审理或者召开听证会，由债务民企、债权人举证、质证和发表意见。债务民企异议成立的，法院应当裁定驳回债权人的破产申请；债务民企异议不成立的，法院应当裁定予以受理。

四、民企破产审查及需要注意的事情

法院收到当事人的破产申请后，第一步要做的事情便是对破产申请进行形式审查和实质审查。

法院对民企破产申请的形式审查的主要内容：一是债权人和被申请人债务民企是否具备主体资格；二是受案法院对本案有无管辖权；三是申请书和申请材料是否符合规定的要求等。

法院对民企破产申请的实质审查的内容，主要是债务民企是否存在破产原因。破产原因是企业破产的实质条件，属于事实问题，而破产原因的事实不能仅凭当事人的申请就能确认的，还需在破产程序启动后进行调查和核实，所以，受理申请时的实质审查仅是一种表面事实的审查，也就是说，法院仅依据申请人提交的材料和证据来审查债务民企是否具有破产原因，以便及时决定是否启动破产程序。

表面事实审查的缺陷在于审查结果是否符合客观事实。法院通过表面事实审查，认为债务民企具有破产原因而裁定受理，但受理后至宣告债务民企破产前，发现债务民企不具破产原因的，仍应裁定驳回申请。

当事人申请民企破产，鉴于民企的特征和存在的弊端，法院在审查时需要特别注意以下几个事情：

一是注意审查民企的破产主体资格。主要审查被申请民企是否具备企业法人资格，是否属于破产主体的范围和对象，以及股东及股权的结构情况，以防不具有法人资格的民企进入破产程序，将不属于破产对象的民企适用破产程序进行破产。

二是注意审查业主或股东有无侵占、隐匿企业财产。民企财产掌控在业主和股东手中，他们侵占、隐匿企业财产易如反掌，特别是在准备破产时，为了个人利益恶劣手段，千方百计减少企业资产而"中饱私囊"，造成"资不抵债"的假象，并通过破产逃避债务，侵害债权人的利益。这些行为能从资产产生与资产登记、资产处置与现存资产的表面事实中反映出来的，当属审查重点。

三是注意审查债权清册的真实性。不少民企的财务操作比较随意，向法院提交的有些债务债权清册是否真实值得怀疑。特别是在准备破产时，业主或股东故意以企业名义向亲戚朋友出具虚假借条反映借贷债务，然后将虚假债务载入清册，企图通过虚假的债权人分得破产财产，然后再转入业主或股东腰包。法院在审查民企破产申请时，如果不能发现虚假债权债务，就有可能造成认定"资不抵债"和裁定破产错误。

【裁判案例】

提示：债务人确已明显缺乏清偿能力却对债权人申请其破产清算提出异议于法无据。

力征公司系有限责任公司，由四位自然人股东于 2006 年 5 月 15 日在瑞安市工商行政管理局登记设立，从事汽车配件、摩托车配件、弹簧制造、销售等业务。

2016 年 5 月 18 日，瑞安市法院作出两份民事判决书，判令力征公司偿还温州银行借款 477 万元及期内利息、逾期利息及复利。上述判决生效后，力征公司未履行判决义务，温州银行便向瑞安市法院申请强制执行，但力征公司未履行。另外，力征公司在瑞安市法院作为被执行人涉及执行共有 18 件案件，申请执行标的 6823 万多元。

2016年12月6日，温州银行以力征公司不能清偿到期债务，明显缺乏清偿能力为由，向瑞安市法院申请对力征公司进行破产清算。瑞安市法院收到该申请后，于2016年12月7日通知了力征公司。力征公司提出异议称：被申请人力征公司的贷款有许多企业担保和自然人担保，且正在与债权人协商偿还，如进行破产清算，不利于企业生产经营，请求驳回温州银行提出的破产清算申请。

瑞安市法院认为：被申请人未按判决确定的时间偿还申请人的债务，应当认定为不能清偿到期债务；经过法院执行程序仍无法清偿，应当认定其明显缺乏清偿能力，债权人申请债务人破产清算，人民法院应当依法裁定受理破产申请。债务人力征公司提出异议称，担保人正在与申请人温州银行协商，请求驳回申请人温州银行的破产清算申请，于法无据。

据此，瑞安市法院依照《企业破产法》第二条第一款、第三条、第七条第二款、第十条第一款，最高人民法院《破产法司法解释一》第一条、第二条、第四条、第六条，《最高人民法关于审理企业破产案件若干问题的规定》第二条之规定，作出（2016）浙0381破申53号民事裁定，裁定受理申请人温州银行对被申请人力征公司的破产清算申请。

第三节　民企破产案件管辖和受理

管辖是法院之间受理第一审民事案件的分工和权限。在破产程序中，管辖主要解决某起破产案件由哪个法院受理并审判的问题。管辖与受理虽是完全不同的两个概念，但管辖权决定某法院是否有权受理并审判个案的问题。破产案件的管辖由法律规定的，法院只有在法律规定有管辖权的情况下才能予以受理和作出审判。

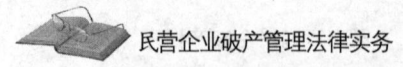

一、民企破产案件的管辖

根据我国《企业破产法》和有关司法解释的规定，民企破产案件的管辖主要有以下三种情况：

1. 民企破产的地域管辖

《企业破产法》第三条规定，"破产案件由债务人住所地人民法院管辖"。这里的"债务人住所地"就是民事诉讼法解释中的"债务企业住所地"。"债务企业住所地"是指主要办事机构所在地。据此，民企破产案件通常由其主要办事机构所在地的法院管辖。民企主要办事机构所在地不能确定的，应由其注册地或者登记地为住所地为管辖地。债务民企两个以上办事机构的，如何认定主要办事机构，司法解释未作规定，实践中可以将民企决策机构认定为主要办事机构，据此还不能确定主要办事机构的，注册地或者登记地为管辖地。

2. 民企破产的级别管辖

《企业破产法》未规定级别管辖，实践中都根据《最高人民法院关于审理企业破产案件若干问题的规定》第二条确定民企破产的级别管辖，即按如下原则确定：（1）基层人民法院一般管辖县、县级市或者区的工商行政管理机关核准登记企业的破产案件；（2）中级人民法院一般管辖地区、地级市（含本级）以上的工商行政管理机关核准登记企业的破产案件；（3）纳入国家计划调整的企业破产案件，由中级人民法院管辖。上市公司破产重整案件法律关系复杂，影响面广，专业知识和综合能力要求高，人力物力投入多，一般应由中级人民法院管辖。

《最高人民法院关于执行案件移送破产审查若干问题的指导意见》第3点指出："在级别管辖上，为适应破产审判专业化建设的要求，合理分配审判任务，实行以中级人民法院管辖为原则、基层人民法院管辖为例外的管辖制度。中级人民法院经高级人民法院批准，也可以将案件交由具备审理条件的基层人民法院审理。"据此，民企破产案件通常由债务民企住所地中级法院管辖，但中级法院报请经高级法院批准的，可以将民企破产案件交由具备审理条件的基层法院审理。

3. 民企破产的指定管辖

指定管辖是指上级法院以裁定的方式将某一案件交由某一下级法院受理，

从而解决因管辖不明而发生的管辖争议。指定管辖主要适用三种情形：（1）管辖区域的界限不明或行政区划发生变动；（2）由于事实或法律原因，使原管辖权法院不能受理，或审理某一特定案件将发生重大障碍；（3）对管辖权的法律规定产生不同理解。《民事诉讼法》第三十七条第一款规定："有管辖权的人民法院由于特殊原因，不能行使管辖权的，由上级人民法院指定管辖。"第二款规定："人民法院之间因管辖权发生争议，由争议双方协商解决；协商解决不了的，报请它们的共同上级人民法院指定管辖。"民企破产案件遇有上述情形，也应由上级法院指定管辖，而下级法院必须执行。

二、民企破产案件的受理

这里的受理，是法院在收到破产案件申请后，经审查认为申请符合法定条件，决定予以接受并立案的司法行为。法院以裁定方式决定受理破产案件的，标志着破产程序的启动。

1. 受理及送达期限

法院对债务民企是否具备破产原因和其他法定条件审查清楚后，是否予以受理也就只是走程序问题。根据《企业破产法》第十条规定，债权人提出破产申请的，法院自收到申请之日起五日内通知债务民企，债务民企对申请没有异议的，法院自收到破产申请之日起十五日内裁定是否受理；债务民企对申请有异议的，应当自收到法院的通知之日起七日内向法院提出，法院应当自异议期满之日起十日内裁定是否受理。法院决定受理破产申请的，应当制作裁定书，并自裁定作出之日起五日内送达申请人。

法院接到当事人破产申请后，若遇特殊情况，如对债务人提出的破产异议一时难以审查确认，又如债务人申请破产一时难以确定是否具有破产原因，因此需要延长裁定受理期限的，报经上一级法院批准，可以延长十五日。

2. 受理通知和受理公告

为使破产企业的各种利害关系人能够及时参加破产程序行使权利或者按照破产程序的要求履行义务，法院在作出受理破产申请的裁定之日起二十五日内通知已知债权人，并作出公告通知所有的利害关系人。其中，受理通知的对象是特定的已知债权人，而受理公告以不特定主体为对象，一旦公告出来，不论

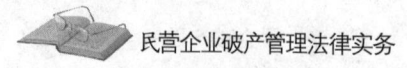

利害关系人是否看到均视为已知。

根据《企业破产法》第十四条第二款规定，受理破产案件通知书和破产受理公告的内容是：（1）申请人、被申请人的名称或者姓名；（2）人民法院受理破产申请的时间；（3）申报债权的期限、地点和注意事项；（4）管理人的名称或者姓名及其处理事务的地址；（5）债务人的债务人或者财产持有人应当向管理人清偿债务或者交付财产；（6）第一次债权人会议召开的时间和地点；（7）人民法院认为应当通知和公告的其他事项。

三、不予受理与驳回申请

法院在收到破产申请后，经审查认为，当事人申请不符合法定条件的，应当裁定不予受理。但法院接到破产申请后至受理前，对破产案件事实的审查是表面审查，案件受理后仍有可能发现债务民企实际上不存在破产原因或不符合其他法定破产条件的情形。对此，《企业破产法》第十二条第二款规定，"人民法院受理破产申请后至破产宣告前，经审查发现债务人不符合本法第二条规定情形的，可以裁定驳回申请。"此时的"驳回申请"与此前的"不予受理"虽事由都是债务人不符合本法第二条规定情形，但法院裁定"不予受理"的作用是阻却了破产程序的启动，而"驳回申请"发生在"受理破产申请后至破产宣告前"这个阶段，其法律效果是法院裁定驳回破产申请，破产程序终结。

最高人民法院对破产案件立案受理工作十分重视，于2016年7月28日向各级法院发出《破产案件立案受理有关问题的通知》（明传〔2016〕469号）。该通知指出"破产案件的立案受理事关当事人破产申请权保障，决定破产程序能否顺利启动，是审理破产案件的基础性工作。"该通知还强调以下四个问题：（1）各级法院不得在法定条件外设置附加条件，限制剥夺当事人的破产申请权，阻止破产案件立案受理，影响破产程序正常启动；（2）对于债权人、债务人等法定主体提出的破产申请材料，人民法院立案部门应一律接受并出具书面凭证，然后根据《企业破产法》第八条的规定进行形式审查；（3）立案部门登记立案后，应及时将案件移送负责审理破产案件的审判业务部门；（4）各级法院要在地方党委的领导下，同地方政府建立破产工作统一协调机制，积极争取机构、编制、财政、税收等方面的支持，根据审判任务变化情况合理设置机

构、配置人员，建立破产援助基金。贯彻和落实这个通知精神，对排除破产阻力，解决破产难的问题，以及依法正常启动破产程序具有重要意义。

【裁判案例】

提示：两家法院发生管辖权争议，后立案的法院应移送先立案的法院合并审理。

四川省广安市中院受理的（2013）广法民初字第66号林某某诉三河科达房开公司、广安建设公司建设工程施工合同纠纷一案，与河北省廊坊市中院受理的（2013）廊民三初字第156号三河科达房开公司诉广安建设公司建设工程施工合同纠纷一案，两地法院之间因管辖权产生争议，协商未果。2015年2月6日，广安市中院作出（2015）广法民破字第3号民事裁定书，裁定广安建设公司进入重整程序。2017年5月25日，四川省高院报请最高人民法院指定管辖。

最高人民法院经审查认为：2013年7月11日，林某某以三河科达房开公司、广安建设公司为被告，向广安市中院提起诉讼，诉请是三河科达房开公司与广安建设公司进行结算，并由三河科达房开公司支付林某某工程款4200万元及利息。2013年10月16日，三河科达房开公司以广安建设公司为被告，向廊坊市中院提起诉讼，诉请：一、确认三河科达房开公司、广安建设公司签订的建设工程施工合同无效；二、确认广安建设公司施工的科达嘉园小区工程结算价款为85679561.30元；三、广安建设公司返还多付的工程款15408675.58元；四、广安建设公司向三河科达房开公司开具85679561.30元的正式发票。广安市中院受理的（2013）广法民初字第66号案与廊坊市中院受理的（2013）廊民三初字第156号案，均系当事人基于建设科达嘉园住宅小区工程这一共同法律事实引发的纠纷。依据《最高人民法院关于在经济审判工作中严格执行〈中华人民共和国民事诉讼法〉的若干规定》第2条关于"当事人基于同一法律关系或者同一法律事实而发生纠纷，以不同诉讼请求分别向有管辖权的不同法院起诉的，后立案的法院在得知有关法院先立案的情况后，应当在七日内裁定将案件移送先立案的法院合并审理"规定，廊坊市中院在立案后经广安建设公司提出管辖异议得知广安市中院已经先立案的情况后，未裁定将三河科达房开公司诉广安建设公司建设工程施工合同纠纷案移送广安市中院合并审理，系适用法律错误，廊坊市中院（2013）廊民三初字第156-1号民事裁定、河北省高院（2014）冀立民终字第51号民事裁定应予撤销。依据《企业破产法》第二十一条关于"人民法院受理破产申请后，有关债务人的民事诉讼，只能向受理破产申请的人民法院提起"的规定和《最高人民法院关于在经济审判工作中严格执行〈中华人民共和国民事诉讼法〉的若干规定》第4条关于"两个以上人民法院如对管辖权有争议，在争议未解决前，任何一方人民法院均不得对案件作出判决。对抢先作出判决的，上级人民法院应当以违反程序为由撤销其判决，并将案件移送或者指定其他人民法院审理，或者由自己提审"的规定，因广安市中院已经于2015年2月6日裁定广安建设公司进入破产重整程序，河北省高院（2016）冀民终435号和廊坊市中院（2013）廊民三初字第156号民事判决应予撤销。

最高人民法院作出（2017）最高法民辖8号民事裁定书，裁定如下：

一、撤销河北省高院（2016）冀民终435号民事判决、（2014）冀立民终字第51号民事裁定；

二、撤销廊坊市中院（2013）廊民三初字第156号民事判决、（2013）廊民三初字第156-1号民事裁定；

三、三河科达房开公司诉广安建设公司建设工程施工合同纠纷一案由广安市中院审理；

四、廊坊市中院自接到本裁定之日起十五日内将（2013）廊民三初字第156号三河科达房开公司诉广安建设公司建设工程施工合同纠纷一案全部卷宗材料及诉讼费移送广安市中院。

【裁判案例】

提示：法院受理破产申请后，破产原因消除的，应裁定驳回破产申请退出破产程序。

2008年7月15日，桃源县法院裁定受理城投公司对共创房开公司破产结算的申请，后于2009年6月22日裁定宣告共创房开公司破产。2011年12月19日，桃源县法院撤销破产裁定，将该案移送常德市中院审理。

常德市中院查明：桃源县法院受理共创房开公司破产清算一案时，该公司的银行存款账户余额为××万余元，不能以现金方式偿还已到期的所欠申请人共计605万元的金钱债务和400多人的银行欠款、工程款、违约金等金钱债务；其开发的桃花源商业步行街22栋商住楼当时尚未建成，不能按约定期限履行多人的交房义务。桃源县法院受理该破产案件后，共创房开公司管理人多渠道筹措资金继续履行建设工程施工合同，完成了桃花源商业步行街工程建设的未竣工程与附属设施，并对符合交房条件的部分业主予以交房；现共创房开公司在桃花源商业步行街有剩余房产约5.2万平方米，近些年因房价上涨，从目前房地产的市场行情看，共创房开公司的剩余资产在清偿所负全部债务后，尚有剩余。

常德市中院认为：从城投公司申请共创房开公司破产的时间点看，此时共创房开公司不能清偿到期债务、明显缺乏清偿能力的事实客观存在，桃源县法院裁定受理本案是正确的。《企业破产法》第十二条第二款规定："人民法院受理破产申请后至破产宣告前，经审查发现债务人不符合本法第二条规定情形的，可以裁定驳回申请。申请人对裁定不服的，可以自裁定送达之日起十日内向上一级人民法院提起上诉。"在桃源县法院裁定受理本案后，通过共创房开公司破产管理人继续履行建设施工合同，加之房地产市场行情的显著变化，价格的持续上涨，使共创房开公司在桃花源商业步行街剩余的房地产价值大幅增加，桃源县法院裁定受理共创房开公司破产时的原因已经消除，退出破产程序更有利于本案的处理。据此，依照《企业破产法》第十二条第二款之规定，裁定驳回城投公司的申请。

城投公司不服上述裁定，向湖南省高院提起上诉称：

一、原审裁定认定事实错误。1.原审裁定认定共创房开公司在桃花源商业步行街尚有5.2万平方米的房产以及该房产现有价值大于负债的事实没有证据证明。虽然桃花源商业步行街现剩余房产5.2万平方米，但无任何争议的净空置房产仅有3.6万平方米。且即使存在5.2万平方米房产，在没有鉴定意见支持，且未对退出破产程序后共创房开公司所负债务进行全面评估的情况下，原审裁定认定"共创房开公司的剩余资产清偿所负全部债务后尚有剩余"的事实错误。2.共创房开公司在2008年就已出现资金断链、工程停工、经营停止的状况，无任何清偿能力。从目前情况看，桃源县商品房大量积压，且桃花源商业步行街年久失修、常年闲置，加之自然原因和施工质量以及设计缺陷等问题影响，使共创房开公司在桃花源商业步行街的房产难以变现，共创房开公司亦无其他资产可供偿债，故共创房开公司"明显缺乏清偿能力"的破产原因依然存在。原审裁定认定"共创房开公司的破产原因消除"没有证据证明。3.本案如果退出破产程序，将会分解出近500件案件，不但加大诉讼成本，增加处理难度，且极易造成社会不稳定因素，因此，退出破产程序更不利于矛盾的化解。原审裁定认定"退出破产程序更有利于本案的处理"与事实不符。

二、原审裁定程序严重违法。1.原审法院提级审理本案后，没有公开听证审理本案，违反了公开审判原则。在作出裁定前，未听取上诉人的意见，剥夺了上诉人的陈述权利、辩论权利。2.共创房开公司没有提出资大于债的主张，亦未提供资大于债的证据。原审裁定违反了民事诉讼的举证规则。3.桃源县法院作出宣告共创房开公司破产的裁定后，原审法院未审先定、先入为主，指令桃源县法院撤销该裁定，并将该案提级审理，违反了人民法院的独立审判原则。4.上诉人申请对共创房开公司进行破产清算的理由是共创房开公司不能清偿到期债务，且明显缺乏清偿能力，而原审裁定驳回上诉人申请的理由是共创房开公司的剩余资产在清偿所负全部债务后尚有剩余。因此，原审裁定对上诉人主张的破产原因未作审理和回应，程序严重违法。

三、原审裁定适用法律错误。1.本案上诉人提出申请的破产原因是"不能清偿到期债务，且明显缺乏清偿能力"，但原审法院审查的破产原因是"不能清偿到期债务，且资产不足以清偿全部债务"，二者之间相互矛盾，违反了《企业破产法》第二条第一款的规定。2.我国破产法规定的破产原因既是启动破产程序的原因，又是宣告破产的原因。因此，破产原因的审查应以破产清算申请受理时为时间点。原审裁定一方面肯定了本案破产申请受理之时共创房开公司已经具备破产原因，另一方面又认定破产原因现已消除，该法律逻辑错误导致了法律适用上的错误。3.《破产法司法解释一》第四条规定，即债务人账面资产虽大于负债，但存在因资金严重不足或者财产不能变现等原因无法清偿债务的，人民法院也应当认定其明显缺乏清偿能力。本案中，共创房开公司无法清偿债务是客观事实，因此，即使资产大于负债也具备"明显缺乏清偿能力"的破产原因。4.因破产程序具有不可逆转性，故在破产案件受理后，即使出现资可抵债的情形也不能撤案。且《企业破产法》第十二条第二款规定的

可以驳回申请的条件，是指受理破产申请后，经审查发现受理时即不具备破产原因的情形，而不是指经过一段时间后，情势发生变化后的情形。因此，破产原因一旦成立，人民法院就不能驳回破产申请。原审裁定驳回上诉人的申请无任何法律依据。5.原审裁定严重损害了上诉人的利益，与企业破产法立法宗旨相悖。

如前所述，因上诉人主张的破产原因仍然存在，退出破产程序会导致上诉人蒙受巨大的经济损失，且退出破产程序会导致社会不稳定，严重损害社会公共利益。因此，原审裁定违背了企业破产法的立法宗旨。请求撤销原审裁定，指令原审法院继续审理本案。

湖南省高院认为：桃源县法院受理本案后，因破产管理人进行后期建设、房地产价格持续上涨等原因，使共创房开公司在桃花源商业步行街项目剩余的房产价值大幅增加，共创房开公司目前的资产状况与受理破产申请时相比已发生了重大变化。虽然目前共创房开公司债权债务的具体数额仍存在争议，但共创房开公司的资产已经足以偿还债务，且该资产属于易变现的房产，共创房开公司破产原因事实上已经消除，符合《企业破产法》第十二条第二款规定的情形。因此，原审法院驳回城投公司的破产申请具有法律依据。城投公司的上诉理由及请求不能成立，应予驳回。综上所述，依照《民事诉讼法》第一百七十条第一款第一项的规定，湖南省高院裁定如下：驳回上诉，维持原裁定。

第四节　民企破产财产及其股东财产的保全

破产法上的财产保全（以下简称破产保全）是民诉法上的财产保全（以下简称诉讼保全）的伸延，除考虑企业破产的特殊性外，应当适用民诉法有关财产保全的规定，因此，在理解破产保全之前，先应理解诉讼保全。

一、民法上的诉讼保全

诉讼保全，是指法院对当事人的财产或者争议的标的物采取强制措施，以保证将来的判决得以执行或者避免当事人其他损害的一种司法行为。根据《民事诉讼法》及其司法解释的有关规定，诉讼保全分为诉讼财产保全、诉前财产保全、执行前财产保全三种。

（一）诉讼财产保全

1.诉讼财产保全的基本条件

《民事诉讼法》第一百条第一款规定："人民法院对于可能因当事人一方的行为或者其他原因，使判决难以执行或者造成当事人其他损害的案件，根据对方当事人的申请，可以裁定对其财产进行保全、责令其作出一定行为或者禁止其作出一定行为；当事人没有提出申请的，人民法院在必要时也可以裁定采取保全措施。"这是诉讼财产保全的规定。根据这条规定，案件进入诉讼程序至作出判决前，当事人一方因对方当事人的行为或者其他原因，可能使与本案有关的财产发生转让、转移、毁损等情况的，可以申请法院对对方当事人的财产采取强制措施予以保全。申请诉讼财产保全必须具备以下几个基本条件：

（1）在案件受理后至判决作出前提出申请。这是诉讼财产保全的时间条件。在起诉前申请保全担保财产是诉前财产保全，而不是诉讼财产保全。案件已经判决并进入执行程序的，当事人没有必要再申请保全担保财产，而应由法院采取强制执行措施。诉讼财产保全是诉讼之中的保全，因而只能在案件受理后至判决作出前提出申请。

（2）必须有当事人一方擅自处理与本案有关财产的行为或者其他原因。这里的"当事人一方"包括债务人、担保人等。这里的"与本案有关的财产"包括是债务人的财产、保证人的财产和担保财产等。有些民事案件是金钱给付之诉，但财产保全标的物不限于金钱，可以是被申请人动产和不动产，如查封债务人的房产或扣押被申请人的设备。

（3）使今后判决难以执行或者造成担保权人其他损害。因当事人一方的行为或者其他原因使今后判决难以执行或者造成当事人其他损害是申请和实施财产保全的法定事由，无此事由则不能申请和实施财产保全。

2.诉讼财产保全的启动

诉讼财产保全的启动有依申请和依职权两种方式。依申请裁定保全是法院依据当事人提出的申请而裁定的保全，依职权裁定保全是法院在没有当事人提出申请的情况下依职权主动采取的财产保全。从实践情况来看，在没有特殊情况下，法院一般不依职权作出保全，而由当事人提出申请。当事人申请诉讼财产保全，通常应当采用书面形式，即提交申请书；采用书面形式有困难的，可以口头提出申请。

3.诉讼财产保全的担保。

《民事诉讼法》第一百条第二款规定："人民法院采取保全措施，可以责令申请人提供担保，申请人不提供担保的，裁定驳回申请。"当事人申请诉讼财产，法院责令申请人提供担保有两个主要目的：一是诉讼保全如果发生错误或者申请人败诉，由此造成被申请人损失的，应由申请人予以赔偿，申请人提供了担保，这种赔偿便有了保障，从而避免法院的国家赔偿责任；二是促使申请人慎重申请财产保全，否则承担赔偿责任。

4.诉讼财产保全的措施

法院实施诉讼财产保全的强制措施有查封、冻结、扣押和法律规定的其他措施。法院作出诉讼财产保全裁定后，将视保全财产的具体情况相应地实施强制措施，如保全财产是银行存款的，只能采取冻结措施；如保全财产是房产的，只能采取查封措施；保全财产是车辆的，可以予以扣押。保全不是处分，所以不能采取如划拨、拍卖、变卖等强制措施。

5.诉讼财产保全的效力

法院作出诉讼财产保全裁定并送达后，其法律效力表现为，任何单位和个人，包括申请人和被申请人，除经法院同意外，都不得动用、转移或者处分保全财产。此外，诉讼财产保全的法律效力还延伸到执行程序。根据《民诉法解释》第一百六十八条规定，财产保全裁定未依法撤销或者解除的，案件进入执行程序后，自动转为执行中的查封、扣押、冻结措施，执行法院无需重新制作裁定书。

（二）诉前财产保全

诉前财产保全，是指利害关系人因情况紧急，不立即申请保全将会使其合法权益受到难以弥补的损害的，在案件受理前向法院提出申请，由法院对被申请人的财产或者争议标的物依法采取强制措施进行保全的一种司法行为。《民事诉讼法》第一百零一条第一款规定："利害关系人因情况紧急，不立即申请保全将会使其合法权益受到难以弥补的损害的，可以在提起诉讼或者申请仲裁前向被保全财产所在地、被申请人住所地或者对案件有管辖权的人民法院申请采取保全措施。"

1. 诉前财产保全的事由

诉前财产保全和诉讼财产保全都是财产保全，因而两者有许多共同之处，如保全范围、目的、强制措施、法律效力等基本相同。但诉前财产保全的法律规定比诉讼财产保全严格，特别是申请诉前财产保全的事由。

申请诉前财产保全的事由是：因情况紧急，在提起诉讼或者申请仲裁前不立即申请保全将会使一方当事人的合法权益受到难以弥补的损害。譬如，借款人向银行贷款到期未偿还，"情况紧急"通常表现为，银行如果等到起诉后再向法院申请财产保全，由于借款人、担保人的行为或者其他原因，相关财产将被转移、转让、隐匿等，将使债权受到难以弥补的损害，如借款人为了逃避贷款债务，将自己的唯一房产出卖，且已与第三人订立了房屋买卖合同，正在办理房产过户手续，银行发现这一情况时尚未起诉，如果等待起诉后再申请保全，该房产过户手续和房价款交付就将完成，在这种紧急情况下，银行可以立即申请诉前财产保全。

2. 诉前财产保全后的诉讼

《民事诉讼法》第一百零一条第三款规定："申请人在人民法院采取保全措施后三十日内不依法提起诉讼或者申请仲裁的，人民法院应当解除保全。"在法院采取诉讼财产保全措施后，申请人是否提起诉讼由其自己决定。有些债务人迫于财产被查封、扣押或冻结，履行了债务，或者与债权人达成清偿债务协议，债权人就没有必要再提起诉讼。债权人不再提起诉讼的，应当向法院申请解除保全措施。如果超过三十日不依法提起诉讼或者申请仲裁的，申请人即使没有申请解除保全，法院不论当事人情况如何都予以解除保全。

（三）执前财产保全

执前财产保全，是指法律文书生效后至进入执行程序前，债权人因债务

人、担保人等转移财产等紧急情况，将可能导致生效法律文书不能执行或者难以执行的，法院依债权人申请而采取保全措施的一种司法行为。

当事人在诉讼前后尚未申请财产保全，法院也未采取保全措施，案件经裁判其法律文书已经生效而未进入执行程序，在这个阶段，债务人、担保人等仍有机可乘转移财产逃避执行，这时不能再适用诉讼财产保全。为了弥补这一缺陷，《民诉法解释》第一百六十三条规定了执行前财产保全。该条规定："法律文书生效后，进入执行程序前，债权人因对方当事人转移财产等紧急情况，不申请保全将可能导致生效法律文书不能执行或者难以执行的，可以向执行法院申请采取保全措施。债权人在法律文书指定的履行期间届满后五日内不申请执行的，人民法院应当解除保全。"这是"执前财产保全"的规定。

诉前财产保全、诉讼财产保全和执前财产保全都是财产保全，性质是相同的，只是发生的前后时间段不同，执前财产保全适用的时间是"法律文书生效后，进入执行程序前"这个阶段。裁判文书生效后，案件是否进入执行程序，要看权利人是否申请法院执行和法院是否受理执行。权利人申请法院执行并已被法院受理的，无需债权人申请财产保全，法院就可以实施查封、扣押、冻结等强制措施来控制有关涉案财产。在裁判文书生效后而未进入执行程序前这个阶段，出现债务人或担保人转移财产等紧急情况，可能导致生效法律文书不能执行或者难以执行的，债权人才可以申请执行前财产保全。

二、因破产而解除诉讼保全

《企业破产法》第十九条规定："人民法院受理破产申请后，有关债务人财产的保全措施应当解除，执行程序应当中止。"据此规定，债务民企的财产在诉讼程序（包括执行程序）中被法院采取保全措施后，法院一旦受理该债务民企破产申请，就应解除对其已经采取的保全措施。主要有两个理由：一是普通诉讼保全的目的是保证个案裁判的执行，只是为个案实现目的，而债务企业适用破产程序是为了全体债权人公平清偿，所以，个案诉讼保全与《企业破产法》所要实现的集体清偿的目的不符合；二是债务企业进入破产程序，其财产属于破产财产，个案诉讼保全如不解除，个案执行程序继续进行，管理人就无法接管和处分破产财产，破产程序就难以进行。法院受理破产申请后解除财产保全措施，同时应当中止执行程序，相关诉讼及其执行案件交由破产程序处理。

债务民企破产适用《企业破产法》第十九条规定解除保全措施，需要注意以下几个问题：

一是解除的对象是诉讼保全措施。即解除对债务民企财产作出的诉前财产保全、诉讼财产保全、执前财产保全和执行程序中所采取的查封、冻结、扣押等保全措施。法院在执行程序中已经采取的拍卖、变卖、折价等处分性强制措施不在解除之列，但所得价款应为破产财产处置。

二是相关单位对债务民企财产所采取的保全措施亦应及时解除。《企业破产法》第十九条只规定法院应当解除保全措施，而未规定其他相关单位解除对债务企业的财产所采取的保全措施。但相关单位，如海关、工商行政管理部门等对债务民企的财产采取的扣押、查封等，若不解除也同样有碍于破产财产的处置。因此，《破产法司法解释二》第七条规定："对债务人财产已采取保全措施的相关单位，在知悉人民法院已裁定受理有关债务人的破产申请后，应当依照企业破产法第十九条的规定及时解除对债务人财产的保全措施。"这里需要注意，相关单位作出的保全措施应当由相关单位解除，法院不得越俎代庖，但为使相关单位"知悉"，法院应将裁定受理破产申请的情况通知相关单位，并告知解除保全措施。

三是解除保全措施的财产应当交付管理人。保全措施一旦解除，在债务民企的财产上施加的查封、扣押、冻结等决定便失去效力，该财产应当恢复到保全措施实施以前的状态，原被保全的财产应当返还给被申请人。但因破产事由而解除保全措施的，被保全的财产不得返还债务民企，而应当交由管理人保管，并由管理人纳入破产财产。

三、恢复诉讼保全措施

诉讼保全措施因法院受理破产申请而解除，破产保全措施因为破产程序顺利进行而采取，两者都依赖于破产程序而为，但若破产程序不再进行，破产保全便失去前置基础。《破产法司法解释二》第八条第一款规定："人民法院受理破产申请后至破产宣告前裁定驳回破产申请，或者依据企业破产法第一百零八条的规定裁定终结破产程序的，应当及时通知原已采取保全措施并已依法解除保全措施的单位按照原保全顺位恢复相关保全措施。"第二款规定"在已依法解除保全的单位恢复保全措施或者表示不再恢复之前，受理破产申请的人民法院不得解除对债务人财产的保全措施。"

法院受理破产申请后至破产宣告前，经审查发现债务人有不符合规定的破产原因的，法院裁定驳回申请人提出破产申请。法院驳回破产申请的主要事由有：（1）申请不符合法律规定的破产受理条件，即债务人没有达到不能清偿到期债务、资产不足以清偿全部债务或者明显缺乏清偿能力的界限；（2）债务人有隐匿、转移财产等行为，为逃避债务而申请破产；（3）债权人借破产申请毁损债务人商业信誉，意图损害公平竞争；（4）债务人巨额财产下落不明且不能合理解释财产去向。出现上述事由之一，法院裁定驳回破产申请后，说明破产原因不存在或者不再存在，有关案件回归诉讼程序的，原已解除的诉讼保全措施可以恢复，原来因破产原因而中止的诉讼应当恢复诉讼，已中止的执行程序应当恢复执行。

终结破产程序的原因较多，这里只是适用《企业破产法》第一百零八条规定的两种情形，即在破产宣告前，第三人为债务人提供足额担保或者为债务人清偿全部到期债务，债务人已清偿全部到期债务。在这两种情形下，法院裁定终结破产程序的，通常不再恢复诉讼保全。

四、因破产而采取财产保全

《破产法司法解释二》第六条规定："破产申请受理后，对于可能因有关利益相关人的行为或者其他原因，影响破产程序依法进行的，受理破产申请的人民法院可以根据管理人的申请或者依职权，对债务人的全部或者部分财产采取保全措施。"这是破产财产保全的规定。

《企业破产法》第十九条规定，对债务人的财产应当解除诉讼保全措施，而《破产法司法解释二》第六条似乎"反其道而行之"，规定对债务人的财产可以采取保全措施，于是有人就怀疑这个司法解释是否"合法"。解开这个疑团的关键在于诉讼保全与破产保全的区别。

（1）发生的时间不同。诉讼保全发生在诉讼前后，而破产保全发生在法院受理破产申请后，即破产程序之中。

（2）事由和目的不同。诉讼保全的事由是"可能因当事人一方的行为或者其他原因，使判决难以执行或者造成当事人其他损害的案件"或"利害关系人因情况紧急，不立即申请保全将会使其合法权益受到难以弥补的损害"。而破产保全的事由是"影响破产程序依法进行"，目的是使破产程序依法顺利进行，这是破产保全的主因。

（3）申请主体不同。诉讼保全的申请人是一方当事人，包括债权人和有关利害关系人，而破产保全的申请人只能是管理人。

我们在实践中经常看到，民企出现破产原因一旦进入破产程序，不少债权人出于自身利益的本能反应，争先恐后地争抢债务民企的财产；有些债务民企的老板、股东和职工也借机隐匿、转移、私分破产财产。在这些乱糟糟的情况下，管理人接管债务民企的首要任务是制止这些不法行为，其中，向法院申请破产财产保全是最为有效的办法。法院对债务民企的财产一旦采取查封、扣押、冻结等强制措施，即可有力地保护债务民企的财产，使全体债权人得以公平清偿，这就使破产保全成为必不可少的措施。

五、对民企股东的个人财产采取破产保全

在司法实践中，不少法院在民企破产程序中，以民企破产为由直接对股东个人财产采取保全措施，如查封股东个人房产、冻结股东的银行存款等，但不少人怀疑这种司法行为是否合法。

我们知道，民企股东虽是民企的投资者，其意志决定着民企的命运，但民企与股东毕竟是两个不同的主体，民企财产与股东个人财产不混同，因此，在正常的情况下，法院是不能以民企破产为由对其股东的个人财产采取保全措施的。但是，法院以民企破产为由对股东个人财产采取保全措施必定事出有因。

从司法实践来看，法院对债务民企股东的个人财产采取破产保全措施，主要有以下三种法定事由：

一是股东为其企业提供担保。股东为企业提供担保，在国企中是少见的，但在民企中是一种很有特色又很常见的现象。譬如，民企向银行贷款需要担保，企业本身没有资产担保或者担保资产不足的，首先会想到股东担保，许多

股东考虑与企业之间的切身利益关系，大多愿意提供担保，有的拿个人房产抵押，有的提供保证担保，还有的直接以企业的股权质押为企业提供担保。由于股东在企业有股权资产，不少银行也乐意接受股东担保，因此，股东担保成为民企融资的普遍现象。但当民企进入破产程序时，不少股东为了逃避担保债务，就有可能转让、转移、隐匿其个人有关担保财产，这对债权人实现担保债权极为不利，就此，管理人可以根据《民事诉讼法》的有关规定，向法院申请对股东的有关担保财产进行破产保全。

二是股东承担连带清偿责任。管理人在审核债权、调查资产等活动中，若发现股东滥用权力致使民企法人人格严重混同，股东个人资产与企业资产不分你我等情况，且已有证据证实股东应对企业债务承担连带清偿责任的，为防止连带责任股东逃避连带债务，可以向法院申请对股东的有关财产进行保全，法院也可以裁定对股东个人的有关财产采取保全措施。

三是股东负有赔偿责任。根据《企业破产法》第三十六条、第一百二十五条和第一百二十八条规定，股东担任企业董事、监事或者高级管理人员，违反忠实义务、勤勉义务，致使所在民企破产的，实施某些行为故意损害债权人利益的，利用职权从企业获取非正常收入和侵占的企业财产，应当依法承担赔偿责任或返还财产责任。在破产程序中，管理人发现且有证据证实股东有上述身份和行为，为了防止其逃避赔偿责任，可以向法院申请对其有关财产进行破产保全，法院应当根据《民事诉讼法》的有关规定采取保全措施。

【案例分析】

提示：管理人在破产程序中申请财产保全，法院适用民诉法规定作出裁定。

案件介绍

2014 年 4 月 24 日，沁阳市法院裁定受理清宫酒业公司对思可达公司的重整申请并指定管理人。管理人接管思科达公司后，根据财务资料反映，英利公司尚欠思科达公司货款 180467.63 元。2014 年 6 月 24 日，思可达公司管理人依据《企业破产法》第十七条、第二十五条规定，向英利公司送达了债务履行通知书，要求英利公司收到通知之日起三日内向其清偿债务，英利公司收到通知后，既未对该笔款项提出异议，也未向思可达公司管理人清偿债务。

2015 年 4 月 17 日，思可达公司管理人依据《民事诉讼法》第一百零一条规定，向沁阳市法院提出诉前财产保全申请，申请对英利公司的银行存款 180467.63 元予以冻结，并提供了担保。

沁阳市法院经审查认为，思可达公司管理人的诉前财产保全申请及提供的担保符合法律规定。于是，依照《民事诉讼法》第一百零一条、第一百零二条的规定，作出（2015）沁民保字第 00009 号裁定书，裁定如下：1. 对被申请人英利公司的银行存款 180467.63 元予以冻结；2. 申请人应当在采取保全措施后三十日内依法提起诉讼或者申请仲裁，逾期不起诉或者申请仲裁的，本院将解除财产保全。

作者分析

这是一起简单的破产保全案件，但在法律适用上还是值得说明一下的。

我国《企业破产法》没有规定破产保全，《破产法司法解释二》为弥补这一缺陷，第六条规定了破产保全，但也未规定破产保全的法律适用。因破产保全也属于民诉法上的财产保全，故根据《破产法司法解释二》第六条申请破产保全的，亦应适用民诉法有关财产保全的具体规定。本案中，法院"依照《民事诉讼法》第一百零一条、第一百零二条 的规定"作出保全裁定，就说明了这个问题。

《民事诉讼法》第一百零一条第一款规定："利害关系人因情况紧急，不立即申请保全将会使其合法权益受到难以弥补的损害的，可以在提起诉讼或者申请仲裁前向被保全财产所在地、被申请人住所地或者对案件有管辖权的人民法院申请采取保全措施。申请人应当提供担保，不提供担保的，裁定驳回申请。"第一百零二条规定："保全限于请求的范围，或者与本案有关的财物。"本案中，思可达公司管理人向法院申请诉前财产保全，符合上述规定要求。

（1）关于"情况紧急"。根据《民事诉讼法》第一百零一条第一款规定，当事人申请诉前财产保全，应当具有"因情况紧急，不立即申请保全将会使其合法权益受到难以弥补的损害"的情形。英利公司欠思科达公司 180467.63 元货款，在思可达公司进入破产程序后尚未清偿，管理人依据《企业破产法》第十七条、第二十五条规定的职责向英利公司追收债权，并送达了债务履行通知书，而英利公司收到通知后，既未对该笔款项提出异议也未向思可达公司管理人清偿债务，据此，管理人本可代表思可达公司向法院提起追收债权诉讼，但在提起追收诉讼前，已发现英利公司在银行有存款。银行存款是很容易被存款人提取或转移的，如不立即保全将难以追回，故可视为有"情况紧急"。

（2）关于"提供担保"。《民事诉讼法》第一百零一条第一款规定"申请人应当提供担保"。本案中，思可达公司管理人向法院申请采取保全措施，已经提供了担保，法院也认定思可达公司管理人提供的担保符合法律规定。

（3）关于保全请求范围。《民事诉讼法》第一百零二条规定，"保全限于请求的范围，或者与本案有关的财物。"本案中，英利公司欠思科达公司180467.63元货款，思可达公司管理人向法院申请冻结被申请人英利公司的银行存款也为180467.63元，与思可达公司对英利公司享有的货款债权等额，没有超出请求范围。

此外，法院裁定对英利公司的银行存款180467.63元予以冻结，思可达公司管理人应当在采取保全措施后三十日内依法提起诉讼或者申请仲裁，逾期不起诉或者申请仲裁的，将解除财产保全。

综上，思可达公司管理人提出诉前财产保全申请，符合《民事诉讼法》第一百零一条和第一百零二条的规定，所以法院予以受理并作出财产保全裁定。

第五节　民企债务案件"执转破"

执行案件移送破产简称"执转破"，是指执行法院发现被执行人具有破产原因，经当事人同意后将民事执行案件移送至受移送法院通过破产程序处理债权债务的司法行为。"执转破"是最高人民法院创设的以法院职权辅助破产程序启动的一种模式，对解决"执行难"和"破产难"具有重要作用。

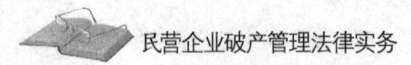

一、"执转破"的司法规范

最高人民法院于 2015 年发布的《民诉法解释》，首次正式制定"执转破"规则。其中，第五百一十三条至第五百一十五条规定：被执行人的企业法人符合《企业破产法》第二条第一款规定情形的，执行法院经申请执行人或者被执行人同意，裁定中止对该被执行人的执行，将执行案件相关材料移送被执行人住所地法院；被执行人住所地法院应当自收到执行案件相关材料之日起三十日内，将是否受理破产案件的裁定告知执行法院，不予受理的应当将相关案件材料退回执行法院；裁定受理破产案件的，执行法院应当解除对被执行人财产的保全措施；被执行人住所地法院裁定宣告被执行人破产的，执行法院应当裁定终结对该被执行人的执行。《民诉法解释》这些规定，正式确立了"执转破"规则，从制度上打通了执行不能的案件通过法院移送进入破产程序的通道，引导债权人适用破产程序保护其权利。

《民诉法解释》上述"执转破"规定仅为原则性、概括性规定。为促进和规范执行案件移送破产审查工作，保障执行程序与破产程序的有序衔接，最高人民法院于 2017 年又发布了《关于执行案件移送破产审查若干问题的指导意见》（以下简称《指导意见》）对"执转破"问题专门作出 21 条规定，由此大大地推进"执转破"工作。

二、"执转破"的司法理由

民事诉讼中的执行程序与破产程序虽然同为强制实现债权的程序，但执行程序是为个案债权人实现个别债权清偿而进行的，先执行的债权往往先受偿，而后执行的债权往往只能对剩余的财产受偿，而破产程序的目的是使全体债权人同时公平清偿，两者目的和清偿方式完全不同。因此，法院在执行程序中发现债务人出现破产原因的，应当转入破产程序，以维护全体债权人公平利益。

另一事由是，被执行的债务企业通过法院强制执行仍不能履行债务，当属"不能清偿到期债务"，此时又"资产不足以清偿全部债务或者明显缺乏清偿能力的"，也就具有破产原因。在此情形下，仍不将债务企业卷入破产程序，就会出现大量执行案件积压而不能化解，"执行难"也就凸显出来，这给法院带来很大压力。在债务企业具有破产原因的情形下，执行案件转移至破产程序，通过和解、重整或清算程序清偿债务，这会将债务企业的全部债权债务关系得以消灭，因此，"执转破"是法院解决民企"执行难"的一条重要途径，并具有重要的作用。

三、"执转破"的工作衔接

"执转破"首先需要解决的是执行程序与破产程序之间的转换与衔接问题，而这种转换与衔接需要在法院系统内部进行。法院系统内部的"执转破"衔接有以下三种情况：

一是不同法院之间的衔接，即执行案件在一个法院，而被执行人住所地法院在另一个法院，执行法院将执行案件移送给被执行人住所地法院；

二是基层法院与中级法院的衔接，即无权管辖破产案件的基层法院将执行案件移送其上一级有破产管辖权的中院管辖；

三是同一法院内部的部门之间的衔接，如立案庭、执行局将执行案件移送给破产审判庭。

《指导意见》就此，明确规定了"执转破"的条件、管辖、程序、审查、受理以及监督等一系列问题。

四、民企债务案件"执转破"适用范围和条件

根据《企业破产法》第二条规定，企业破产原因有两种：第一种是"企业法人不能清偿到期债务，并且资产不足以清偿全部债务或者明显缺乏清偿能力"，第二种是"有明显丧失清偿能力可能"可以进行重整。《民诉法解释》只规定在具有第一种破产原因的情形下可以"执转破"，而未规定第二种破产原因可以"执转破"。因此，"执转破"的适用范围限于第一种破产原因，而第二种重整原因不适用于"执转破"。

《指导意见》第2条指出：执行案件移送破产审查，应同时符合下列条件：（1）被执行人为企业法人；（2）被执行人或者有关被执行人的任何一个执行案件的申请执行人书面同意将执行案件移送破产审查；（3）被执行人不能清偿到

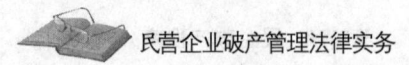

期债务，并且资产不足以清偿全部债务或者明显缺乏清偿能力。

就民企债务案件"执转破"的移送条件的适用问题，我们作如下分析：

一是被执行民企必须具有法人资格。被执行民企不具有法人资格，本身不属于破产对象，也就不存在其债务案件"执转破"的问题，因此，执行法院或执行机构在移送之前，必须先行审查被执行民企是否具有法人资格，然后确认可否移送。

二是必须取得被执行民企或者任何一个申请执行人的书面同意。这是"执转破"当事人意思表示的条件。被执行民企同意"执转破"的，不论申请执行人是否同意都应当"执转破"；被执行民企不同意，但申请执行人同意的，亦应"执转破"；有一个申请执行人同意而其他申请执行人不同意的，这个申请执行人的同意也就决定了"执转破"的可行性。

被执行民企和全体申请执行人都不同意的，法院不得违背当事人意思自治原则强制进行"执转破"，但若又无人申请债务民企破产的，执行法院应当按照《民诉法解释》第五百一十六条的规定，就执行变价所得财产，在扣除执行费用及清偿优先受偿的债权后，对于普通债权按照财产保全和执行中查封、扣押、冻结财产的先后顺序清偿，其他已经取得执行依据的债权人申请参与分配的，法院不予支持。

三是被执行民企具备破产原因，已经存在或出现第一种破产原因，即不能清偿到期债务，并且资产不足以清偿全部债务或者明显缺乏清偿能力。被执行民企不具此破产原因，不适用"执转破"司法规则。

此外，"执转破"的案件必须是具有金钱给付内容并可参与破产财产分配的债务执行案件，不具金钱给付内容的执行案件，如法院仅判决排除妨害的执行案件，因无可参与破产财产分配的内容，故不属于"执转破"范围。

民企执行案件同时具备上述条件，执行法院应将其转移至受移送法院适用破产程序进行处置。

五、民企"执转破"的操作程序

1.执行法院征询移送意见

执行法院对民企债务案件采取财产调查措施后，发现被执行民企有破产原

因的，应当及时询问被执行民企和申请执行人是否同意将案件移送至被执行人住所地法院破产审查，双方所有当事人都不同意移送的，执行法院也就无法决定移送，而后不发生"执转破"操作程序。

2. 执行法院作出移送决定

承办人根据《指导意见》规定，认为执行案件符合移送破产审查条件的，提出审查意见，经合议庭评议同意后，由执行法院院长签署移送决定。基层法院拟将执行案件移送异地中院进行破产审查的，在作出移送决定前，应先报请其所在地中院执行部门审核同意。执行法院作出移送决定后，应于五日内送达申请执行人和被执行人；申请执行人或被执行人对决定有异议的，可以在受移送法院破产审查期间提出，由受移送法院一并处理。

3. 执行法院移送有关材料

执行法院作出移送决定后，应当向受移送法院移送下列材料：（1）执行案件移送破产审查决定书；（2）申请执行人或被执行人同意移送的书面材料；（3）执行法院采取财产调查措施查明的被执行人的财产状况，已查封、扣押、冻结财产清单及相关材料；（4）执行法院已分配财产清单及相关材料；（5）被执行人债务清单；（6）其他应当移送的材料。

受移送法院不得以材料不完备等为由拒绝接收，但影响认定破产原因是否具备的，受移送法院可以要求执行法院补齐、补正，执行法院应于十日内补齐、补正。受移送法院需要查阅执行程序中的其他案件材料，或者依法委托执行法院办理财产处置等事项的，执行法院应予协助配合。

受移送法院拒绝接收移送的材料，或者收到移送的材料后不按规定的期限作出是否受理裁定的，执行法院可函请受移送法院的上一级法院进行监督。上一级法院收到函件后应当指令受移送法院在十日内接收材料或作出是否受理的裁定。

受移送法院收到上级法院的通知后，十日内仍不接收材料或不作出是否受理裁定的，上一级法院可以径行对移送破产审查的案件行使管辖权。上一级法院裁定受理破产案件的，可以指令受移送法院审理。

4. 执行法院中止执行程序

执行法院作出移送决定书面通知后，应当中止对被执行民企的执行程序。但对被执行人的季节性商品、鲜活、易腐烂变质以及其他不宜长期保存的物品，执行法院应当及时变价处置，处置价款应在规定时间内移交受理破产案件的法院。

5.执行法院延续财产保全措施

为防止被执行财产在"执转破"过程中流失，执行法院应当确保对被执行财产的查封、扣押、冻结措施的连续性，在决定移送后、受移送法院裁定受理破产案件之前，不得解除对被执行财产的查封、扣押、冻结措施。查封、扣押、冻结期限在破产审查期间届满的，申请执行人可以向执行法院申请延长期限。

6.受移送法院裁定受理

受移送法院应当自收到移送的材料之日起三十日内作出是否受理的裁定。受移送法院作出裁定后，应当在五日内送达申请执行人、被执行人，并送交执行法院。受移送法院裁定受理破产的，执行法院应当解除对被执行人财产的保全措施；裁定宣告被执行人破产的，执行法院应当裁定终结对该被执行人的执行。

7.裁定受理后的财产处置

执行法院收到受移送法院受理裁定后，应当于七日内将已经扣划到账的银行存款、实际扣押的动产、有价证券等被执行人财产移交给受理破产案件的法院或管理人。此前的执行程序中产生的评估费、公告费、保管费等执行费用，可以参照破产费用的规定，从债务人财产中随时清偿。

执行法院收到受移送法院受理裁定时，已通过拍卖程序处置且成交裁定已送达买受人的拍卖财产，通过以物抵债偿还债务且抵债裁定已送达债权人的抵债财产，已完成转账、汇款、现金交付的执行款，因财产所有权已经发生变动，不属于被执行人的财产，不再移交。

8.受移送法院不予受理或驳回申请

受移送法院作出不予受理或驳回申请裁定的，应当在裁定生效后七日内将接收的材料、被执行人的财产退回执行法院，执行法院应当恢复对被执行人的执行。此后，不再重复启动执行案件移送破产审查程序。

申请执行人或被执行人有新证据足以证明被执行人已经具备了破产原因，不得再次要求将执行案件移送破产审查，但可以直接向具有管辖权的法院提出破产申请。

9.执行法院终结执行

受移送法院受理后，裁定宣告被执行人破产或裁定终止和解程序、重整程序的，自裁定作出之日起五日内将裁定送交执行法院，执行法院凭此裁定终结对被执行人的执行。

【案例分析】

提示：执行案件移送破产符合条件，受送法院启动破产程序。

案件介绍

威腾服装公司和奔腾服装公司均为江门市工商行政管理局登记的具有法人资格的独资有限责任公司。2012年，威腾服装公司、奔腾服装公司与华冠拉链公司（后变更登记公司名称为知筑灯饰公司）发生买卖合同纠纷，开平市法院作出民事判决，判决奔腾服装公司应清还华冠拉链公司欠款21679.6元，威腾服装公司应清还华冠拉链公司欠款86953.89元。威腾服装公司、奔腾服装公司未能履行上述生效判决确定的义务，华冠拉链公司便向开平市法院申请强制执行。开平市法院在执行威腾服装公司、奔腾服装公司的系列案件中，依法拍卖了威腾服装公司、奔腾服装公司涉案财产，清偿部分债务后，威腾服装公司、奔腾服装公司未清偿剩余债务。威腾服装公司、奔腾服装公司除已拍卖变价财产外，无其他财产可供执行，且已停止经营，并因逾期未公示年检报告被江门市工商行政管理局列入经营异常名录。据此，开平市法院决定对奔腾服装公司、威腾服装公司的执行案件移送破产审查，知筑灯饰公司表示同意并提出申请。开平市法院遂依照《企业破产法》第二条第一款、《指导意见》第2条的规定，于2017年2月13日作出移送破产审查决定书，向其上级江门市中院移送破产审查。

江门市中院认为，本案系开平市法院执行中移送的破产案件，被申请人威腾服装公司、奔腾服装公司的注册地在江门市，登记机关为江门市工商行政管理局。依照《指导意见》第3条中"执行案件移送破产审查，由被执行人住所地人民法院管辖。在级别管辖上，为适应破产审判专业化建设的要求，合理分配审判任务，实行以中级人民法院管辖为原则、基层人民法院管辖为例外的管

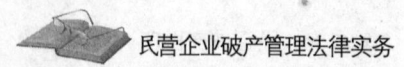

辖制度"的规定，本院对本案具有管辖权。

开平市法院在执行以威腾服装公司、奔腾服装公司作为被执行人的系列案件中，发现威腾服装公司、奔腾服装公司符合《企业破产法》第二条第一款规定情形，经申请人知筑灯饰公司同意并申请，将执行案件向本院移送破产审查符合《指导意见》第2条"执行案件移送破产审查，应同时符合下列条件：（1）被执行人为企业法人；（2）被执行人或者有关被执行人的任何一个执行案件的申请执行人书面同意将执行案件移送破产审查；（3）被执行人不能清偿到期债务，并且资产不足以清偿全部债务或者明显缺乏清偿能力"的规定。

本案中，开平市法院移送的涉案债权债务的民事判决等生效法律文书均能够证明申请人知筑灯饰公司及其他债权人对被申请人威腾服装公司、奔腾服装公司享有到期债权。现被申请人威腾服装公司、奔腾服装公司未能清偿到期债务，经开平市法院依法强制执行，其财产变价剩余款项不能清偿全部债务，且暂未查到有其他财产可供执行，属明显缺乏清偿能力，已具备《企业破产法》规定的破产原因。因我国破产程序启动采取申请主义，本案开平市法院经征求申请人知筑灯饰公司意见，其同意被申请人威腾服装公司、奔腾服装公司进入破产程序，故应视同其对威腾服装公司、奔腾服装公司提出破产申请，本案据此可启动破产程序。

江门市中院作出（2017）粤07破申1号破产民事裁定书，裁定受理知筑灯饰公司对威腾服装公司、奔腾服装公司的破产清算申请。

作者分析

本案是一起因执行案件移送破产审查引起的破产清算案件。我们在这里分析其中"执行案件移送破产审查"所涉的条件、管辖以及破产程序启动的问题。

一、关于本案的条件问题

《指导意见》第2条规定："执行案件移送破产审查，应同时符合下列条件：（1）被执行人为企业法人；（2）被执行人或者有关被执行人的任何一个执行案件的申请执行人书面同意将执行案件移送破产审查；（3）被执行人不能清

偿到期债务，并且资产不足以清偿全部债务或者明显缺乏清偿能力。"本案中，威腾服装公司和奔腾服装公司均为有限责任公司，均是企业法人，且其对知筑灯饰公司所负的债务已经进入执行程序成为被执行人，因而符合上述规定的第一个条件。开平市法院决定将奔腾服装公司、威腾服装公司执行案件移送破产审查，申请执行人知筑灯饰公司表示同意并提出申请，这符合上述规定的第二个条件。法院认定，被申请人威腾服装公司、奔腾服装公司未能清偿到期债务，经依法强制执行，其财产变价剩余款项不能清偿全部债务，且暂未查到有其他财产可供执行，属明显缺乏清偿能力，已具备《企业破产法》规定的破产原因，这符合上述规定的第三个条件。因威腾服装公司、奔腾服装公司同时具备上述三个条件，故开平市法院的执行案件移送破产审查和江门市中院裁定受理破产清算申请是正确的。

二、关于本案的管辖问题

开平市法院是江门市中院辖区内的基层法院，江门市有两级法院，即中级法院和基层法院。《指导意见》第3条规定："执行案件移送破产审查，由被执行人住所地人民法院管辖。"威腾服装公司和奔腾服装公司的登记机关均为江门市工商行政管理局，据此规定，威腾服装公司、奔腾服装公司的执行案件移送破产审查，应当由江门市的法院管辖。但在级别管辖上，本案由开平市法院管辖，还是由江门市中院管辖？《指导意见》第3条还规定，在级别管辖上"实行以中级人民法院管辖为原则、基层人民法院管辖为例外的管辖制度。"据此，在无例外的情况下，本案应当由江门市中院管辖。因此，开平市法院作出移送破产审查决定和江门市中院裁定予以受理，均符合破产案件的管辖规定。

三、关于本案的破产程序启动问题

我国破产程序启动采取申请主义，只有债权人、债务人或依法负有清算责任的人先行提出破产申请，法院才能予以受理并启动破产程序，其他人提出申请不能启动破产程序，法院在没有债权人、债务人或依法负有清算责任的人提

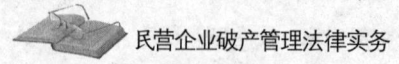

出申请的情况下，也不能依职权启动破产程序。本案中，开平市法院决定对奔腾服装公司、威腾服装公司执行案件移送破产审查，知筑灯饰公司表示同意并提出申请。对此，江门市中院认为：应视同知筑灯饰公司对威腾服装公司、奔腾服装公司提出破产申请，本案据此可启动破产程序。

第三章

民企破产管理人

破产管理人，是指在法院的指挥和监督之下全面接管破产企业财产并负责保管、清理、估价、处理和分配的专门机构或个人。破产管理人是管理、处分破产财产的法定机构，是法院处理破产事务的具体执行者，是破产程序中不可缺少的法定角色。我们在这里根据《破产法》及其司法解释的有关规定，分析民企破产管理人的相关问题。

第一节　民企破产管理人的角色和资格

我国 1986 年的《企业破产法（试行）》实行清算人制度，现行的２００６年《企业破产法》改为国际通行的管理人制度。但《企业破产法》第二十四条第一款又规定："管理人可以由有关部门、机构的人员组成的清算组或者依法设立的律师事务所、会计师事务所、破产清算事务所等社会中介机构担任。"这就是说，清算组管理破产企业的模式并没有完全退出破产程序，企业破产除了社会中介机构担任管理人外，还保留了清算组担任管理人的制度。

一、设立管理人制度的原因

《企业破产法》为什么设立管理人制度，法院办理民企破产案件为什么需要管理人？我们认为主要有以下两个原因：

一是民企破产程序启动后，大量事务专业性、技术性较强，而法院审判人员的专业不可能都能胜任，再者，民企破产财产管理和破产清算工作的任务相当繁重又很复杂，而法院人力有限，不可能全面负责接管民企破产财产，也不可能亲自处理大量的民企破产事务，这就需要有专业机构和专业人员的配合和协助。

二是债务民企濒临破产不像国企那样仍有健全的组织，而大多处于涣散状态，不能有效地管理破产财产，其股东、高管等反而有可能趁机侵占破产财产为己有，这对债权人极为不利。再者，破产程序启动后，债务民企的民事权利能力和行为能力都受到限制，如果还让其继续占有财产，不利于破产财产的处理和分配。债权人及债权人委员会作为破产民企的对方当事人也不能管理占有和管理破产财产，否则，部分债权人出于自身的利益，往往处分破产财产先满足自己的债权，难以公平合理地处理债权债务，这会造成债权人与债务人以及

67

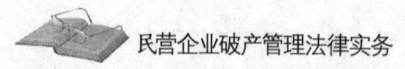

债权人之间的冲突。法院作为审判机关也不可能占有和管理大量的破产财产，这就需要委托第三方占有和管理。

因此，由法院指定具有专业特长的社会中介专门机构站在中立的位置上管理破产财产和处理破产事务也就势在必行了。

二、破产管理人的特征

从《企业破产法》及其司法解释的有关规定来分析，我国破产管理人具有以下几个特征：

一是独立性。在破产程序中，经法院指定的破产管理人是一种独立机构，依法独立行使权利，依法独立承担责任，除依法接受法院指挥、对法院负责并报告工作以及接受债权人会议监督外，他们有权排除政府、行政部门及任何单位或个人的非法干预。

二是中立性。破产管理人有权排除债务人、债权人以及任何利害关系人参与破产财产管理，因此在债务人、债权人之间具有很强的中立性，能够在中立的角色上公平地保护各方当事人的利益。《企业破产法》第二十四条规定，"与本案有利害关系"的单位和个人不得担任管理人。《最高人民法院关于审理企业破产案件指定管理人的规定》（以下简称《管理人规定》）第十四条第二款规定，人民法院发现社会中介机构或者个人有"与本案有利害关系"的，应当将其从管理人名册中除名。排除"与本案有利害关系"的社会中介机构或者个人担任破产管理人，目的就是使破产管理人能够保持中立地位。

三是专业性。法院指定破产管理人，不是让管理人为破产案件"打杂"的，而是利用其专业知识处理破产事务的。《企业破产法》第二十四条第一款规定："管理人可以由有关部门、机构的人员组成的清算组或者依法设立的律师事务所、会计师事务所、破产清算事务所等社会中介机构担任。"第二款规定："人民法院根据债务人的实际情况，可以在征询有关社会中介机构的意见后，指定该机构具备相关专业知识并取得执业资格的人员担任管理人。"由此可见，具有专业性的社会中介机构及其具备相关专业知识并取得执业资格的人员才有可能成为破产管理人。只有坚持这一准入制度，才能保证破产管理人完成破产工作任务。

四是法定性。在实践中，有些民企破产案件债权人很少，破产财产和破产债权清晰并无争议，有些债权人反对法院指定管理人而浪费破产费用，主张在法院主持下自行处理即可。我们认为，这些民企债务案件，当事人可以进行诉讼外自行处理，也可以适用一般诉讼程序处理，但法院一旦裁定受理民企破产，即使案情简单，债权债务关系明确，也必须指定管理人。理由是，在《企业破产法》上，破产管理人参与破产程序具有法定性。《企业破产法》第十三条规定："人民法院裁定受理破产申请的，应当同时指定管理人。"第二十二条规定："管理人由人民法院指定。"由此可见，破产管理人的出现是法律的强制性规定，不由法院或当事人的意志予以否定。其二，破产管理人的职责具有法定性，《企业破产法》第二十五条对此作了明确的规定。其三，破产管理人的义务具有法定性，如《企业破产法》第二十七条规定"管理人应当勤勉尽责，忠实执行职务"等。因管理人参与破产程序具有法定性，故其在破产程序中是一个不可缺少角色。

三、破产管理人的定位

破产管理人既然是破产程序中不可缺少的角色，那么在破产程序中又给予什么定位呢？法学界对此众说纷纭，其中有三个代表性的说法是：（1）破产企业的代理人，其中又分债务人的代理人、债权人的代理人和共同代理人的不同认识；（2）破产企业的代表人，即从破产管理人接管债务人、决定债务人的内部管理事务等职责来看，其是代表人；（3）法院指定的职务人。

我们倾向职务人的观点，主要理由有三条：从破产管理人具有中立的特征和破产法"双重利益保护"来看，破产管理人既不为了债权人的利益，又不为了债务人的利益，而是在法院的指定和监督下以中立的身份履行职责；从破产管理人的权源来看，其享有职权来自法律的规定和法院的指定，并非来自债务人或债权人的委托，也非当事人推选的代表人；从职责来看，法院指定破产管理人的目的完全是要破产管理人履行《企业破产法》第二十五条规定的职责，否则无所谓指定破产管理人。

此外，破产管理人是破产程序中临时设立的专门职能机构，并非独立的民事主体。最高人民法院在再审安彩高科股份有限公司与华飞彩色显示系统有限公司管理人其他合同纠纷案［最高人民法院（2014）民申字第827号民事裁定书］中认为：管理人系破产程序中为接管破产财产并负责破产财产的保管、清理、估价、处理和分配等事务而临时设立的专门职能机构，并非独立的民事主体。河南安彩公司基于华飞管理人履职不当提起诉讼，应当将担任管理人的律师事务所列为本案被告。河南安彩公司将华飞管理人列为被告不当。我们从中可以看出，破产管理人既然不是独立的民事主体，也就没有资格成为代理人或代表人。

四、关于清算组担任民企破产管理人的问题

《企业破产法》在实行管理人制度的同时，有限地保留了原《企业破产法（试行）》规定的清算人制度，允许清算组在一定条件和范围内担任破产管理人，这主要是考虑原来的专门清算程序转为现行的综合破产程序的衔接，以及国有企业政策性破产等特殊情况的需要。但《管理人规定》第十八条对指定清算组担任管理人还是作了一些限制性规定。该条规定，企业破产案件有下列情形之一的，人民法院可以指定清算组为管理人：

1.破产申请受理前，根据有关规定已经成立清算组，人民法院认为符合本规定第十九条的规定。《管理人规定》第十九条规定："清算组为管理人的，人民法院可以从政府有关部门、编入管理人名册的社会中介机构、金融资产管理公司中指定清算组成员，人民银行及金融监督管理机构可以按照有关法律和行政法规的规定派人参加清算组。"债务企业在进入破产程序前，如果已经进入普通清算程序（非破产清算程序），并依据相关法律规定成立了清算组，后来进入破产程序的，法院经过审查，认为原清算组的组成符合破产法律规定的，可以直接指定原清算组为管理人；如果认为原清算组的组成不符合破产法律规定的，则应按照第十九条规定另行指定管理人；原清算组部分成员不合法或者不合适的，法院在指定清算组担任管理人之前，可以根据破产案件的实际情况对原清算组的部分成员进行调整。

债务民企如果属于有限责任公司或者股份有限公司出现解散事由的，根据《公司法》第一百八十三条，应当在解散事由出现之日起十五日内成立清算组，开始清算；有限责任公司的清算组由股东组成，股份有限公司的清算组由董事

或者股东大会确定的人员组成；逾期不成立清算组进行清算的，债权人可以申请人民法院指定有关人员组成清算组进行清算。据此，民企如果是有限责任公司或股份有限公司的，其解散清算组有两种，一种是公司自行成立的清算组，另一种法院指定成立的清算组。这些民企公司自行成立的清算组因由股东或者董事、股东大会确定的人员组成，通常都不符合破产法的规定，故法院在破产程序中不可能指定这些清算组担任管理人；这些民企公司逾期不成立清算组进行清算，债权人申请法院清算，法院指定有关人员组成清算组的，这种清算组当然可以转换为破产管理人。

2. 审理《企业破产法》第一百三十三条规定的案件。《企业破产法》第一百三十三条规定："在本法施行前国务院规定的期限和范围内的国有企业实施破产的特殊事宜，按照国务院有关规定办理。"这里的"国有企业实施破产的特殊事宜"主要是指的国有企业政策性破产。国有企业濒临政策性破产时，政府都会组织主管、财政、计委、审计、税务、物价、劳动人事、工商行政管理等部门的人员和律师、会计师等专业人员成立清算组进行清算，在进入破产程序后，法院可以直接指定原清算组担任国企破产管理人，如有必要，可以与政府及有关部门协商调整部分成员。但该规定仅对国企破产而言，不适用于民企破产。

3. 有关法律规定企业破产时成立清算组的。如《商业银行法》第七十一条规定："商业银行被宣告破产的，由人民法院组织国务院银行业监督管理机构等有关部门和有关人员成立清算组，进行清算。"企业按照法律规定在破产时成立清算组的，在进入破产程序时，法院可以直接指定该清算组为管理人。有关法律规定民企破产时成立清算组的很少见，所以该规定不常用于民企破产，当然，法律对某些特殊民企规定破产时成立清算组的，应当依其规定执行。

4. 人民法院认为可以指定清算组为管理人的其他情形。这是兜底性条款，法院可以根据破产案件的具体情况指定清算组担任破产管理人，但前提条件是清算组已经成立且必须依法成立。

五、关于社会中介机构担任民企破产管理人的问题

根据《企业破产法》第二十四条规定，民企破产管理人选任有三种对象，

即清算组、社会中介机构和依法取得相关执业资格的专业服务机构的专业人员。从司法实践来看，法院选任清算组为民企破产管理人的很少，绝大多数是指定社会中介机构。

社会中介机构是按照一定的业务规则或程序为他人提供居间联系服务的组织。社会中介机构是介于政府与企业、社会利益群体之间的各类社会组织，是社会信用体系的组成部分，具有社会性、中立性的特征。我国社会中介组织很多，包括行业协会、商会、会计师事务所、审计师事务所、律师事务所、评估公司等等。其中，最适宜担任破产管理人的是律师事务所、会计师事务所、破产清算事务所等。社会中介机构申请选任破产管理人，在通常情况下应当具备以下几个基本条件：一是具有独立的民事主体资格，二是具备相应的执业资格，三是具有一定的执业业绩、专业水准和办理企业破产案件的经验。

个人为破产管理人只适用于事实清楚、债权债务关系简单、债务人财产相对集中的企业破产案件。个人选任破产管理人的条件是"依法取得相关执业资格的专业服务机构的专业人员"，如取得执业资格的律师事务所的律师、会计师事务所的注册会计师等，法院在征询其所在的社会中介机构的意见后，经遴选将其编入破产管理人名册。

关于社会中介机构及其专业人员担任破产管理人的选任条件、操作程序以及管理人指定方式、更换、报酬等问题，《管理人规定》已经作出了明确规定，这里不作具体介绍和分析。

【裁判案例】

提示：律师分所人员可参与破产管理，对非其履行职责所致的损失不承担赔偿责任。

2013年9月2日，大庆高新技术产业开发区人民法院（以下简称高新区法院）裁定受理东鹏公司破产清算一案时，指定海天庆城律师事务所（海天庆城所）为破产管理人。该破产管理人依法通知已知的债权人申报债权、核查破产债务人财产等清算工作。债权人佟某某认为破产管理人未履行职责，其行为严重违反了破产法的规定，以海天庆城所、海天庆城所大庆分所（以下简称大庆分所）为被告，向高新区法院提起管理人责任纠纷诉讼，请求判令海天庆城

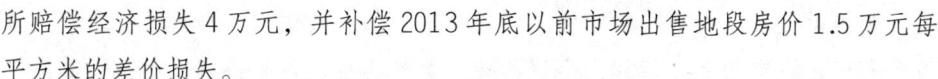

所赔偿经济损失 4 万元，并补偿 2013 年底以前市场出售地段房价 1.5 万元每平方米的差价损失。

海天庆城所辩称：海天庆城所受法院指定担任东鹏公司破产管理人符合法律规定，已依法履行职责，并不存在过错；导致佟某某房屋不能产生收益、影响房屋价值的原因，系 2009 年房屋被拆迁所致，与海天庆城所履行管理人职责无关。

高新区法院认为：本案争议焦点是佟某某的损失是否是在东鹏公司破产清算案件履职中存在过错导致。当事人对自己提出的主张，有责任提供证据。本案中，原告佟某某无充分证据证明其主张的损失是由被告海天庆城所造成，也无充分证据证明其主张的损失与被告海天庆城所进行的破产清算工作有直接因果关系，故原告佟某某的诉讼请求，证据不足，不予支持。高新区法院判决驳回原告佟某某的诉讼请求。

佟某某不服一审判决，向大庆市中院上诉称：1. 佟某某起诉海天庆城所的根据是高新区法院破产决定书指定海天庆城所为东鹏公司破产管理人。一审法院未明确海天庆城所、大庆分所谁是东鹏公司破产管理人，管理人团队、负责人是谁，是谁在执行东鹏公司破产管理人职务。佟某某已向一审法院提交请求更换破产案件管理人申请，但一审法院未依法进行裁定。海天庆城所住所地在哈尔滨市，是哈尔滨市中院辖区注册的律师事务所，在省高院管理人名册中有担任管理人的资格，在大庆市中院辖区没有担任管理人资格，却被大庆高新区法院指定为东鹏公司破产案件管理人。被上诉人海天庆城所大庆分所是在大庆市中院辖区注册的律师事务所分所，在省高院管理人名册中没有担任管理人的资格，但却在大庆市中院辖区承担东鹏公司实际管理人工作。实际管理人是在大庆注册的曹某等三人。海天庆城所受到指定后，根本没有指定律师担任管理人，不是该所律师的曹某等三人却违法担任管理人，高新区法院对此是明知的。上诉人认为，上诉人实际损失应是由二被上诉人直接造成的，同时也是高新区法院造成的。原审法院在被上诉人海天庆城所未提供任何证据证明已履行了管理人责任情况下，判决被上诉人与上诉人损失无关，明显错误。

2. 高新区法院指定被上诉人海天庆城所为破产管理人后，被上诉人大庆分所主任曹某等三人未提交委托手续，以管理人身份进入破产企业后，未按照破产法的规定接管债务人财产、印章、账簿、文书等资料，未调查债务人财产状况、制作财务状况报表。在东鹏公司破产案件第一次债权人会议上，债权人未看到破产法规定的提交债权人会议的债权数额明细、债权债务明细，造成法院违法指定债权人会议主席。由于被上诉人违法行为，造成东鹏公司破产案件一直没能够进行。曹某等三人虚构35个债权人，在债权人表决更换管理人议题时，在没有确定债权人是否真实情况下，欺骗债权人，使更换管理人议题没有完成。该三人欺骗债权人二年多，造成债权人损失应承担责任。2015年11月26日，高新区法院违法裁定驳回东鹏公司破产清算申请，高新区法院应承担赔偿责任。

大庆市中院认为，海天庆城所系黑龙江省高院管理名册中备案的管理人，具备破产管理人资质，其经法院合法指定为东鹏公司破产管理人，符合法律规定。海天庆城所大庆分所是该所设立，其分所人员参与东鹏公司破产管理并无不当，故上诉人主张该所不具备在大庆市担任破产管理人主体资格的理由不能成立。

上诉人佟某某一审诉讼请求二被上诉人赔偿经济损失及补偿差价损失，但案涉房产于2009年拆迁，2013年9月2日法院裁定受理东鹏公司破产清算并指定海天庆城所为东鹏公司破产管理人，其经济损失与破产案件无关，亦并非二被上诉人破产管理行为所导致，故上诉人佟某某要求二被上诉人赔偿经济损失的理由不能成立，原审法院不予支持正确。

关于上诉人主张的补偿差价损失，上诉人应提供证据证实其所受到的损失系由二被上诉人不履行职责和违法不作为所致，但上诉人一、二审提供的证据尚不足以证实该主张成立，故上诉人关于补偿差价损失的诉讼请求不能成立。

大庆市中院认定，原审判决认定事实清楚，适用法律正确。上诉人佟某某的上诉理由不能成立，对上诉人佟某某的上诉请求不予支持。大庆市中院依照《民事诉讼法》第一百七十条第一款第一项的规定，作出（2016）黑06民终822号判决，驳回佟某某上诉，维持原判。

第二节　民企破产管理人与法院、债权人会议关系

国企破产管理人虽与民企破产管理人一样由法院指定并承担《企业破产法》第二十五条规定的职责，但国企破产管理人主要由政府及其部门抽调人员组织，其成员大多代表其职能部门发挥作用，在这种情况下，他们往往自持部门职能与法院"平起平坐"，法院与其协调比较困难，但他们对重要事项又不能做出决定，仍需职能部门批准同意。因此，法院在与国企破产管理人处理好关系的同时，还必须与有关职能部门沟通协调。民企破产管理人主要是社会中介机构，且以获得报酬为目的，在总体上服从性很强，法院与其沟通协调比较容易。

一、法院与管理人是各自独立的主体

我们在实践中经常听到债权人和债务人说，管理人与法院是"穿一条裤子"的，管理人是"代法院办事"的。这种说法是有一定道理的，因为，法院和管理人都是根据破产法及其司法解释处理破产问题的，两者就破产执法必须保持一致。如果从反面看，这种说法把法院与管理人混同为一体，甚至认为沆瀣一气坑害债权人或债务人，那就大错特错了。管理人一旦被法院依法指定为破产管理人就具有独立于法院、债权人会议、债务人的法律地位，与受案法院是各自独立的两个主体，相互不能混同。法院是审理企业破产案件的法定机关，依法独立行使破产审判权。而破产管理人是独立于人民法院之外的按照《企业破产法》第二十五条规定履行职责的"法定机构"。两者的机构性质、工作职责等各不相同，管理人不能代替法院对有关破产事项作出裁判，法院也不代替管理人处理具体破产事务；法院作出错误裁判的责任只能由法院承担而不能转嫁给管理人，管理人处理破产事务损害债权人或者债务人的利益也不能由

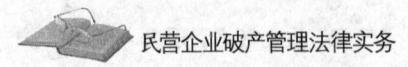

法院代替其承担责任。

二、民企破产管理人与法院的关系

民企破产管理人由法院指定，因此法院与其沟通比较容易，但受案法院与民企破产管理人毕竟是两个不同的主体，各有自己的法定职责。在此情况下，为了共同把民企破产案件办好，两者仍需处理好以下三种关系：

（一）裁判者与执行者的关系

不少民企破产债权人认为，管理人是债权人会议的执行人，凡是债权人会议通过的决议或者作出的决定，管理人应当予以落实和执行。管理人不予执行，持这种认识的债权人就与管理人发生矛盾，甚至要求法院更换管理人。这种认识和做法是错误的。管理人的选任权和指定权在法院而不在债权人会议，债权人会议通过的决议或者作出的决定，只有经过法院批准、许可或者裁定，才能成为管理人的执行依据。

破产程序本质上是司法程序，法院在破产程序中处于主导和支配地位，对破产案件的受理、管理人的指定，重大破产事项、宣告破产清算等有着最终决定权。管理人是法院有关破产裁判的执行者，在其职责范围内具体执行法院的破产决定，而不是债权人会议的执行人，而是法院破产裁判的执行者。债权人会议认为管理人不能依法、公正执行职务或者有其他不能胜任职务的，债权人会议不能直接更换管理人，而只能向人民法院提出更换申请，但是否更换，则由法院审查后决定，而不由债权人会议决定。

（二）监督者和被监督者的关系

民企破产管理人一方面是法院裁判的执行者，另一方面又是债务民企财产的管理者和债务民企业务的决策者，操纵着债务民企以及债权人的债权利益。为了防止管理人滥用权力，法律有必要建立监督机制对管理人实施监督，从而促其依法行使职权和履行职责，公正处理破产财产，公平保护各方当事人的合法权益。

人民法院既然有权选任和指定管理人，当然也就有权对管理人实施监督管理，管理人也应主动积极地接受法院的监管。人民法院对管理人行使监督权应当是全过程和全方位的，但不能事无巨细都予干涉，而应在充分保障管理人履行职责的前提下依职权进行监督。我们认为，受案法院对管理人实施监督，重点应当放在以下几个方面：

1. 通过管理人的工作报告实施监督

《企业破产法》第二十三条规定，管理人执行职务应向人民法院报告工作。这是法院对管理人实施监督的法定途径和重大举措。就此，有些地方法院结合当地的实际情况作出具体规定，归纳起来大致有如下要求：（1）工作报告应采用书面形式，须盖有管理人公章，并由管理人的主要负责人签章；（2）工作报告分为定期报告和不定期报告，内容包括但不限于管理人在上期的工作开展情况，管理人工作障碍及解决方案，管理人下一步的工作计划；（3）将工作计划和工作制度，并报人民法院审核、备案；（4）报告案件终结后的情况，发现有尚未处分的破产事宜应继续履行管理职责的情况。

人民法院通过审查管理人提交的工作报告，在掌握管理人工作情况下，有效地实施监督并促进管理人依法公正高效履行职责。

2. 以"勤勉尽责，忠实执行职务"为内容实施监督

"勤勉尽责，忠实执行职务"是管理人的法定义务，也是法院对管理人实施监督的主要内容。对此实施监督仅凭管理人的工作报告是不够的，还应利用平时工作上的联系加以关注，发现问题及时予以纠正，若有渎职、违法等不能胜任职务的，应当依法予以更换。

3. 通过重大事项报告制度实施监督

在破产程序进行中，管理人难免遭遇突发重大事件和急需处理的重大事项，而这些事件和事项往往对破产案件有着重要影响，对此，管理人应当及时向法院报告，法院应当及时介入处置并进行监督。如，在未设立债权人委员会的情况下，管理人处分重大财产处分，法院可以要求管理人报告情况，管理人也应主动向法院报告，然后，法院对此进行监督，以免出现重大失误或发生重大争议。

（三）考核者与被考核者的关系

国企破产清算组如果是由政府及其部门抽调人员组成，后被法院指定为破

产管理人的，这种管理人在国企破产程序终结后就解散，不可能再完整地担任其他国企破产管理人。管理人考核制度主要是针对选任管理人而设置的，国企破产清算组不属于《管理人规定》的选任范围，因此管理人考核制度对其不适用。民企破产通常由社会中介机构或其专业人员担任管理人，这些机构和人员这次担任管理人，以后还有可能担任其他破产案件的管理人，属于《管理人规定》的选任范围，因此适用于管理人考核制度。法院对管理人进行考核，既是对管理人的一种评价方式，也是监督管理人的一种措施。为处理好考核者与被考核者的关系，法院应当公正、客观地进行考核，而管理人应当虚心接受法院的考核。从各地法院的规定来看，法院对管理人的考核有以下主要内容组成：

1.考核方式。通常采取破产个案考核和年度综合考核相结合的方式进行。个案考核是对管理人办理具体破产案件的量化考核。年度考核是对管理人每一年度内办理破产案件的综合考核。

2.考核内容。个案考核内容主要是管理人办理破产案件的进展、效率和质量，反映管理人办理破产案件的效果。年度综合考核的内容通常为管理人在履行职责过程中执业操守、执业能力、工作表现、工作绩效的表现情况，反映管理人办理破产案件的整体水平和素质。

3.评分标准。通常设总分值100分，在具体项目上设置加分项和减分项，各项具体考核内容的标准分数视具体情况而定。

4.考核结果。通过对具体事项的逐一评分和打分，以所得总分为准。有的法院对个案考核结果分为不合格、合格、良好、优秀四个等级；有的法院对年度综合考核结果分为不合格、合格、优秀三个等级；有的法院对个人管理人考核结果分为不称职、基本称职、称职和优秀四个等级。

5.考核结果公示。绝大多数法院都规定，个案考核和年度考核的结果应及时向管理人公示，管理人对考核结果有异议的，可向评审委员会申请复核。考核的结果作为管理人分级管理的重要依据。

人民法院与管理人只有处理好上述关系，才能保障破产案件的顺利进行，才能提高办理破产案件的效率。

三、民企破产管理人与债权人会议关系

在民企破产程序中，管理人和债权人会议各自具有相应的法律地位，各自都有法定的职责职权，按理说，两者各自履行法定职责职权即可，不必产生矛盾形成纠纷。但从实践情况来看，民企破产管理人与债权人会议是最难统一的，甚至矛盾冲突激烈，如管理人提交和解方案、重整方案、分配方案，债权人会议认为对债权人不利，不管是否合法往往都不予通过；又如，债权人会议表决通过某些事项，直接交由管理人执行，而管理人予以拒绝，等等。由此可见，管理人与债权人会议之间处理好关系非常重要，事关破产案件是否顺利进行，甚至涉及有关破产程序是否成败的大问题。

我们认为，在民企破产过程中，管理人与债权人会议之间应当处理好以下两个主要关系：

（一）履行职责关系

《企业破产法》对管理人与债权人会议的各自职责职权的规定是明确的，但两者在履职时具有相互衔接的特点，其间需要"黏合剂"来把两者密切联系起来，不至于发生实质性冲突，而这"黏合剂"就是通过协调处理好两者的关系。

根据《企业破产法》第二十五条规定，民企破产管理人的职责是：（1）接管债务人的财产、印章和账簿、文书等资料；（2）调查债务人财产状况，制作财产状况报告；（3）决定债务人的内部管理事务；（4）决定债务人的日常开支和其他必要开支；（5）在第一次债权人会议召开之前，决定继续或者停止债务人的营业；（6）管理和处分债务人的财产；（7）代表债务人参加诉讼、仲裁或者其他法律程序；（8）提议召开债权人会议；（9）人民法院认为管理人应当履行的其他职责。《企业破产法》上述规定的管理人职责是破产管理人开展破产工作的法律依据。这种职责具有强制性，不由管理人选择，也不受债权人会议干扰，社会中介机构或个人一旦被法院指定为破产管理人就必须担当，不得无故推辞、放弃和推诿。

债权人会议是由所有依法申报债权的债权人组成的，以保障债权人共同利益为目的，为实现债权人的破产程序参与权讨论决定有关破产事宜，表达债权

人意志，协调债权人行为的破产议事机构。根据《企业破产法》第六十一条规定，债权人会议行使下列职权：（一）核查债权；（二）申请人民法院更换管理人，审查管理人的费用和报酬；（三）监督管理人；（四）选任和更换债权人委员会成员；（五）决定继续或者停止债务人的营业；（六）通过重整计划；（七）通过和解协议；（八）通过债务人财产的管理方案；（九）通过破产财产的变价方案；（十）通过破产财产的分配方案；（十一）人民法院认为应当由债务人财产的管理方案债权人会议行使的其他职权。

上述债权人会议的法定职权，除第（四）项外都与管理人履行职责有关，如，管理人接受并审查债权人申报的债权后，应当报请债权人会议核查；又如，管理人拟制的重整计划草案、和解协议草案、债务人财产管理方案、破产财产变价方案、破产财产分配方案等都应报请债权人会议表决通过。

管理人与债权人会议处理好履职关系，债权人会议表决是否通过上述破产方案是关键，债权人会议对管理人提交的破产方案若有不满，此时最容易发生矛盾，甚至爆发冲突。管理人要想避免此时的矛盾和冲突，使有关破产方案获得债权人会议表决通过，有三件事情要做，且要认真做好：一是事先应当充分征求和听取债权人特别是大额债权人的意见，在尊重债权人意见的基础上，再起草合法、合理、公正的方案；二是在列席债权人会议上，对有关破产草案作出详细的说明和解释，以取得大多数债权人的理解和支持；三是对债权人在债权人会议中提出的合理合法的修订意见，应当明确表示采纳，对不合法的意见不予采纳的，应当予以解析清楚，挽回这部分债权人的支持。

我们在实践中也发现，管理人向债权人会议提交的破产方案合法并无错误，但由于不能满足部分债权人的欲望，这部分债权人极力反对和鼓动，使方案不能在债权人会议上表决通过。对此，管理人不必要在债权人会议上与债权人闹矛盾，而应依法告知或报请法院裁决。如，债权人对债权表记载的债权有异议，而管理人认为合法不存在错误的，应当告知债权人向法院提起诉讼。如，债权人会议表决未通过破产财产变价方案、破产财产分配方案，管理人应当报请法院裁定。如，债权人会议表决未通过破产财产分配方案，管理人修订后应当再次报请债权人会议表决，债权人会议第二次表决仍未通过的，管理人应当报请法院裁定。

（二）监督与被监督关系

我国《企业破产法》对管理人实行"二元化"监督机制，破产管理人既有受案法院的监督，又受债权人会议的监督。

《企业破产法》第二十二条第二款规定，债权人会议认为管理人不能依法、公正执行职务或者有其他不能胜任职务情形的，可以申请人民法院予以更换。第二十三条第一款还规定，管理人执行职务接受债权人会议和债权人委员会的监督。第六十一条规定，债权人会议行使下列职权：（一）核查债权；（二）申请人民法院更换管理人，审查管理人的费用和报酬；（三）监督管理人……第二十三条第二款还规定，管理人应当列席债权人会议，向债权人会议报告职务执行情况，并回答询问，接受债权人会议的监督。

由此可见，债权人会议是管理人的法定监督人之一，其监督的主要内容是管理人是否依法履行职责。如，债权人会议有权要求管理人报告债务人的破产状况和对债务人财产的管理情况，有权监督管理人的处置债务人财产的行为，有权要求管理人报告职务执行情况，有权就破产财产、破产债权、履行职责等事宜询问管理人。但是，债权人会议在监督管理人的过程中，发现管理人有履职不作为或者履职违法情形，由于管理人是法院指定，债权人会议无权对管理人作出决定性的处理，而只能请求法院对管理人的行为予以撤销或者作出其他处理。

债权人会议实施监督权最为厉害的法定手段是请求法院更换管理人，但请求更换管理人必须有法定事由。这个法定事由主要是管理人违背"勤勉尽责，忠实执行职务"履责义务。管理人确有违背履责义务，债权人会议不得自行更换管理人，而应向法院申请更换。法院认为应当更换的，解任原管理人，另行指定管理人。

我们在实践中发现，有些民企破产管理人非常重视法院监督，而对债权人会议的监督不屑一顾，这种做法是错误的。债权人会议是所有依法申报债权的债权人组成，目的是保障全体债权人的共同利益，并据此对管理人实施监督，且其监督权是法定的权利。民企破产管理人如果藐视债权人会议的监督，加之有不履行职责义务行为，就有可能引起债权人会议的"弹劾"，结果被法院更换；如果不接受债权人会议监督，违法履职或者履职不作为，造成债权人利益

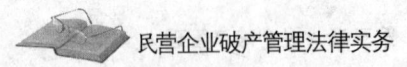

损失的，还将承担赔偿责任。

民企破产管理人、法院、债权人会议三者之间的关系处理，前提条件是合法，法院不可以违法迁就管理人，管理人也不可无原则迁就少数债权人，如果以牺牲债务人或大部分债权人的合法权益为代价换取"密切配合"，则会导致失败的结果。

【裁判案例】

提示：法院指定政府部门已设的清算组担任破产管理人，个别债权人申请更换主体不适格。

金星工具厂系国有企业，常某某系金星工具厂的职工债权人。2009年10月，金星工具厂向太原市中院申请破产，太原市中院受理后成立了破产清算组，并指定清算组担任金星工具厂破产管理人。该清算组由太原市政府组织市工商局、劳动局、财政局、房地局等指派的相关工作人员共同组建。2011年3月，太原市中院裁定宣告金星工具厂破产清算。

常某某向太原市中院起诉，提出按照《企业破产法》第二十二条第二款的规定更换管理人，并将金星工具厂的土地使用权和财产全部交回太原市政府处置等请求。太原市中院认为，依据《企业破产法》第二十二条第二款"债权人会议认为管理人不能依法、公正执行职务或者其他不能胜任职务情况的，可以申请人民法院予以更换"的规定，原告常某某起诉要求更换管理人，指令将该破产企业的土地使用权和财产全部交回太原市政府处置，不属于本院受理案件的范围。太原市中院依照《民事诉讼法》第一百一十九条第四项的规定，裁定驳回原告常某某的起诉。

常某某不服向山西省高院提起上诉，请求：1.山西省高院发回太原市院重审；2.法院重新从政府有关部门、编入管理人名册的社会中介机构、金融资产管理公司中指定清算组成员。

金星工具厂管理人答辩称：上诉人常某某主体不适格，其提出的请求更换管理人的诉讼请求不能成立；被上诉人本身是政府各部门共同组建的清算组构成的，上诉人请求组另建清算组的请求不能成立。

山西省高院认为，《企业破产法》第二十二条第二款规定："债权人会议认

为管理人不能依法、公正执行职务或者有其他不能胜任职务情形的，可以申请人民法院予以更换"。依据该规定，申请更换管理人的主体是"债权人会议"，上诉人常某某作为职工债务人个人，申请更换管理人主体不适格。在金星工具厂破产案件中，太原市中院已经于2009年10月9日成立了破产清算组，并指定清算组担任金星工具厂破产案件的管理人。清算组由太原市工商局、劳动局、财政局、房地局等太原市政府指派的相关工作人员共同组成，该清算组的构成不违反国相关法律规定。管理人于2010年2月2日组织召开了第一次债权人会议，并通过了管理人所作的破产清算报告、破产财产变现方案和破产财产分配方案。太原市中院于2009年10月受理金星工具厂破产申请，并于2011年3月10日宣告了企业破产，清算工作现已结束，应当依法终结破产程序。

山西省高院认定，一审法院裁定驳回常某某的起诉并无不当。山西省高院便作出（2016）晋民终76号裁定，驳回常某某上诉，维持原裁定。

第三节　民企破产管理人接管债务民企及其难点处置

破产管理人接管债务企业是其的重要职责，直接关系今后企业破产工作能否顺利开展的大问题。国有企业出现解散、关闭、破产等情形，政府会组织有关部门组成清算组，由清算组全面接管破产国企。国企进入破产程序后，法院指定国企清算组担任管理人的，管理人在通常情况下无需再行接管破产国企。债务民企进入破产程序不一样，绝大多数没有所谓的"清算组"已经接管，因此，接管债务民企成为管理人的首要任务。那么，民企破产管理人如何接管债务民企，遇到一些难点问题又如何处置？

一、及时介入做好接管准备

社会中介机构被法院指定为民企破产管理人后，应当根据破产案件的复杂程度和工作量大小，组建接管团队，安排接管人员，及时介入债务民企，做好全面接管的各项准备工作，如与债务民企的法定代表人、财务负责人等进行沟通，摸清债务民企的经营情况和管理情况，并初步确定全面接管内容，拟制接管方案，并将拟接管的内容和范围告知债务民企的法定代表人、财务负责人等，要求他们做好交接准备，并告知其违反交接义务应当承担的法律责任，如有必要，可以提请法院召集债务民企的法定代表人、财务负责人等有关人员进行接管协调。

二、分头交接，分批接管

债务民企的接管事项不限于财产交接，还要交接企业行政管理、经营管理等，事情比较多，有的还很复杂，因此，难以一次性交接完毕。对此，实践中的做法是，管理人组织人员分头进行，如，债权债务组，负责审核准应收账款、预付账款及其他应收款清册；资产财务组，负责全面清点核实财产，对流动资产、对外投资、固定资产按科目分类编制清册，编制破产宣告日的科目余额表、资产负债表及损益表，编制清算期间、破产终结日的相关报表；安置组，负责编制债务民企人员名册，计算职工债权数额，制定职工处置方案；综合组，负责保管封存证照、权证、印章等。在分头做好相关工作后，管理人可以根据实际情况进行分期、分批交接。每次每期交接都应制作交接清单，由管理人、债务民企的法定代表人及有关人员确认并签名盖章。

三、总体接收债务企业

具体事项交接完毕，管理人要与债务民企的法定代表人办理总体接收手续，签订《移交接管书》，并附《破产财产交接清单》，然后，管理人向法院报告接收债务民企的情况，并报送《破产清算方案》《清算工作实施计划》，法院没有异议的，管理人就全盘接管了债务民企。

四、接管难点及其处置

1. 股东等有关人员拒不移交财产

有些债务民企股东，在企业资不抵债的情况下，自己不愿意破产，对债权人破产申请又不服，抵抗情绪激烈，当法院裁定受理破产申请，管理人介入接管后，有的"软抗"，有的"硬抗"，拒绝向管理人移交财产、印章和账簿、文书等资料，致使管理人无法履行职责，这是管理人在民企破产程序中首先可能遇到的难题。对此，管理人可以依法采取以下三种措施：

一是申请法院强制执行。法院作出的受理破产申请裁定书和指定管理人的决定书（任职书）是生效的法律文书。管理人在履行接管职责时，破产民企拒绝交付财产及有关财产簿册的，管理人可以以上述生效法律文书为根据，直接向法院申请对债务民企进行强制执行。法院采取强制措施取得债务民企的财产及有关财产的簿册，应当交付给管理人。

二是报告法院予以处罚。《企业破产法》第一百二十七条第二款规定："债务人违反本法规定，拒不向管理人移交财产、印章和账簿、文书等资料的，或者伪造、销毁有关财产证据材料而使财产状况不明的，人民法院可以对直接责任人员依法处以罚款。"民企股东等有关人员拒绝交付财产及有关财产簿册，或者伪造、销毁有关财产证据材料而使财产状况不明的，是一种妨害诉讼行为，故法院可按照《民事诉讼法》的有关规定对其直接责任人员予以罚款处罚。但罚款处罚并不免除交付义务，股东等有关人员仍应将财产、印章和账簿、文书等资料等移交给管理人，除非销毁不再存在。这里需要注意一个事情，即债务民企的财产权利凭证、印章、账簿、文书等资料，在进入破产程序前，非股东等有关人员故意销毁，而因失窃、丢失而不存在的，法院则不能以妨害诉讼为由予以罚款处罚，也不可能实施强制执行。

三是终结破产程序，追究股东等有关人员对企业的债务承担连带清偿责任。债务民企股东、高管等拒绝向管理人移交财产、印章和账簿、文书等资料，经法院强制执行不成，股东、高管等有关人员又不能举证证明其无过错，致使管理人无法履行职责的，管理人应当根据《企业破产法》的有关规定，向法院提出终结破产程序；法院裁定终结破产程序后，由债权人通过法律程序追究股东等有关人员的连带责任或赔偿责任。

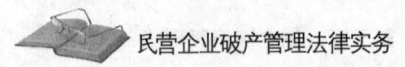

2.股东等有关人员擅自隐匿、转移、处分破产财产

在民企破产前后，股东等有关人员擅自隐匿、转移、处分破产财产占为己有的情况并不少见，而且手段隐蔽，甚至篡改、伪造资产表抹去"痕迹"。股东等有关人员这些行为会使破产财产减少，侵害了债权人的利益，债权人对此往往极为不满，强烈要求管理人予以追回。这是管理人接管债务民企后又一个棘手的问题。

对此，管理人首先应当查证，通过企业资产资料的审查，并与破产财产实物核，发现股东及有关人员有上述行为的，应当责令其主动交出或提供线索，股东及有关人员拒不交出或拒不提供线索的，管理人应当申请法院采取搜查等强制执行措施，或者以妨害诉讼为由，依法给予罚款处罚。经法院强制执行不成的，可以追究股东等有关行为人的赔偿责任。

3.股东等有关人员拒绝询问

管理人接管债务民企后，为了了解或查证有关财产、资料、经营业务等情况，有权对股东、高管等有关人员进行询问。债务民企的股东、高管等有关人员接受管理人询问，是《企业破产法》第十五条规定的应尽义务，应如实陈述、回答。股东、高管等有关人员如果拒绝询问，拒不陈述、回答，或者作虚假陈述、回答，致使管理人无法查证有关破产问题的，应当依法承担法律责任。譬如，债务民企某些资金去向不明，管理人向经手的董事长、总经理、财务部门负责人询问，而他们拒绝说明资金去向，或者作虚假说明，管理人可以要求法院根据《企业破产法》第一百二十六条给予罚款，并可依法追究赔偿责任。

【裁判案例】

提示：股东未履行移交资产及账册等义务，致使管理人无法进行清算，法院判决股东承担连带清偿责任。

2015年3月3日，金山区法院受理卡博特投资公司对文远公司的破产清算申请。2016年5月20日，文远公司破产管理人查明：文远公司目前已无工作人员，亦无办公地点，管理人要求与文远公司法定代表人及股东约谈，并要求进行财务账册及其他材料的交接，但文远公司股东及法定代表人一再拖延，直至 2015 年 7 月底才将部分财务账册及公章（旧）交予管理人。管理人委托华晖会计师事务所担任文远公司破产清算案的破产审计工作，华晖会计师事务所于 2015 年 10 月 22 日出具情况说明：因未取得文远公司受理日之前一年的任何会计资料，此外取得的文远公司历年会计资料不连续、不完整，审计范围严重受限，故无法对文远公司截至 2015 年 3 月 3 日的财务状况发表审计意见。

管理人通过 EMS 向已知 4 位债权人寄发了《债权申报通知书》《受理破产民事裁定书》。截止 2016 年 5 月 20 日，管理人共收到 2 家单位及税务部门、社保部门的债权申报资料。经审核，管理人确认了各债权人申报的债权金额，其中经确认的破产申请人即原告卡博特投资公司的债权金额为 16139530.75 元。

2016 年 5 月 23 日，管理人向金山区法院申请裁定终结文远公司破产程序。金山区法院经审查认为，文远公司清算组在依法办理接管过程中，未接管到文远公司的任何资产及账册，也未追收到文远公司的任何财产可用来进行破产分配以清偿债权，破产程序已无继续进行的必要。金山区法院作出（2015）金民二（商）破字第 1-2 号民事裁定书，裁定终结文远公司的破产程序。

卡博特投资公司以刘某、李某为被告，向浦东新区法院提出股东损害公司债权人利益责任诉讼，请求判令被告刘某、李某对文远公司拖欠原告卡博特投资公司的 16139530.75 元承担连带责任。

被告刘某、李某对卡博特投资公司的诉请金额无异议。但被告刘某表示文远公司财务账册由其保管，除因搬家原因导致 2001 年 1 月至 2 月、2005 年全年账册遗失外，其余账册均存在，且曾向清算组提交过。被告李某表示在其赴日本留学期间，其身份证原件留在境内外婆处，是否被刘某拿去办理公司登记其并不知情。被告刘某确认使用了被告李某的身份证办理了相关登记，被告李某不知情。

浦东新区法院认为，本案的争议焦点在于：一、被告李某是否为适格的清算义务人；二、两被告是否怠于履行义务；三、怠于履行义务与公司主要财产、账册、重要文件等灭失，无法进行清算有无因果关系。

关于争议焦点一，被告李某辩称其并不知晓文远公司的成立事宜，也并未参与文远公司的经营管理，文远公司工商登记材料中被告李某的签字均非其本人所签，其直至本案诉讼才知晓其系文远公司的股东。被告李某同时表示其身份证原件在其留学日本期间存放在其外婆处，且被告刘某确认在被告李某不知情的情况下使用其身份证办理了文远公司的相关登记。对此，本院认为，根据我国公司法相关规定，工商登记具有较强的公示和公信效力，对善意第三人具有宣示股东资格的功能。本案中，被告李某的股东身份已经被工商登记记载并予以公示，债权人有理由对该记载内容予以信赖并据此维护权利。被告李某主张其并非文远公司的股东，应当承担相应的举证责任，但其现提供的证据尚不足以证明其对文远公司的股东身份完全不知情。而且作为完全的民事行为能力人，被告李某对于个人重要身份证件应当具有妥善保管的义务，否则应承担因其未能妥善保管而带来的不利后果。故本院认定被告李某为文远公司的股东。

关于争议焦点二，"怠于履行义务"包括怠于履行依法及时启动清算程序进行清算的义务，也包括怠于履行妥善保管公司财产、账册、重要文件等义务。原告卡博特投资公司在提起本案诉讼前，向金山区法院申请对文远公司进行破产清算，因文远公司清算组在依法办理接管过程中，未接管到文远公司的任何资产及账册，也未追收到文远公司的任何财产可用来进行破产分配以清偿债权，破产程序已无继续进行的必要，故金山区法院裁定终结文远公司的破产程序。本院认为，被告刘某、李某作为文远公司的股东，未能向金山区法院指定的清算组提交全部财务账册，且未说明原因，符合法律规定的"怠于履行义务"的情形。

关于争议焦点三，首先，文远公司"无法进行清算"的结果客观存在。"无法进行清算"情形下对有限责任公司的股东无限责任的追究，不以启动清算程序为前提，而债权人先行向人民法院申请对债务人进行破产清算，人民法院以无法清算或者无法依法全面清算为由裁定终结破产清算程序的，债权人可以依据人民法院作出的终结裁定另行向人民法院起诉，请求判决有限责任公司的股东这一清算义务人对公司债务承担无限责任，人民法院可以根据该终结裁定，判决有限责任公司的股东对公司债务承担清偿责任，而无需债权人再举证证明，即人民法院作出的无法清算和无法依法全面清算的终结裁定具有当然的证据效力。本案中，因两被告怠于履行义务，未能向金山区法院指定的清算组提交全部财务账册，导致清算组无法进行清算工作，最终由金山区法院裁定终结破产程序。故文远公司的状况符合"无法进行清算"的情形。其次，两被告的消极行为与无法清算间存在因果关系。对于因果关系是否存在，股东提出抗辩的,需对其行为与结果之间不存在因果关系承担举证责任,如股东无法证明的,应推定因果关系成立。本案中,两被告的抗辩不足以证明其怠于履行义务与公司主要财产、账册、重要文件等灭失以及无法进行清算之间不存在因果关系,故两被告作为文远公司的清算义务人对原告的债权应当承担连带清偿责任。

综上,两被告的涉案行为符合《最高人民法院关于适用〈中华人民共和国公司法〉若干问题的规定(二)》第十八条第二款规定的责任要件,原告主张两被告对文远公司拖欠原告的债务 16139530.75 元承担连带清偿责任,有事实和法律依据,本院予以支持。

浦东新区法院依照《中华人民共和国公司法》第一百八十三条,《最高人民法院关于适用〈中华人民共和国公司法〉若干问题的规定(二)》第十八条第二款,《中华人民共和国民事诉讼法》第六十四条第一款,《最高人民法院关于适用〈中华人民共和国民事诉讼法〉的解释》第九十条的规定,于 2017 年10 月 25 日作出(2016)沪 0115 民初 84246 号判决书,判决被告刘某、李某于本判决生效之日起十日内对文远公司拖欠原告卡博特投资公司 16139530.75元承担连带清偿责任。

第四节 民企破产管理人履职义务及其风险

为使管理人认真履行职责完成破产工作,《企业破产法》第二十七条规定管理人应当履行"勤勉尽责,忠实执行职务"义务。管理人不履行此义务便有法律风险,且要承担相关的法律责任。

这里先说明一下国企清算组的履职义务及其法律责任的问题。

国企破产清算组主要由政府抽调有关部门或机构人员组成,不具有独立的主体资格,通常只关注破产清算功能,其工作人员通常代表其所在的职能部门在清算中履行职责,且在清算组工作中是无偿的,因此,当法院指定国企清算组担任管理人时,清算组及其成员如果违反"勤勉尽责,忠实执行职务"义务造成工作失误的，应由其所在部门予以处理，因履职损害当事人利益的，应由其所在部门承担行政赔偿责任，而清算组及其成员个人对当事人不直接承担损害赔偿责任。而社会中介机构及其专业人员担任民企破产管理人就不一样，这种管理人是拿报酬的有偿服务，不仅承担破产清算职责，而且还要承担破产重整、破产和解等职责，且其所在的社会中介机构是具有民事主体资格的组织，因此，当其违反"勤勉尽责，忠实执行职务"义务，损害当事人利益的，应由其所在的社会中介机构承担法律责任。由此可见，由政府牵头组建的清算组担任破产管理人与社会中介机构担任破产管理人，在履职风险及其法律责任承担是不同的。这里主要分析社会中介机构担任民企破产管理人的履职风险及其法律责任的问题。

一、对"勤勉尽责，忠实执行职务"的理解

"勤勉尽责，忠实执行职务"是高度概括的义务，在实践中如何认定民企破产管理人履行此义务还需一番分析。

1. "勤勉尽责"

"勤勉尽责"要求民企破产管理人在办理破产案件中以高度负责的精神，勤奋努力，尽心尽责，不怠于行使法定职责，不滥用法律赋予的权利。我们理解，"勤勉尽责"的核心内容是已尽一般注意义务，具体表现为：（1）谨慎接管债务人移交的全部财产以及一切账册文件，要求细致核对真伪、有无欠缺；（2）对破产财产的保管、清理、处分，对债务企业继续经营等已经尽心尽责；（3）对破产债权的调查、审查已尽法律手段和措施；（4）对破产财产的取回、债权的追收及确认等衍生诉讼已尽诉讼权利，至于法院通过执行程序仍无法追回的，不能归责于管理人；（5）变价破产财产、清理债权债务合法，不在其中徇私舞弊，偏袒一方；（6）已按法定程序和要求向法院、债权人会议报告工作和通告信息；（7）已经依法建议、请求召开债权人会议；（8）审慎选择、委托相关服务的专业机构和人员；（9）接管破产企业后，承担继续经营职责的，应尽遵守公司法和其他相关法律、法规规定以及公司章程规定的注意义务。

2. "忠实执行职务"

这里的"忠实执行职务"，是指管理人在办理破产案件中，在职责范围内

对法院以及债务人、债权人都应恪守忠实的义务。这种义务要求管理人对法院所托破产案件以善良道德观应有的注意开展工作，在处理破产事务时不得为个人利益而损害或牺牲债权人或债务人的利益。在实践中，管理人的忠实义务通常有以下表现形式：（1）除报酬外，不存在获取诸如收受贿赂、侵吞破产财产等其他利益；（2）严守竞业禁止原则；（3）严守破产案件所涉的商业秘密；（4）不利用破产财团的信息和商事机会；（5）严格依法处理破产事务，善意保护各方当事人的合法权益。

二、民企破产管理人违法履职的法律风险

民企破产管理人在履职过程中违背"勤勉尽责，忠实执行职务"义务，如：怠于行使法定职责，对某些重要破产事务置之不理；滥用法律赋予的职权，泄露债务民企的商业秘密，造成债务民企损失；利用职务便利收受债权人或债务人的贿赂；对接管财产未尽保管义务造成被盗、毁损等，应当依法承担相关的法律责任。

根据《企业破产法》和其他有关法律规定，民企破产管理人违法履职有民事、行政和刑事三种法律责任。

1. 民事责任

《企业破产法》第一百三十条规定，管理人未依法律规定"勤勉尽责，忠实执行职务"，给债权人、债务人或者第三人造成损失的，依法承担赔偿责任。民企破产管理人承担民事侵权赔偿责任，需要具备以下四个要件：一是损害事实客观存在，且有充分证据证予以证实；二是行为具有违法性，这种违法性表现为未履行"勤勉尽责，忠实执行职务"义务，如果已经履行此义务，即使给债权人、债务人或者第三人造成损失，也不承担赔偿责任；三是不法行为与损害后果之间有着因果关系；四是破产管理人主观上有过错，包括故意和重大过失，如果主观上无过错，则不承担赔偿责任。

最高人民法院在河南安彩高科股份有限公司与华飞彩色显示系统有限公司管理人其他合同纠纷再审一案的（2014）民申字第 827 号民事裁定书中指出：管理人对谨慎、忠实、信用、注意等基本义务的违反，是其承担民事责任的前提和依据；管理人"勤勉尽责，忠实执行职务"的判断标准应当限定于管理人

有故意或者重大过失的范围内，即必须有充分证据证明管理人在履行职务过程中因故意或重大过失造成破产财产损失时，才可追究管理人的民事赔偿责任。

2.妨害司法责任

这里所说的"妨害司法责任"，专指管理人违反《企业破产法》及相关法律的规定，实施妨害破产案件正常审理秩序行为尚未构成犯罪而由法院依法应予追究的责任。有人认为，人民法院在机构性质上虽然不是行政机关，但从其对管理人未按规定"勤勉尽责，忠实执行职务"作出罚款决定的性质来看，具有行政处理的属性，因此，管理人由此承担的法律责任是行政责任。我们对此不敢苟同。第一，管理人是人民法院（司法机关）选任和指定的，双方建立的工作关系是司法关系，而不是行政关系；第二，管理人的法定职责是对法院负责的司法职责，而不是行政职责；第三，管理人的"勤勉尽责，忠实执行职务"义务是司法上的义务，而不是行政上的义务；第四，管理人未按规定"勤勉尽责，忠实执行职务"所作的行为，在本质上是妨害司法的行为，而不是破坏行政管理秩序的行为。

根据《企业破产法》和《管理人规定》的有关规定，民企破产管理人妨害司法责任有三种，即罚款、停止担任管理人、除名。

关于罚款，《企业破产法》第一百三十条第一款规定，"管理人未依照本法规定勤勉尽责，忠实执行职务的，人民法院可以依法处以罚款。"《管理人规定》第三十九条第一款规定了两种具体情形，即"管理人申请辞去职务未获人民法院许可，但仍坚持辞职并不再履行管理人职责"，"人民法院决定更换管理人后，原管理人拒不向新任管理人移交相关事务"。管理人出现上述情形，法院对管理人所在的社会中介机构处以罚款5万元至20万元人民币，对个人为管理人的罚款1万元至5万元人民币。

停止担任管理人、除名的处罚依据是《管理人规定》第三十九条第二款规定，即"管理人有前款规定行为或者无正当理由拒绝人民法院指定的，编制管理人名册的人民法院可以决定停止其担任管理人一年至三年，或者将其从管理人名册中除名。"

3.刑事法律责任

《企业破产法》第一百三十一条规定，"违反本法规定，构成犯罪的，依法追究刑事责任"。这里"依法"中的"法"是指我国的刑法。对社会中介机构和个人担任破产管理人而言，在履行法定职责期间，违背《企业破产法》第二十七条规定的"勤勉尽责，忠实执行职务"义务的行为，其社会危害性已达到构成犯罪程度的，应当依照《刑法》的有关规定追究刑事责任。如为破产管理人的律师事务所、会计师事务所、破产清算事务所的人员在履行破产职责的过程中有贪污、受贿、欺诈、渎职、玩忽职守等构成犯罪的，应当适用《刑法》的相关规定，以职务侵占罪、非国家工作人员受贿罪、虚假破产罪、提供虚假证明文件罪、出具证明文件重大失实罪等罪名予以刑事处罚。

【案例分析】

提示：管理人对申报债权未尽注意义务存在过错，法院判决其所在机构承担相应的赔偿责任。

案件介绍

2013年10月8日，越城区法院裁定受理艾尔派克（中国）公司及其关联企业艾尔派克公司的合并破产清算一案，同日指定宏泰会计师事务所担任管理人。管理人接手后，通过书面方式通知有联系地址、方式的债权人及时申报债权，并公告通知债权人应于2013年11月30日前向管理人申报债权。2014年4月28日，越城区法院召开第二次债权人会议，通过了艾尔派克（中国）公司及艾尔派克公司破产财产分配方案。2014年5月10日，越城区法院裁定认可第二次债权人会议通过的《艾尔派克（中国）公司及其关联企业艾尔派克公司破产财产分配方案》。管理人于同年5月20日刊登公告，告知债权人本次分配为第一次分配，确定于2014年6月5日开始实施。2014年6月4日，戴某某向管理人邮寄债权申报表一份，要求对其债权本金3900万元及相应利息进行确认。同年8月28日，管理人向戴某某寄送债权审查表一份，对其债权本金1416万元予以确认。

2014年7月10日，戴某某向越城区法院起诉称：2011年，经越城区法院第329号刑事判决书认定，艾尔派克公司以月息4分至1角的利率先后向戴某某吸收存款合计人民币1416万元。根据破产法的规定，法院及管理人应通知债权人戴某某，而法院或管理人从未就破产一事通知戴某某，戴某某也从未收到过债权申报的通知，戴某某对此均不知情。2014 年 6 月，戴某某从其他人处了解到，艾尔派克公司的债权马上就要分配了，戴某某才知晓该情况，并马上委托律师向被告管理人宏泰会计师事务所申报债权，但被告宏泰会计师事务所认为，第一次分配方案已经通过，戴某某不能对生效刑事判决书认定的 1416 万元债权再进行第一轮的分配，只能参加第二轮的分配。戴某某委托律师向被告宏泰会计师事务所发出律师函，明确告知其破产分配方案的通过与破产财产的分配系两个不同的概念，戴某某理应参加第一轮的财产分配，故戴某某要求其暂停财产分配并参加第一轮财产分配，但被告宏泰会计师事务所不理戴某某的合理要求。被告宏泰会计师事务所目前已将第一轮的财产进行了分配，导致戴某某方利益受损，其行为违反了破产管理人的义务与责任。请求依法判令：一、被告宏泰会计师事务所向原告戴某某赔偿损失 26.904 万元（1416 万元债权按分配比率 1.9% 计算）。

宏泰会计师事务所辩称：1. 原告戴某某在艾尔派克（中国）公司、艾尔派克公司合并破产案件第二次债权人会议表决通过破产财产分配方案，且越城区法院裁定认可并经管理人公告执行分配方案后，才向管理人申报债权，原告戴某某申报的债权依法不能进行补充分配。2. 原告戴某某享有的债权未在第二次债权人会议前向管理人申报债权，依法不能参与分配；同时，管理人无通知原告戴某某申报债权的法定义务，管理人在第一次分配中无违反法律规定的不尽职行为，原告戴某某不能参与分配的原因和责任均在原告戴某某自身，原告戴某某要求宏泰会计师事务所赔偿无事实和法律依据。请求法院驳回原告的诉请。

越城区法院认为：本案的争议焦点为管理人在履职过程中是否存在过错。

第一，根据《企业破产法》第四十四条"人民法院受理破产申请时对债务人享有债权的债权人，依照本法规定的程序行使权利"及第四十八条"债权人应当在人民法院确定的债权申报期限内向管理人申报债权"的规定，《企业破产法》属程序法，参与破产程序一般需以债权申报为前提。同时，债权人对于债务人的资产状况负有注意义务，其应在人民法院确定的债权申报期限内申报债权，否则将可能导致无法参与分配。

第二，被告宏泰会计师事务所在庭审中陈述，其在通过相关人与原告戴某某取得联系时，当时原告戴某某口头表示不申报债权。根据被告宏泰会计师事

务所向越城区法院的上述陈述，其当时已对原告戴某某的债权人身份进行了确认，并曾联系过原告戴某某，但其仅凭债权人的口头弃权即确定原告戴某某不具有债权人的地位过于轻率，且对于其所陈述的原告戴某某存在口头弃权的行为，被告亦未能提供证据。

第三，根据被告宏泰会计师事务所的上述陈述，其在制作分配方案并提请债权人会议表决时，应当明知无证据表明原告戴某某已明确放弃权利，其在制作债权分配方案时应当考虑到该事项；对于原告戴某某已被刑事判决书认定的损失，应按分配比例予以预留并提交债权人会议就预留金额、时间等事项进行表决。由于被告宏泰会计师事务所未考虑上述情形，导致原告戴某某丧失了按照第一次分配方案确定的数额进行分配的可能，被告宏泰会计师事务所对此未尽到勤勉尽责的义务，对原告的损失存在一定过错。现原告戴某某认为被告宏泰会计师事务所对其无法参与第一次分配存在过错并要求其承担赔偿责任，本院认为，原告戴某某未及时申报债权对于其损失具有主要过错，被告宏泰会计师事务所未尽勤勉尽责的义务对原告戴某某的损失具有次要过错，根据过错相抵规则，本院确定被告宏泰会计师事务所赔偿的比例为40%即107616元，对原告戴某某超出部分不予支持。

越城区法院依据《企业破产法》第二十七条、第四十四条、第四十八条第一款、第五十九条之规定作出（2014）绍越商初字第2382号判决：一、被告宏泰会计师事务所赔偿原告戴某某人民币107616元，于本判决生效之日起十日内履行；二、驳回原告戴某某的其他诉讼请求。

作者分析

本案是一起破产管理人未尽勤勉尽责义务引起的过错赔偿案件，其中有两个事情值得分析。

一、关于本案管理人未尽注意义务的问题。本案管理人向法院陈述，当时戴某某口头表示不申报债权。对此，本案管理人当时若尽注意义务，就应要求戴某某提交放弃申报债权的书面材料，然而本案管理人未尽此注意义务，仅凭戴某某口头弃权债权就确定戴某某不具有债权人的地位，而戴某某并不认可放弃债权。在此情形下，本案管理人对戴某某债权申报的处置显然过于轻率，结果在法庭上不能提供证据证实戴某某弃权的事实。

二、关于本案管理人的过错问题。在未取得戴某某放弃债权申报的书面材料的情况下，本案管理人如果尽注意义务的话，就应按分配比例预留戴某某相应的份额，待以后再做处理，然而本案管理人未予预留。在2014年6月5日开始实施第一次分配的前一天，即同年6月4日，戴某某向管理人邮寄债权申报表，说明戴某某实际申报了债权。同年8月28日，本案管理人向戴某某寄送债权审查表，对戴某某债权本金1416万元予以确认。由于本案管理人未预留戴某某的债权分配，致使戴某某在第一次分配方案中丧失了应得的分配份额。由此可见，本案管理人未尽勤勉尽责义务，对戴某某债权的损失存在过错。但戴某某明知艾尔派克公司破产，却没有按照公告的要求及时申报债权，自身对丧失第一次分配方案中的份额同样存在过错。

因本案双方当事人都存在过错，故应先确认双方过错程度大小，再根据过错责任原则分担损失的赔偿责任。本案中，法院认定戴某某具有主要过错，而管理人仅为次要过错。由于破产管理人是临时机构，不具有承担法律责任的能力，故其赔偿责任应由其所在的社会中介机构承担，据此，法院判决宏泰会计师事务所按照40%的比例赔偿戴某某的损失是正确的。

第四章

民企破产债权的申报与确认

债权是"债务"的对称，两者共同构成债的内容，其中，享有权利的人是债权人，负有义务的人是债务人。广义上的债权包括金钱债权和非金钱债权。民企破产主要是解决金钱债权债务的问题。

第一节　民企破产债权范围及复杂性

破产债权是指在法院受理破产申请前成立的债权人对破产企业发生的经依法审查、确认并在破产财产中获得公平清偿的财产请求权。破产债权是破产债务的对称。

一、破产债权的特征

民企破产债权与其他类型的破产债权一样，具有以下四个基本特征：

1. 破产债权一般是在法院受理破产申请前已成立的债权

破产程序主要是清偿债权人在债务企业进入破产程序前已经形成的债权，企业在法院受理其破产申请后形成的债务，如，破产民企依法承担的破产费用所形成的债务，又如，管理人依法取回民企破产前提供担保的财产所形成的债务，这些债务不是破产债务，而属于应当随时支付的破产费用和共益债务，对此，管理人应当在破产财产分配前予以清偿，而不能作为破产债务处理。

2. 破产债权仅为财产给付内容的请求权

债权有金钱债权与非金钱债权之分。金钱债权包括非金钱债权行为得折算为金钱的请求权，不得折算为金钱的非金钱债权，如给付标的为劳务或者不作为的请求权和不直接具有财产内容的人身性质的权利，都不能作为破产债权。譬如，民企破产前对他人实施商标侵权行为，而注册商标专用权人不能证明涉破民企侵权行为造成其损失，依法不承担赔偿责任，工商行政管理部门又仅责令其停止侵权行为，该民企进入破产程序，就此不存在破产债权的问题，但若经法院判决其承担赔偿责任的，因赔偿具有金钱给付内容，故属于破产债权。

3. 破产债权是受法律保护并可强制执行的债权

不受法律保护的债权或丧失法律保护的债权，该债权没有强制执行效力。

如已经超过诉讼时效的债权虽然也为债权，但属于不受法律保护的自然债权，故不得为破产债权。通过不法手段向涉破民企取得的非法债权，如民企在破产前虚构借款事实向他人出具借据所载明的借款债务，不得为破产债权。

4.依法已经申报登记的债权

债权人虽然对债务企业依法享有债权，但未向管理人申报的，不能成为破产债权；有些债权虽已申报，但经法院裁判不予确认的，也不得为破产债权。

二、民企破产债权范围

根据《破产法司法解释二》第四十八条"本规定施行前本院发布的有关企业破产的司法解释，与本规定相抵触的，自本规定施行之日起不再适用"之规定，此前的司法解释不与《破产法司法解释二》相抵触的规定仍可适用。《最高人民法院关于审理企业破产案件若干问题的规定》是"本规定施行前本院发布的有关企业破产的司法解释"，其中有关债权范围的规定不与《企业破产法》《破产法司法解释二》相抵触，故至今仍应适用。

根据《最高人民法院关于审理企业破产案件若干问题的规定》第五十五条规定，民企破产债权的具体范围有以下十一种：

（1）"破产宣告前发生的无财产担保的债权"。财产担保是指抵押担保、质押担保和留置担保。有特定财产担保的债权具有法定优先受偿权，这种优先受偿权不受破产程序制约而先得受偿，因此，在法院裁定受理破产申请前，已经以债务民企的特定财产设定担保的债权不在破产债权之列，而无特定财产担保的债权属于破产债权。

（2）"破产宣告前发生的虽有财产担保但是债权人放弃优先受偿的债权"。在法院裁定受理破产申请前，债务民企已经提供其财产担保并已依法设立担保权，债权人本应对提供的担保财产享有优先受偿权，但若，债权人在法院裁定受理破产申请前或后，明确放弃财产担保，该债权就会丧失优先受偿权，其主债权也就成为普通债权，这种普通债权当属破产债权。

（3）"破产宣告前发生的虽有财产担保但是债权数额超过担保物价值部分的债权"。在法院裁定受理破产申请前，债务民企提供财产担保，但担保财产的价值不能满足主债权受偿的，剩余的主债权是普通债权，这种普通债权在破产

程序中属于破产债权。

（4）"票据出票人被宣告破产，付款人或者承兑人不知其事实而向持票人付款或者承兑所产生的债权"。这里的"不知其事实"是对付款人、承兑人付款时的事实状态的描述。付款人、承兑人在不知道法院已经裁定受理对出票人破产申请的情况下，与正常状态一样予以付款或者承兑，由此产生的票据债权，虽然发生在法院裁定受理破产申请之后，但因属于善意的付款、承兑的行为，故应为破产债权。付款人或者承兑人已经知道法院裁定受理对出票人破产申请，如已经收到法院有关出票人破产通知，又如法院已经公告出票人破产，付款人或者承兑人仍为持票人付款或者承兑的，属于故意损害其他破产债权人利益的不法行为，故排除其为破产债权。

（5）"清算组解除合同，对方当事人依法或者依照合同约定产生的对债务人可以用货币计算的债权"。这里的"清算组"，现在应当是指破产管理人。在法院裁定受理破产申请后，破产管理人认为，债务民企此前订立的合同如果继续履行对其有利的，可以决定继续履行合同，由此产生的债务属于共益债务；破产管理人认为不必要或者不可能履行合同的，可以解除合同，因此违约所承担的赔偿责任，以实际损失用货币计算得出的债务数额，应为对方债权人的破产债权，但进入破产程序后产生的违约金不能作为破产债权。

（6）"债务人的受托人在债务人破产后，为债务人的利益处理委托事务所发生的债权"。我们认为，民企在法院裁定受理破产申请前委托他人管理财产所负的债务，受托人就此享有的债权属于普通债权，但若已被留置的，当属优先受偿的债权；在法院裁定受理破产申请后，受托人为破产企业的利益继续处理委托事务所发生的债权，应当属于共益债务。

（7）"债务人发行债券形成的债权"。企业发行债券，是发行企业以借贷资金为目的，依照法律规定的程序向投资人要约发行代表一定债权和兑付条件的债券的法律行为。企业发行债券必须按照规定经债券管理部门批准，经批准发行债券是合法的募资行为。在这种融资方式中，投资人对发行债券企业享有的债权。法院裁定受理对发行债券企业破产申请后，投资人的这种债权就成了破产债权。企业未经依法批准擅自发行债券的，投资人的债权不能称之为债券债权，但由此产生的返还或赔偿的债权也可为破产债权。

（8）"债务人的保证人代替债务人清偿债务后依法可以向债务人追偿

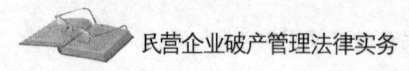

的债权"。

（9）"债务人的保证人按照《担保法》第三十二条的规定预先行使追偿权而申报的债权"。

（10）"债务人为保证人的，在破产宣告前已经被生效的法律文书确定承担的保证责任"。

（11）"债务人在破产宣告前因侵权、违约给他人造成财产损失而产生的赔偿责任"。

关于保证担保以及侵权所涉的破产债权问题，我们将在后面作专题阐述。

由于破产债权不可全部列举，故《最高人民法院关于审理企业破产案件若干问题的规定》第五十五条最后一项规定"人民法院认可的其他债权"。这是兜底条款，如税款债权、代位债权、职工劳动债权等，均应为破产债权。

三、不属破产范围的债权

《最高人民法院关于审理企业破产案件若干问题的规定》在列举破产债权范围的同时，第六十一条规定还规定了下列债权不属于破产债权：（1）行政、司法机关对破产企业的罚款、罚金以及其他有关费用；（2）人民法院受理破产案件后，债务人未支付应付款项的滞纳金，包括债务人未执行生效法律文书应当加倍支付的迟延利息和劳动保险金的滞纳金；（3）破产宣告后的债务利息；（4）债权人参加破产程序所支出的费用；（5）破产企业的股权、股票持有人在股权、股票上的权利；（6）破产财产分配开始后向清算组申报的债权；（7）超过诉讼时效的债权；（8）债务人开办单位对债务人未收取的管理费、承包费。

此外，《最高人民法院关于审理企业破产案件若干问题的规定》第六十二条还规定，政府无偿拨付给债务人的资金不属于破产债权，但财政、扶贫、科技管理等行政部门通过签订合同，按有偿使用、定期归还原则发放的款项，可以作为破产债权。

四、民企破产债权债务的复杂性

国企破产虽也走司法程序，但有一个强大的靠山——政府在其中仍起主导

作用，并会予以大力支持，有些地方甚至把税款先放一放让利给债权人，在国企有资金困难时还可能给予拨付破产费用。国企破产在政府及其有关部门的主导下，绝大多数有组织、有秩序地进行，主要难题是职工安置。国企很少存在股东与企业财产混同问题，也少有财产被债权人哄抢问题，即使有此事件，公安部门也会及时介入阻止和追收。

民企破产，不少"老板"甩手就走，高管一窝蜂散了，人去楼空，留下不少职工和债权人讨债。绝大多数民企没有主管部门，更没有政府这个大"靠山"给其做主，于是给法院和管理人带来不少难题。从实践来看，债务民企的财产清爽的不多，大多数是乱糟糟的，如：老板的个人财产由企业使用，企业财产被老板个人占有，两者财产混同往往很严重；厂房办公楼未批先建或少批多建，全部或部分尚未取得产权证，难以全部确定为破产财产；企业财产被股东隐匿、转移，一时难以查明下落；管理人追收债权人擅自搬走或者哄抢的财产，往往遭遇债权人的对抗等。

国企财务管理比较规范，债权债务关系较为清晰，在破产程序中即使有债权债务争议也多为外部纠纷。而破产民企的债权债务往往很复杂，既有外债纠纷，又有内债问题，如：民企普遍存在账册不全或账目不清，老板在企业借款挂账是否用于企业，老板将个人金钱用于企业是否属于企业向老板借款，老板以个人名义借款实际用于企业是不是破产债务，股东向企业借款是否合法等等。

民企破产财产和债权债务的复杂性会给法院和管理人审查和清理工作带来不少的困难。为了解决这些问题，最大限度地保护破产债权人的利益，法院和管理人不得不下功夫，采取有效手段进行清理。如：对股东与企业的财产混同，责令股东提供个人财产与企业财产是否分离的证据，如不能举证，可依法认定股东侵占了企业财产，股东对此承担有限责任。对企业财产去向不明，穷尽调查手段，有的还请公安部门介入侦查，一旦发现企业财产就及时追收。对民企股东隐匿、私分、转移财产及虚构债务，依法进行严肃查处，在认定相关行为无效、追回财产的同时，依法追究相关责任人的法律责任。

【裁判案例】

提示：法定代表人个人借款不是企业债务，出借人主张破产债权不能成立。

金侨酒店项目原为元生公司投资所建，元生公司法定代表人余某某因无力继续经营该项目，尤某某等人认为该项目前景看好，欲成立新公司接手。尤某某便向徐某某借款，徐某某于2009年8月至2010年4月向尤某某提供4笔借款合计1325万元。2010年2月8日，尤某某等人将元生公司更名为金沐公司，尤某某实际占公司股份30%，并担任法定代表人。

2012年6月6日，某某公司向衢州市中院申请对金沐公司进行破产清算；2012年7月9日，衢州市中院裁定受理某某公司对金沐公司的破产清算申请。徐某某依程序向金沐公司管理人申报了债权。

2014年4月25日，衢江区法院作出刑事判决，判处金沐公司犯非法吸收公众存款罪，判处罚金30万元；尤某某作为单位的直接责任人，犯非法吸收公众存款罪，被判处有期徒刑三年六个月。该刑事判决涉罪事实认定中并未包含1325万元的借款情况。在该刑事案件中，尤某某在公安机关供述：徐某某出借的1325万元系尤某某个人借款，借条上金沐公司公章系在启动破产程序后，由徐某某母亲找尤某某加盖的。

2014年9月30日，徐某某向衢州市中院提起诉讼，请求依法确认徐某某向金沐公司及尤某某出借的1325万元借款属破产债权。

衢州市中院认为，案涉借款应为尤某某个人借款而非尤某某与金沐公司的共同借款。理由如下：一、4份借条均系尤某某个人以借款人名义出具并具明其个人账号，且款项亦均汇入尤某某个人账户；二、借条上金沐公司盖章位置特殊，均在"借款人尤某某"字样下方空白处，与"借款人尤某某"字样并无任何重叠；三、从尤某某供述看，款项是尤某某个人借款，目的用于出资股本；四、尤某某受让股权成为金沐公司股东及法定代表人后，徐某某明知尤某某对自己个人债务盖公司章，无从成立合法之债务加入或债务承担，盖章行为亦无从成立表见之法律效果；五、从盖章的时间看，尤某某明确供述是在2012年下半年破产程序启动后受到一定压力情形下加盖，依据破产法规定，相应行为无效；六、在金沐公司单位犯罪刑事案件中，徐某某没有报案，本案

案涉款项亦未列入单位非法吸收公众存款范围。

衢州市中院认定，徐某某的起诉理由不能成立，借条上金沐公司盖章行为依法无效，于是判决驳回徐某某的诉讼请求。

徐某某不服一审判决，向浙江省高院上诉。浙江省高院作出（2015）浙商终字第 82 号民事判决书，判决驳回徐某某上诉，维持原判。

第二节　民企破产债权申报及其注意事项

《企业破产法》第四十四条规定："人民法院受理破产申请时对债务人享有债权的债权人，依照本法规定的程序行使权利。"第四十八条第一款规定："债权人应当在人民法院确定的债权申报期限内向管理人申报债权。"据此规定，民企进入破产程序后，债权人有申报债权的法定权利。申报债权是债权人参与破产、受偿债权的必经程序。

一、破产债权申报是债权人单方意思表示的行为

债权申报，是指在法院裁定受理破产申请后，债权人依法定程序向管理人报告、主张并证明其债权，以便参加破产程序的法律行为。

申报债权是债权人的权利，是债权人的单方意思表示。根据当事人意思自治原则，债权人是否申报债权由其自行决定，可以申报也可以不申报，但只有申报才能参与破产程序，才有可能在破产程序中行使权利并得到受偿；若不申报，就不能参加破产程序，无权行使有关权利，也无参与破产程序和财产分配的机会。

二、破产债权申报的通知、公告和期限

法院裁定受理破产申请应当告知债权人，使债权人知情并行使申报权。

对此，《企业破产法》第十四条规定，法院应当自裁定受理破产申请之日起二十五日内通知已知债权人并予以公告，通知和公告应当载明"申报债权的期限、地点和注意事项"以及"管理人的名称或者姓名及其处理事务的地址"。这种通知和公告，一旦送达或公示即为债权人知情债权申报。

债权申报期限是法院根据《企业破产法》规定确定给债权人向管理人申报债权的时间界限，其依据是《企业破产法》第四十五条规定。该条规定："人民法院受理破产申请后，应当确定债权人申报债权的期限。债权申报期限自人民法院发布受理破产申请公告之日起计算，最短不得少于三十日，最长不得超过三个月。"据此，法院申报期限的起算日是统一的，即"自人民法院发布受理破产申请公告之日"，但时间段实行法定范围内的法院酌定主义，即在"最短不得少于三十日，最长不得超过三个月"的规定范围内，由法院根据破产个案的规模大小、债权债务关系是否复杂等具体情况确定一个具体的时间段作为债权人申报债权的期限。

债权申报期限是债权人申报债权的有效时间，目的在于及时确定破产债权，使破产程序不致因无期限的等待债权人申报而延误时间。

三、民企破产债权人申报债权需要注意的事情

1.提交充分的证据资料

《企业破产法》第四十九条规定："债权人申报债权时，应当书面说明债权的数额和有无财产担保，并提交有关证据。申报的债权是连带债权的，应当说明。"据此，民企破产债权人申报债权的，必须向管理人提交其对破产民企享有债权的证据材料，并足以证明自己主张的债权合法有效、客观存在、具体数额以及有无担保等。

（1）《债权申报表》。债权人应当按照法院（或管理人）统一印制的《债权申报表》的要求填写申报债权的具体金额、有无担保、有无诉讼以及法院裁判或仲裁裁决的情况。对债权形成的基本情况应当详细说明：债权人、债务人、保证人、连带权利人、连带义务人等的具体情况及债权的发生、变更、担保、转移、履行、抵销、清偿、诉讼、仲裁、调解、保全、执行的时间和发生数额；债权数额包括债权原始数额、余额、各种利息、罚息、违约金、案件受

理费、保全费、执行费等。债权人是单位的，其法定代表人或负责人应当在《债权申报表》上签字并加盖单位公章。债权人是个人，须由其本人或其代理人签名。

（2）证明债权申报人主体资格的材料。单位债权人须提交有效的企业法人营业执照，或事业和社团法人登记证书等原件及加盖单位公章及骑缝章复印件；法定代表人或负责人身份证明；如发生单位名称变更或法定代表人变更的，必须提交变更的法律文件和证明文件。个人债权人须提交身份证等个人有效证件原件及复印件。委托代理申报是单位的，须提交债权人的法定代表人或负责人的授权委托书、代理人的身份证等个人有效证件原件及复印件。个人债权人委托他人申报的，需提交授权委托书和代理人的身份证等个人有效证件原件及复印件。

（3）证明发生债权事实及其数额的材料。这些材料包括：涉及合同的，提交合同书等债权原始材料及票据、转账单、对账单等原始履行凭证；涉及担保的，提交抵押合同、质押合同、保证合同等相关合同及相关的登记证件（如他项权利证）等担保原始材料；涉及借贷的，提交借贷合同包括借据、借条等债权凭证、借款交付的证据、债权人主张债权的催收通知等相关证明资料；涉及诉讼、仲裁、调解、保全、执行的，提交有关法律文书等材料；有其他发生债权事实的，亦应提供相应的证据材料。

2. 未规定期限内申报的可以补充申报

因债权是否申报由债权人自行决定，法院和管理人对某些债权人在规定期限将届满时未申报债权的无需催促其申报，但在规定期限届满后应当采取宽容态度，允许债权人补充申报。《企业破产法》第五十六条规定："在人民法院确定的债权申报期限内，债权人未申报债权的，可以在破产财产最后分配前补充申报；但是，此前已进行的分配，不再对其补充分配。为审查和确认补充申报债权的费用，由补充申报人承担。"据此，债权人"在破产财产最后分配前"可以补充申报债权，但有两个不利的问题：一是债权人对此前法院已经分配的破产财产无权要求补充分配，这部分损失不得挽救；二是债权人应当承担管理人审查和确认补充申报债权的费用，这部分支出不存在返还。若破产财产最后分配完毕，债权人再补充申报债权的，管理人应当予以拒绝。

3.其他需要注意的事项

（1）以法院裁定受理破产申请之日为界，此前的债权利息在申报时计入债权，此后的债权利息停止计付。

（2）附条件、附期限的债权和诉讼、仲裁未决的债权，民企债权人可以申报，管理人亦应予以登记，但这些债权是否参与分配，则应视附条件是否成就或诉讼、仲裁的结果再作决定。

（3）破产民企所涉的职工劳动债权，作为债权人的职工不必申报，而由管理人调查后列出清单并予以公示。职工对清单记载的劳动债权有异议的，可以要求管理人更正；管理人不予更正的，债权人职工可以向法院提起确认债权之诉。

（4）连带债权人可以由其中一人代表全体连带债权人申报债权，也可以共同申报债权。

（5）破产民企的保证人或者其他连带债务人已经代替破产民企清偿债务而产生求偿权的，可以以求偿权申报债权；尚未代替破产民企清偿债务的，可以以将来求偿权申报债权，但债权人已经向管理人申报全部债权的，保证人或者其他连带债务人不得重复申报。

（6）连带债务人数人被裁定适用《企业破产法》规定程序的，其债权人有权就全部债权分别在各破产案件中申报债权。

（7）管理人或者债务民企依照《企业破产法》规定解除合同的，对方当事人可以以因合同解除所产生的损害赔偿请求权申报债权。

（8）破产民企是委托合同的委托人被裁定适用破产程序，受托人不知该事实，继续处理委托事务的，受托人可以对由此产生的请求权申报债权。

（9）债务民企是票据的出票人，被裁定适用破产程序，该票据的付款人继续付款或者承兑的，付款人可以对由此产生的请求权申报债权。

【裁判案例】

提示：债权人在规定期限内未申报债权，在重整计划执行期间不得行使诉权。

2012年12月12日，湛江市中院裁定城建公司进入破产重整程序，同月

15 日和 20 日分别在湛江日报、人民法院报等报纸上发布公告，告知各债权人在 30 日内申报债权。债权人陈某某没有在湛江市中院指定的期限内向城建公司管理人申报债权。2014 年 6 月 5 日，湛江市中院裁定批准城建公司的重整计划，执行期限至 2015 年 12 月 4 日。

2014 年 12 月 26 日，陈某某向湛江市中院起诉称：2012 年 10 月 28 日，陈某某与城建公司签订 22 份《商品房买卖合同》，约定陈某某购买城建公司开发的 22 套商品房，总价款 11476012 元，城建公司须在 2013 年 10 月 1 日前向陈某某交付经验收合格的商品房，同时，城建公司向陈某某出具了《收据》确认收讫购房款，但城建公司至今未交付该房产。请求判令：1. 确认陈某某与城建公司签订的 22 份《商品房买卖合同》和出具给陈某某的 22 份《收据》合法有效。

城建公司辩称：1. 陈某某不能出示支付涉案 22 份《收据》所涉款项给城建公司的银行转账凭证，该款项实际上没有支付给城建公司，陈某某没有履行合同约定的付款义务，其主张涉案 22 份《收据》合法有效没有证据基础。2. 城建公司管理人在 2013 年 2 月 12 日之前已依法解除涉案购房合同，至此双方的合同权利义务终止。3. 陈某某在合同权利义务终止后约两年才提起诉讼，主张已经依法终止的合同权利，没有法律依据。4. 即使陈某某对城建公司有真实的债权，也应该按照法律规定及时申报债权，但陈某某一直未申报债权，城建公司已在 2014 年 6 月 5 日进入重整计划执行期间，根据《企业破产法》第九十二条的规定，在重整计划执行期间，陈某某不得行使权利，故依法应驳回陈某某的起诉。

湛江市中院认为：根据《企业破产法》第九十二条第二款关于"债权人未依照本法规定申报债权的，在重整计划执行期间不得行使权利；在重整计划执行完毕后，可以按照重整计划规定的同类债权的清偿条件行使权利"的规定，因陈某某未依照破产法的规定向城建公司管理人申报债权，其在城建公司重整计划执行期间不得行使权利，即在城建公司重整计划执行期间不得对其提起诉讼。据此裁定驳回陈某某的起诉。

陈某某不服湛江市中院上述裁定，向广东省高院提起上诉，请求撤销原审裁定，确认城建公司与其签订的全部《商品房买卖合同》和出具的《收据》合法有效。主要事实和理由是：原审法院受理城建公司破产申请，城建公司管理人从未依照《企业破产法》第十八条的规定，通知陈某某解除《商品房买卖合同》及其出具的《收据》。即使城建公司管理人于2013年8月10日在湛江日报刊登公告解除双方签订的合同，但陈某某居住在深圳市，未能看到该公告。可见，陈某某未能依法向城建公司管理人申报债权，是因为其未依法通知陈某某，且只在湛江日报上公告，未在省级有影响的报纸上公告，又未宣告《收据》作废，实质是未依法履行通知和公告义务，导致陈某某未及时申报债权。本案不适用《企业破产法》第九十二条第二款的规定，应当准许陈某某在重整计划执行期间对城建公司提起诉讼。原审裁定驳回陈某某起诉，实质剥夺陈某某向城建公司管理人索赔的权利。

广东省高院认为：城乡建设公司目前仍处于重整计划执行期间，陈某某未依照《企业破产法》的相关规定向城建公司管理人申报债权，原审法院依据《企业破产法》第九十二条第二款关于"债权人未依照本法规定申报债权的，在重整计划执行期间不得行使权利；在重整计划执行完毕后，可以按照重整计划规定的同类债权的清偿条件行使权利"的规定，裁定驳回陈某某的起诉并无不当。广东省高院驳回陈某某上诉，维持原裁定。

陈某某对广东省高院上述裁定仍不服，向最高人民法院申请再审。

最高人民法院认为：《企业破产法》专章规定了企业重整制度，旨在维持企业经营，摆脱危机以达再生目的。依据《企业破产法》第八十一条之规定，经人民法院裁定批准的重整计划，对债务人和全体债权人均有约束力。因而，为了保障重整计划的顺利进行，不允许债权人在重整计划执行期间随意主张。《企业破产法》第九十二条第二款禁止未依法申报债权的债权人在重整计划执行期间行使权利，其立法本意是为了保障重整计划的顺利实施。根据该条文的立法旨意，禁止债权人行使的权利应指将影响重整计划实施的权利，包括最终体现为要求企业清偿债务、履行合同或者进行赔偿等权利。依据《企业破产法》第九十二条第二款"债权人未依照本法规定申报债权的，在重整计划执行期间不得行使权利"之规定，陈某某在债权申报期限内未申报债权，便不得在重整计划执行期间通过行使诉权达到主张债权或者请求赔偿的目的。故原审法院依据《企业破产法》第九十二条第二款之规定未受理陈某某的起诉并无不当。另外，考虑到案涉重整执行计划期间已经结束，依据《企业破产法》第九十二条第二款"在重整计划执行完毕后，可以按照重整计划规定的同类债权

的清偿条件行使权利"之规定，陈某某依然可以在重整计划执行完毕后，按照重整计划规定的同类债权的清偿条件行使权利。且城乡建设公司已经在重整款中按照同等顺序债权的受偿比例为案涉陈某某的债权预留受偿资金。故原审法院驳回陈某某的起诉并未剥夺其实体权利或者诉讼权利。

最高人民法院作出（2016）最高法民申 1423 号民事裁定书，裁定驳回陈某某的再审申请。

【案例分析】

提示：债权人在最后分配前虽可补充申报，但需承受不能获得补充分配的损失。

案件介绍

2011 年，张某某承建海鹤药业公司厂房下水道及路面附属工程，双方未签订书面合同。2012 年 6 月 21 日，温州市中院裁定受理海鹤药业公司的重整申请并指定管理人，后于 2013 年 3 月 18 日裁定批准管理人提交的《重整计划》。之后依重整计划处置了海鹤药业公司部分财产，剩余财产尚未处置。

张某某完成部分工程施工建设之后，由于海鹤药业公司的原因停工。2015 年 10 月 8 日，业主李某某等三人在张某某标注已施工的预埋管道、井、池位置的《厂区给排水管网平面图》上签字确认。2015 年 10 月 10 日，涉案在建工程以变卖方式出让，由朱某某担任现场负责人开展续建工作。

2015 年 12 月 23 日，张某某向管理人申报工程款债权，因证据不足，管理人未予登记。2016 年 5 月 8 日，张某某制作了一份"情况说明"，主要内容为：2011 年 6 月，海鹤药业公司附属工程的原承包人戴某某等两人将全部附属工程转包给张某某施工，预算总额为 3921785 元；张某某从 2011 年 6 月 28 日起组织施工，到 2012 年 1 月 15 日止，因业主原因被迫停止，完成的工程量计人民币 511763 元。并提交了详细清单。在该情况说明内容下方，李某某等人在业主代表一栏签名，监理公司在监理一栏盖章并备注"附属工程部分在 2011 年 6 月施工情况属实，但具体施工工程量以建设单位核定为准"；张某某、戴某某等人在施工单位一栏签名。2017 年 1 月 18 日，朱某某出具一份说明，对张某某所述的已完成工程予以确认，并在标注了已施工的预埋管道、井、池位置的《厂区给排水管网平面图》上签字确认。

2017 年 1 月 11 日，管理人通知张某某，认为其提交的证据尚不足以证明债权的真实性，对其债权人资格不予确认。

2017 年 2 月，张某某向温州市中院提出诉讼，请求依法确认其对被告海鹤药业公司享有工程款债权 511763 元。

温州市中院认为：关于本案是否超过诉讼时效的问题。我国《企业破产法》第五十六条规定："在人民法院确定的债权申报期限内，债权人未申报债权的，可以在破产财产最后分配前补充申报；但是，此前已进行的分配，不再对其补充分配。为审查和确认补充申报债权的费用，由补充申报人承担。债权人未依照本法规定申报债权的，不得依照本法规定的程序行使权利。"本案中，虽然张某某向海鹤药业公司管理人申报本案债权的时间，已经超出了法院确定的海鹤药业公司破产债权申报期限，但目前海鹤药业公司的破产财产尚未完成最后分配，故其补充申报符合我国《企业破产法》第五十六条的规定，本案并未超过诉讼时效。

关于本案工程款能否确定为破产债权的问题。经过审理，能够确定本案工程系由张某某施工的事实和已完成的工程量计 511763 元的事实，均已经得到业主方代表的确认，海鹤药业公司作为业主单位应当向张某某支付该工程款。由于海鹤药业公司现处于破产重整之中，张某某也就本案工程向海鹤药业公司管理人申报过债权，目前破产财产尚未分配完毕，本院确认本案工程款 511763 元为海鹤药业公司的普通破产债权。

温州市中院作出（2017）浙 03 民初 61 号民事判决书，判决确认张某某对海鹤药业公司享有 511763 元的债权。

作者分析

本案是一起补报破产债权纠纷案件，源于破产管理人认为张某某提交的证据尚不足以证明其债权的真实性，便通知张某某对其债权人资格不予确认。张某某为此提起诉讼，并提供了其制作的债权情况说明，该说明书得到业主方代表和续建现场负责人朱某某的确认。温州市中院在认定张某某工程款债权的基础上认为，法院于 2012 年 6 月 21 日裁定受理海鹤药业公司的重整申请，而张

某某于 2015 年 12 月 23 日才向管理人申报工程款债权，显然超过债权申报期限，但法院已按计划处置了海鹤药业公司部分财产后，仍有部分破产财产尚未完成最后分配。此情形符合《企业破产法》第五十六条"在人民法院确定的债权申报期限内，债权人未申报债权的，可以在破产财产最后分配前补充申报"的规定，所以，法院直接判决确认张某某对海鹤药业公司享有的工程款债权。《企业破产法》第五十六条同时又规定"此前已进行的分配，不再对其补充分配。"据此规定，张某某超出申报期限后虽然获得补充申报，但因不能补充分配，也就失去了前面已经分配的份额，这一损失是其超期申报债权造成的，故应由其自行承受。

第三节　民企破产债权审查及其债权表编制方法

《企业破产法》第五十七条第一款规定："管理人收到债权申报材料后，应当登记造册，对申报的债权进行审查，并编制债权表。"这里的登记造册、债权审查和编制债权表是管理人在债权审查程序中必须履行的三项工作职责。

一、管理人对破产债权的登记造册

债权人提交的债权申报资料，事关债权人的债权是否存在、成立以及数额多少等实质性问题，管理人对此应有足够的重视，在接到债权人申报债权资料后，首先要对申报债权资料进行形式审查，即审查债权人所提交的资料是否齐全，主要资料是否系原件，债权证明是不是原始证据，债权数额申报是否明确等等，发现债权人提交的债权申报资料不足或有缺陷的，应当要求债权人在申报期限内补齐或更正，债权人不能补充资料的，管理人亦应予以登记，至于是否予以确认，需要后续的审查才能定论。

债权人申报债权的资料是以后债权人会议核查债权和法院裁定确认债权的重要依据，因此必须载入正式记录，编制簿籍，这个过程叫登记造册，这个"册"通常称之为《债权人申报债权登记表》。《债权人申报债权登记表》通常要载明：（1）债权人名称，个人的载明姓名，企业单位的载明名称和法人代表或负责人；（2）申报债权的内容，包括债权到期时间、本金和利息的具体数额；（3）证据情况；（4）有无担保情况；（5）有无争议情况等。

二、管理人对破产债权的实质审查

破产债权的实质审查，是指管理人对债权人申报的债权性质、效力状态、具体数额等内容所进行的审核和判断。债权人对破产民企到底有无债权、债权效力如何、属于什么性质、具体数额多少等，并不以债权人申报为准，而必须先经管理人查证和分析，并经债权人会议核查，最后由法院裁定确认。

对破产债权依法审查是管理人一项非常重要的法定职责，也是破产债权确认的前置程序。然而，《企业破产法》只规定管理人负有审查破产债权的职责，而对管理人如何进行审查则无具体操作规定。我们认为，大多数民企破产案件涉及多个种类、多种性质的不同债权，且债权成因各不相同，因而，法律和司法解释难以对所有破产债权的审查形成一个统一标准。又因，债权债务关系本已有民事法律规范，只要按照相关民事法律规范进行审查即可，没有必要另行规定审查标准。

我们还认为，破产债权实质审查与债权申报资料审查不同，债权申报资料审查侧重于资料的形式是否具备，而破产债权实质审查只有按照民事实体法规范进行审查，才能搞清各个具体债权的真实情况，如果仅作形式审查是解决不了问题的。管理人对有疑问或有异议的申报债权，还应进行调查，经过调查证明债权真实的，应当记入债权表。

三、债权表及其编制方法

为了真实反映破产债权情况，管理人不能简单地按照债权人申报材料来编制债权表，而应先对登记造册的申报材料进行调查、分析和判断，经审查核实后，再将债权情况编入债权表。

关于破产债权审查和编制债权表的方法和步骤，各管理人的做法不尽相

同。我们发现，江苏博事达律师事务所姚彬和陈亮撰写的《论破产程序中债权审查确认制度》一文中，在总结管理人债权审查的经验后，认为债权审查和编表的方法和步骤可分为以下三个阶段，值得大家共享，现摘录如下供读者参考：

第一阶段：由管理人对已申报的破产债权进行初步审查，并制作《债权审查确认表》。

管理人根据不同债权的审查标准，依法对已申报的债权进行初审，逐一制作《债权审查确认表》。《债权审查确认表》应当记载债权人名称、申报债权数额及申报证据、有无财产担保、债权发生概述、债务人确认意见、管理人审查意见、审查差异说明、不予认定的事实和理由以及其他需要说明的事项，作为管理人债权审查的工作底稿，便于日后查阅。在债权初步审查过程中，应全面记录债权信息，并归纳及总结出该债权存在问题及初步审查意见，以便为第二阶段审查复核做好准备。

第二阶段：由管理人对破产债权进行审查复核，并制作《债权确认单》。

管理人应当对逐笔债权提出审查意见并载明审查依据及沟通过程；对于个别无法定性或者债权构成复杂的、债权金额较难认定的债权，管理人应当联络债权人进一步补充申报资料。

根据《债权审查确认表》的初步审查结果，管理人应当对逐笔债权制作《债权确认单》，载明申报债权金额、管理人审查金额、审查意见，并将《债权确认单》书面通知债权人。如债权人仍有异议的，管理人应当告知债权人有权在第一次债权人会议上提出书面异议或依法向法院提起诉讼。

第三阶段：由管理人对破产债权进行审查确认，并形成供债权人会议核查的《债权表》。

管理人根据《债权审查确认表》的记载以及债权人对《债权确认单》的确认或反馈意见进行复查，编制并最终形成《债权表》，作为管理人债权审查的书面文件，提交债权人会议核查。《债权表》应当记载债权人名称、申报债权金额、审查债权金额、有无财产担保、备注说明等事项。《债权表》是管理人经债权审查确认后对《债权审查表》的细化，应尽可能简明、详实反映管理人债权审查结果，供债权人会议核查。

为便于债权人会议核查债权，从实务角度考虑，管理人应就每一笔债权出

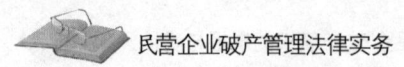

具债权核查意见，主要做法包括：（1）在债权表中直接列明债权基本情况及核查意见；（2）在债权表后附每一笔债权基本情况及核查意见。

此外，根据破产案件的不同情况及管理人对分类债权审查的结果，《债权表》的形式可以适当变化。在破产清算案件中，若破产债权简单、明确，可以通过一张总表的形式反映；在破产重整案件中，根据《企业破产法》分组债权表决程序的需要，可以在总表基础上，细化分出《普通债权表》《有财产担保债权表》《无表决权组债权表》《劳动债权表》等若干债权附表。在债权分类基础上，明确不同类别组债权审查结果。

第四节　民企破产债权确认及其诉讼问题

债权人申报破产债权，管理人审查后作出肯定或否定的结论，这个过程是破产管理人的债权确认程序。

一、管理人对申报债权的确认

有人认为，《企业破产法》第五十七条和第二十五条都未赋予管理人确认破产债权的职责和权力，因此管理人无权确认破产债权；确认破产债权属于法院的职权，但法院也不得将此职权交由管理人实际行使。

根据《企业破产法》的有关规定，我们可以将破产债权的确认分为管理确认与司法确认两种情况。管理确认是管理人对债权人申报的破产债权经审查后作出肯定或否定的结论。司法确认是法院根据管理人的申请对无异议破产债权作出裁定或者根据债权人提起的债权确认之诉对破产债权出作出的肯定或否定的裁判。两者是两个不同的概念和两个不同的操作程序，不可混淆。

管理人依法定职责对债权人申报的债权以真实性、合法性为原则进行审查，必然要拿出审查的结果，这个结果反应在管理人编制的债权表上，而债权表必然要反映对哪些申报的债权应当予以肯定，对哪些申报的债权应当予以否

定，而这就是管理确认。管理人就破产债权审查结果应当告知申报人，如果不予确认，应当向申报人送达不予确认债权通知书，申报人不服的，可以向法院提起确认债权之诉。比如，管理人在债权表中注明"办理房产权证押金 5 万元予以确认，办房产权证违约金超过诉讼时效不属于破产债权"就是一种确认。

从实践经验来看，民企破产管理人审查确认破产债权通常包括以下内容：（1）债权人申报的债权事实上是否成立以及有效还无效；（2）债权人申报的债权在性质上可否在破产程序中受偿；（3）债权人申报的债权数额与破产企业内部记账金额是否一致；（4）债权人申报的债权有无财产担保，担保物的价款预计是否足以清偿担保债权；（5）债权人申报的债权有无足够、确凿的证据予以确定以及是否存在争议；（6）债权人申报的债权是否合法以及有无超过诉讼时效，等等。

但是，管理人编制债权表以及对债权的确认，对债权人和债务人都不直接产生法律效力，也就是说，不能表明哪些债权得到既定效力，也不能既定哪些债权人有权参加债权人会议，更不能直接成为破产债权的有效执行根据。

二、债权人会议对债权表的核查

《企业破产法》第五十八条规定，管理人编制的债权表应当提交第一次债权人会议核查。这里的"核查"，是指债权人会议对管理人提交的债权表进行核对与审查。这是管理人接受债权人会议监督的重要形式，也是今后提交法院确认债权表的前置程序。管理人为接受债权人会议的有效监督，在提交债权表的同时，通常都将债权证据和其他相关材料在债权人会议上出示，供所有债权人查阅，以便债权人核查相关债权是否成立、是否合法、发生时间、数额大小、有无财产担保、有无连带债权等。在债权人会议中，债权人向管理人询问有关债权确认情况，管理人应当如实予以解答。债权人会议对债权表进行核查后，无需进行表决或者形成统一意见，但债权人会议和管理人应对每个债权人提出的意见在会议记录中予以记载，以备法院裁定确认债权之用。

三、法院对债权表的确认

《企业破产法》第五十八条第二、三款规定：债务人和债权人对债权表记载的债权无异议的，由法院裁定确认；有异议的，可以向法院提起诉讼。据此，经债权人会议核查，并经债务人核对，债权人和债务人对债权表中记载的每笔债权确认无异议后，管理人应当向法院申请裁定确认债权表记载的无异议债权。也就是说，管理人申请法院裁定确认债权表是以债权人和债务人对债权表中记载的每笔债权都没有异议为先决条件的。债务人、债权人以及其他债权人对债权表中相关债权有异议的，可以向法院提起债权确认之诉，由法院作出是否予以确认的裁判。

需要注意的是，在债务人和债权人对债权表记载的债权无异议的情况下，法院不能不加审查就裁定确认，而仍应对管理人提供的债权表记载的每笔债权进行审查，若发现债权表中某些债权存在真实性、合法性等问题，致使具体债权认定可能出现错误的，即使债务人或债权人未提出异议，法院也应对管理人行使监督权，要求管理人予以纠正。

四、民企破产未到期债权视为到期

这里的未到期债权，是指在法院裁定受理破产申请之日止，债权人对破产企业尚未到履行期的债权，亦即破产企业对债权人尚未到履行期的债务。在通常情况下，债权人对债务人的债权只有到期才发生请求权，债务人也只有在债务到期时才负有履行义务。据此，有些债务民企认为，除去未到期债务，自己未达到"资不抵债"的程度，法院受理其破产不符合《企业破产法》第二条规定。在通常情况下，未到期债权不是现实的债权，而是期待利益的债权，因此，将未到期的债权视为到期违背常理。但是，法律基于某些特定情况的考虑和对合法债权的保护，往往直接规定债权人在债权未到期的情况下可以提前行使请求权，也允许合同直接约定提前行使债权的条件，如债务民企银行借款合同约定，债务民企不按期支付利息，银行有权提前收回贷款的，届时，借款人果然不按期支付利息，银行就有权主张提前收回贷款。此外，《企业破产法》第四十六条直接规定"未到期债权视为到期债权"，这是强制性规定，债务民

企不得以"未到期"为由抗辩破产。主要理由是：首先，债务企业一旦进入破产程序，其财产就很快被管理人接管，此后，破产民企在债务期限届满时不能自行清偿；其次，破产程序是破产债务以破产财产为限进行集体清偿的程序，如果不许申报未到期债权，破产程序终结后，债权人的该债权就得不到清偿；再者，债权在法院受理破产申请时未到期，并不排除在破产财产分配前到期。据此，如果不将未到期的债权纳入破产程序进行申报，就会损害"未到期"的合法债权。在法院裁定受理破产申请后，将未到期债权视为到期债权，债权人通过债权申报取得了破产当事人的地位，便享有对破产财产的求偿权。

五、民企破产债权确认诉讼的问题

破产债权确认诉讼有广义与狭义之分，在广义上包括在破产申请受理前已提起尚未结束的债权确认诉讼和破产申请受理后提起的债权确认诉讼；狭义上仅指破产申请受理后，债务人、债权人对管理人审核编制的债权表或债权清单记载的债权有异议而提起的诉讼。

《企业破产法》第五十八条第三款规定"债务人、债权人对债权表记载的债权有异议的，可以向受理破产申请的人民法院提起诉讼"，这里规定的是狭义上的破产债权确认诉讼。据此，民企破产债权人对管理人审查编制并予公示的债权表不予确认全部债权或者部分债权提出异议，管理人仍不予认可的，民企破产债权人有权向法院提起破产债权确认诉讼。民企破产债权人提起这种诉讼是比较多见，但因这种诉讼是一种特殊诉讼，除按正常的债权债务纠纷诉讼进行外，还需要注意以下几个事项：

1.特殊条件要求

民企破产债权人作为原告提起这种诉讼，依法应当具备以下两个特殊条件：

（1）民企破产债权人已经向管理人申报破产债权。根据《企业破产法》第四十八条第一款和第五十六条规定，债权人应当在法院确定的债权申报期限内向管理人申报债权，债权人未依照破产法规定申报债权的，不得依照该法规定的程序提起破产债权确认诉讼。据此，除《企业破产法》特别规定不用申报的特殊债权（如职工劳动债权）外，破产民企债权人未向管理人申报破产债权的，不具有行使破产债权确认诉讼的权利的条件。

（2）管理人在其编制的债权表中不予确认债权。这是民企破产债权人提起破产债权确认之诉的特定事由。这种事由的前置条件是，民企破产债权人已经依法申报债权，管理人已经完成审查并编制了债权表，但管理人认为民企破产债权人申报的债权不具真实性或合法性而不予全部确认或者部分不予确认。管理人未审查、未编制债权表，债权尚未予以肯定或否定的，民企破产债权人不能仅凭管理人口头表示就提起这种诉讼。

2. 提交特别需要的证据

民企破产债权人根据这种特殊诉讼的要求，应当向法院提供有不予确认债权内容的债权表以及管理人不予确认债权通知书，同时提供债权形成、存在的有关基础证据材料，作为法院审查是否予以确认的依据。

3. 被告只能是破产民企

这种诉讼的被告不是管理人。破产民企虽然由管理人接管，但涉破民企的主体地位仍然存在并独立于管理人。管理人并非债权人对方的债务人，管理人对债权人申报的债权经审查不予确认仅为履行职责行为。在此情形下，民企破产债权人提起破产确认债权诉讼，被告不是管理人，而是对方债务民企。

【裁判案例】

提示：债权人以管理人为被告提起破产债权确认之诉主体错误。

2013 年 5 月，李某某就购买泰和置业公司开发的 12 套商品房与泰和置业公司签订了购房合同。合同签订后，李某某向泰和置业公司支付了约定的全额购房款，但泰和置业公司未按期向李某某履行交付商品房的义务。2016 年 4 月 15 日，天宁区法院裁定宣告泰和置业公司破产。从合同约定泰和置业公司应当向李某某交付房屋至泰和置业公司被法院宣告破产为止，泰和置业公司应向李某某支付迟延交付房屋违约金 14288378 元，就此，李某某向泰和置业公司破产管理人申报破产债权。破产管理人经审查后，于 2017 年 1 月 13 日向李某某送达不予确认债权通知书，对李某某申报的破产债权不予确认。

李某某以泰和置业公司破产管理人为被告，向天宁区法院提起"普通破产债权确认纠纷"诉讼，请求法院确认李某某对泰和置业公司拥有 1428837 元的

破产债权。

天宁区法院经审查认为：虽然本院裁定宣告泰和置业公司破产，但是泰和置业公司的诉讼主体仍然存在。破产法规定破产管理人由人民法院指定，破产管理人按照破产法规定执行包括代表债务人参加诉讼、对申报债权审查等职务，向人民法院报告工作，并接受债权人会议和债权人委员会的监督。因而破产管理人向李某某送达债权不予确认通知书是履行其职责行为，并不是破产管理人与李某某之间存在债权债务关系。现李某某以破产管理人为本案被告系诉讼主体错误。天宁区法院裁定驳回李某某的起诉。

李某某不服上述裁定，向常州市中院提起上诉称：根据法律规定及双方合同约定，泰和置业公司由于迟延交房，应向本人承担相应违约金，该违约金系李某某对泰和置业公司拥有的破产债权，但破产管理人却不予确认。原审法院以主体错误为由驳回我方起诉，但不予确认债权系破产管理人作出，而非泰和置业公司作出，故原审裁定认定事实错误。请求撤销原审裁定，指令原审法院继续审理。

常州市中院认为：李某某主张泰和置业公司延期交付房屋所产生的违约金1428837元应确认为破产债权，其诉讼请求所依据的事实是基于双方签订的商品房买卖合同约定的出卖人逾期交房违约责任，即承担违约责任的主体系合同相对方泰和置业公司。在原审法院受理泰和置业公司破产清算一案后，李某某有权依据企业破产法的相关规定向破产管理人申报债权。依照企业破产法第五十七条、第五十八条的规定，破产管理人审查债权，编制债权表系其履行工作职责。李某某对破产管理人不予确认债权及编制的债权表有异议的，可以向人民法院提起诉讼。但基于前述理由，其提起诉讼应以泰和置业公司为被告，性质系普通破产债权确认纠纷。破产管理人与李某某之间并不存在债权债务关系，也并非破产管理人因不当履行职责对债权人承担赔偿责任，故李某某以破产管理人为被告提起本案诉讼缺乏事实和法律依据。

常州市中院认定，原审裁定认定事实清楚，适用法律正确，于是裁定驳回李某某上诉，维持原裁定。

第五节　民企破产中的未确定债权及其若干问题处置

这里的"未确定债权"主要是指附条件债权、附期限债权和诉讼、仲裁的未决债权。这些未确定债权都不是现实债权，因而不可直接参与破产分配，但在债务企业进入破产程序后，有可能成为确定的现实债权，这就需要事先予以适当保护。根据《企业破产法》第四十七条规定，"附条件、附期限的债权和诉讼、仲裁未决的债权，债权人可以申报。"但因其具有不确定性，故债权人不能在确定前行使请求权和有关破产程序权利（如限制其在债权人会议上的表决权），而只能在得到确认后，才有完整的主体资格参与破产程序。

一、关于附条件债权及其申报、确认的问题

附条件债权，是指所附条件成就时才发生效力，不成就时不发生效力的债权。附条件债权产生于民事法律行为的附条件（如附条件合同），只有先搞清附条件的民事法律问题，才能正确审查和确认附条件债权。

《民法总则》第一百五十八条规定："民事法律行为可以附条件，但是按照其性质不得附条件的除外。附生效条件的民事法律行为，自条件成就时生效。附解除条件的民事法律行为，自条件成就时失效。"由此可见，附条件包括生效条件与解除条件，随之也就有附生效债权的问题。附条件债权不是凭空债权，而是经当事人协商一致已经成立的预约债权，只是能否成为现实债权并产生请求权取决于债权所附条件成就与否。

（一）附生效条件及其债权问题

1. 关于附生效条件

附生效债权是否生效取决于附生效条件是否成就。《合同法》第四十五条

规定："当事人对合同的效力可以约定附条件。附生效条件的合同，自条件成就时生效。附解除条件的合同，自条件成就时失效。"这里的附效力条件，是指双方当事人约定的未来可能发生的用来限制合同效力的某种合法事实。附效力条件具有以下几个法律特征：

（1）约定性。附效力条件不是法定条件，法定条件具有普遍的约束力，不由当事人约定取舍，因而不能作为合同的附条件。附效力条件是法定条件以外的由当事人特别约定的条件，只对本合同具有约束力。

（2）不确定性。合同所附的效力条件是将来可能发生也可能不发生的事实，具有不确定性。过去或者现存的事实和将来必定发生或者必定不能发生的事实不是附效力条件。

（3）附属性。合同所附效力条件不是合同的主要内容，而是附随合同内容的条款，是用来限制合同法律效力的意思表示。

（4）合法性。合同所附的效力条件必须是合法的事实，违法的事实不能作为合同的附效力条件。

2. 关于"不正当地阻止条件成就"

《民法总则》第一百五十九条规定，附条件的民事法律行为，当事人为自己的利益不正当地阻止条件成就的，视为条件已成就。这里的"不正当地阻止"，是指一方当事人在合同订立后，为自己的利益，对本能成就的所附条件，人为地采取不正当手段加以阻止使之不能成就的行为。其目的是想以此为由不履行义务。

合同约定附条件，在条件未成就前，当事人可期待条件的成就使合同生效或者归于消灭，所以对双方都具有法律约束力。一方当事人不正当阻止条件的成就是违背诚实信用原则的恶意行为，将会使对方的期待利益受到损害，故应视为条件已经成就，并按照条件成就来履行义务。如，民企在破产前与出借人签订借款合同，其中约定"借款人从某某第三人处收回资金后再偿还借款"，届时借款民企故意不收受某某第三人向其支付的资金，并以未从某某第三人处收回资金为由拒绝偿还借款的，就是不正当阻止所附条件的成就，根据上述规定，应视为条件已成就，未确定债权成为确定债权，债权人可以行使请求权。

但构成"不正当地阻止条件成就"需要满足两个基本条件才能视为条件已成就：一是当事人为自己的利益。这里的"利益"通常是指不正当地阻止条件成就一方与合同有关的利益，而不包括与合同无关的利益以及他人的利益；二是采取了不正当的手段。不正当手段通常是指不符合法律规范或道德要求的手段，当事人的行为虽然阻止了条件成就，但若符合法律规范或道德要求的，就不能认为其手段的不正当性。

3.关于"不正当地促成条件成就"

《民法总则》第一百五十九条和《合同法》第四十五条规定，附条件的民事法律行为，当事人为自己的利益"不正当地促成条件成就的，视为条件不成就。"这里的"不正当地促成"，是指一方当事人在合同订立后，为自己的利益，对本来不能成就的所附条件，人为地采取不正当手段加以成就。"不正当地促成"与"不正当地阻止"一样，都是违背诚实信用原则的故意违约行为。如出借人不想提供借款，借款人想要早日取得借款或者拖延还款，都有可能不正当地促成所附条件的成就。譬如，民企在破产前向借款人借款，根据出借人的要求，借款合同特别约定"借款方如能提供采购原料合同的，贷款方才支付款项"，该合同订立后，民企为了取得借款，与他人签订虚假采购原料合同，就是不正当地促成条件成就。根据上述规定，不正当地促成条件成就的，视为条件不成就，那么上例中的出借人不负提供借款义务，已经提供借款的，可以以骗取借款为由行使撤销权。

（二）附解除条件及其债权问题

附解除条件债权，是指条件成就时消灭，条件不成就时继续存在的债权。附解除条件债权是以所附解除条件是否成就来决定其消灭还是存续。

附解除条件又称附失效条件，是指当事人约定的消灭合同效力的条件。《合同法》第四十五条规定"附解除条件的合同，自条件成就时失效"。其基本含义是：已经依法成立的合同，当约定的解除条件成就时，该合同的效力归于消灭，若解除条件不出现或者不成就的，该合同仍保持其效力。譬如，民企在破产前与出借人签订《借款合同》约定：借款民企向出借人借入50万元，月息1分，使用期限2年；如果出借人盖新房，借款民企就得还清全部本息。其中，"出借人盖新房"就是解除条件。当出借人在2年内真的动工盖新房，该借款合同中的"使用期限2年"这一条款失效，此时借款民企被法院裁定破产，出借债权人享有的债权是到期债权，而非未到期债权。

管理人在收到附解除条件债权后，应当根据债权人提供的证据材料，先分析和判断附解除条件是否成就。对附解除条件未成就的，也应予以登记，但暂时不予确认；对附解除条件已成就，债务人也无异议的，应当作为确定债权予以登记；债务人对附解除条件是否成就有争议的，可以提出异议或通过诉讼解决。

二、关于附期限债权及其申报、确认的问题

附期限债权，是指当事人约定的发生或者消灭需经过一定时间的债权。附期限债权分为附生效期限的债权和附失效期限的债权。附期限债权与附条件债权一样，首先都是当事人已经约定的债权，无论以后是否成为现实债权，债权人都可以向管理人申报，管理人也应予以接受并登记。

《民法总则》第一百六十条（原《民法通则》第六十二条）规定：民事法律行为可以附期限，但是按照其性质不得附期限的除外。附生效期限的民事法律行为，自期限届至时生效。附终止期限的民事法律行为，自期限届满时失效。《合同法》第四十六条也规定："当事人对合同的效力可以约定附期限。附生效期限的合同，自期限届至时生效。附终止期限的合同，自期限届满时失效。"据此规定，附期限分为附生效期限和附终止期限两种，附终止期限也称附失效期限。

附生效期限是双方当事人约定的使已经成立的合同发生法律效力的时间，其作用旨在延缓合同效力的发生。附终止期限是双方当事人约定的使已经成立的合同效力归于消灭的时间，主要是使已经成立的合同失去的法律效力。从广义上看，附期限实质上也是附条件，因而附期限的特征与附条件大致相同，即具有约定性、附属性、合法性等。但附期限的主要特征是时间，时间的到来是能够预见的必然的。如果当事人约定的所附期限具有不确定性，该附期限就不具效力。由于时间具有必然性，所以附期限不可能出现"不正当地阻止"和"不正当地促成"的情形。

在债权人申报债权时，管理人发现所附终止期限已经届满，约定债权已经失效不再存在的，应当劝导申报人撤回申报，申报人坚持申报的，可以先予登记，但不予确认；经审查认为，所附期限届满，债权成立并生效，债务人也无

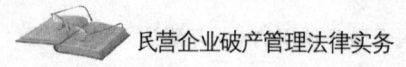

异议的，应当作为确认债权予以登记。

三、关于诉讼、仲裁未决债权的申报和确认的问题

诉讼、仲裁未决的债权，是指当事人之间有关该债权的争议已经进入诉讼或仲裁程序，但法院或者仲裁机构尚未作出裁决，债权的真实性和数额还处于不明确的状态。债权人与债务企业的债权债务纠纷已经诉至法院，或者已经申请仲裁机构裁决，法院或者仲裁机构尚未作出裁决的，债权仍处于不确定状态，此时，债权人也可以向管理人申报债权，管理人亦应予以登记。债务人进入破产程序后，经法院判决或仲裁裁决，且其法律文书已经生效的，原不确定债权成为确定债权，管理人应当将原登记的不确定债权改变为确定债权，债权人依法享有参与破产程序的全部权利。

四、民企破产不确定债权的处置

一是民企破产债权人申报不确定债权包括未决债权应当与申报确定债权一样，向管理人提交有关证据材料，从以证明不确定债权已经成立、未决债权已经提起诉讼或仲裁的客观事实，否则，管理人不予接受登记。

二是管理人应当预留偿债资金。在处置破产财产和处理债权债务时，不确定债权仍未依法确定的，管理人对不确定债权包括未决债权应当预留并提存相应的分配额，并将预留偿债资金存入监管账户内，由管理人、债务人及债权人委员会三方共同监管，用于清偿不确定的债权确定后和未决债权经判决或裁决后的确定债权。

三是在最后分配公告日，生效条件还未成就或者解除条件已经成就的，法律不再保留其债权分配额，而应将原保留的分配额分配给其他债权人；在最后分配公告日，生效条件成就或者解除条件未成就的，应当交付给债权人。

第六节　民企劳动债权的调查确认及工龄难题之解

我国民企职工与国企职工因体制、身份不同，两者劳动债权的具体内容是有较大差异的。国企的管理人员、技术人员和普通工人都受雇于国家，劳动权利均衡，劳资关系比较稳定，福利保障较好，职工劳动权益得以有效保护。民企劳资关系完全依靠劳动合同来维系，而不少民企劳动合同的合法性和劳动权益的内容（如福利待遇、社会保险等）有欠缺，特别是在"家长式"治理下的民企，劳动管理不规范，随意解雇职工、克扣职工报酬，不给职工办理养老、医疗保险等情况时有发生，职工合法权益不能得到保护，致使劳资关系紧张。民企这些劳资关系带入破产程序，必然产生大量的劳资纠纷，从而使职工劳动债权复杂化。

一、债务民企职工劳动债权的范围

根据《企业破产法》第四十八条第二款规定，民企职工劳动债权有以下三类：

1. 债务民企所欠职工的工资和医疗、伤残补助、抚恤费

工资是指用人单位依据国家有关规定或者劳动合同的约定，以货币形式直接支付给劳动者的劳动报酬，包括计时工资、计件工资、奖金、津贴、补贴以及其他特殊情况下支付的工资报酬等。

医疗、伤残补助、抚恤费用，是指职工发生工伤事故，企业按照《工伤保险条例》及相关规定应承担的有关费用，包括：（1）发生工伤事故和工伤致残职工享有的一次性伤残补助金、一次性工伤医疗补助金、一次性伤残就业补助金；（2）由工伤职工生前承担抚养、赡养、扶养责任的亲属所需费用；（3）发生工伤或者工亡事故，企业应支付的其他有关费用，如营养费、护理费、误

工费、交通费、后续治疗费、丧葬补助金、供养亲属抚恤金和一次性工亡补助金等。

2. 划入职工个人账户的基本养老保险、基本医疗保险费用

基本养老保险是按国家统一政策规定强制实施的为保障广大离退休人员基本生活需要的一种养老保险制度，用人单位和劳动者必须依法缴纳养老保险费，在劳动者达到国家规定的退休年龄或因其他原因而退出劳动岗位后，社会保险经办机构依法向其支付养老金等待遇，从而保障其基本生活。按照《社会保险法》《社会保险费征缴暂行条例》的有关规定，职工应当参加基本养老保险，由用人单位和职工共同缴纳基本养老保险费。基本医疗保险是为补偿劳动者因疾病风险造成的经济损失而建立的一项社会保险制度。通过用人单位和个人缴费，建立医疗保险基金，参保人员患病就诊发生医疗费用后，由医疗保险经办机构给予一定的经济补偿，以避免或减轻劳动者因患病、治疗等所带来的经济问题。

根据《最高人民法院关于审理企业破产案件若干问题的规定》第六十一条第一款第二项之规定，破产企业欠缴职工个人部分的社会保险费所产生的滞纳金不属于破产债权。因此，应当划入职工个人账户的基本养老保险、基本医疗保险费用仅指欠缴的本金。

3. 法律、行政法规规定应当支付给职工的补偿金

这里的补偿金是指按照《劳动合同法》第四十六条、第四十七条规定应向职工支付的经济补偿。

关于补偿金的范围。《劳动合同法》第四十六条规定，有下列情形之一的，用人单位应当向劳动者支付经济补偿：（1）劳动者依照本法第三十八条规定解除劳动合同的；（2）用人单位依照本法第三十六条规定向劳动者提出解除劳动合同并与劳动者协商一致解除劳动合同的；（3）用人单位依照本法第四十条规定解除劳动合同的；（4）用人单位依照本法第四十一条第一款规定解除劳动合同的；（5）除用人单位维持或者提高劳动合同约定条件续订劳动合同，劳动者不同意续订的情形外，依照本法第四十四条第一项规定终止固定期限劳动合同的；（6）依照本法第四十四条第四项、第五项规定终止劳动合同的；（7）法律、行政法规规定的其他情形。

关于补偿金的标准。根据《劳动合同法》第四十七条：（1）经济补偿按

劳动者在本单位工作的年限，每满一年支付一个月工资的标准向劳动者支付；（2）六个月以上不满一年的，按一年计算；（3）不满六个月的，向劳动者支付半个月工资的经济补偿；（4）劳动者月工资高于用人单位所在直辖市、设区的市级人民政府公布的本地区上年度职工月平均工资三倍的，向其支付经济补偿的标准按职工月平均工资三倍的数额支付，向其支付经济补偿的年限最高不超过十二年。这里所称月工资是指劳动者在劳动合同解除或者终止前十二个月的平均工资。

管理人在审查、确认民企职工劳动债权时，需要特别注意以下两个事情：

一是我们这里所说的职工劳动债权是指在法院裁定受理破产申请前成立劳动关系而产生的劳动债权，在法院裁定受理破产申请后，破产企业所产生的职工劳动债务，如破产企业应当支付留守人员的报酬属于破产费用，应当在破产财产中先行支付，而不能将其作为破产债权参与破产财产分配。

二是企业基于雇佣关系发生的职工劳动债务，从广义上看，应当包括临时雇佣外来人员进行短期工作所形成的债务，如，临时聘请电工修理电力设施，临时聘请水泥匠修理厂房等，由此产生的债务也属于劳动债务，但《企业破产法》上的职工劳动债权仅指企业基于劳动合同和内部职工之间所产生的劳动债权。前者的劳动债权发生在法院受理破产前的，只能作为普通债权参与破产财产分配，若发生在法院受理破产后的，应当作为破产费用先行在破产财产中支付。

二、民企职工劳动债权的调查方法

《企业破产法》第四十八条第二款规定，职工劳动债权"不必申报，由管理人调查后列出清单并予以公示"。基于对职工劳动债权的特殊保护，这里规定了职工劳动债权不必申报，但同时强调管理人对职工劳动债权的调查，于是，调查职工劳动债权便成为管理人的职责。

国企劳动管理比较规范，劳资关系比较清楚，加之有劳动合同为依据，且会计账目有明确记载，因此，在不必申报的情况下较为容易确认职工劳动债权。但不少民企劳动管理很随意，劳资关系很混乱，劳动债权纠纷较多，同时还存在一些虚假和非法的劳资关系，因此，在职工劳动债权"不必申报"的情形下，为了保障民企职工劳动债权的准确性和合法性，管理人更应尽职调查。管理人对民企职工劳动债权主要调查劳动者的身份、劳动债权数额。

1. 查实每位职工的劳动者身份

管理人在接管破产民企的文件和资料后，应将其中的职工花名册、劳动合同、社会保险等档案资料进行清理，从中调查核实破产时职工的在职情况。需要注意的是，民企职工情况比国企复杂。国企通常有严格的用人用工制度和相对完善的人事档案管理制度，管理人对其职工身份调查比较容易。民企职工情况相对比较复杂，查实难度较大，主要原因有：（1）不少民企没有认真执行《劳动合同法》，职工录用不签订劳动合同，职工离职不办理手续，职工花名册与职工在职情况不一致的情况普遍存在；（2）工资表册上的姓名与职工花名册及劳动合同不完全一致，其中有只领工资不工作的老板家庭成员或者亲戚；（3）社会保险资料上有非在职的老板家庭成员或者亲戚朋友，反而部分职工没有参加社会保险等。对此，管理人应当查阅能够反映民企在职职工真实情况的考勤表、计酬单等资料，并与有疑问的"职工"见面查询，核实其是否在职。

2. 查清每位职工劳动债权的具体数额

民企职工大多数是"打工者"，而"打工者"对劳动报酬是很"计较"的，管理人必须认真对待，除劳动合同约定的基本薪酬外，还应结合业绩考核、业务提成、内部承包、福利待遇等具体情况，查清并认定职工劳动债权的具体数额。

职工劳动债权调查工作结束后，管理人应根据调查核实的情况，初步确认职工劳动债权，并编制职工劳动债权清单，然后根据《企业破产法》第四十八条第二款规定，由管理人予以公示，职工对清单记载的劳动债权有异议的，可以要求管理人更正；管理人不予更正的，职工可以向法院提起劳动债权确认之诉，由法院依法裁判。

三、民企职工工龄计算难题之解

职工工龄是指职工以工资收入为生活资料的全部或主要来源的工作时间。民企职工工龄一般是劳动合同约定的入职时间至劳动合同解除或终止之日，劳动合同约定不明或者入职时间与劳动合同约定不一致的，应当以实际入职时间

至实际离职时间为准。

职工工龄可分为一般工龄和本企业工龄。一般工龄是指职工从事生产、工作的总的工作时间，其中包括本企业工龄。本企业工龄（连续工龄）是指职工在本企业内连续工作的时间。本企业工龄包括连续工龄，但连续工龄和本企业工龄也是有差别的，主要表现为，连续工龄不仅包括本企业连续工作的时间，而且包括前后两个工作单位可以合并计算的工作时间。

职工在企业的工作年限是计算补偿金的重要依据，职工工龄长短直接关系到补偿金多少，故对劳动债权数额认定有着直接的影响。

但是，劳动法规定的工龄计算很原则，民企职工的工龄计算也不能全部套用国企那一套，于是，民企职工的工龄计算成为破产实践中的一道难题。

国企职工的工龄计算是有明确规定的，在符合规定条件下适用一般工龄和本企业工龄计算工龄，如某一职工从这家国企被调到那个国企工作，工龄年限应当连续计算。而民企职工的工龄计算通常限于本企业，而不适用一般工龄计算方式，譬如，其他民企的某一职工跳槽到本民企工作，这位职工的工龄应当分别计算，而不能适用一般工龄将其在其他民企的工龄加到本民企一并计算工龄，主要理由是，该职工在其他民企的有关工龄利益（主要是补偿金）不能转嫁到本民企负担，本民企也无法定义务承担该职工在其他民企工作的工龄利益。

我们又认为，对民企而言，"本企业"应当包括关联民企。关联民企是指一民企基于特定的经济目的，通过资本渗透、合同联结等方式与他民企之间形成的企业联合体。从表面上看，关联民企中的成员企业各自具有独立人格，并独立承担民事责任，但它们是通过资产、合同等纽带联结而成的，有着共同经济利益关系。如，某一职工在民企集团公司的这家子公司上班，因工作需要，由这家子公司到那家子公司工作，基于上述理由，我们可以以公司关联为由，视为这两家子公司为集团公司"本企业"，该职工的工龄应当连续计算。

民企职工的工龄还一个有合并计算问题。合并计算是指职工的工作经历中非本人主观原因间断了一段时间，把这段间断的时间扣除，间断前后两段工作时间合并计算。如民企因经营业务量减少而减员，后因经营业务增加将原减员的职工召回上班，在这种情况下，对该职工应当适用合并计算法计算工龄。这里的关键在于"非本人主观原因"，民企职工如果自行申请离职或者擅自跳槽，

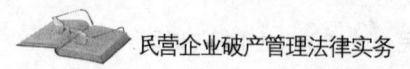

后又返回原民企工作的，则不适用合并计算法计算工龄。

四、民企职工劳动债权确认需要注意的事项

管理人在破产程序中审查、确认民企职工劳动债权时，需要特别注意以下几个事情：

一是我们这里所说的职工劳动债权是指在法院裁定受理破产申请前成立劳动关系而产生的劳动债权，在法院裁定受理破产申请后，破产企业所产生的职工劳动债务，如，破产企业支付留守人员的报酬属于破产费用，应当在破产财产中先行支付，而不能将其作为破产债权参与破产财产分配。

二是企业基于雇佣关系发生的职工劳动债务，从广义上看，应当包括临时雇佣外来人员进行短期工作所形成的债务，如，临时聘请电工修理电力设施，临时聘请水泥匠修理厂房等，由此产生的债务也属于劳动债务，但《企业破产法》上的职工劳动债权仅指企业基于劳动合同和内部职工之间所产生的劳动债权。前者的劳动债权发生在法院受理破产前的，只能作为普通债权参与破产财产分配，若发生在法院受理破产后的，应当作为破产费用先行在破产财产中支付。

三是《劳动合同法》第八十五条还规定，在用人单位未按照劳动合同的约定或者国家规定及时足额支付劳动者劳动报酬、低于当地最低工资标准支付劳动者工资、安排加班不支付加班费加班、解除或者终止劳动合同未依法向劳动者支付经济补偿的，由劳动行政部门责令用人单位应支付给劳动者的劳动报酬、加班费、经济补偿金、最低工资差额以及用人单位逾期不支付前述款项应向劳动者支付 50%~100% 的加付赔偿金和《劳动合同法》第八十七条规定在用人单位违反劳动法规定解除或者终止劳动合同的情况下，应当按照经济补偿标准的二倍向劳动者支付的赔偿金。

职工劳动债权经依法确定后，属于破产财产的第一清偿顺序，后面对此再作分析。

第七节 民企税款债权的申报确认及其难题之解

税款债权是一种公法之债，国家是债权人，纳税人是债务人。根据《企业破产法》第一百一十三条规定，税款是第二清偿顺位债权，虽次于职工劳动债权受偿，但优于普通债权受偿。从实践情况看，国企因财务管理较为规范，依法缴税观念较强，再者缴纳税款与高管个人利益无关，因此税款问题较少，即使有税款债务带入破产程序也容易处置。但民企缴税情况不一样，税款缴纳与老板个人利益直接有关，不少老板依法缴税观念淡薄，拖缴欠税、偷税漏税等违法情形不少，在濒临破产时这些情况更为严重。民企这些情况带入破产程序后，法院和管理人需要花大力气处置，有些难题还需探究化解。

一、民企破产税款债权申报

税款虽为国家债权，但因国家是个抽象的概念，故国家税款债权由具体的执行机关代表国家行使征收权。当前，代表国家行使税款债权的机关是税务机关和海关。民企进入破产程序后，管理人应当依法向税务机关发送《债权申报通知书》，如涉进出口关税的，还应通知海关申报税款债权。

在通常情况下，债务民企在账面上会有欠缴税款的记载，管理人接管债务民企账务资料后，从中可以得知有无税款欠缴的情况，此时税务机关属于已知债权人，管理人应当直接通知税务机关申报税款债权。税务机关接到通知后，应当主动与管理人取得联系，然后按期申报税款债权。但是，不少债务民企由于财务管理混乱，或者濒临破产故意抵赖税款，账面上未做或不做结欠税款记载，那么，管理人就不一定知道其有无欠缴税款的情况。因税款属于国家债权，管理人对此应予高度重视，通常的稳妥做法是，不论债务民企账面上有无结欠税款记载都向税务机关发送《债权申报通知书》，以便未知的税务机关得

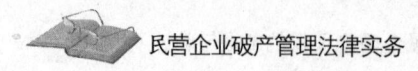

知并按期申报，以免税务机关不知民企破产而未报税款债权。

税务机关申报税款债权与其他债权人一样执行破产法及其司法解释的有关规定。但由于不少破产民企欠税范围较广，情况比较复杂，税务机关在申报税收债权前尚未掌握的，应当主动检查破产民企会计账务，理清结欠税款情况，然后编制《债权申报对账单》与欠缴民企共同确认欠税、欠费余额，并将欠缴的税款、滞纳金、罚款以及欠缴的教育费附加、各类基金分别填单，在申报税款债权时提交给管理人。

二、民企破产税款债权确认需要注意的几个问题

税款债权包括所欠国家税款、教育费附加、各类基金、滞纳金、罚款等。其中，税款种类有增值税、营业税、房产税、土地使用税、印花税、契税、企业所得税等等。但需要注意的是，上述各种税款债权，并非都是破产债权，也并非都是优先受偿范围，就此，我们分析以下几个问题：

1. 关于教育费附加和各类基金的问题

《企业破产法》有关规定提及的税款债权都为"债务人所欠税款"或"破产人所欠税款"，而未将教育费附加和各类基金纳入优先受偿的破产债权范围。但上述附加税和基金是国家特定用途的费用，属于企业应当承担的义务，故可作为普通债权进行申报和确认。

2. 关于税款滞纳金的问题

我国法律仅规定税款本身优先受偿，并未规定税款滞纳金也应优先受偿，因此税款滞纳金优先受偿是没有法律依据的。但是，滞纳金具有对所欠缴税款给国家利益造成损失的补偿性质，相似于利息债权。《最高人民法院关于税务机关就破产企业欠缴税款产生的滞纳金提起的债权确认之诉应否受理问题的批复》（法释〔2012〕9号）中指出："税务机关就破产企业欠缴税款产生的滞纳金提起的债权确认之诉，人民法院应依法受理。依照企业破产法、税收征收管理法的有关规定，破产企业在破产案件受理前因欠缴税款产生的滞纳金属于普通破产债权。对于破产案件受理后因欠缴税款产生的滞纳金，人民法院应当依照《最高人民法院关于审理企业破产案件若干问题的规定》第六十一条规定处理。"据此，民企在破产案件受理前产生的滞纳金应当作为普通债权申报和认

定。民企在破产案件受理后产生的滞纳金,根据《最高人民法院关于审理企业破产案件若干问题的规定》第六十一条规定,不属于破产债权,故税务机关不需申报,即使申报,管理人也不应予以认定。

3.关于涉税罚款的问题

《最高人民法院关于审理企业破产案件若干问题的规定》第六十一条规定"行政、司法机关对破产企业的罚款、罚金以及其他有关费用"不属于破产债权。税务机关是行政机关,涉税罚款是行政处罚,根据上述规定不属于破产债权,因此,税务机关不得申报涉税罚款,管理人也不得予以确认为破产债权。

4.关于减税、免税、退税的问题

我国法律没有规定企业由于破产原因给予减免进入破产前所欠的税款,因此,破产民企或者管理人主张因破产给予减免税款是不能成立的。但法律规定其他事由应当予以减免税款的,在破产程序中亦应予以减免,如,破产民企抵偿债务的土地、房屋权属的契税给予相应减免;又如,在民企被依法宣告破产情况下企业职工从该破产民企取得的一次性安置费收入免征个人所得税。

三、民企破产税款债权的疑难问题分析

1.关于民企未到期税款债权可否申报的问题

从法院裁定受理破产申请之日为界限,税款债权可分已到期税款债权与未到期税款债权两种情况。根据《企业破产法》第四十六条第一款"未到期的债权,在破产申请受理时视为到期"之规定,在法院受理破产之日,税款债权未到期的同样视为到期,税务机关应当向管理人申报。但实践中的问题是,税款债权未到期,税务机关缺乏纳税人申报资料,具体税款数额尚不能确定,这就会给税务机关申报税款债权带来很大的困难,有的欠税情况很复杂,超过债权申报期限也未能核查清楚。在民企破产程序中若遇这种情况,我们认为,税务机关可以估算欠缴数额,预先向管理人申报,待核实后再予变更,但管理人不能以税务机关预先申报的税款数额确认税款债权,而应根据税务机关核实后变更的税款债权,经审查后再予以确认。

2.关于税款债权的行政保全问题

依据税收征管法律有关规定,纳税人逃避或拒绝履行纳税义务的,税务机

关可以对纳税人采取查封不动产、扣押动产以及冻结银行存款等行政强制措施，但这里的"查封""扣押""冻结"仅为保全措施，而不是实现税款债权的强制措施。《企业破产法》第十九条规定："人民法院受理破产申请后，有关债务人财产的保全措施应当解除，执行程序应当中止。"在实践中，有些税务机关在民企破产程序中不愿意解除保全措施，一是认为税收征管法与企业破产法都是法，税收征管法不一定必须服从企业破产法而必须解除保全措施；二是担心解除保全措施后，税款债权在民企破产程序中难以得到优先受偿，如破产财产先支付破产费用、共益债务和清偿第一顺序的职工劳动债权后，税款债权不能得到全部受偿，甚至分文不得。税务机关不解除保全措施，法院和管理人就难以变价相关破产财产。对此，我们建议：一是法院和管理人应当与税务机关进行沟通，说明为了全体债权人公平清偿，税务机关在破产程序中解除保全措施是其应尽的法定义务；二是法院向税务机关的上级机关或当地政府提出司法建议，建议他们督促税务机关依法解除保全措施；三是采取上述措施仍无效果的，先将其他破产财产的变价款分配给其他债权人，暂不不考虑税款债权受偿，只在必要时考虑保留相应份额，待解除保全措施变价原保全财产后，再依法清偿税款债权。

3. 关于管理人发现偷税骗税如何处置的问题

破产民企存在偷税骗税行为，税务机关没有发现，而管理人在破产程序中发现并有证据予以证实，对此，有些管理人会产生为难情绪：一是管理人没有监管民企缴税的法定职责，不负审查破产企业有无偷税骗税的义务；二是报告税务机关，税务机关肯定将所偷税款作为债权申报，如果构成犯罪，则将所偷税款作为赃款追收，这显然减少了普通债权的受偿比率，普通债权人肯定有意见，甚至认为管理人"狗捉老鼠多管闲事"；三是税务机关、公安机关介入调查的话，势必影响破产进程，破产案件不能按时了结。但若不报告税务机关，又担心自己承担法律责任。

我们认为，管理人虽无监管民企缴税的法定职责，但在破产程序中发现破产企业有偷税骗税涉嫌的，根据《税收征收管理法》第十三条"任何单位和个人都有权检举违反税收法律、行政法规的行为"之规定，管理人负有"检举"义务，故应向税务机关报告，并移交有关证据材料，由税务机关依法处理，而不能以税务机关查处偷税骗税影响破产程序进展以及影响其他债权人破产财产

分配为由，故意隐瞒破产企业偷税、骗税税收违法行为。

4. 关于税收优惠政策的问题

在实践中，许多基层地方政府为了扶持某些特定项目，特别是对外招商引资，推出不少减税、免税、退税等税收优惠政策，其中有些是没有法律依据的。《税收征收管理法》第三条规定，税收的开征、停征以及减税、免税、退税、补税，依照法律的规定执行；法律授权国务院规定的，依照国务院制定的行政法规的规定执行。任何机关、单位和个人不得违反法律、行政法规的规定，擅自作出税收开征、停征以及减税、免税、退税、补税和其他与税收法律、行政法规相抵触的决定。国务院《关于纠正地方自行制定税收先征后返政策的通知》（国发〔2000〕2号）第二条规定，地方政府不得擅自在税收法律、法规明确授予的管理权限之外，更改、调整、变通国家税收政策。先征后返政策作为减免税收的一种形式，审批权限属于国务院，各级地方政府一律不得自行制定税收先征后返政策。如确需通过税收先征后返政策予以扶持的，应由省级政府向国务院财政部门提出申请，报国务院批准后才能实施。

为了恰当处置地方政府这些税收优惠政策问题，2015年5月10日，国务院下发了《关于税收等优惠政策相关事项的通知》（国发〔2015〕25号），其中，第三条明确规定"各地与企业已签订合同中的优惠政策，继续有效；对已兑现的部分，不溯及既往。"；第四条明确规定"各地区、各部门今后制定出台新的优惠政策，除法律、行政法规已有规定事项外，涉及税收或中央批准设立的非税收入的，应报国务院批准后执行；其他由地方政府和相关部门批准后执行，其中安排支出一般不得与企业缴纳的税收或非税收入挂钩。"在民企破产程序中，债权人或债务人依据地方政府擅自制定的优惠政策主张减税、免税、退税的，管理人应当按照上述规定作出予以确认或不予确认的决定。

【裁判案例】

提示：破产企业依据地方政府优惠政策主张返还税款，法院判决驳回其诉讼请求。

2000年4月16日，乐山市政府作出乐府函〔2000〕49号《关于支持1000吨/年多晶硅项目建设有关问题的通知》，其中第三条规定："1000吨/年多晶硅项目投产后，增值税前三年地方所得返企业用于还本付息，所得税前五年由同级财政先征后返，之后五年由财政按规定返还50%，若企业有困难，可全部返还。"新光硅业公司在建的多晶硅项目虽属上述税款优惠对象，但未与乐山高新区管委会签订过涉及相关税款返还金额、期限等内容的书面协议或合同。

2012年8月19日，国务院作出国函〔2012〕118号批复，同意乐山高新技术产业园区升级为国家高新技术产业开发区，实行现行的国家高新技术产业开发区的政策。

2014年9月3日，峨眉山市法院依法受理了新光硅业公司破产清算案。后新光硅业公司破产管理人多次向乐山高新区管委会发函，要求乐山高新区管委会按照乐山市政府《关于支持1000吨/年多晶硅项目建设有关问题的通知》的规定，支付税收返还款2421.20万元未果，新光硅业公司遂诉至峨眉山市法院。庭审中，原、被告都认可乐山市政府应返还新光硅业公司的税款已返还完毕，原告主张的税收返还款2421.20万元是乐山高新区管委会税收分成部分中应返还的税款。

峨眉山市法院认为：《税收征收管理法》第三条规定，税收的开征、停征以及减税、免税、退税、补税，依照法律的规定执行；法律授权国务院规定的，依照国务院制定的行政法规的规定执行。任何机关、单位和个人不得违反法律、行政法规的规定，擅自作出税收开征、停征以及减税、免税、退税、补税和其他同税收法律、行政法规相抵触的决定。国务院国发〔2000〕2号《关于纠正地方自行制定税收先征后返政策的通知》第二条规定，地方人民政府不得擅自在税收法律、法规明确授予的管理权限之外，更改、调整、变通国家税收政策。先征后返政策作为减免税收的一种形式，审批权限属于国务院，各级地方人民政府一律不得自行制定税收先征后返政策。对于需要国家财政扶持的领域，原则上应通过财政支出渠道安排资金。如确需通过税收先征后返政策予以扶持的，应由省（自治区、直辖市）人民政府向国务院财政部门提出申请，报国务院批准后才能实施。据此，税收减免、返还等优惠必须由法律、行政法规作出明确规定，或者由省（自治区、直辖市）人民政府向国务院财政部门提出申请并得到国务院批准后才能实施。

本案中，原告新光硅业公司和被告乐山高新区管委会均未提供证据证明乐

山市政府《关于支持 1000 吨／年多晶硅项目建设有关问题的通知》中规定的增值税和所得税返还优惠政策具备相关法律依据或者得到了有权机关的合法授权。因此，上述《通知》中所规定的相关增值税和所得税返还优惠政策不具有法律效力，原告新光硅业公司以该《通知》为依据要求被告乐山高新区管委会履行返还税款的主张本院依法不予支持。同时，国务院国发〔2015〕25 号《关于税收等优惠政策相关事项的通知》第三条明确规定，各地与企业已签订合同中的优惠政策，继续有效；对已兑现的部分，不溯及既往。而根据本案查明事实，原、被告并未签订过涉及税款返还金额、期限等内容的书面协议或合同。因此，原告亦不符合国发〔2015〕25 号文件规定的税收优惠政策继续履行的条件，其也无权依据该文件要求被告履行返还税款的义务。由于被告并不负有履行返还税款的义务，故对于原告主张的返还税款金额等实体问题，本院不再进行分析和评判。

峨眉山市法院判决驳回原告新光硅业公司的诉讼请求。新光硅业公司不服向乐山市中院提起上诉。乐山市中院作出（2016）川 11 行终 56 号判决书，判决驳回上诉，维持原判。

第五章

民企涉破担保债权的审查与确认

民企在进入破产程序前，绝大多数有债的担保，既有民企为他人债务提供担保又有他人为民企债务提供担保，既有人的保证担保又有物权担保。债务民企进入破产程序后，涉破担保的纠纷处理和债权处置是民企破产需要解决的重大问题之一。

第一节　民企保证债权及保证方式的审查确认

债务民企为他人提供保证担保，我们暂称为"保证人民企"，他人为民企提供保证担保，我们暂称为"民企保证人"。下面根据《破产法》和《担保法》的有关规定，分析债务民企保证债权在破产程序中的审查、确认的问题。

一、债务民企保证担保的债权债务

在担保上，债权债务有主债权债务与从债权债务之分，如第三人为民企向银行贷款提供保证担保，银行对借款民企享有的借款本金是主债权，对保证人享有的保证债权是从债权；借款民企借款所负的债务是主债务，保证人对银行的保证担保债务是从债务。从债权和从债务是相对主债权和主债务而言的，从债权没有主债权不能成立，而主债权没有从债权照样存在。当民企进入破产程序时，债权人对破产民企享有的主债权属于破产债权无疑，那么，保证担保债权是否也属于破产债务？

根据《企业破产法》第二条规定，"企业法人不能清偿到期债务，并且资产不足以清偿全部债务或者明显缺乏清偿能力的，依照本法规定清理债务。"对其中的"债务"，我们认为应当包括主债务和从债务，从债务应当包括保证担保债务。民企涉破保证担保债务有两种情况：一是民企作为保证人为他人提供保证担保所产生的对担保权人负有的保证债务，即担保权人对其享有的保证担保债权；二是保证人为民企的债务提供保证担保，保证人对担保权人（债权人）负有保证担保债务，然后产生保证人对债务民企的担保追偿债权。

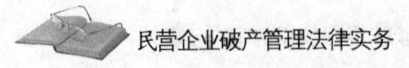

二、民企保证人申报求偿债权

保证人为民企债务向债权人提供保证担保，在民企未完全履行债务就破产的情况下，民企保证人基于求偿权可以申报担保债权。

《企业破产法》第四十六条第一款规定："未到期的债权，在破产申请受理时视为到期。"对此，有人认为，破产债权应当包括主债权和从债权，从债权包括保证担保债权，因此对未过保证期间的担保债权，在法院受理破产申请后亦应视为到期，保证人可以申报保证债权。也有人认为，未到保证期间的担保债权，仅为债权人对保证人的期待债权而不是现实债权，又因主债务人的可能清偿会使保证人减少或消灭保证债务，保证担保债权具有不确定性，故保证人不能申报保证债权。

我们认为，保证人的主要义务是承担代偿责任，保证人的主要权利是代偿后的求偿。在民企作为被保证人（即债务人）的情况下，应当分两种情况行使申报权：一是民企保证人已经代替涉破民企清偿债务，由此产生对破产民企的求偿债权是现实债权，应当以其对破产民企的求偿权申报债权；二是民企保证人尚未代替破产民企清偿债务的，以其对破产民企的将来求偿权申报债权，但债权人已经向管理人申报全部债权的，因民企保证人尚未产生求偿权，故不可申报将来的求偿债权。

管理人在审查债权人申报的保证债权或者申报求偿权时，重点应当注意三个事情：一是审查保证担保是否依法设立以及有无效力，二是有无超过保证期限，三是有无代偿事实。管理人如果发现保证合同未成立、无效、超过保证期限、债务民企已经全部清除或保证人已经全部代偿等情形，因民企保证人依法不再承担保证责任，故不应予以确认；如果发现民企保证人已经部分代偿的，对已经代偿部分应当在保证债权总额中扣除。

三、民企保证人申报过错赔偿的追偿债权

《最高人民法院关于适用〈中华人民共和国担保法〉若干问题的解释》（以下简称《担保法司法解释》）第九条第一款规定，"担保人因无效担保合同向债权人承担赔偿责任后，可以向债务人追偿。"据此，民企保证人为民企债务

提供保证担保与债权人签订的保证合同被依法确认无效，民企保证人因过错向债权人承担赔偿责任后，该保证人有权向债务民企追偿。债务民企进入破产程序，这种追偿债权也属于破产债权，民企保证人可以就此向管理人申报债权。

民企保证人这种追偿债权未经依法确认（如未经法院裁判）就申报债权的，管理人应当根据《担保法司法解释》第七条、第八条、第九条的规定予以审查：（1）债务民企与债权人订立的主合同有效，保证人与债权人订立的保证合同无效，债权人无过错的，保证人与被保证的债务民企对债权人的经济损失承担连带赔偿责任；债权人、保证人有过错的，保证人承担赔偿责任的部分，不应超过破产民企不能清偿部分的二分之一；（2）债务民企与债权人订立的主合同无效而导致保证合同无效，保证人无过错的，保证人不承担民事责任；保证人有过错的，保证人承担民事责任的部分，不应超过被保证破产民企不能清偿部分的三分之一。

四、债权人申报保证人民企承担连带保证责任的债权

民企作为保证人为他人的债务提供连带责任保证，不因其进入破产程序而免除其连带保证责任，债权人可以向管理人申报其对保证人民企享有的连带保证债权。

根据《企业破产法》第四十九条规定，担保权人申报连带保证债权的，应当提交有关证据。管理人在审查破产民企连带保证债务时，应当根据债权人提供的证据，审查连带责任保证如何设立，有无效力，有无超过保证期限，债务人有无清偿和保证人有无代偿等事实，然后依法作出是否予以确认。在保证人民企破产程序中，债务人已经清偿部分债务的，应当相应减除保证人民企的保证债务；债务人已经全部清偿债务的，保证人民企不再承担保证责任。管理人经审查发现，保证人民企与债权人订立的连带保证合同无效，或者保证人民企连带债务因其他原因已经免除或者消灭，债权人还申报保证担保债权的，应当不予确认。

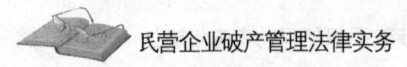

五、一般保证债权的审查和确认

一般保证，是指债权人与保证人约定，当债务人到期不能履行债务时，由保证人承担保证责任的一种保证方式。《担保法》第十七条第一款规定："当事人在保证合同中约定，债务人不能履行债务时，由保证人承担保证责任的，为一般保证。"该条第二款规定："一般保证的保证人在主合同纠纷未经审判或者仲裁，并就债务人财产依法强制执行仍不能履行债务前，对债权人可以拒绝承担保证责任。"在民企作为一般保证人的情况下，债权人向管理人申报保证债权的，管理人的审查重点在于"不能履行"。

在主合同纠纷未经审判或者仲裁仲，并就债务人财产依法强制执行仍不能履行债务前，担保权人要求一般保证人承担保证责任的，一般保证人可以行使先诉抗辩权，拒绝先行承担一般保证责任。但在债务人出现"不能履行"情形的，一般保证人就要开始承担保证责任。这里的"不能履行"是一般保证的主要特点，也是区别于连带责任保证的根本点。"不能履行"是指债务人的财产经人民法院强制执行后仍无法全部清偿到期借款债务的情况。根据《担保法司法解释》第一百三十一条规定，不能清偿是指对债务人的存款、现金、有价证券、成品、半成品、原材料、交通工具等可以执行的动产和其他方便执行的财产执行完毕后，债务仍未能得到清偿的状态。第十七条第三款还规定，法院受理债务人破产案件，中止执行程序的，一般保证人便丧失先诉抗辩权。据此，民企为他人债务向他人的债权人提供一般保证的，该民企进入破产程序后，担保权人可以向管理人申报一般保证债权，管理人应予预留相应的份额。

【裁判案例】

提示：主债务人破产"不能履行"债务，债权人申报一般保证债权，管理人应当予以确认。

2014年1月22日，闵行区法院作出民事判决，判决立胡建筑公司支付尚辉建筑公司租杂费、违约金、赔偿金共计4105054.34元；中城建设公司对胡建筑公司财产依法强制执行后仍不能履行的，承担保证责任。尚辉建筑公司申请法院强制执行，闵行区法院作出执行裁定，以未能查实被执行人立胡建筑公

司有可供执行的财产，且中城建设公司已被裁定受理破产重整，裁定终结本次执行程序。

2014 年 5 月 12 日，瓯海区法院裁定受理中城建设公司破产重整。尚辉建筑公司向管理人申报债权，管理人以中城建设公司承担的是一般保证责任，胡建筑公司未提供证据证明主债务人立胡建筑公司不能履行债务为由，对申报的债权不予确认。

尚辉建筑公司不服，向瓯海区法院提起破产债权确认诉讼。

瓯海区法院经审理认为：根据法律规定，当事人在保证合同中约定，债务人不能履行债务时，由保证人承担保证责任的，为一般保证。一般保证的保证人在主合同纠纷未经审判或者仲裁，并就债务人财产依法强制执行仍不能履行债务前，对债权人可以拒绝承担保证责任。本案中城建设公司承担一般保证责任，现因主债务人立胡建筑公司的债务未能得到法院强制执行，故原告尚辉建筑公司申报债权符合法律规定，本院对原告尚辉建筑公司要求确认其对被告中城建设公司享有一般保证所产生的债权金额，依法予以支持。

瓯海区法院作出（2015）温瓯商初字第 1 号判决：确认原告尚辉建筑公司对被告中城建设公司享有一般保证所产生的债权金额 4105054.34 元。

【案例分析】

提示：**主债务人无力偿还债务，保证人资产不足清偿连带债务也应破产清算。**

案件介绍

2015 年 3 月 23 日，宜昌市中院作出民事调解书，确认金银池矿业公司对明达矿业公司欠九清投资公司、博财融资公司 2000 万元及利息承担连带保证责任。2015 年 3 月 24 日，荆州仲裁委作出调解书，确认博财融资公司为明达矿业公司、金银池矿业公司代偿银行借款本金 2080 万元及利息，明达矿业公司、金银池矿业公司互负连带责任。金银池矿业公司经诉讼和仲裁包括九清投资公司、博财融资公司在内的多个案件，债务金额达 11900.4823 万元，均已进入执行程序，该公司的所有财产经评估仅为 7557.248 万元，宜昌市中院第一次拍卖其财产流拍。2015年5月18日，宜昌市中院经债权人同意，将上述案件移送永善县法院。

2015年6月1日，九清投资公司、博财融资公司以金银池矿业公司资不抵债、不能偿还到期债务为由，向金银池矿业公司驻地永善县法院申请对金银池矿业公司进行破产清算。永善县法院于2015年6月12日通知了金银池矿业公司。金银池矿业公司未提出异议，且也申请破产清算。

永善县法院审查认为：债权人及债务人共同申请对金银池矿业公司进行破产清算，金银池矿业公司的财产经宜昌市中院在执行案件中进行评估，并已进行第一次拍卖，案件正在执行中。且申请人提交的证据不能证明作为主债务人的明达矿业公司无履行能力。因此，申请人申请对作为保证人的金银池矿业公司进行破产清算的理由不能成立，裁定不予受理。

九清投资公司、博财融资公司和金银池矿业公司不服，向昭通市中院提起上诉，要求撤销一审裁定，指令永善县法院立案受理破产申请。

昭通市中院经审理认为：第一《企业破产法》第二条"企业法人不能清偿到期债务，并且资产不足以清偿全部债务或者明显缺乏清偿能力的，依照本法规定清理债务"中的"债务"，依法包括企业法人依法或依约承担的因保证等行为而产生的连带责任债务。根据《破产法司法解释一》第一条第二款"相关当事人以对债务人的债务负有连带责任的人未丧失清偿能力为由，主张债务人不具备破产原因的，人民法院不予支持"之规定，金银池矿业公司在本案中承担的债务即为连带偿还债务，只要其不能清偿到期连带偿还债务，并且资产不足以清偿全部债务或者明显缺乏清偿能力的，就应依法认定其具备破产的条件。一审法院以申请人提交的证据不能证明作为主债务人的明达矿业公司无履行能力为由驳回破产清算的申请实属适用法律错误，依法应予以纠正。

第二，宜昌市中院裁定将该案移送永善县法院处理符合法律规定。经宜昌中院核实，作为被执行人的金银池矿业公司进入该院执行程序承担的债务已达1.19亿元，而金银池矿业公司的全部财产经评估为7557.248万元，该公司已严重资不抵债，具备破产的法定条件，宜昌市中院依照《最高人民法院关于适用〈中华人民共和国民事诉讼法〉的解释》第五百一十三条"在执行中，作为被执行人的企业法人符合企业破产法第二条第一款规定情形的，执行法院经申请执行人之一或者被执行人同意，应当裁定中止对该被执行人的执行，将执行

案件相关材料移送被执行人住所地人民法院"的规定,根据申请执行人的申请和同意,裁定中止对金银池矿业公司的执行,将执行案件相关材料移送永善县法院处理恰当,符合法律的规定。

综上,金银池矿业公司已存在不能清偿到期债务,并且资产不足以清偿全部债务的情形,符合《企业破产法》第二条、《破产法司法解释一》第一条规定的申请破产的法定条件,根据《企业破产法》第七条的规定,债权人与债务人均可向人民法院申请破产清算,上诉人的上诉事由成立,一审法院适用法律错误,处理不当,依法予以撤销。

昭通市中院裁定:撤销一审裁定,由一审法院立案受理。

作者分析

本案的关键在于连带责任债务是否属于破产债务范围的问题。

连带责任保证是当事人在保证合同中约定的,当债务人在主合同规定的履行期届满没有履行债务时,债权人既可以要求债务人履行债务,也可以要求保证人在其保证范围内承担保证责任。那么,当企业法人为连带保证人不能清偿连带责任债务时,这种连带责任债务是否属于破产债务范围?

《企业破产法》第三条规定:"破产案件由债务人住所地人民法院管辖。"金银池矿业公司的住所地在永善县。据此,宜昌中院根据申请执行人的申请和同意,裁定中止对金银池矿业公司的执行,将执行案件移送永善县法院,于法有据。多个案件的申请人申请执行金银池矿业公司应支付的金额达11900.4823万元,而金银池矿业公司的所有财产经评估仅为7557.248万元,已经构成破产条件。但一审法院认为,申请人提交的证据不能证明作为主债务人的明达矿业公司无履行能力,申请人申请对作为保证人的金银池矿业公司进行破产清算的理由不能成立。这也就是说,在主债务人没达到破产条件的情况下,保证人即使"资不抵债"亦不能破产清算。这种认识未能正确理解破产案件的立案条件。

《企业破产法》第二条规定:"企业法人不能清偿到期债务,并且资产不足以清偿全部债务或者明显缺乏清偿能力的,依照本法规定清理债务。"昭通市中院认为,其中的"债务"应当包括企业法人依法或依约承担的因保证等行为而产生的连带责任债务。也就是说,"资不抵债"中的债务实际包括企业法人依法或依约承担的因保证等行为而产生的连带责任债务。企业法人虽仅负连带责任债务，但达到"资不抵债"程度的，同样构成破产条件。当然，保证人仅有连带责任债务，且该债务不致于保证人"资不抵债"的，同样不构成破产条件。企业法人既有连带责任债务又有其他主债务，两者相加，亦应以是否达到"资不抵债"为标准来认定其是否构成破产条件。

本案中，一审法院以申请人提交的证据不能证明主债务人明达矿业公司无履行能力为由，驳回对申请人对保证人金银池矿业公司破产清算的申请是错误的，昭通市中院裁定撤销一审裁定，由一审法院受理金银池矿业公司破产清算是正确的。

第二节　民企物权担保的审查确认及若干问题

物权担保是指以确保债务的履行为目的而在债务人或第三人的财产权上设定的担保。根据我国《物权法》规定，物权担保有三种方式，即抵押担保、质押担保和留置担保。在民企破产程序中，管理人审查、确认和处置民企物权担保，应当执行《物权法》和《企业破产法》的有关规范。

一、民企物权担保三种情形

第一种，在进入破产程序前，民企提供自己的财产为他人的债务设立物权担保，民企在担保债务范围内的担保财产不属于破产财产，超出担保债务范围的部分属于破产财产。

第二种，在民企进入破产程序前，他人为民企债务提供财产设立物权担保，民企进入破产程序后，这种物权担保人仍应以其担保财产对债务民企的债务在担保债务范围内对债权人承担担保责任，担保人承担担保责任后，有权向管理人申报对被担保民企享有的求偿债权。

第三种，在进入破产程序前，民企为自己的债务提供自己的财产设立物权

担保，民企进入破产程序后既是债务人又是物权担保人，不因破产而免除其物权担保责任，但该担保财产不属于破产财产。

二、物权担保所设的财产所有权不受破产程序影响

民企因生产经营需要融入资金，对方如银行等贷款人要求提供物权担保，民企若有厂房、设备、产品等方便担保财产的，通常都提供自有财产进行抵押或质押，这是民企融资中的常见现象。民企为自己债务提供物权担保，债权人对其在享有主债权的同时享有担保债权（从债权）。民企在进入破产程序前未履行债务，也未承担担保责任，只要债权人享有的主债权和担保债权的效力仍然存在，就能顺延至破产程序之中，故债权人可以在向管理人申报主债权的同时申报担保债权，此时，债权人应当提供债权和担保物权形成、存在的证据材料，并作出书面说明，以便管理人予以审查和确认。

在进入破产前，民企为自己债务提供物权担保或者为他人债务提供物权担保，民企对该担保财产所拥有的所有权并未发生转移，进入破产程序后仍为其所有，除非以后被变价处置。管理人在审查中如果发现物权担保合同中有"流押""流质"条款的，即当事人约定在担保期限届满后抵押财产或质押财产即为债权人所有的，应当根据《物权法》的有关规定确认该条款无效，并根据《破产法司法解释二》第三条规定，认定相关担保财产为债务民企所有的财产。否定"流押""流质"效力的意义在于，倘若担保财产的实际价值超过担保债务，其超过部分仍可作为破产财产供债权人分配。

三、担保物权不受破产程序影响受偿

根据物权担保法律规定，当事人约定物权担保不能以标的物的实体利用为目的，而是利用担保财产的交换价值，以交换价值来确保担保债务的履行。在确保债务履行上，物权担保主要表现为对普通债权的优先受偿。

不论是民企为自己债务提供物权担保或为他人债务提供物权担保，还是他人为民企债务提供物权担保，在民企破产前已经具有的法定优先受偿权，不因民企或担保人进入破产程序而受影响。所以，《企业破产法》第一百零九条规

定："对破产人的特定财产享有担保权的权利人，对该特定财产享有优先受偿的权利。"据此，债权人行使优先受偿权后未能完全受偿的剩余债权，才作为普通债权参与破产分配；债权人放弃优先受偿权的，其债权作为普通债权参与破产分配。

四、民企抵押担保的破产审查和确认

抵押担保，是指债务人或者第三人不转移对财产的占有，将该财产作为债权的担保，债务人不履行债务时，债权人有权依照法律的规定以该财产折价或者以拍卖、变卖该财产的价款优先受偿的一种担保方式。设立抵押担保的目的在于，以担保物所具有的交换价值为对象，当债务人不履行债务时，使债权人凭借担保物权来处分担保物，就该抵押物的价款获得优先受偿权。

破产管理人审查债务民企抵押担保的重点，应当放在抵押物是否适格、抵押合同是否有效以及是否办理抵押登记三个方面。

1. 审查抵押物是否适格

抵押财产必须符合法律规定的基本要求才能成为有效的抵押物。从《物权法》和其他有关法律的规定来看，不论是民企为自己债务提供财产抵押，或者为他人债务提供财产抵押，还是他人为民企债务提供物权担保，只要某一财产作为抵押物，除了必须是特定物外，还应当同时符合以下几个基本要求：

（1）抵押财产必须是抵押人享有所有权、处分权的财产，行为人无权将不享有所有权的财产或者未从所有权人那里取得处分权的财产用于抵押，譬如，民企通过租赁取得的房屋使用权，就不得将该房屋用于抵押。

（2）抵押财产必须是合法的无争议的财产。非法占有和取得的财产以及与他人存在争议的财产不得作为抵押物。譬如，民企购买其他企业的厂房因未付清房价款而未办理过户手续，对方认为该民企未取得厂房所有权的，买受人民企不能拿该有争议的厂房用于抵押，在这种情况下，即使已经订立抵押合同，也不能办理抵押登记手续。

（3）抵押财产必须是《物权法》规定的可以用于抵押担保的财产范围，而不得将法律禁止抵押的财产不得用于抵押，否则抵押合同无效。

（4）抵押财产必须是国家允许进入市场流通的财产。理由是，债务人到期

没有履行债务，抵押人承担抵押责任时需要处理抵押物来清偿债务，而处理抵押物必须进入市场流通换取价款，法律限制或禁止进入市场流通的，抵押债权就难以实现。

抵押权的标的既可以是不动产，也可以是动产和财产权利。不动产抵押物主要是土地和土地上的定着物，如房屋及其他建筑物、林木、果园等。动产抵押标的物可以是机器、设备、交通运输工具和其他能够移动的财产。

《物权法》对抵押财产范围作了可以抵押和不得抵押两方面的规定。该法第一百八十条规定，债务人或者第三人有权处分的下列财产可以用于抵押：（1）建筑物和其他土地附着物；（2）建设用地使用权；（3）以招标、拍卖、公开协商等方式取得的荒地等土地承包经营权；（4）生产设备、原材料、半成品、产品；（5）正在建造的建筑物、船舶、航空器；（6）交通运输工具；（7）法律、行政法规未禁止抵押的其他财产。

根据《物权法》第一百八十四条规定，下列财产不得用于抵押：（1）土地所有权；（2）耕地、宅基地、自留地、自留山等集体所有的土地使用权，但法律规定可以抵押的除外；（3）学校、幼儿园、医院等以公益为目的的事业单位、社会团体的教育设施、医疗卫生设施和其他社会公益设施；（4）所有权、使用权不明或者有争议的财产；（5）依法被查封、扣押、监管的财产；（6）法律、行政法规规定不得抵押的其他财产。但根据《担保法司法解释》第五十三条规定，学校、幼儿园、医院等以公益为目的的事业单位、社会团体，可以以其教育设施、医疗卫生设施和其他社会公益设施以外的财产为自身债务设定抵押。

管理人在审查中发现抵押财产属于《物权法》第一百八十四条规定的不得抵押财产，应当不予确认，抵押权人不服的，可以提起诉讼，由法院予以裁判。

2.审查抵押合同是否有效

《企业破产法》虽然对物权担保在破产程序中的处置有所规定，但其不是认定抵押合同效力的依据。所以，管理人首先应当根据《民法总则》《合同法》《物权法》的有关规定，审查抵押合同有效还是无效，以及效力是否处于待定状态，然后在破产程序中作相应的处置。抵押合同无效，管理人对债权人申报的抵押债权不应予以确认，但债务企业在其中有过错应承担赔偿责任的，受损方可以就赔偿债权向管理人申报，管理人应予登记和确认。

3.审查不动产抵押物有无登记

抵押物登记是登记机关根据抵押当事人的申请将抵押物在不动产登记簿上予以记载的法律行为。抵押物登记是一种公示方式，这种公示方式具有很强的公信力，可以避免发生抵押争议，限制抵押人擅自转让抵押物，以利于保护债权人的抵押权。

《物权法》第一百八十七条规定："以本法第一百八十条第一款第一项至第三项规定的财产或者第五项规定的正在建造的建筑物抵押的，应当办理抵押登记。抵押权自登记时设立。"《物权法》第一百八十条规定的应当登记的抵押财产都是不动产（包括不动产权利）：①建筑物和其他土地附着物；②建设用地使用权；③以招标、拍卖、公开协商等方式取得的荒地等土地承包经营权；④正在建造的建筑物抵押。

不动产抵押权设立以登记为生效要件，也就是说，未办理登记的，即使不动产抵押合同生效，抵押权也未设立。不动产抵押权未设立的，债权人不能对抵押物享有优先受偿权。据此，管理人经审查认为，不动产抵押权已经依法设立的，对债权人申报的抵押债权应当予以登记，并确认优先受偿权；虽然不动产抵押合同生效，但因未登记而未设立抵押权的，抵押权人不具有优先受偿权，管理人只能确认主债权为普通债权。

4.审查动产抵押是否登记和有无第三人善意对抗

《物权法》第一百八十八条规定："以本法第一百八十条第一款第四项、第六项规定的财产或者第五项规定的正在建造的船舶、航空器抵押的，抵押权自抵押合同生效时设立；未经登记，不得对抗善意第三人。"这条规定的抵押财产都是动产，包括：①生产设备、原材料、半成品、产品；②正在建造的船舶、航空器；③交通运输工具。《物权法》第一百八十九条："企业、个体工商户、农业生产经营者以本法第一百八十一条规定的动产抵押的，应当向抵押人住所地的工商行政管理部门办理登记。抵押权自抵押合同生效时设立；未经登记，不得对抗善意第三人。"第一百八十一条规定是现有的以及将有的生产设备、原材料、半成品、产品的动产。

当事人以上述动产设立抵押，抵押权自抵押合同生效时设立。动产抵押权不以登记为生效条件，是否登记由当事人自行选择，但办理登记与不办理登记

的法律后果是不同的。动产若已办理抵押权登记，不论抵押财产如何转移以及转移给谁，抵押权人都可以行使抵押物追及权，只要债务人到期没有履行债务，抵押权人都可以就抵押财产实现抵押债权，同时还有先于未登记的其他抵押权人受偿的权利。动产如果未办理抵押权登记，就不得对抗善意第三人。这里的"不得对抗善意第三人"是说，抵押人如果将抵押财产转让给第三人，第三人不知道该动产事先已经设定抵押而善意取得该抵押动产的，抵押权人就会丧失该抵押物的追及权，而只能要求抵押人重新提供新的担保，或者要求债务人及时清偿债务。此外，如果抵押人将该动产再次设定抵押，再抵押权已经办理抵押登记的，后顺位抵押权人就优于前顺位未抵押登记的抵押权人受偿。

管理人经审查，肯定债权人申报的动产抵押权已经办理登记，或者虽未办理登记，但抵押权已经依法设立，且无善意第三人对抗的，应当予以确认。如果发现有善意第三人对抗，且善意第三人已经对抗的，应当根据上述"未经登记，不得对抗善意第三人"的规定，可作为不确定抵押权进行登记，待善意第三人对抗结果，再作是否予以确认的决定。

五、民企质押担保的破产审查和确认

质押担保，是指债务人或者第三人为担保债务的履行，将其动产或者财产权利交付给债权人占有或者登记，债务人不履行到期债务或者发生当事人约定的实现质权的情形，债权人有权就该动产或者财产权利优先受偿的一种担保方式。在质押法律关系中，客体是质物，质物是依法可以质押的动产和具有财产内容的权利。在债权债务发生或存续的情况下，债权人接受债务人或者第三人出质，双方订立质押合同，质押法律关系成立，在此基础上，出质人将质物交付债权人占有或者办理质押登记手续，质权设立。

在民企破产程序中，管理人在审查和确认民企质押担保的重点应当放在质物是否交付及交付是否符合约定方面。

1.审查质物交付方式是否合法有效

质押的主要特点是"交付"和"占有"。占有，是对物的实际控制和掌握，是财产所有权的一个权能。财产通常由其所有人占有，但所有权人可以与第三人协议，为实现某种目的而将自己的财产交付给第三人占有，因此，第三人也

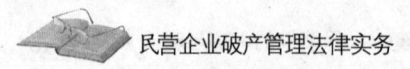

可以将财产交付债权人占有设立质押担保。

债权人与出质人发生质押关系，首先要订立质押合同，然后交付、占有质物。债权人占有质物依赖于出质人的交付，而出质人只有交付质物为债权人占有或者登记，才能设立质权。出质人不交付质物或者未登记，质押合同即使生效，质权也未设立，在这种情况下，出质人应当承担违约责任，但不承担质押责任。

出质人采取以下几种方式交付质物的，应当视为合法交付：

（1）转移交付。也称现实交付。出质人将用于质押的财产转移到债权人驻所或者指定地点，由债权人直接占有和保管，这是最为常见的交付占有方式，主要适用于体积小、易移动、易保管的质押财物。

（2）交付管理权。这种交付方式表现为，出质人不需要搬动质物，不需要移动地点，只有将质物的管理权完整交付给债权人即可。譬如，民企以大宗产品出质，为了方便债权人，为了节约搬运、保管成本，质押财产在原地不动，只是向质权人交付产品清单和仓库钥匙，即交付了控制权和管理权，也就被视为债权人占有。

（3）委托他人占有或者管理。有些质物，出质人交付后，债权人不便保管或者无条件保管的，可以委托他人管理，这也是一种占有方式。如有些质物保管需要设备、技术或场地，债权人委托具有相应条件的单位或者个人收取并保管，出质人向受托人交付的，受托人占有质物，也被视为交付债权人占有。

（4）交付权利凭证。出质人以有凭证的财产权利质押的，在订立书面质押合同后，应当向质权人交付权利凭证，质权自权利凭证交付质权人接受时设立。如以汇票、支票、本票、债券、存款单、仓单、提单出质的，权利凭证交付给债权人后，债权人就可以有效地控制该财产权利，故也视为占有质物。

（5）登记控制。出质人以财产权利质押，该财产权利依法办理了登记手续，债权人就有效地控制了该财产权利。在这种情况下，债权人虽然没有直接占有质物，但质押登记对财产权利控制与交付占有具有相同的效力。

民企破产管理人在审查中发现，质押合同生效后，出质人未按上述方式之一向债权人交付质物，致使债权人没有实际占有或控制质物的，应当确认质权未能设立。在此情形下，出质人是民企的，民企不承担质押担保责任，债权人对所谓的质物也不存在优先受偿权，但因此违约造成债权人损失的，出质人应

当依法承担赔偿责任，债权人就此赔偿权利可作为破产债权进行申报；质权人是民企的，管理人应当向出质人索赔。

2.审查实际交付的质物与合同约定是否一致

《担保法司法解释》第八十九条规定："质押合同中对质押的财产约定不明，或者约定的出质财产与实际移交的财产不一致的，以实际交付占有的财产为准。"据此，管理人在审查中发现质押合同约定的出质财产与实际移交的财产不一致，不论民企是出质人或是质权人，质权内容都应以实际交付占有的财产为准。若因此构成违约的，债权人可以拒绝接受质物，使质权不能设立，债权人由此造成损失的，由出质人承担违约责任；债权人如果接受占有的，也可视为变更质权合同约定的质押财产，并以实际交付占有的财产为准设立质权。

六、民企留置担保的审查和确认

留置权，是指债权人因合同关系占有债务人动产后，在其债权未得到清偿以前扣留该动产，并经过一定期限仍未受偿的，依法变卖留置动产，从价款中优先受偿的权利。留置权是债权人的法定担保物权，除法律规定和当事人约定不得留置外，无需债务人同意，债权人单方就有权留置，并在占有留置物上优先受偿。在实践中，民企虽然也有留置他人动产的情况，但主要是在作为债务人的情况下其动产被债权人留置。

管理人在审查民企留置债务时，重点在于审查债权人的留置权是否成立。

根据《物权法》有关规定，留置权的成立必须同时具备以下三个要件：一是债权人已经合法占有债务人的动产，如民企将货物交付债权人运输，债权人已经收取并占有所运输的货物，才有留置的条件，若未占有债务人的货物，债权人就无法实施留置。二是债务已经产生并清偿期限届满，如债权人已将民企的货物运输到民企指定的目的地，而民企未按运输合同约定的期限和数额支付运输费，便能产生留置权；虽然债务已经产生但未到清偿期，除债权人能够证明债务人无力支付外，债权人不得行使留置权。三是除企业之间留置外，债权人留置的动产与债权应当属于同一法律关系，如留置运输货物，债权人只能就同一运输合同产生的债权留置该运输货物，而不能留置债务人另行交付债权人加工的产品。四是不存在法律规定或当事人约定不得留置的情形，这是《物权法》第二百三十二条规定的排除留置的两种情形，若有这两种情形，即使符合上述三个条件，债权人行使留置权也无效。

民企动产被债权人留置，债权人尚未处分留置财物而在破产程序中申报留置债权的，管理人经审查符合上述留置条件的，应当确认为破产债权，然后依法处置留置债务；如果发现债权人留置财物不符合上述条件的，不应予以确认留置债权。

七、关于撤销"对没有财产担保的债务提供财产担保"的问题

《企业破产法》第三十一条规定，人民法院受理破产申请前一年内，债务人"对没有财产担保的债务提供财产担保的"，管理人有权请求人民法院予以撤销。这种物权担保如果也有优先受偿权，就会损害其他债权人的利益，故法律规定可撤销。管理人在审查中发现这种行为，应当注意可撤销的时间、范围和条件等问题。

1. 可撤销的时间

《企业破产法》第三十一条规定的"人民法院受理破产申请前一年内"是撤销"对没有财产担保的债务提供财产担保"行为的时间条件，此前发生的这种担保为有效行为，不在可撤销之列。

2. 可撤销的范围

这里的"提供财产担保"是指物权担保，不包括非物权的保证担保和定金担保，保证担保和定金担保在破产程序中不享有优先受偿权，也不损害其他债权人的利益，故不可撤销。物权担保包括抵押、质押和留置的担保，其中留置是法定担保，在破产程序不存在撤销问题，因此，这里可撤销的只是抵押担保和质押担保。

3. 可撤销的内容

这种可撤销的物权担保，仅限于破产企业以自己的财产为自己的债务设定担保。他人为破产企业没有财产担保的债务而为之提供财产担保的，对破产债权人有利而无害，故不可撤销。

"对没有财产担保的债务提供财产担保"说的是，无担保债务发生在先，而为之提供财产担保的行为在后，两者显然不同时进行，如果债务发生时就提

供财产担保，即两者同时进行的，也不适用《企业破产法》第三十一条规定予以撤销。

管理人在审查时发现债务民企有"对没有财产担保的债务提供财产担保"行为，只能对主债权予以确认，对担保债权不仅不予确认，而且应当向法院提起诉讼，请求予以撤销，使之失去优先受偿的效力。

八、关于混合担保的问题

混合担保是指同一债权既有物权担保又有人的保证。我们这里说的是，债务民企为自己债务提供财产担保的同时，有他人为其债务提供财产担保和保证担保的混合担保。这种混合担保成立后，民企进入破产程序后，债权人将会在申报主债权的同时主张担保物权，还会向其他担保人主张担保物权和保证债权，而保证人也可能申报求偿权或将来求偿权。对此，管理人需对债权人就债务民企提供担保财产是否具有优先受偿权进行鉴别。

1.《物权法》优于《担保法》适用

《担保法》第二十八条规定，担保物权先予清偿，剩余担保债务由保证人清偿。这是"物保优于人保"受偿的规定。但《物权法》第一百七十六条规定："被担保的债权既有物的担保又有人的担保的，债务人不履行到期债务或者发生当事人约定的实现担保物权的情形，债权人应当按照约定实现债权；没有约定或者约定不明确，债务人自己提供物的担保的，债权人应当先就该物的担保实现债权；第三人提供物的担保的，债权人可以就物的担保实现债权，也可以要求保证人承担保证责任。提供担保的第三人承担担保责任后，有权向债务人追偿。"

《担保法》第二十八条规定与《物权法》第一百七十六条规定既有一致的地方，也有不同之处。对于不同之处，因《物权法》是新法，《担保法》是旧法，根据新法优于旧法适用原则，应当适用《物权法》第一百七十六条规定处理混合担保问题。

2.民企提供物权担保是否先予清偿

《物权法》第一百七十六条中规定的"没有约定或者约定不明确，债务人自己提供物的担保的，债权人应当先就该物的担保实现债权。"这与《担保法》

第二十八条规定的物权担保先予清偿是一致的,即债务人提供其财产担保的,应当先处理债务人的担保财产清偿债权,而保证人只对债务人担保财产价值以外的债权承担保证责任。譬如,民企向银行贷款100万元以自己的财产提供抵押担保,同时第三人提供保证担保,但都没有约定担保份额和顺序,在这种情况下,假如民企抵押财产处理后取得价款也有100万元,保证人就不需要承担本金的保证责任;如果取得价款只有60万元,保证人就要承担本金40万元的保证责任。但是,物权担保先予清偿仅适用于这么一种情形:混合担保"没有约定或者约定不明确,债务人自己提供物的担保"。仅就此种情形,应当以债务人提供的担保财产先予清偿,理由是,债务人是主债务人,是债务的最终承担者,以其担保物先予清偿,可以避免保证人代偿后产生追偿而增加程序和成本。

3. 混合担保人如何承担担保责任

《物权法》第一百七十六条中规定:"被担保的债权既有物的担保又有人的担保的,债务人不履行到期债务或者发生当事人约定的实现担保物权的情形,债权人应当按照约定实现债权。"在混合担保中,各个担保人与债权人已经明确约定担保责任的,除担保合同明确约定由债务人的担保财产先予清偿外,不再适用债务人物权担保先予清偿方式,而应当按照约定承担担保责任,这是合同自愿约定原则的必然。譬如,民企向银行贷款100万元以自己的财产提供抵押担保50万元,第三人甲提供抵押担保30万元,第三人乙提供保证担保20万元,同时又约定第三人甲和第三人乙先承担保证责任,后处理民企担保财产的,如果也适用债务人物权担保先予清偿方式进行处理,就会违反担保自愿约定原则。

在混合担保中,各个担保人承担连带责任主要适用于两种情况:一是混合担保合同明确约定各个担保人承担连带责任;二是《物权法》第一百七十六条中规定的连带担保责任,即担保责任没有约定或者约定不明确,第三人提供物的担保的,债权人可以就物的担保实现债权,也可以要求保证人承担保证责任。

九、关于清除担保物权的问题

在质押担保和留置担保中，债权人虽然占有和控制担保物，担保人对担保物的处分权受到限制，但这并不改变担保人对担保物享有的所有权，所以，《企业破产法》第三十七条第一款规定："人民法院受理破产申请后，管理人可以通过清偿债务或者提供为债权人接受的担保，取回质物、留置物。"据此，在破产程序中，管理人和债权人会议认为，返回担保财产作为破产财产处置对实现破产债权有利的，可以采取清偿担保债务或者代替担保的方法，解除担保责任，取回质物、留置物。

管理人采取以上述方式清除担保物权需要注意以下几个事情：

（1）另行提供担保只能协商而不能强制，因而必须取得债权人的同意；债权人不接受，债务人或担保人又未清偿债务的，物权担保消灭不了。

（2）根据《企业破产法》第三十七条第二款规定，债务清偿或者替代担保，在质物或者留置物的价值低于被担保的债权额时，以该质物或者留置物当时的市场价值为限。理由是，管理人为了收回质物或者留置物所付出的代价不应当高于质物或者留置物的价值，如果给予质权人或者留置权人额外的利益，则会损害其他债权人的利益；当质物、留置物的价值低于被担保的债权额时，以质物或者留置物当时的市场价值为限，对双方当事人的利益都不会造成损害。

（3）管理人采取清偿债务或者代替担保等方式取回质物、留置物，或者与质权人、留置权人协议以质物、留置物折价清偿债务的，因与债权人利益有着直接关系，有的会对债权人利益产生重大影响，因此，《企业破产法》及其司法解释都规定，管理人事先应当报告债权人委员会；未设立债权人委员会的，向法院报告。债权人委员会和法院不同意的，管理人不得实施。

十、关于重整期间暂停行使担保物权的问题

债权人对债务民企享有担保物权，可以不依赖破产程序另行行使担保物权并享有优先受偿权。但是，《企业破产法》第七十五条第一款规定，"在重整期间，对债务人的特定财产享有的担保权暂停行使。"

破产重整与破产清算不同。破产清算是对破产财产进行评估、处分和分配，从而了结企业的生存。而破产重整是对可能或已经具备破产原因，但又有维持价值和再生希望的企业进行业务重组和债务调整，以帮助其摆脱财务困境恢复营业能力。在破产重整期间，如果允许债权人行使担保物权，将债务企业用于抵押的厂房、设备、设施等财产拍卖、变卖，破产重整就无法进行。据此，在破产重整期间应当暂停债权人行使担保物权，但在破产重整期间，管理人通常会考虑债务企业的财产担保如何处置问题，如以清偿债权、另行提供担保等方式涤除担保债权，即使未涤除担保债权，这种暂停也不剥夺担保债权，在重整完毕或重整不成进入清算的，债权人仍可行使担保财产上的优先受偿权。

十一、关于财产担保权人不参与和解协议和分配方案表决的问题

《企业破产法》第五十九条第三款规定："对债务人的特定财产享有担保权的债权人，未放弃优先受偿权利的，对于本法第六十一条第一款第七项、第十项规定的事项不享有表决权。"《企业破产法》第六十一条第一款第七项规定的是债权人会议"通过和解协议"的表决权；第十项规定的是债权人会议"通过破产财产的分配方案"的表决权。在债权人对债务民企享有担保物权的情况下，依照《企业破产法》规定，担保物权对普通债权的优先受偿权，不因和解程序影响，也不受破产财产分配影响，因此债权人没有必要参与债权人会议行使表决权。但债权人放弃物权担保，其债权成为普通债权的，管理人应当让其参与债权人会议行使表决权。

我们认为，管理人在和解程序中可以邀请债权人参与和解来处理财产担保债权问题，双方达成处置担保财产初步方案，在不损害债权人利益的情况下，报经债权人会议通过和法院批准后，按照担保财产处置方案来处理担保财产及其担保债权问题。

十二、关于民企财产担保债权在破产程序中实现的问题

物权担保案件进入破产程序后，除重整期间暂停行使担保物权外，物权担

保不受破产程序影响，但担保权人实现物权担保债权仍需经过确认程序才能实现。在民企破产程序中，物权担保案件已经法院裁判的，担保权人可以不向管理人申报债权，而直接申请法院强制执行担保物，由法院依法强制执行来实现优先受偿权；民企物权担保案件未经法院裁判的，担保权人应当向管理人申报担保债权，经管理人审查确认和处置担保财产后优先受偿。债务民企担保物处置价款不足以清偿全部债权的，剩余债权作为普通债权参与破产分配。

【案例分析】

提示：债务企业两次提供设备抵押，法院以"受理破产申请一年"为界限确认是否有效。

案件介绍

2014年4月10日，德科公司向边某某借款，双方签订一份借款抵押协议载明：2013年起，德科公司（包括关联企业德兴公司）陆续向边某某（包括边某某关联企业润通公司、润洁公司）借款事宜达成如下协议：1.截止本协议签订之日止，德科公司共向边某某借款本息1064.605万元，如双方后续再发生借款，边某某同意在本息不超过2000万元的情况下出借给德科公司；2.德科公司同意用自己所有的设备（详见设备清单）对上述借款本息作为最高额担保抵押给边某某，最高额担保金额为3000万元。担保期限为主债务履行期满之日两年。与此同时，德科公司出具结算明细单，确认至2014年4月10日欠边某某借款本息1064.605万元。另还出具抵押物清单一份，对所提供抵押的机器设备的名称、型号规格、数量、生产商家等予以列明。

2015年2月13日，德科公司与边某某又签订一份借款抵押合同载明：1.德科公司由于缺乏资金所需已向边某某借款1089.605万元，现德科公司同意将自己所拥有的部分机器设备抵押给边某某，抵押价值1100万元，抵押期限自2015年2月9日至2017年2月8日止。合同签订后，双方就提供抵押的机器设备办理了动产抵押登记。

在2013年度德兴公司进出口往来款明细单上注明"2012年底欠德兴200万元"。在2014年度德兴进出口往来款明细单上记载：自2014年4月10日后即自2014年4月21日，由德兴公司支付给边某某款项有8笔，共计款项为530万元。另还在该明细单上还注明"其中85元是2014年度利息"。

2015年7月17日，诸暨市法院裁定受理德科公司破产清算一案。2015年11月2日，边某某向管理人申报了债权1089.605万元，并主张相应的机器设备抵押权。

2016年1月，管理人向诸暨市法院提起破产撤销权诉讼称：2015年11月2日，被告边某某向管理人申报了债权1089.605万元，并主张相应的机器设备抵押权。管理人经审核后，发现被告边某某与德科公司于2015年2月13日签订借款抵押合同，并于同日办理了动产抵押登记，约定被担保金额3109万元。管理人认为，该情况属于破产受理前1年内对没有财产担保的债务提供财产担保的情形，应当依法予以撤销。请求：1.撤销德科公司与被告边某某于2015年2月13日对德科公司所有的机器设备所设立的抵押登记；2.确认德科公司与被告边某某于2014年4月10日签订的借款抵押协议无效。

被告边某某辩称：1.边某某与德科公司办理借款抵押协议的时间为2014年4月10日，而不是原告管理人诉称的2015年2月13日；2.2014年4月10日的借款抵押协议在向管理人申报债权时已提交给管理人，但管理人没有接收；3.2015年2月13日的借款抵押协议是后来补签，目的是为了对抗第三人，获得物权排他性。

诸暨市法院经审理认为：

一、根据《物权法》第一百八十一条、第一百八十八条、第一百八十九条规定，经当事人书面协议，德科公司以其所有的机器设备提供抵押，该抵押权自协议生效时设立。只不过在此时，该抵押权未经登记，不得对抗善意第三人。同时，根据法律规定"抵押权自抵押合同生效时设立"的，抵押合同签订并且生效于可撤销期间之前，抵押权的登记延迟至可撤销期间之内，抵押权依然成立，不得依《企业破产法》第三十一条之规定予以撤销。因为抵押权自抵押合同生效时就已经设立，权利的设立并未损害其他债权人的利益，只不过未经登记不得对抗善意第三人。抵押权的延迟登记并不影响其已在可撤销期间之前生效成立的事实，而在破产案件受理前的登记又使其效力补全，具有了在破产程序中对抗第三人的效力，故不得撤销。

二、根据借款抵押协议及所附的借款结算明细等证据，可以得出德科公司

为自己及关联企业德兴公司等向边某某及边某某所经营的关联企业润通公司、润洁公司借款提供抵押担保，这是否属于《企业破产法》第三十一条第一项"无偿转让财产"的可撤销情形。本院认为，因该借款抵押协议签订于2014年4月10日，这种物权担保的设立发生于人民法院受理破产申请一年前，即使这种为他人债务提供物权担保的行为在性质上属于无偿行为，也不得撤销。

三、涉案借款之抵押是否属于可撤销的范围。对此，本院认为应从主债权确立的时间及借款抵押协议、借款抵押合同签订的时间等节点上再予逐一分析。

其一，从2014年4月10日的借款抵押协议中，德科公司确认尚欠边某某借款为1064.605万元。但在边某某提供的2015年2月13日的借款抵押合同及所附的结算单上另行注明"2012年底欠德兴200万元"及边某某在庭审中的自认，应将该200万元在2014年4月10日的借款抵押协议中予以扣除，确认截止2014年4月10日的借款为864.605万元。

其二，双方于2014年4月10日签订借款抵押协议后，德科公司于2014年4月21日还款50万元。该50万元款项应抵充借款抵押协议中的实际借款864.605万元。也就是说，2014年4月10日借款抵押协议中的实际借款金额减少至810.605元。

据上，2014年4月10日的借款抵押协议中的实际借款810.605万元发生在人民法院受理破产申请前一年外，不属于《企业破产法》第三十一条规定的情形，亦即所涉的担保行为不属于可撤销的范围。

其三，在签订借款抵押协议后，双方继续发生借款往来，自2014年7月2日开始，德科公司向边某某新增借款530万元。但在借款同时，又陆续还款共计金额390万元。根据《浙江省高级人民法院关于审理民间借贷纠纷案件若干问题的指导意见》第二十五条即"债务人的给付不足以清偿其对同一债权人所负的数笔借贷债务的，应当优先抵充已到期的债务；几项债务均到期的，优先抵充对债权的缺乏担保或者担保数额最少的债务"之规定，具体到本案，德科公司在2014年7月2日起至2014年7月14日新增借款500万元，而该500万元借款没有抵押担保，故德科公司自2014年7月14日至2014年10月24日期间归还的款项340万元应优先抵充该500万元借款。双方于2015年2月13日签订借款抵押合同中涉及的借款包含该尚欠新增借款160万元。该尚欠的 160 万元借款发生在人民法院受理破产申请前一年外，现德科公司提供抵押担保，根据《企业破产法》第三十一条第三项规定，应予撤销。

其四，2015 年 2 月 13 日签订的借款抵押合同中包含了 2014 年度利息 85 万元，该 85 万元所涉的担保行为是否属于可撤销的范围。本院认为，因德科公司向边某某之借款除 2014 年 10 月 29 日的 30 万元借款外，其余均发生在人民法院受理破产申请前一年之外，现边某某不能明确陈述该 85 万元利息的具体构成，故该 85 万元利息应认定为发生在人民法院受理破产申请前一年之外，其所涉的担保行为符合《企业破产法》第三十一条第三项之规定，应予撤销。

其五，2014 年 10 月 29 日，德科公司又向边某某借款 30 万元，该笔借款属于发生在人民法院受理破产申请前一年内的借款。根据《企业破产法》第三十一条第三项的规定，该 30 万元借款所涉的担保行为虽然发生在债务形成之后，但从时间上反映，其不是对原无财产担保的债权提供担保，而是对受理破产申请前一年内的新债务提供担保，该抵押担保合同的签订具有主合同对价利益，本案亦不存在债务人通过恶意虚构债务或承认不真实的债务，向他人转移财产、逃避债务等可撤销行为或无效行为的情形，该借款行为及担保行为的发生没有欺诈一般债权人的意思表示，也未减少债务人被假设已丧失清偿能力当时所拥有的责任财产，其不具有改变某一债权人原有清偿地位的不公平性质，并未侵害其他债权人的利益。故该 30 万元借款所涉的担保行为不属于可撤销的范围。

综上，诸暨市法院作出（2016）浙 0681 民初 87 号判决书，判决如下：一、德科公司与被告边某某于 2015 年 2 月 13 日签订的借款抵押合同中的借款金额 245 万元所涉的抵押担保予以撤销；二、驳回原告管理人的其他诉讼请求。

作者分析

本案的主要问题是涉破企业是否存在"对没有财产担保的债务提供财产担保"及其可否撤销的问题。

根据《物权法》规定，动产抵押权自抵押合同生效时设立，不动产抵押权自登记时设立，在抵押合同未签订前，两者抵押权都不可能设立，同时，《物权法》也没有强制规定动产抵押合同与动产抵押权必须同时成立（设立）。动

产抵押权自抵押合同生效时就已设立，只不过未经登记不得对抗善意第三人；动产抵押登记后，得对抗善意第三人。

撤销"对没有财产担保的债务提供财产担保"的行为，有一个非常重要的前提条件，即"在人民法院受理破产申请前一年内"。根据《企业破产法》第三十一条规定，"在人民法院受理破产申请前一年内"，债务人"对没有财产担保的债务提供财产担保"的，管理人有权请求人民法院予以撤销。本案中，法院于2015年7月17日裁定受理德科公司破产清算，根据"人民法院受理破产申请前一年内"计算，边某某与德科公司在2014年7月17日以前发生的借款担保不得撤销，而此后发生的借款担保应当撤销。

首先，德科公司将自己所有的设备抵押给边某某，双方于2014年4月10日签订借款抵押协议，该动产抵押权已经设立。而法院于2015年7月17日裁定受理德科公司破产清算，可见，不属于《企业破产法》第三十一条规定的"在人民法院受理破产申请前一年内"的事情；德科公司与边某某根据2015年2月签订借款抵押合同办理动产抵押登记，是在动产抵押权设立的情况下对抵押权效力的补强，即增强对抗善意第三人的效力，因此，管理人请求撤销涉案抵押权和确认涉案借款抵押协议无效是不能成立的。

此外，法院以"在人民法院受理破产申请前一年内"为时间界限，将具体的多笔借贷区分开来，然后确认哪几笔借款抵押可撤销，而另几笔借款担保不得撤销，这种确认和裁判是正确的。

【案例分析】

提示：抵押担保案件已经法院判决，债权人无需申报债权就可直接申请法院执行抵押物。

案件介绍

2013年，天华公司向交行泰州分行借款1500万元，姚某某和妻子丁某以其名下某某大道的房产为天华公司向交行泰州分行借款提供价值360万元的抵押担保。该借款到期后，天华公司未予偿还，交行泰州分行诉至海陵区法院。海陵区法院判决，以姚某某、丁某用作抵押的位于某某大道的房产变卖或拍卖所得款在360万元的抵押担保范围内优先清偿交行泰州分行的债务。姚某某、丁某未按该判决履行义务,交行泰州分行向海陵区法院申请执行。海陵区法院于2014年12月作出执行裁定书,并据此裁定查封了姚某某、丁某名下位于某某大道的房屋所有权和土地使用权。经敦促,姚某某、丁某仍未履行,交行泰州分行申请要求评估、拍卖姚某某、丁某的抵押房产以清偿抵押债务。海陵区法院裁定评估、拍卖该房屋。

2014年4月2日,兴化市法院裁定宣告天华公司破产,交行泰州分行告知天华公司破产管理人不申报债权,并通知姚某某自行向管理人申报债权。

姚某某对海陵区法院执行行为提出执行异议称:现天华公司已进入破产清算阶段,交行泰州分行至今未向天华公司破产管理人申报债权,在天华公司破产债权清偿比例未确定的情况下,交行泰州分行主张抵押债权,损害了姚某某、丁某的权益。故请求法院停止对该房屋的处置,依法解除查封措施。

交行泰州分行答辩称:法院拟处置的房屋系抵押物,主债务人天华公司破产,姚某某、丁某应向受理破产的人民法院以其对债务人的将来求偿权申报债权,而交行泰州分行有权直接向担保人主张权利。故请求驳回姚某某、丁某的异议申请。

海陵区法院认为,申请执行人交行泰州分行主张实现的抵押担保权已经人民法院生效判决所确定,被执行人姚某某理应积极履行生效法律文书确定的义务,其有关主债务人天华公司进入破产清算阶段,债权人应申报破产债权,而不应请求实现抵押权的异议观点无法律根据。根据《最高人民法院关于人民法院执行设定抵押的房屋的规定》第一条规定,经本院敦促,被执行人姚某某、丁某未履行金钱给付义务的情况下,对其设定抵押的房屋进行查封,并根据抵押权人的申请,拟对该房屋进行处置的执行行为并无不当之处。

海陵区法院依照《民事诉讼法》第二百二十五条之规定,裁定驳回姚某某的执行异议请求。

姚某某不服上述裁定向泰州市中院提起复议申请。

泰州市中院认为,对于被执行人所有的已经依法设定抵押的房屋,人民法院可以查封,并可以根据抵押权人的申请,依法拍卖、变卖处置。本案申请执行人交行泰州分行为实现担保债权依据生效判决,向执行法院申请执行,执行法院立案受理后,查封其抵押房产,被执行人未在规定期限内履行给付义务,

执行法院又裁定将其房屋评估、拍卖，以拍卖所得款清偿所欠债务，该执行行为符合法律及最高人民法院有关规定。姚某某提出主债务人天华公司已经破产，申请执行人交行泰州分行应申报债权，而不应申请执行，因申请执行人交行泰州分行已通知姚某某向天华公司破产管理人申报债权，姚某某作为债务人的担保人可以其对债务人的将来求偿权申报债权。

泰州市中院认为，姚某某的复议理由依法不能成立，于 2015 年 6 月 8 日作出（2015）泰中执复字第 00020 号裁定书，裁定驳回姚某某的复议申请。

作者分析

这是一起抵押人为涉破企业提供抵押担保而引发的申报债权与强制执行之争议的案件。

本案中，姚某某和丁某为天华公司借款向交行泰州分行提供房产抵押，法院判决姚某某和丁某承担抵押责任后，法院裁定宣告天华公司破产，于是，交行泰州分行的债权成为涉破债权。在法院裁定受理破产申请后，债权人可以向破产管理人申报主债权和抵押债权，然后由管理人予以优先受偿。但因抵押债权不论是否进入破产程序处置都享有优先受偿权，故担保权人亦可就已决担保债权申请法院予以强制执行。本案中，交行泰州分行作为债权人即担保权人不申报债权，而凭法院生效判决书选择申请强制执行于法有据，抵押人姚某某主张交行泰州分行应申报债权而不应申请执行的观点不能成立。

在债权人不申报债权而申请执行抵押物的情况下，有几个事情需要说明：一是担保债权若未决，即未经法院裁判或仲裁裁决，因尚无条件申请法院强制执行，故债权人只能向管理人申报债权（包括抵押债权）；二是抵押财产未被法院强制执行完毕的，抵押人可以向管理人申报将来的求偿权，抵押人不申报的，由此造成的损失由其自负；三是抵押财产已被法院强制执行完毕的，抵押人可以向管理人申报求偿权，从而弥补因抵押担保造成的损失；四是担保权人应当将不向管理人申报债权而申请法院强制执行的情况告知抵押人，以便抵押人向管理人申报求偿权或将来的求偿权，否则，对抵押人不能求偿造成的损失承担相应的法律责任。

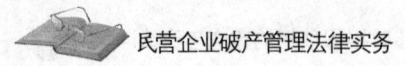

第三节　民企股权质押及疑难问题之解

股权是股东因出资而取得的，依照法律规定或公司章程规定参与公司事务并享受公司财产利益的，具有转让性的权利。股权质押是指出质人以其股权的财产内容作为标的物而设立的一种物权担保。债权人因股权质押取得的担保权利叫股权质权。

民企股权质押在实践中有多种表现形式，如这家民企的股东为那家民企融资提供股权质押，民企股东为亲戚朋友的债务提供股权质押等等，但常见的是民企股东为本企业提供股权质押（以下简称本民企股权质押）。本民企股权质押有时候是复杂的，有些问题处理起来比较疑难，我们在这里专题讨论本民企股权质押的有关问题。

一、本民企股权质押的基本问题

股权质押是物权担保活动中一种常见的权利质押，在通常情况下只要按照《物权法》规定设立质权并实现质权即可。根据《物权法》有关规定，股东以股权出质的，应当订立书面合同；以证券登记结算机构登记的股权出质的，质权自证券登记结算机构办理出质登记时设立；以其他股权出质的，质权自工商行政管理机关办理出质登记时设立。股东出质股权的标的物仅限于股权中的财产权利，而不涉及股东在本企业中的其他权利，如股东在公司的重大决策权、选择管理权等非财产权利不受股权出质的影响。

本民企股权质押，依照《物权法》《公司法》和公司章程的规定依法设立质权后，出质人是股东，质权人是债权人，被担保人是股东所在的本企业。在质押债权实现时，本民企股权质押与其他物权担保一样，债权人在债务民企未清偿主债务的情况下，出质人股东应当在质押合同约定的范围内承担担保责任，

此时，质权人可以与出质人股东协议以股权折价转让，也可以依法拍卖、变卖股权得以受偿。本民企股权质押进入破产程序后，从理论上讲，也与其他物权担保一样，不受破产程影响享有别除权而优先受偿。

在民企破产程序中，债权人（质权人）行使股权质权，直接向法院提起诉讼或者向管理人申报主债权和质押债权，受案法院或管理人当然也要审查这种质押合同是否成立和股权质权是否设立等问题。在确认民企股权质权有效设立的基础上，民企股权质权如何实现和能否实现就有不少复杂、疑难的问题需要解决。

二、关于本民企股权质押权益为0的问题

股权具有财产价值，这种价值代表着企业的净资产和增值能力。债务民企严重资不抵债，说明股权价值已经大大下降，有的经评估和审查账目净资产为0。在这种情况下，不少管理人在出具股权质押审查报告时往往表述："现某某公司已经明显严重资不抵债，股权价值为0，与之对应的股权质押权益也为零，股权质押已没有任何经济意义和法律意义。管理人对该项股权质押权审查结论为：贵公司在某某公司的股权质押权不再具有法律效力。"这一表述是有问题值得探讨的。

债务民企资不抵债，股权账面净资产为0又无增值能力的，这个股权是个"空壳"股权，不具有经济上的实质内容，据此，管理人将所有者权益（股东权益）调整为0是正确的。但是，账面净资产所有者权益为0并不等同于股权价值为0，主要理由：1.公司股权价值并不完全等于公司的净资产，原因是所有权者益是公司资产负债表中的一项内容，是公司资产状况和经营成果的一种表现形式，公司既然严重资不抵债，公司净资产所有者权益就为0，甚至为负数。但是，股权价值的结构不只限于账面净资产，不少民企还有无形资产或经营资源的价值，而这些增值通常不进入资产负债表，因此，公司资产负债表账面中所有权者益为0，不一定等于股权实际价值也不等于0，股权增值能力的存在仍有可能使质权人得以优先受偿。譬如，债务民企具有重整价值，其重整价值肯定不在于账面净资产，而是其拥有无形资产或经营资源的增值能力，因此，在破产重整程序中就不能只依据账面净资产就确认股权价值为0。

三、关于"股权质押不再具有法律效力"的问题

我们知道，民企股权质权只要依法设立，在没有法定消灭情形下，股权质押的合同和质权的效力是不会自行消失的。根据《物权法》第一百七十七条规定，担保物权消灭的情形是：（1）主债权消灭；（2）担保物权实现；（3）债权人放弃担保物权；（4）法律规定担保物权消灭的其他情形。股权质押权益即使为 0，也只能说明股权丧失了交换价值，债权人不能实现股权质押债权，而不是消灭股权及其质权的法定事由，因此，在"股权质押权益为 0"但有增值能力的情况下，认为"股权质押不再具有法律效力"是错误的，其后果是否定股权质权的效力，然后侵害质权人在破产重整或破产和解后对留存股权的价值依法优先受偿的权利。

四、关于已设质权的股权转让问题

《物权法》第二百二十六条第二款规定，股权出质后，除经出质人与质权人协商同意外，不得转让；出质人转让股权所得的价款，应当向质权人提前清偿债务或者提存。但破产实践中有两个问题需要解决：

一是出质人股东与质权人不同意股权转让怎么办？民企进入破产程序，特别是"腾笼换鸟"的破产重整，必须进行股权转让，由新的投资人受让股权注入资本来救活破产企业，而出质股权的股东与质权人都不同意或者一方不同意质押股权转让，如果按照《物权法》不得转让的话，破产重整就会成为一句空话。我们认为，法院和管理人处置股权质权无需出质人股东和质权人同意，理由有二：其一，在破产重整程序中，在债权人会议在表决股权调整方案时，管理人可以征求股权出质人和质权人的意见，但破产重整并不消灭股权质权，股权质权与其他担保物权一样具有别除权，不受破产程序影响而单独优先受偿，故无需破产企业其他债权人的同意，法律也没有规定质押股权的处置必须经债权人会议表决通过，除非出质人股东和债权人在质押合同中另有特别约定；其二，破产程序实际上是强制执行程序，强制执行无需被执行人同意就可执行标的物，质物在破产程序中是强制执行标的物，故无需出质人股东同意。

五、本民企股权质押可否向其他股东追偿的问题

《物权法》第一百七十六条规定，"提供担保的第三人承担担保责任后，有权向债务人追偿。"《担保法》第七十二条规定，"为债务人质押担保的第三人，在质权人实现质权后，有权向债务人追偿。"民企股东与本企业是两个不同的主体，股东为本企业的债务提供股权质押担保，属于第三人提供担保，而本企业应为债务人。根据上述规定和《企业破产法》的有关规定，质权人在债务民企破产前对股东的质押股权实现质权后，出质人股东有权向债务人本企业追偿，其追偿债权应当作为破产债权处置，如其股权未被处置的，可以向管理人预先申报债权。债权人在破产程序中实现股权质押债权的，在理论上，股东当然有权向本企业追偿，然而，本企业经破产清算根本就不存在清偿担保债务的能力，此后本企业被注销不再具有企业的主体资格，股权担保追偿权也就无法行使，那么，出质人可否向其他股东追偿呢，这是破产追偿实务中的难题。

我们认为，当其他股东对本企业破产负有连带责任（无限责任）或者赔偿责任的情况下，本企业破产后，出质人仍有担保追偿的希望。譬如，本企业其他股东（特别是对企业具有实际控制权的股东）因个人与企业资产、资金严重混同，本企业破产后，法院认定其他股东对企业债务承担连带责任的，或者其他股东侵占本企业财产负有赔偿责任的，出质人股东在其中可以主张担保追偿债权。

第四节　民企管理人行使破产别除权及其注意事项

破产别除权，是指债权人的债权设有债务企业提供的特定财产担保，不受破产程序影响并排除其他破产债权对担保财产单独享有的优先受偿的权利。本书在前面已经阐述了破产物权担保的有关问题，这里专题阐述民企破产别除权的问题。

一、对债权人破产别除权的理解

民企为自己或他人的债务向债权人提供财产担保，债权人在民企进入破产程序前已经行使担保权，且人民法院或仲裁机构已经作出优先受偿裁判尚未执行，担保人民企进入破产程序的，因特定的担保财产不是破产财产，故破产程序并不影响对担保财产的单独执行。而破产别除权，是指破产程序开始之前，就债务人的特定财产设定了担保物权，在债务人宣告破产后，债权人（担保权人）享有就该特定财产不依照破产清算程序而获得优先受偿的权利。在理解债权人破产别除权时需要注意以下三个问题：

1. 债权人破产别除权是基于物权担保而产生的

这里包含三个内容：（1）根据《担保法》规定，我国担保方式有保证、抵押、质押、留置和定金五种方式。《物权法》规定的物权担保方式仅为抵押、质押、留置三种。这里的"物权担保"仅指涉破企业提供的抵押担保、质押担保和债权人依法留置的担保，而不包括保证担保和定金担保。在法院受理破产申请前，债务企业与债权人如果没有设立物权担保，就谈不上后来破产别除权。（2）破产别除权的标的物只能是债务企业提供担保的"特定财产"，即基于物权担保所设定的已经特定化的抵押物、质押物和留置物，债务企业的其他财产不是破产别除权的标的物。（3）在法院受理破产申请前，债权人与债务企业通过订立担保合同并经登记或交付或占有使担保权已经依法设立的，债权人在破产程序中才可行使别除权，但此时行使别除权只不过是为实现此前已经享有的优先受偿权而已。

2. 主债权和担保权在法院审理破产申请前已经设立并有效

债权人行使破产别除权必须有根据，这个根据就是在债务民企进入破产程序前已经成立并有效的主债权和担保权。如民企向银行贷款，银行与其订立了借款合同，同时，该民企为了取得贷款向银行提供自己的厂房作抵押担保，并办理了抵押登记，银行向其发放贷款后，该民企未予偿还就被法院裁定进入破产程序，银行对该民企就可以行使破产别除权。民企与银行订立借款合同，如果只有第三人提供保证担保，在法院裁定审理破产申请前一年内，为上述贷款补充提供厂房抵押的，属于《企业破产法》第三十一条规定的"对没有财产担保的债务提供财产担保的"应撤销行为，对此，管理人行使撤销权的，该

厂房抵押即使已经办理抵押登记设立了抵押权也归无效，因此不再享有破产别除权。

3.不依赖破产程序即可独立行使担保债权

物权担保上的"别除"有两个法律意义：一是排除破产程序，即债权人享有的担保物权不受破产程序影响，可在破产程序外直接实现担保债权；二是排除其他破产债权参与特定担保财产的分配，由债权人单独享受优先受偿权。债务人的特定财产虽然设定了物权担保，但该担保财产所有权不发生转移仍为债务人财产。根据《最高人民法院关于审理企业破产案件若干问题的规定》第七十一条规定，除担保权人放弃优先受偿权，或者优先偿付担保债权有剩余外，"抵押物、留置物、出质物"不作为破产财产。由于物权担保的"特定财产"既是"债务人财产"又"不属于破产财产"，所以才有条件构成债权人的破产别除权。

二、债权人行使别除权的范围

债权人行使别除权的范围有两种情况，一是担保物种类范围，二是担保债权内容范围。

1.债权人行使别除权的担保物种类范围

担保物权是别除权的基础权利，因此债权人行使别除权的担保物种类范围限于抵押物、质押物和留置物，债务民企的其他财产不是别除标的物，债权人对债务民企的其他财产行使破产别除权没有法律依据。债务民企为他人债务提供保证担保，虽然其所有财产均为履行保证担保义务的责任财产，但不存在"特定财产"，故不适用《企业破产法》第一百零九规定，债权人不能就保证担保行使别除权。

实践中所要注意的问题是，在定金担保的情况下，债权人对定金可否行使别除权。《担保法》第八十九条规定："当事人可以约定一方向对方给付定金作为债权的担保。债务人履行债务后，定金应当抵作价款或者收回。给付定金的一方不履行约定的债务的，无权要求返还定金；收受定金的一方不履行约定的债务的，应当双倍返还定金。"据此，我们认为，定金既是一种担保方式又是一种担保物，但这种担保物是货币，货币不是特定物而是种类物，故《物权法》未将其列入物权担保范围，所以也不适用《企业破产法》第一百零九条规定对定金行使别除权。

2.债权人行使别除权的担保债权内容范围

债权人行使别除权的核心内容仍为优先受偿权。物权担保优先受偿的内容范围有约定范围和法定范围两种。《物权法》第一百七十三条规定，"担保物权的担保范围包括主债权及其利息、违约金、损害赔偿金、保管担保财产和实现担保物权的费用。"债权人与债务民企依照这条规定约定的，物权担保责任的约定范围与法定范围一致，债权人主张优先受偿的范围不应超出法定范围。但《物权法》第一百七十三条又规定，"当事人另有约定的，按照约定。"比如，债权人与债务民企约定的担保责任范围仅为主债权及其利息，而未约定违约金、损害赔偿金、保管担保财产和实现担保物权的费用的，债权人优先受偿的范围仅限于主债权及其利息，而不得同时对违约金、损害赔偿金、保管担保财产和实现担保物权的费用行使优先受偿权。物权担保合同如果未约定担保责任范围，或担保责任范围不明确的，债权人可以按照《物权法》第一百七十三条规定的范围主张优先受偿。但债权人对法律规定不属于破产债权范围的债权内容不能行使优先受偿权，如，《企业破产法》第四十六条第二款规定"附利息的债权自破产申请受理时起停止计息"，又如，《最高人民法院关于审理企业破产案件若干问题的规定》第六十一条第二项规定"人民法院受理破产案件后债务人未支付应付款项的滞纳金，包括债务人未执行生效法律文书应当加倍支付的迟延利息和劳动保险金的滞纳金"不属于破产债权。这些规定中的非破产债权，即使物权担保合同约定其为担保责任范围，在破产程序中不仅不得优先受偿，而且还不能作为普通债权受偿。

三、在重整、和解期间暂停债权人行使别除权

债权人在破产程序中虽然可以行使别除权，但《企业破产法》对这种权利在破产程序中还是有限制的。《企业破产法》第七十五条第一款规定："在重整期间，对债务人的特定财产享有的担保权暂停行使。但是，担保物有损坏或者价值明显减少的可能，足以危害担保权人权利的，担保权人可以向人民法院请求恢复行使担保权。"《企业破产法》第九十六条第二款规定："对债务人的特定

财产享有担保权的权利人，自人民法院裁定和解之日起可以行使权利。"根据这些规定，在重整、和解期间，暂停对债务民企的特定财产行使担保权。

这两种限制的主要理由是，法院刚受理破产申请时，对债务企业适用哪种程序进行处置尚能确定，即适用破产重整程序，还是适用破产和解程序，还是适用破产清算程序，还处于不具确定状态。特别是清算程序，只有宣告破产后，才能进入实质清算；在未宣告破产前，破产案件如果进入重整程序或和解程序，若也允许债权人不受限制地行使担保物权，尤其是在对债务企业已经设定担保的厂房、机器设备等重要财产行使别除权进行拍卖、变卖等处分，重整和和解的目的就有可能落空，因此，有必要在重整期间和和解期间对债务企业的担保财产先予维持现状，暂停债权人行使担保权，等宣告破产后或者裁定和解后，债权人再行使别除权来实现担保债权。

四、债权人行使别除权需要注意的几个问题

1. 债权人在申报主债权的同时应当申报担保债权

债务企业进入破产程序后，因别除标的物仍为债务企业所有，并由管理人管理和处分，再者债权人担保债权应当通过破产管理人受偿，故债权人应按《企业破产法》的有关规定，向管理人申报主债权的同时应当申报担保债权，且应提交有关主债权有效和担保物权设立以及享有优先受偿权的证据材料。管理人接到债权人申报后，在审查主债权的同时亦应审查担保物权。经审查认为，主债权合法存在，担保物权依法设立的，应当依法予以确认。当然，除重整和和解外，担保权人向管理人申报担保债权并不影响其行使别除权。

2. 对未到期主债权和担保债权可提前行使别除权

在实践中，有些债权人认为，主债权未到期，担保责任尚未开始承担，于是在申报主债权时未申报担保债权，也不提及别除权，这对其是不利的。根据《企业破产法》未到期的债权视为到期债权的规定，债权人在申报未到期主债权时是可以同时向管理人申报担保债权的，且可以主张别除权。

3. 担保财产不足清偿的剩余债权为普通债权

别除权标的物具有特定性，只对特定的担保财产行使权利，且以担保债权范围和担保财产价值为限。因此，在涉破企业提供自己的财产担保的情况下，

债权人行使别除权对抵押物或质押物或留置物的价值优先受偿后，如有余额债权的，还应作为普通债权参加破产分配；担保财产清偿担保债务后，如有多余的，多余部分应当归于破产财产。

4.民企为他人债务提供财产担保的别除权

民企为他人债务提供财产担保，该民企仅为担保人而不是主债务人。在此情形下民企破产的，担保权人对破产民企的担保财产也享有破产别除权，但在担保财产价款不足清偿担保债务时，余债不得作为破产债权向管理人申报要求清偿，而只能向主债务人主张。担保权人行使别除权，破产民企的担保财产被变价处分清偿担保债务的，管理人应当及时向被担保人追偿，追偿所得属于破产财产。

5.别除权的效力及于担保物上的追及权和代位权

根据《物权法》有关规定，担保物如果已经毁损、灭失或者被非法转让的，债权人行使别除权的效力及于担保物上的追及权和代位权，此时，债权人可以向管理人申报别除权的同时主张追及权或代位权。

【裁判案例】

提示：当事人虽有不动产抵押合意，但未办理抵押登记，债权人行使别除权无效。

2014年2月25日，锦泽家具公司与朱某某、赵某某签订《借款合同》约定：锦泽家具公司向朱某某、赵某某借款400万元，约定月利率为1.8%；锦泽家具公司以自己享有的位于××开发区城南项目区的面积为16036.80平方米一宗国有建设用地使用权及地上建筑物作为上述借款的担保物。2014年2月27日，双方就上述《借款合同》到公证处办理公证，公证处出具《具有强制执行效力的债权文书》，对上述《借款合同》进行公证并赋予强制执行效力。此后，朱某某、赵某某依约向锦泽家具公司提供借款，但双方未办理相关抵押登记手续。

上述借款到期，锦泽家具公司未履行还款义务，朱某某、赵某某便持上述公证书向裕安区法院申请强制执行。裕安区法院立案后向锦泽家具公司送达执行通知书，并查封了被执行人锦泽家具公司享有的位于××开发区城南项

目区一宗土地使用权及地上建筑物，因锦泽家具公司在裕安区法院限定的期限内未履行义务，朱某某、赵某某向裕安区法院申请对查封的锦泽家具公司的土地使用权及地上建筑物进行评估、拍卖。经评估，上述土地和建筑物价格为8108535元。裕安区法院便依法将上述土地委托拍卖公司进行拍卖。拍卖公司对上述土地及建筑物进行拍卖，因无人报名参与竞买而导致拍卖流拍。此后，裕安区法院未对拍卖标的物作出处置。

2015年9月9日，锦泽家具公司的员工以该公司停止生产经营且无力支付劳动工资为由，向裕安区法院申请对锦泽家具公司进行破产清算，裕安区法院于2016年1月4日裁定受理，后于2016年11月15日裁定宣告锦泽家具公司破产。

赵某某、朱某某以锦泽家具公司及其破产管理人为被告，向裕安区法院提起别除权诉讼，请求法院依法确认朱某某、赵某某对被告锦泽家具公司的上述土地使用权及地面建筑物享有别除权。

裕安区法院认为：别除权是指债权人因债设有担保物而就债务人特定财产在破产程序中享有的单独、优先受偿权利。别除权是由破产人特定财产上已存在的担保物权之排他性优先效力沿袭而来，是基于担保物权及特别优先权所产生的。考量本案中两原告的债权是否享有别除权，其前提条件就是两被告就案中所涉被告锦泽家具公司所有的国有建设用地使用权及地上建筑物是否享有担保物权即抵押权。根据《担保法》第四十一条的规定："当事人以不动产和特殊动产抵押的，应当办理抵押物登记，抵押合同自登记之日起生效"。本案中，双方当事人虽就抵押签订了担保合同，但未在产权登记部门办理登记，因此抵押合同并未生效，即两原告就抵押物不享有优先受偿的权利。因此，两原告的诉讼请求不能成立。另外，两原告将破产管理人作为被告，无事实和法律依据，属主体不适格，依法应予驳回。

裕安区法院依照《民事诉讼法》第六十四条规定判决：驳回原告赵某某、朱某某的诉讼请求。

赵某某、朱某某不服一审上述判决向六安市中院上诉，请求依法改判支持上诉人原审诉讼请求或发回重审。

六安市中院认为：《物权法》第十五条规定，当事人之间订立有关设立、变更、转让和消灭不动产物权的合同，除法律另有规定或者合同另有约定外，自合同成立时生效；未办理物权登记的，不影响合同效力。案涉抵押财产虽未办理登记手续，但不影响担保合同的效力，一审法院依据《担保法》规定认定合同无效，属适用法律错误，本院予以纠正。

《物权法》第一百八十七条规定，以本法第一百八十条第一款第一项至第三项规定的财产或者第五项规定的正在建造的建筑物抵押的，应当办理抵押登记，抵押权自登记时设立。本案中，上诉人虽与锦泽家具公司达成抵押合意，但并未依法办理抵押登记，抵押权未设立，故上诉人对约定的抵押财产不能享有优先受偿权，据此，上诉人关于破产别除权的主张缺乏事实及法律依据，本院不予支持。

六安市中院作出（2017）皖15民终2125号判决书，判决驳回赵某某、朱某某上诉，维持原判。

【裁判案例】

提示：在同一动产上设有两个抵押权，并不影响其一债权人行使别除权。

日立电梯公司诉南方汇通公司电梯买卖合同纠纷一案，贵阳市中院作出（2006）筑民二初字第159号《民事调解书》，确认被告南方汇通公司应于2007年4月30日前支付原告日立电梯公司合同款580851.90元，案件受理费5782.35元及违约金74621元，上述欠款共计661225.25元。

2012年9月20日，南方汇通公司因资不抵债向贵阳市中院提出破产申请，贵阳市中院裁定受理破产清算并指定了破产管理人。日立电梯公司在指定期限内申报了上述债权，并提供相关证据材料。2014年6月12日，贵阳市中院召开第一次债权人会议，日立电梯公司向会议提出了关于自己债权的优先权，并阐述了相关事实及理由。2014年12月10日，管理人向第二次债权人会议正式提交《关于认定日立电梯公司为有担保债权的议案》，但该项议案因个别债权人提出异议而未能获得通过。

日立电梯公司便以南方汇通公司为被告向贵阳市中院提起别除权诉讼。日立电梯公司诉称：鉴于（2006）筑民二初字第159号《民事调解书》已确认，在被告南方汇通公司未向原告日立电梯公司清偿上述欠款前，涉案电梯的所有权系原告所享有，即原告对被告享有的债权系有担保的债权。但上述议案经

债权人会议表决未获通过，这明显侵害原告的合法权益。原告特依据《企业破产法》第六十四条"债权人认为债权人会议的决议违反法律规定，损害其利益的，可以自债权人会议作出决议起十五日内，请求人民法院裁定撤销该决议，责令债权人会议依法重新作出决议"的规定，向法院提起诉讼，请求判令原告日立电梯公司申报的债权661225.25元为有担保债权。

被告南方汇通公司答辩称：我方承认与原告签订合同，但在2004年1月7日，原告和商行南明支行签订了抵押合同，将向原告购买的八部电梯作为向南明支行抵押的担保，且之后将债权转让给工业投资公司，现在工业投资公司也对电梯主张所有权。一个标的物，有两方主张优先受偿权。

原告日立电梯公司针对被告的答辩称：我方对被告提交的证明工业投资公司主张优先受偿权的抵押合同有异议，该合同的时间是2004年1月份，而主体不是对方所说的南明支行，合同的抵押清单我们没有看到，且电梯是2005年完工的，2004年时电梯还没有验收完。

贵阳市中院认为，本案系别除权纠纷。根据《企业破产法》第一百零九条"对破产人的特定财产享有担保权的权利人，对该特定财产享有优先受偿的权利"及《物权法》对动产抵押权设立的立法宗旨，登记并非动产抵押权的生效要件，动产抵押权未经登记不影响其作为物权的属性，其效力优先于普通债权。《合同法》第一百三十四条："当事人可以在买卖合同中约定买受人未履行支付价款或者其他义务的，标的物的所有权属于出卖人"。在买受人破产时，不应承认出卖人对标的物的取回权，但出卖人可享有对未支付价款的别除权。故本案中原告日立电梯公司享有的债权应为担保的债权。

贵阳市中院判决：确认原告日立电梯公司申报的债权661225.25元为有担保债权。

南方汇通公司不服上述判决，向贵州省高院上诉称：

一、上诉人与被上诉人签订了电梯买卖合同后，于2004年1月7日与商行南明支行签订了抵押合同，双方约定上诉人向商行南明支行借款5000万，并提供土地使用权、机器设备、在建工程抵押等给商行南明支行作抵押。抵押的机器设备中包含了上诉人向被上诉人购买的八部电梯。2009年6月29日，商行南明支行将对上诉人的5000万债权转让给工业投资公司。2012年9月24日，南明区法院作出（2011）南民商初字第268号民事判决书，认定工业投资公司对上诉人提供的抵押物有优先受偿权。根据《民事诉讼法》及相关司法解释的规定，南明区法院作出的判决应当被认可，但一审判决对此事只字未提，属认定事实不清。

二、该八部电梯的评估价值仅为900320.05元，如果两个判决都认定被上诉人与工业投资公司都享有优先权，被上诉人债权661225.25元，工业投资公司债权5000万元，两者比例如何分配？根据《物权法》《担保法》及其司法解释的相关规定，以及因已有生效判决认定工业投资公司对案涉八部电梯享有优先受偿权，即便认定被上诉人亦对案涉电梯享有优先受偿权，也应当明确被上诉人与工业投资公司对案涉八部电梯变价后的价款受偿的比例和顺序，但一审判决未对此予以明确，应依法予以纠正。

综上所述，一审判决认定事实不清、适用法律错误，请求：撤销贵阳市中院（2015）筑民二（商）初字第47号民事判决书，查清事实依法改判。

贵州省高院二审另查明，案涉南方汇通公司与日立电梯公司签订的《电梯供货、运输、安装及调试合同》第九条约定，标的物所有权自货到工地时起转移，但买受人未履行支付价款义务的，标的物属于出卖人所有。

贵州省高院认为，本案二审争议的焦点为：案外人对案涉电梯享有抵押权是否影响本案的审理，本案是否应明确案涉电梯上设定的两个抵押权的受偿的比例和顺序问题。根据《担保法》第五十四条"同一财产向两个以上债权人抵押的，拍卖、变卖抵押物所得的价款按照以下规定清偿"的规定，同一财产可以设定两个以上的抵押权。本案为确认之诉，即确认原告日立电梯公司申报的债权是否为有担保债权，案外人是否对案涉财产电梯享有抵押权不影响本案的审理。《企业破产法》第六十一条规定，破产人债权人会议行使通过破产财产的变价方案、破产财产的分配方案等职责。破产财产的分配应根据债权人会议通过的破产财产分配方案予以解决，南方汇通公司上诉要求本案确认案涉电梯上设定的抵押权受偿的比例和顺序没有法律依据，本院不予支持。

贵州省高院认定。南方汇通公司的上诉理由不能成立。一审判决根据现有证据认定事实清楚，适用法律正确，审判程序合法，应予维持。贵州省高院根据《民事诉讼法》第一百七十条第一款第一项的规定，作出（2015）黔高民商终字第136号判决书，判决驳回南方汇通公司上诉，维持原判。

第五节　民企破产中的涤除担保权

涤除担保权，是指担保人或受让人在抵押期间为了取回或转让抵押物而清偿债务并消灭担保权的权利。这种涤除权伸延到破产程序就是破产涤除权。在民企破产程序中，涤除担保权的行使首先应当执行《物权法》的有关规定，同时也应考虑《企业破产法》的有关规定。

一、涤除担保权与破产财产取回权的区别

根据《企业破产法》第三十七条规定，法院受理破产申请后，管理人在破产程序中可以通过清偿债务或者另行提供担保取回担保物。这种取回与上述破产财产取回虽然都是取回债务人的财产，但破产财产取回是取回原本属于债务人的破产财产，而涤除担保权指向的标的物是担保财产。破产财产的取回通常不适用等价交换，而担保财产原本不属于破产财产，管理人只有代债务企业付出代价，如通过清偿债务消灭担保权，或者另行提供担保消灭原担保权，才可以取回担保财产，使之归于破产财产。

二、管理人代债务民企涤除质权和留置权

质权和留置权都属于担保物权，质物和留置物都属于担保财产。质权、留置权依法设立后，并非都必须拍卖、变卖质物、留置物来实现担保债权。《企业破产法》第三十七条第一款规定："人民法院受理破产申请后，管理人可以通过清偿债务或者提供为债权人接受的担保，取回质物、留置物。"第二款规定："前款规定的债务清偿或者替代担保，在质物或者留置物的价值低于被担保的债权额时，以该质物或者留置物当时的市场价值为限。"根据上述规定，

管理人代替债务民企取回质物或者留置物有两种涤除质权、留置权方式：一是清偿债务。当事人设立质权、留置权的目的在于担保债权获得清偿，如果民企管理人向质权人或者留置权人清偿了债务，质权、留置权消灭，质权人或者留置权人就应向管理人返还质物或留置物。第二，提供代替担保。民企管理人因处理破产事务需要取回质物、留置物，采取其他财产或者其他方式进行代替担保，只要债权人（担保权人）同意接受，就可使新担保代替原担保，然后取回质物或留置物归于破产财产。

三、管理人代债务民企涤除抵押权

《企业破产法》没有涤除抵押权的规定，并不说不存在抵押权的涤除，理由是《物权法》对涤除抵押权有明确规定，且抵押权的行使和实现不依赖破产程序，所以，管理人和有关当事人在破产程序中只要依照《物权法》规定涤除抵押权即可，无需《企业破产法》另行规定。

根据《物权法》第一百九十一条规定，行使涤除抵押权的主体有两种，即抵押人和受让人。

《物权法》第一百九十一条第一款规定，"抵押期间，抵押人经抵押权人同意转让抵押财产的，应当将转让所得的价款向抵押权人提前清偿债务或者提存"。这是抵押人涤除抵押权的规定。据此规定，抵押人涤除抵押权有三个基本条件：一是抵押人涤除抵押权的原因是转让抵押财产；二是抵押人涤除抵押权的方式是提前清偿或者提存未到期的债务；三是抵押人转让抵押财产须经抵押权人同意。抵押权涤除的结果是消灭抵押权，只有抵押权消灭，抵押财产才可以转让，因此，抵押人转让抵押财产首先要涤除抵押权。

在民企破产程序中，民企作为抵押人破产，为消灭抵押权而行使涤除权的，因《企业破产法》有些特别规定，故不一定坚持上述条件，如《企业破产法》规定未到期债权视为到期，破产涤除权就不受"未到期"的限制，也就是说，不论债务是否到期，抵押人都可以清偿债务消灭抵押权；又如，抵押人不一定为了"转让抵押财产"才可以行使涤除抵押权，若为解除抵押担保也完全可以拿金钱清偿消灭抵押权。

四、受让人行使涤除抵押权

《物权法》第一百九十一条第二款规定："抵押期间，抵押人未经抵押权人同意，不得转让抵押财产，但受让人代为清偿债务消灭抵押权的除外。"其中"受让人代为清偿债务消灭抵押权"就是涤除抵押权。《物权法》赋予受让人涤除抵押权，目的是为平衡物权流转中受让人权益与抵押权人权益的冲突，使受让人受让抵押财产有一个自我救济的权利。

抵押人将其财产设定抵押后，因抵押财产的处分权受到抵押权的制约，故抵押人未经抵押权人同意不得转让抵押财产，如果擅自转让则为无效，抵押权人可以行使抵押物上追及权。但根据《物权法》上述规定，抵押财产转让并不当然导致转让合同无效，受让人可以行使涤除权，代替抵押人向债权人清偿抵押债务来消灭抵押权，从而取得抵押财产的所有权。

在民企破产程序中，因物权担保可不受破产程序影响，故受让人可以代替抵押人民企直接向破产债权人清偿债务，从而涤除抵押权，管理人对此应予确认。受让人涤除抵押权将产生两个法律效果：一是相应的抵押债权实现和相应的抵押债务消灭，从而消灭了抵押权；二是抵押权障碍已经排除，受让人取得了抵押财产的所有权。

【裁判案例】

提示：买受人在破产程序中行使涤除权，法院判决其向抵押权人履行付款义务消灭抵押权。

坐落于某某街2号403室商品房，建筑面积62.9平方米，由悦庆公司建设开发，并登记在悦庆公司名下。

2016年1月12日，吴某某与悦庆公司签订《商品房现售合同》约定：悦庆公司将该商品房出售给吴某某，总价款为94.35万元；吴某某应于2016年1月10日前向悦庆公司支付定金25万元，于2016年1月30日前支付全部剩余合同价款，悦庆公司应于2016年3月20日前向吴某某交付该商品房；本合同签订后90日内，双方应当共同申请房屋所有权转移登记。

在该合同签订的前后，吴某某分两次向悦庆公司交付了25万元定金，并办理了入住手续。

此前的 2015 年 4 月 8 日，悦庆公司将上述商品房与同一建筑物中的其他 5 套商品房抵押给了刘某，担保的主债权为 400 万元。后案涉商品房被法院查封。

2017 年 1 月 16 日，鼓楼区法院作出裁定，受理悦庆公司破产清算申请。2017 年 10 月 13 日，鼓楼区法院作出裁定，宣告悦庆公司破产。

吴某某以悦庆公司为被告，以刘某为第三人，向鼓楼区法院提起房屋买卖合同诉讼。吴某某诉称：原告吴某某已经向被告悦庆公司交付了 25 万元定金，并办理了入住手续，后得知涉案商品房被法院查封，且被告悦庆公司将房屋抵押给了第三人刘某。现同意支付相应的金额以涤除抵押权。请求判令被告悦庆公司继续履行合同，办理商品房的备案和产权过户手续。

第三人刘某辩称：同意原告吴某某涤除抵押权，由原告吴某某向刘某支付 697648 元之后，可以配合办理抵押权涤除手续。

原告吴某某同意支付该涤除金额，但被告悦庆公司不予认可。

鼓楼区法院认为，原、被告之间签订的《商品房现售合同》，系双方的真实意思表示，不违反法律、行政法规的强制性效力性规定，成立且生效。

关于该合同是否可以继续履行的问题。首先，第三人刘某是案涉商品房的抵押权人，在被告悦庆公司不履行到期债务时，第三人刘某有权就案涉商品房的价值优先受偿。其次，依据《物权法》第一百九十一条第二款"抵押期间，抵押人未经抵押权人同意，不得转让抵押财产，但受让人代为清偿债务消灭抵押权的除外"的规定，即法律赋予了案涉商品房受让人有权行使代偿权以消灭抵押权，进而维护合同的履行和交易的稳定。第三，防止损害其他债权人利益，《企业破产法》第十六条规定"人民法院受理破产申请后，债务人对个别债权人的债务清偿无效"，但抵押权系法定优先受偿权，买受人对抵押权的涤除，不仅没有损害其他债权人利益，且使企业破产财产增加。第四，物权法相对于破产法系新法，在适用上应遵循新法优先于旧法的原则。因此，对于原告吴某某行使法定涤除权，本院予以支持。对于原告吴某某清偿了第三人刘某的债权 697648 元后，第三人刘某应办理解除抵押的手续，消灭抵押权，原、被告应予以配合。原告涤除抵押权后，已履行了全部付款义务，其多支付的 4148 元价款应纳入破产债务。

案涉房屋虽被法院查封，但根据《企业破产法》第十九条规定，人民法院受理破产申请后，有关债务人财产的保全措施应当解除，执行程序应当中止。本案被告的破产案件已由本院受理，故有关案涉房屋的保全措施应予解除，被告悦庆公司应在障碍消除后协助原告吴某某办理案涉房屋的过户手续

鼓楼区法院判决作出（2017）苏0106民初11107号判决书，判决如下：一、本判决生效后五日内，原告吴某某给付第三人刘某697648元；二、在前述判项履行完毕后的三日内，第三人刘某办理抵押权的注销登记，原告吴某某、被告悦庆公司予以配合；三、被告悦庆公司于本判决生效后，在涉案房屋抵押权注销且查封解除后五日内，协助原告吴某某将该房屋的不动产权证登记至原告吴某某名下。

第六章

民企破产财产的维权

民企进入破产程序并非完全是债务问题，绝大多数还有债权需要追回作为破产财产供债权人分配，这对债务民企和债权人来说都是一种维护权益。然而，民企破产财产维权涉及财产权利是多方面的，且因破产会使财产维权显得更为困难和复杂，我们就此专门设章作具体分析。

第一节　民企管理人行使财产管理权及其注意事项

根据《企业破产法》第二十五条规定，管理人应当履行管理破产财产的职责。管理人对破产财产进行管理不是一般的财产管理，而是依法掌控全部破产财产并有处分权的财产管理。管理人在接管破产财产后，应当履行"勤勉尽责，忠实执行职务"义务，依照法定的权限进行清理、收集、保管、维护和处分破产财产的一系列活动，并避免破产财产遭受损失，包括债权人和债务企业在内的任何人，未经管理人或法院的同意都不得擅自占有和处分，从而维护破产财产的完整和全体债权人的利益。

一、民企破产财务管理及其需要的注意事项

管理人接管破产民企，同时接管了破产民企的日常财务管理、清算费用管理、财产分配管理等。破产财务管理是处理破产企业财务关系的一项基础性的经济管理工作。

从实践情况来看，不少民企老板包括股东，在企业进入破产程序后，由于个人、家属、亲戚利益的使然，继续插手财务管理和处置屡见不鲜，这就有可能扰乱管理人对破产财务的管理，而且有可能对破产债权造成侵害，管理人对此应当有所防范。

破产财务管理的具体内容很多，这里不作详细介绍，但需要强调以下三个注意事项：

一是开立管理人账户，制订账户管理制度，奠定破产财务管理的良好基础。管理人接管破产企业后，持刻制的印章、法院受理破产申请的裁定书、指定管理人的决定书等材料，到银行申请开立管理人账户。管理人账户开立后，应当制订账户管理制度，规范破产财务收支行为，将破产企业的银行存款划入

管理人账户,并将破产程序中发生的资金往来统一通过管理人账户收支。同时,管理人需要阻止破产民企的股东、董事、高管等继续利用破产民企原有的银行账户进行资金活动,以防他们侵贪破产财产而侵害债权人的利益。

二是坚持公平、合法原则进行破产财务管理活动。在破产财务管理中,管理人要对所有的债权人一视同仁,按法律规定或合同约定的先后顺序,对各债权人的求偿权予以清偿,使债权人在法律规定的原则下,公平受偿破产财产,而不得在财务支付中非法偏袒任何一个或部分债权人。

三是严格把住破产财务支付关,尽可能为债权人留有最多的可分配财产。在破产财务管理时,管理人必须厉行节约,反对浪费,减少损失,尽量节约费用开支,留有更多的破产财产供债权人受偿。同时,严格审查破产民企股东、董事、高管等要求支付的款项,以防他们借机捞走非法好处而损害债权人的利益,这也是管理人"勤勉尽责"必须履行的义务。

二、民企破产资产管理及其需要的注意事项

这里的破产资产,是指除金钱外包括物资、房屋、土地、无形资产,也包括原材料、半产品、产成品、机器、设备、设施、运输工具等财产。

管理人接管民企破产资产后成为民企破产财产的法定管理者,负有保管破产财产的义务,一要保证破产财产的真实性和安全性,二要防止股东隐匿、私分、无偿转让破产财产,三要为今后破产财产的处分和拍卖提供具体的可靠的实物依据。为此,管理人在破产程序中应当注意做好以下工作:

1. 核实破产财产真实情况

在被法院裁定破产前后,民企管理通常都很混乱,趁机转移、隐匿财产的并不少见,债权人哄抢破产财产也常有发生,因此,管理人接收的破产财产清单所记载的内容不一定与实物完全一致,有的相差较大。对此,管理人应当进行全面清查,详尽地做好核对和登记,以体现破产财产的真实性,并将核实的破产财产情况报告法院和债权人会议,以免今后与债权人或破产企业就此发生争议。

2. 制定破产财产管理方案

管理人应当根据破产财产的结构,确定管理重点和管理方式,制定破产财

产管理方案，报法院和债权人会议，并按管理方案落实保管措施。

3. 对破产资产进行价值评估

管理人接管破产资产后，对重要的价值高的资产，通常需要委托具有法定资格的评估机构进行评估，确认破产资产的实际价值，并登记在破产资产清查账簿中，作为今后和解、重整或处分破产资产的价值依据。

4. 确保破产资产安全

根据破产资产结构和储存仓库环境的需要，强化必要的防火、防盗等安全措施，严格物资出入管理。破产民企内部混乱有可能影响破产资产安全的，可以转移破产资产至异地保管。

5. 及时处分特殊财产

在管理破产资产过程中，管理人发现鲜活易腐等不易保管的资产或者不及时变现价值将严重贬损的财产，应当执行《破产法司法解释二》第二十九条规定，及时变价处分，并提存变价款；发现担保物有可能损坏或者价值明显减少的，足以危害担保权人权利的，应当根据《企业破产法》第七十五条规定，告知担保权人依法向法院请求行使担保权。

三、民企无形资产的管理和维护

无形资产，是指个人或企业拥有或控制的，没有实物形态的，可以辨认的非货币性资产。无形资产有广义与狭义之分。从广义上看，无形资产包括货币资金、应收账款、金融资产、长期股权投资、专利权、商标权、商业秘密等。从狭义上看，仅是指专利权、非专利技术、商标权、著作权、特许权等。我们这里说的是狭义上的无形资产。

根据《企业会计制度》规定，企业无形资产的形成必须同时符合以下两个条件：一是与该无形资产有关的经济利益很可能会流入本企业；二是该无形资产的成本能够可靠地计量。在具备上述两个条件时，专利权、商标权、特许权等才能作为企业的一项资产。

我国民企的无形资产虽然不可与国企比较，但也有不少无形资产具有经济价值，有些甚至是因为拥有某项无形资产而创建和发展的。但是，在民企破产程序中，不少管理人对无形资产不够重视，有的未将其作为破产财产予以登

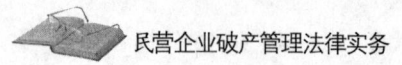

记，有的甚至置之不理，致使本应具有价值的无形资产在破产程序中无影无踪地消失，这对债权人是不利的。

我们主张，管理人接管债务民企后，应当认真查清有没有无形资产和有哪些无形资产，并与有关机构或专业人员分析无形资产的状态和价值，然后决定是否予以维护。债务民企的无形资产如有维护价值的，管理人应当予以管理和维护，尽可能保持其原值；如有增值可能的，应当继续投入，增加破产财产总值。

四、造成破产财产损失的责任承担

管理人在管理民企破产财产时未尽"勤勉尽责"造成破产财产损失，且具有故意或者重大过失的，根据《企业破产法》第一百三十条规定，法院依法处以罚款，造成债权人、债务人或者第三人损失的，应当承担赔偿责任。但在实践中适用上述规定追究管理人责任时，首先要划清责任主体界限。

在财产全面清盘和交给管理人之前，破产法强调破产企业负有财产的保管责任，但民企在破产时往往撒手不管，在此情形下造成破产财产损失，不属管理人失职造成，与"勤勉尽责"无关。管理人在全面清盘和交接之后，破产财产应当由管理人负责保管，此后，因管理人未尽"勤勉尽责"，造成破产财产短缺、毁损、失窃等损失，且有充分证据证明管理人在履行职务过程中因故意或重大过失的，才可追究管理人的民事赔偿责任。

第二节 民企管理人处分破产财产及其监督方式

破产财产的处分，是管理人将破产财产出让而直接发生所有权移转或消灭效果的行为。管理人对破产财产实施处分行为的法律效果是使破产企业失去财产的所有权而获得价款清偿破产债务。

一、民企破产财产的所有权与处分权的分离

在民法上，处分权是财产所有权人对其财产在法律规定的范围内最终处理的权利，即决定财产在事实上或法律上命运的权利。处分权是财产所有权四项权能的核心，也是财产所有人最基本的权利，包括对财产的转让、消费、出售、封存等方面的权利。

财产处分权在多数情况下由所有权人享有，但在某些情况下，也可以使所有权与处分权分离，形成非所有权人依法享有对他人财产的处分权。根据《企业破产法》规定，民企进入破产程序后，并不丧失对破产财产的所有权，但应将破产财产移交给管理人。破产财产移交后，破产民企丧失对破产财产的占有、支配和处分的权利，而管理人代取破产民企在履行管理职责的同时取得破产财产的处分权，于是形成破产财产所有权与处分权的分离。

在此情形下，管理人行使处分权并非处分自己的财产，而是依职责代替债务民企处分破产财产；管理人处分破产财产并非为了自己的利益（除报酬外），主要目的是取得价款用于清偿破产民企所负的债务。因而，除失职造成损失外，管理人处分破产财产的法律效果归属于破产民企。

二、民企破产财产的处分方式

1. 事实处分和法律处分

财产处分可分为事实上的处分和法律上的处分。在破产程序中，管理人对破产财产有权根据实际情况作出事实上的处分或法律上的处分。

事实上的处分是把财产直接消耗在生产或生活活动中的行为。如债务民企因继续履行销售合同需要，将原材料投入生产加工为产品，这是事实上处分原材料的行为。这种处分行为，对外通常不产生破产的法律意义，因而不是我们这里的研究对象。

法律上的处分是按照所有权人或有权处分人的意愿，通过某种法律行为对财产进行处置的行为。如管理人将民企破产财产出让、出售取得价款，又如将债务民企的厂房出租给他人，这些行为都是具有法律意义的处分行为。我们研究的破产财产处分就是这种法律上的处分。

2.全部处分与部分处分

全部处分分整体处分与分批处分。整体处分是将破产企业的所有财产打包一次性出让的行为，主要适用于破产清算清。破产案件不可重整或重整不成又不能达成和解协议，只能进入破产清算清。民企一旦进入清算程序，就意味着终止该企业的生产经营，并将消灭该企业的主体资格。在这种情况下，管理人可以将所有破产财产打包整体出让。整体处分是破产财产全部处分的一种方式，而全部处分不限于整体处分一种方式，全部处分还可以分次分批将所有的破产财产处分完毕。部分处分是指将某些破产财产先予出让，剩余破产财产视以后的具体情况再行处置。部分处分主要适用于破产和解和破产重整。

民企在资不抵债的情况下进入破产清算，破产财产是不足以清偿所有破产债务的，因此，在清算程序中，如无特殊情况，部分财产处分仅是临时处置破产财产的方式，而不可能解决所有破产债务问题，故对剩余未处分的破产财产仍应继续处分，直至全部破产财产处分完毕才能了结清算程序。

在实践中，我们也发现偶有意料之外的事情发生，譬如，在法院受理破产申请时，债务民企的厂房及土地估价较低，致使该民企出现"资不抵债"，但经过较长时间的破产程序，厂房及土地大幅度增值，只要出让厂房及土地就足以清偿所有破产债务。在此意外情形下，不得再处分该债务民企的原材料、设备等其他财产，只要终结破产程序即可。此意外情形若发生在法院受理破产申请后至破产宣告前，法院经审查发现破产原因消除的，也可以按照《企业破产法》第十二条第二款规定裁定驳回破产申请。

三、民企破产财产的变价

这里的变价是指管理人将破产财产出卖而转换为金钱的行为。变价方式主要变卖和拍卖。

变卖是自愿将财物出卖换取现款的行为。破产财产变卖与一般变卖有所不同：一是具有强制性，不论破产人是否同意，管理人都有权决定对破产财产进行变卖；二是变卖通常适用于小件的价值较低的物品。

拍卖是指以公开竞价的形式，将特定物品或者财产权利转让给最高应价者的买卖方式。破产主要财产、重要财产、价值较高财产一般不宜变卖，而应拍

卖，且应在拍卖前经法定评估机构评估。从有利于债权人的角度出发，拍卖价位应由低向高，由应价最高者为买受人。管理人可以根据评估结果确定拍卖破产财产的保留价，竞买人的最高应价未达到保留价的，应价不发生效力，此后可以减低保留价再次拍卖。

四、对管理人处分民企破产财产的监督

管理人对破产财产虽有处分权，但实施处分行为必须接受债权人会议、债权人委员会和人民法院的监督。

1.债权人会议或债权人委员会监督

根据《企业破产法》第六十一条规定，管理人制定的破产财产变价方案，应当经债权人会议通过。债权人会议是临时组建的机构，不具有直接对破产财产进行具体处分的行为能力，所以，债权人会议就破产财产的处分仅有监督权，且其权限仅为通过破产财产变价方案，也就是说，债权人会议只对破产财产在宏观处分上作出决议，而不涉及对管理人就具体破产财产进行处分的批准。但是，管理人处分破产财产应当按照债权人会议通过的方案进行，事后，债权人要求了解处分破产财产具体情况的，管理人可以向债权人会议进行通报，以满足债权人的知情权。

由于不少破产案件债权人很多，债权性质多样，召开全体债权人会议又有难度，且不易统一意见，而有些破产财产可能要随时处分变价，否则将会错过处分时机。因此，《企业破产法》第六十八条规定，债权人委员会行使"监督债务人财产的管理和处分"职权。

根据该法第六十九条规定：管理人处分"涉及土地、房屋等不动产权益的转让""探矿权、采矿权、知识产权等财产权的转让""全部库存或者营业的转让""债权和有价证券的转让""对债权人利益有重大影响的其他财产处分行为"的方案，应当及时报告债权人委员会；未设立债权人委员会的，应当及时书面报告法院。上述规定的破产财产都是破产企业的主要财产或重要财产，对债权人受偿债权有着重要影响，因此，管理人在实施变价处分这些破产财产前应当制定处置方案，向债权人委员会报告并接受监督。

管理人向债权人委员会报告破产财产处分方案，债权人委员会可以依照

《企业破产法》第六十八条第二款、第三款的规定要求管理人对处分行为作出相应说明或者提供有关文件，管理人应当照办。债权人委员会对破产财产处分方案无异议，管理人应按照方案进行处分。债权人委员会对处分方案有异议的应当作出决议，管理人分析认为异议成立的，应当修改方案再次向债权人委员会报告。

2. 受案法院监督

《企业破产法》第六十八条第三款规定："管理人、债务人的有关人员违反本法规定拒绝接受监督的，债权人委员会有权就监督事项请求人民法院作出决定；人民法院应当在五日内作出决定。"《企业破产法》第六十九条第二款规定："未设立债权人委员会的，管理人实施前款规定的行为应当及时报告人民法院。"根据上述规定，在管理人有必要处分破产财产时，债权人委员会尚未设立的，管理人应当向受案法院报告破产财产处分方案，由受案法院直接实施监督并作出决定；债权人委员会已经设立，管理人不向债权人委员会报告破产财产处分方案是拒绝接受债权人委员会监督的行为，债权人委员会就此可以请求受案法院作出决定。受案法院经审查，认为债权人委员会提出的管理人实施财产处分行为不当的，应当责令管理人停止财产处分行为。

五、管理人擅自处分破产财产的法律风险

管理人处分破产财产是法律赋予其代替破产企业的履职行为，由此产生的法律结果，包括正常损失都应由破产企业承受。但是，管理人故意不向债权人委员会报告而拒绝接受监督，或者不执行法院责令其停止财产处分行为，擅自处分破产财产，人为造成损失的，应当属于未尽"勤勉尽责"的具有故意或者重大过失的情况，对此，管理人应当根据《企业破产法》第一百三十条规定承担赔偿责任；不执行法院责令管理人停止财产处分行为的，法院可以依法处以罚款。

第三节　民企管理人追收民企对外债权及其注意事项

破产民企对外债权主要是指以金钱为内容的应收款债权，在会计制度上通常表述为"应收账款"。应收账款属于破产财产，管理人对此依法负有追收的职责。

一、管理人追收破产民企债权的法律依据

1. 根据《企业破产法》第二十五条规定，管理人负有履行"管理和处分债务人的财产"的职责。其中，管理债务人财产不只是保管现成的破产财产，更为重要的是从他人处追回债权，使破产财产最大化。因破产民企对其债务人享有的债权与其债权人的利益密切相关，故管理人应当切实履行职责予以追回。

2. 根据《企业破产法》第十四条规定，法院在裁定受理债务人破产申请后，应当通知已知债权人，并予以公告，且要求在该类通知和公告中载明"债务人的债务人或者财产持有人应当向管理人清偿债务或者交付财产的要求。"《企业破产法》第十七条第一款也规定："人民法院受理破产申请后，债务人的债务人或者财产持有人应当向管理人清偿债务或者交付财产。"对民企破产而言，这两条规定说明两个问题：一是破产民企的债务人在民企进入破产程序后应当负有清偿债务的义务，二是管理人是代替破产民企接受债务人清偿债务的主体。譬如，甲向民企借款到民企破产时未偿还，甲便是该破产民企的债务人应当向管理人清偿借款债务，在通知和公告后仍未偿还的，管理人有权向甲催收，甚至以甲为被告向法院提起诉讼。

二、追收破产民企对外债权的意义

我国民企实物资产如厂房、设备等普遍不多，大量应收账款债权不能收回却是常见现象，在这种情况下"资不抵债"破产的，管理人尽职尽责清收其对外债权是有重要意义的。

一是充实了破产财产。破产民企对外债权是其破产财产的重要组成部分，破产财产越多，对债权人受偿债权越有利。管理人加强对外债权清收工作，如果效果较好的话，将会充实大量可分配的破产财产，这对保护债权人利益具有现实意义。

二是保障破产程序的顺利进行。从实践来看，管理人追收债权效果越好，破产程序进展就越顺利；债权不能追收或难以收回，破产程序进展就会遇到障碍，有的因此久久停滞不能结束。因此，为使破产程序的顺利进行，管理人应当竭尽所能清收外债。

三是有利于解决恶意不收外债问题。我们在实践中发现，有些民企业主知道企业不能生存下去，在破产前对亲戚朋友等享有的债权故意不催收，有的甚至采取不法手段"消灭"债权，企图私下为个人留下财产。管理人强化追收的手段和力度清收应收账款，民企业主就难以达到上述不法目的，对方债务人也难以恶意逃避债务。

三、破产民企对外债权的构成条件

我们认为，应予追收的民企债权需满足以下三个基本条件：

一是民企在法院裁定受理破产申请前与其债务人之间存在真实有效的债权债务关系；

二是破产民企处于债权人地位和对方当事人处于债务人地位无疑；

三是有足够证据证明两者之间具有实际交易和债务人没有履行债务的客观事实。

破产民企对外债权同时满足上述三个基本条件的，管理人才可以代替破产民企行使追收权。

在追收债权的条件上需要注意两个事情：一是民企的债务人没有清偿债务

能力不是免债的法定事由，管理人应当通过诉讼程序使这些债权得到确认，以防这些债权在清算程序终结后落空，然后可通过债权分配方式交给破产债权人继续追讨。二是对未到期债权也应追收。在正常情况下，债权人只有在债权到期时才可以行使请求权，也就是说，债权到期是债权人行使请求权的条件。但《企业破产法》第四十六条第一款规定："未到期的债权，在破产申请受理时视为到期。"据此，不论是破产民企作为债权人，还是他人是破产民企的债权人，在法院裁定受理破产申请时，未到期债权都被视为到期，所以，管理人追收破产民企对外债权，不需要再考虑是否以债权到期为条件的问题。

四、管理人追收民企债权的程序

管理人追收民企对外享有的债权，通常按照以下步骤进行：

（1）从应收款账册、购销合同等资料中理出破产民企对外享有的债权，如有必要，可对应收账款进行审计确认，并逐笔进行登记造册；

（2）收集每笔破产民企对外享有债权的相关证据材料，分析每笔应收账款的效力状态及其具体数额，并与对方债务人校对清楚；

（3）起草破产民企对外债权的确认报告，提交法院和债权人会议审核；

（4）向对方债务人送达偿还债务通知书，限期对方债务人清偿债务；

（5）对方债务人拒不偿还的，管理人代表破产民企向法院提起"对外追收债权"诉讼，由法院作出裁判；

（6）对方债务人拒不履行法院作出的"对外追收债权"生效裁判文书确定的义务的，管理人代表破产民企向法院申请强制执行，然后将执行所得的款项作为破产财产处置。

五、追收破产民企债权的诉讼时效

《民法总则》第一百八十八条规定，除法律另有规定外，向人民法院请求保护民事权利的诉讼时效期间为三年。这里的"三年"为一般诉讼时效期间。《破产法司法解释二》第十九条第一款规定："债务人对外享有债权的诉讼时效，自人民法院受理破产申请之日起中断。"第二款规定："债务人无正当理由未对其到期债权及时行使权利，导致其对外债权在破产申请受理前一年内超过诉讼时效期间的，人民法院受理破产申请之日起重新计算上述债权的诉讼时效期间。"

根据上述规定，追收破产企业对外债权的诉讼时效期间与普通债权一样，也适用《民法总则》规定的"三年"期间，但有两个问题与普通债权不一样：一是法院裁定受理破产申请属于追收对外债权的诉讼时效中断的情形，也就是说，法院一旦裁定受理破产申请，破产企业对外享有债权的诉讼时效自裁定之日起中断；二是在法院裁定受理破产申请前一年内超过诉讼时效期间的，可以重新计算诉讼时效期间。涉破民企无正当理由未对破产民企到期债权行使权利，具有"放弃债权"性质，这是有害破产债权人利益的不作为行为，因此，《企业破产法》第三十一条规定，法院受理破产申请前一年内，破产企业"放弃债权"的，管理人有权请求法院予以撤销。与此相适应，《破产法司法解释二》第十九条第二款规定了"重新计算诉讼时效期间"。

从实际情况来看，民企对外债权超过诉讼时效的并不少见，主要原因有三：一是企业长期经营不善处于亏损状态，"老板"丧失挽救信心，认为反正"资不抵债"，也就懒得讨来债权去偿还债务，造成应收款长期挂账；二是出于对方债务人是亲戚朋友、同学战友等人缘关系，"老板"长时间不采取催收措施，也不提起诉讼；三是有些民企财务管理混乱，债权未记账，甚至被遗忘无人问津，到管理人接管后才发现超过诉讼时效期间。

民事法律虽然规定债权人无正当理由未对到期债权行使权利会导致丧失胜诉权，但破产民企对外债权不一定就此完全丧失。从实践来看，有一些优质的对方债务人，在收到清偿债务通知书后，通常会考虑赖账不成或者赖账所造成的不良声誉影响，有可能准备重新履行债务。因此，在民企债权超过诉讼时效期间后，管理人不可排除这些有利因素就轻易放弃，而应采取合法方式继续追收：一是管理人代替破产民企提起的追收债权诉讼，对方债务人如不提出诉讼时效抗辩，债权仍受法律保护而获得胜诉；二是管理人仍应向对方债务人送达书面的限期偿还债务通知书，对方债务人答应偿还的，就会造成诉讼时效中断，管理人便有机会再提起诉讼而获得胜诉；三是可以与对方债务人协商，采取让利的方式促成和解，然后追回部分债权。

六、管理人追收破产民企债权需要注意的几个问题

1.关于民企对外投资款的问题

民企对外投资享有的股权、分红权、管理权等投资权益与破产民企对外享有的债权，法律性质完全不同。破产民企对外的投资款虽是破产财产的组成部分，管理人可以通过清算、转让等方式对投资款进行清理，但接受投资款的单位不是破产民企的债务人，投资款也不是破产企业对外债权，因此，管理人不得通过追收手段和程序予以追回。

2.关于民企出资人欠缴出资款的问题

涉破民企出资人认缴出资后未实际出资到位的款项，根据《企业破产法》第三十五条规定，在法院裁定受理破产申请后，管理人有权要求出资人继续补足出资额，而不受出资期限的限制。但是，出资人与破产民企之间不是债权债务关系，出资人应当缴纳的出资款也不属于破产民企对外享有的债权，因此不属于债权追收的对象。

3.关于债务人向破产企业清偿债务的问题

《企业破产法》第十七条第二款规定："债务人的债务人或者财产持有人故意违反前款规定向债务人清偿债务或者交付财产，使债权人受到损失的，不免除其清偿债务或者交付财产的义务。"因管理人是代替破产企业接受债务人清偿债务的法定主体，破产企业的债务人就必须向管理人清偿债务或者交付财产，若向破产企业或其股东清偿债务或者交付财产，则属履行主体错误。在此情形下，破产企业或其股东未转交管理人而隐匿或侵占的，管理人应当向其追索，追索不成造成债权人损失的，不免除对方债务人的清偿义务，对方债务人应当继续向管理人清偿债务或者交付财产。但破产企业接受债务清偿后，将受偿债权如数交付管理人，不存在债权人损失问题，故应视为已经向管理人清偿或交付。

【裁判案例】

提示：**破产企业提起对外追收债权诉讼，法院判决借款人向破产企业偿还借款。**

2011 年 5 月 26 日，龙某某向金利置业公司借款 1 万元（未约定利息），并向金利置业公司出具借条。2013 年 9 月 28 日，沭阳县法院裁定受理金利置业公司破产清算。管理人委托某某会计师事务所对金利置业公司财务收支情况进行审计，审计报告反映：截止金利置业公司破产时，龙某某尚欠金利置业公司款 17500 元（包括利息）。管理人向被告龙某某致函催要未果。

金利置业公司以龙某某为被告，向沭阳县法院提起对外追收债权诉讼，请求判令被告龙某某向原告金利置业公司返还 17500 元款项。

沭阳县法院经审理认为：原告金利置业公司提供的 2011 年 5 月 26 日借条能够证明被告龙某某向其借款 1 万元，原、被告之间存在合法的借贷关系。原、被告双方未约定还款期限，原告金利置业公司有权要求被告龙某某偿还该借款，但应给予被告龙某某一定的宽限期。原告金利置业公司已进入破产程序，其管理人已向被告龙某某发函要求还款，但被告龙某某至今未能归还借款，因此，原告金利置业公司要求被告龙某某归还借款 1 万元的诉讼请求有事实与法律依据。

沭阳县法院依照《合同法》第二百零六条、《民事诉讼法》第一百四十二条的规定，作出（2015）沭商初字第 00534 号判决：一、被告龙某某应于本判决发生法律效力之日起十日内归还原告金利置业公司借款 1 万元；二、驳回原告金利置业公司的其他诉讼请求。

第四节　民企管理人行使破产撤销权及诉讼问题

破产撤销权，是指对企业在法院裁定受理破产申请前的一定期间内所为的侵害债权人利益的财产行为，管理人请求法院予以撤销并否认效力的权利。民企破产程序中，管理人行使撤销权的目的是撤销债务民企损害债权人利益的财产行为，使其效力归于消灭，相关财产归位到破产财产。

一、破产撤销权与民法撤销权的联系与区别

我国破产法规定的撤销权，实际上是《民法通则》《合同法》有关债权人撤销权制度的延伸，因此，破产撤销权也适用民法有关撤销权的有关规定，两者存在一般情况下的共性。如《民法总则》第一百四十七条至第一百五十一条以及其他规定撤销的民事行为，如果发生在破产法规定撤销期间内，亦应成为破产撤销权指向的客体，但企业破产有其特殊性，故两者也存在一些区别需要引起注意。

一是主体不同。民法撤销权由债权人行使，破产撤销权由管理人行使。民企破产财产在未清算分配前虽然仍为破产民企所有，但民企进入破产程序后，丧失了对财产的管理权和处分权，不可再行使撤销权。为此，《企业破产法》第三十一条、第三十二条规定，由管理人代替债务民企行使破产撤销权。

二是主观状态不同。民法撤销权强调行为人在主观上有过错，无过错则不可撤销，而破产撤销权不考虑当事人的主观因素，而只看客观有害性，也就是说，只要债务企业处分财产行为有害于债权人利益的，均应予以撤销。

三是时间不同。民法上的可撤销行为产生于债权成立之后，而破产中应予撤销的行为发生在法院裁定受理破产申请前的"一年内"或"六个月内"。

四是"可""应"不同。在合同法上，是否行使撤销权由债权人自由决定，债权人可以行使撤销权，也可以放弃撤销权，故称"可撤销行为"。而在符合《企业破产法》第三十一条、第三十二条规定的情况下，管理人为维护债权人的利益必须行使破产撤销权，故称"应予撤销行为"。

二、应予撤销行为的构成条件

1.应予撤销行为必须是有害债权人利益的行为。这里的有害债权人利益，主要是指债务企业所为的财产行为减少了破产财产，导致受偿比例减少，直接或间接损害了全体破产债权人的利益。民企在资不抵债的情况下，实施某些合法的减少财产行为，如将设定抵押的财产交由抵押权人等价抵债，虽然也是减少财产行为，但这一行为是清偿抵押债务的合法行为（除"对没有财产担保的债务提供财产担保的"外），本不损害其他债权人的利益，故不属应予撤销的财产行为。

2. 应予撤销行为必须发生在破产法规定的期间内。《企业破产法》规定应予撤销行为的发生期间有两种：一是第三十一条规定的"人民法院受理破产申请前一年内"；二是第三十二条规定的"人民法院受理破产申请前六个月内"。债务民企的财产行为发生在这两种期间前，即使有害于债权人利益，亦应"过时"不得撤销。

3. 应予撤销行为必须存在实际获益人。管理人行使破产撤销权的主要目的是恢复原状，追回债务企业不当处置的财产，这就必须有被追的实际受益人。这里的实际受益人是因债务企业实施财产行为而获得实际利益的人。实际受益人是管理人行使破产撤销权中不可缺少的对方当事人，如管理人提起破产撤销权诉讼，必须有实际受益人为被告，否则无法形成诉讼。

4. 应予撤销行为必须是法律明确规定的涉破财产行为。

三、《企业破产法》第三十一条规定的应撤销行为

根据《企业破产法》第三十一条的规定，债务民企实施下列财产行为，管理人应当请求法院予以撤销：

1. 无偿转让财产

《合同法》第七十四条规定，债务人无偿转让财产，对债权人造成损害的，债权人可以请求人民法院撤销债务人的行为；撤销权的行使范围以债权人的债权为限。《企业破产法》第三十一条规定"无偿转让财产"属于应予撤销行为，这是《合同法》上述规定的伸延。

无偿转让财产是所有权人处分财产的一种行为，主要表现为赠与形式。无偿转让财产如不损害他人利益，他人不得予以干涉。但是，民企在面临破产的情况下无偿转让财产，肯定有害于债权人利益，甚至其目的就是为了逃避债务，但可不问受让人的主观动机是善意还是恶意，管理人都应行使破产撤销权，从而维护债权人的利益。

2. 以明显不合理的价格进行交易

《合同法》第七十四条第一款规定："债务人以明显不合理的低价转让财产，对债权人造成损害，并且受让人知道该情形的，债权人也可以请求人民法

院撤销债务人的行为。"《企业破产法》及其司法解释对"明显不合理价格"没有作出具体规定，实践中应当参照《合同法司法解释二》第十九条的规定。该条规定："对于合同法第七十四条规定的'明显不合理的低价'，人民法院应当以交易当地一般经营者的判断，并参考交易当时交易地的物价部门指导价或者市场交易价，结合其他相关因素综合考虑予以确认。转让价格达不到交易时交易地的指导价或者市场交易价百分之七十的，一般可以视为明显不合理的低价；对转让价格高于当地指导价或者市场交易价百分之三十的，一般可以视为明显不合理的高价。"据此，债务民企出让财产的价格达不到交易时交易地的指导价或者市场交易价百分之七十的，构成"明显不合理"，管理人对此就应行使破产撤销权。

管理人"以明显不合理价格进行的交易"为由，向法院提起破产撤销权诉讼，请求撤销财产行为的，法院应当依法判令受让人向管理人返还财产；不能返还原物的，应当赔偿相应价款。但是，受让人已经支付合理部分的价款，相关行为被撤销后仍应在破产程序中予以保护，并作为共益债务予以清偿。

3. 对未到期的债务提前清偿

这里的"未到期"，是指法院裁定受理破产申请前一年内，涉破民企对其债权人的债务尚未到清偿期限。涉破民企未到期的债务对其债权人来说是未到期的债权。自法院裁定受理破产申请之日起，债权人未到期的债权视为到期，可向管理人申报债权。在法院裁定受理破产申请前一年内，涉破民企向其债权人提前清偿债务，属于应予撤销行为，超过此前一年的，则不得撤销。

4. 对没有财产担保的债务提供财产担保

管理人以上述四种行为为由行使撤销权，需要注意以下几个事情：

一是在法院裁定受理破产申请前已经到期的问题。《企业破产法》第三十一条规定的"人民法院受理破产申请前一年内"有个时间段问题，在这个时间段内，民企债务先未到期，但后来到期，债务民企予以清除债务，就不是"对未到期的债务提前清偿"的情形。因此，《破产法司法解释二》第十二条规定："破产申请受理前一年内债务人提前清偿的未到期债务，在破产申请受理前已经到期，管理人请求撤销该清偿行为的，人民法院不予支持。"

二是债务民企已经出现破产原因的问题。《破产法司法解释二》第十二条还规定"但是，该清偿行为发生在破产申请受理前六个月内且债务人有企业破产法第二条第一款规定情形的除外。"也就是说，提前清偿未到期债务的行为发生在法院裁定受理破产申请前六个月内，债务民企已经不能清偿到期债务，且资产不足以清偿全部债务或者明显缺乏清偿能力的，仍应撤销上述行为。

5.放弃债权

这里的"放弃债权"，是指债务企业对其债务人享有的债权以明示方式予以免除，使全部债权或部分债权归于消灭的行为。《合同法》第七十四条第一款规定，债务人放弃其到期债权，对债权人造成损害的，债权人可以行使撤销权。民企在负债累累、濒临破产的情形下，不论放弃到期债权还是放弃未到期债权，都会有害于债权人利益，因此，《企业破产法》伸延《合同法》的上述规定，确定其属于应当撤销行为。在这种情况下，管理人可以不问破产民企以及对方债务人是否出于恶意都应行使破产撤销权，请求法院确认放弃债权行为无效，然后追收债权回归于破产财产。

四、《企业破产法》第三十二条规定的个别清偿行为

《企业破产法》第三十二条规定："人民法院受理破产申请前六个月内，债务人有本法第二条第一款规定的情形，仍对个别债权人进行清偿的，管理人有权请求人民法院予以撤销。但是，个别清偿使债务人财产受益的除外。"这里的"对个别债权人进行清偿"（以下简称个别清偿），是指债务企业在有众多债权人的情况下，只对其中极少数债权人清偿债务的行为。这里的"有本法第二条第一款规定"是指具有破产原因。

当民企出现破产原因时，为确保全体债权人按照一定顺序和债权比例公平受偿，债务民企不得个别清偿。债务民企若个别清偿，导致可分配财产不当减少，就有害于其他多数债权人利益，破坏了破产债权公平清偿原则，管理人就应请求法院予以撤销。

1.撤销个别清偿行为的基本条件

管理人对个别清偿行为行使破产撤销权，应当考虑是否达到以下几个基本条件：

一是个别清偿行为发生在法院裁定受理破产申请前六个月内。这与上面五种撤销情形的"一年内"是不同的，但"六个月内"和"一年内"都是债权人

利益的保护期。如果债务民企在法院裁定受理破产申请之日六个月前向个别债权人清偿债务，管理人不得行使破产撤销权。

二是个别清偿发生时，企业必须具有破产原因。在个别清偿行为发生时，有的民企不一定就已具有破产原因，债权人也难能知晓债务企业此后的经营状态会继续恶化最后导致破产，因此，在法院裁定受理破产申请后，反过头应当审查债务企业个别清偿时是否具有破产原因，然后再分析可否撤销这种行为。但若，民企个别清偿时经营状态良好，或者虽有经营困难但不至于预见半年后破产的，债务企业的个别清偿属于正常现象，且类似情况比比皆是，故不可撤销。

三是个别清偿行为致使日后破产财产不当减少且有害于其他债权人的利益。但若无损于其他债权人的利益，或者反而对其他债权人有利的，则不可撤销。

2.个别清偿与提前清偿未到期债务的区别

《企业破产法》第三十二条规定的"对个别债权人进行清偿"与第三十一条第四项规定的"对未到期的债务提前清偿"与都属于在法院裁定受理破产申请前一定期限内涉破企业向债权人清偿债务的行为，但两者是有区别的，不可混为一谈。

第一是对象不同。个别清偿主要是清偿到期债务，但也包括清偿未到期债务；提前清偿未到期债务专指未到期债务，不包括到期债务。

第二期间不同。个别清偿行为发生在法院裁定受理破产申请前六个月内，而提前清偿未到期债务行为发生在法院裁定受理破产申请前一年内。

第三，个别清偿行为必须是在债务企业具备破产清算原因的情形下才应予撤销，而撤销提前清偿未到期债务行为则无此要求，只要企业进入破产程序，管理人就应行使破产撤销权。

3.不可撤销的几种个别清偿行为

（1）使破产财产受益的个别清偿。《企业破产法》第三十二条后部分规定"个别清偿使债务人财产受益的除外"。这里的"债务人财产受益"，主要是指因个别清偿而使破产财产增加。譬如，电镀加工企业购买一批镍板欠供应商货款，后因镍板价格大涨，便在"六个月内"付清价款，该批镍板成为破产财产后价值增加。破产财产增值会使债权人受益，管理人如果仍以个别清偿为由行使破产撤销权，反而对债权人有害，所以不可撤销。

（2）债务民企以自己财产提供担保的个别清偿。《破产法司法解释二》第十四条规定："债务人对以自有财产设定担保物权的债权进行的个别清偿，管理人依据企业破产法第三十二条的规定请求撤销的，人民法院不予支持。但是，债务清偿时担保财产的价值低于债权额的除外。"债务民企提供自有财产设定担保物权，因物权担保可以独立于破产程序民企处置担保债权，故在法院裁定受理破产申请前六个月内处置担保物权，包括现金支付消灭担保债权，使担保财产重归于破产财产，或者转让担保财产清偿担保债权，实际上不属于"个别清偿"，但这种"个别清偿"是符合物权法规定的正当清偿行为，故不可撤销。但是，担保财产的价值低于债权额，对担保财产价值以外的债权进行个别清偿，则可撤销。譬如，债权额为300万元，担保债务为200万元，担保财产价值为250万元，以这250万元价值的担保财产清偿担保债权，其中多出的50万元属于个别清偿，有害于其他债权人的利益，故应予撤销。

（3）依据生效裁判文书的个别清偿。在法院裁定受理破产申请前，民企债务已经法院或仲裁机构裁判，债务民企在进入破产程序前就此向个别债权人清偿，或者法院予以强制执行，是履行生效裁判法律文书确定的义务的行为，不属于撤销范围。《破产法司法解释二》第十五条规定："债务人经诉讼、仲裁、执行程序对债权人进行的个别清偿，管理人依据企业破产法第三十二条的规定请求撤销的，人民法院不予支持。但是，债务人与债权人恶意串通损害其他债权人利益的除外。"

（4）维系基本生产需要的个别清偿。在法院裁定受理破产申请前六个月内，债务民企为维系基本生产需要所支付水费、电费等个别清偿行为，不得撤销。

（5）支付劳动报酬、人身损害赔偿金的个别清偿，也不得撤销。

五、民企破产撤销权诉讼

债务民企有应予撤销行为，管理人可以先向实际受益人主张撤销，实际受益人同意撤销并自愿配合处理相关财产的，管理人无需通过诉讼程序行使破产撤销权。实际受益人不同意撤销的，管理人就得向法院提起破产撤销权诉讼，

由法院依法作出裁判。

1.行使破产撤销权的诉讼时效

根据《民法总则》规定，一般诉讼时效期间为三年，而行使撤销权为特殊诉讼时效期间。《合同法》第七十五条规定："撤销权自债权人知道或者应当知道撤销事由之日起一年内行使。自债务人的行为发生之日起五年内没有行使撤销权的，该撤销权消灭。"据此，行使撤销权的诉讼时效期间有两种情况：一是自债权人知道或者应当知道撤销事由之日起一年；二是债权人不知道或者不应知道撤销事由的，自债务人的行为发生之日起五年。债权人在上述期间内没有行使撤销权的，撤销权消灭。

管理人行使破产撤销权的诉讼时效期间，关键是看债权人是否知道或者应当知道撤销事由。对此，《破产法司法解释二》第十条第一款规定："债务人经过行政清理程序转入破产程序的，企业破产法第三十一条和第三十二条规定的撤销行为的起算点，为行政监管机构作出撤销决定之日。"这是对经过行政清理程序转入破产程序而言的。也就是说，债务企业经过行政清理程序转入破产程序的，应予撤销行为的起算点为行政监管机构作出撤销决定之日，从该日起计算一年的行使破产撤销权的诉讼时效期间。行政清理程序通常适用于国有企业破产。

《破产法司法解释二》第十条第二款规定："债务人经过强制清算程序转入破产程序的，企业破产法第三十一条和第三十二条规定的撤销行为的起算点，为人民法院裁定受理强制清算申请之日。"也就是说，涉破企业经过强制清算程序转入破产程序的，应予撤销行为的起算点为人民法院裁定受理强制清算申请之日，从该日起计算一年的行使破产撤销权的诉讼时效期间。

管理人接管破产民企后，经过资产核查、财务审核、债权申报、债务调查等一系列工作，仍不知道或不应知道撤销事由是很少见的，因此难以适用五年的诉讼时效期间，通常都适用一年的诉讼时效期间。

2.法院对民企破产撤销权案件的判决

管理人提起民企破产撤销权诉讼，法院将视不同诉讼请求作出判决：

（1）管理人请求判决撤销相关财产行为的同时请求返还相关财产的，法院经审理认定管理人起诉中提出的撤销事由成立的，判决撤销债务民企的相关财产行为，并判决实际受益人向管理人返还财产；不能返还财产的，判决赔偿损失。在这种判决的情况下，实际受益人拒不执行生效裁判文书返还财产的，管理人可以向法院申请强制执行相关财产或者赔偿金。

（2）管理人只请求撤销相关财产行为的，根据不告不理原则，法院只判决予以撤销，而不主动判决返还相关财产。在此情况下，虽然相关财产行为已归无效，但管理人取回相关财产因缺乏裁判依据而无法申请法院强制执行，而只能另行提起诉讼追索相关财产。

（3）《破产法司法解释二》第十三条第一款规定："破产申请受理后，管理人未依据企业破产法第三十一条的规定请求撤销债务人无偿转让财产、以明显不合理价格交易、放弃债权行为的，债权人依据合同法第七十四条等规定提起诉讼，请求撤销债务人上述行为并将因此追回的财产归入债务人财产的，人民法院应予受理。"也就是说，管理人未就上述规定的三种事由向法院提起破产撤销权诉讼的，可以依据《合同法》第七十四条规定提起撤销权诉讼。

依法行使破产撤销权是管理人的应尽职责，管理人明知债务民企有应予撤销行为而未向法院提起破产撤销权诉讼，属于违背"勤勉尽责"的不作为行为，由此导致破产财产不当减损造成债权人损失的，应当承担相应的赔偿责任。

【裁判案例】

提示：破产企业通过关联公司向个别债权人清偿借款债务，法院判决债权人如数返还。

2015年7月20日，金拓能源公司作为债权人，因华海船业公司不能清偿其到期债权，向日照市中院申请对华海船业公司进行破产清算，日照市中院于2015年8月17日裁定受理，并指定破产管理人负责该公司的破产清算事务。

2015年7月18日，华海船业公司书面委托明泰经贸公司代为向金拓能源公司清偿债务57万元。同年年8月25日，明泰经贸公司向金拓能源公司支付了57万元。

华海船业公司破产管理人以金拓能源公司为被告向日照市中院提出诉讼称：原告管理人于2015年9月11日接收华海船业公司账簿后发现，在法院受理破产后，华海船业公司又对被告金拓能源公司民间借贷利息57万元的债

务进行了清偿，该清偿行为违反了《企业破产法》第十六条的规定，原告管理人多次向被告金拓能源公司追要，但被告金拓能源公司一直不予返还。请求：确认华海船业公司对被告金拓能源公司57万元债务的清偿无效，予以撤销，并判令被告金拓能源公司返还原告管理人57万元。

金拓能源公司辩称：明泰经贸公司为华海船业公司的关联企业，代为支付的钱款所有权属华海船业公司，因华海船业公司的企业账号被查封，故由明泰经贸公司代为对外付款。金拓能源公司对华海船业公司在明泰经贸公司有存款、借用明泰经贸公司账号向其转款的事实无异议，但华海船业公司系在破产清算受理前指令明泰经贸公司付款，应视为付款完成，而明泰经贸公司在破产清算受理后付款，与华海船业公司无关，且破产法第十六条的情形不属于管理人追回权范围，金拓能源公司系善意取得。

针对明泰经贸公司账户的款项是否归属华海船业公司所有，日照市中院调取了华海船业公司的相关财务账簿和破产案件中对华海船业公司财务总监丁某某所形成的调查笔录，上述证据能够证实华海船业公司将部分款项转移到明泰经贸公司账户，再由华海船业公司指示明泰经贸公司代其对外付款，由此足能认定明泰经贸公司代华海船业公司偿付债务的钱款归华海船业公司所有。

日照市中院认为，《企业破产法》第十六条规定，人民法院受理破产申请后，债务人对个别债权人的债务清偿无效。华海船业公司在破产清算前将部分款项转存在明泰经贸公司账户，在本院受理金拓能源公司申请对其破产清算后，由明泰经贸公司代其向金拓能源公司清偿债务57万元，其清偿行为依法应属无效。虽然该清偿行为系于破产申请受理前作出的支付指令，但实际清偿发生于破产申请受理后，认定清偿行为发生在破产申请受理前或破产申请受理后，应以实际发生清偿的时间为依据，故仍属于受理破产申请后的个别清偿。金拓能源公司主张，破产法第十六条的情形不属于管理人追回权范围，金拓能源公司系善意取得，管理人无权追回，系对破产法第十六条的曲解，破产法第十六条规定的情形并未区分受偿人是否是善意取得，未给无效清偿设定前提，既然清偿无效，当然所有权不发生转移，作为华海船业公司的破产管理人，依法享有对华海船业公司资产的管理权，有权向金拓能源公司追讨属于华海船业公司的财产。综上所述，华海船业公司破产管理人的诉讼请求符合法律规定，应予支持。

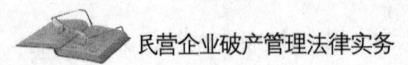

日照市中院依照《企业破产法》第十六条、第二十五条的规定，作出（2016）鲁11民初164号判决书，判决：一、确认华海船业公司委托明泰经贸公司对被告金拓能源公司57万的债务清偿无效；二、被告金拓能源公司于判决生效后五日内返还华海船业公司57万元。

【案例分析】

提示：以明显不合理的价格受让股权，法院判决撤销股权转让协议。

案件介绍

黄某某原系旭华公司的股东，持有旭华公司5%股权。森泰公司因受让黄某某上述股权，于2013年2月19日通过银行转账方式向黄某某支付股权转让款150万元。双方于2013年3月7日补签了《股权转让协议书》。2013年3月8日，双方办理了股权工商变更登记手续。同日，黄某某向森泰公司出具一份收到股权转让款150万元的领款收据。

2013年6月17日，乐清市法院作出（2013）温乐破（预）字第25-1号、（2013）温乐破（预）字27-1号民事裁定书，分别裁定受理了森泰公司、旭华公司的重整申请，并指定泽商律师事务所担任森泰公司、旭华公司的管理人。

乐清市法院作出的（2013）温乐破（预）字27-1号民事裁定书查明内容中载明：经申请人（森泰公司、旭华公司）财务自查，截止2013年2月份止，申请人固定资产70.9万元，原材料94.2万元、应收账款2019万元，资产总计2184万元。应付账款782万元，银行贷款11200万元，负债总计约11982万元（未含担保债务）。资产负债率为584.63%，属资不抵债。

2015年5月，森泰公司管理人以黄某某为被告向乐清市法院起诉称：森泰公司与旭华公司因资不抵债已依法进入破产程序，被告黄某某仍以明显不合理的价格向森泰公司转让旭华公司5%的股权，严重损害了森泰公司债权人的利益。请求判令：1.撤销森泰公司与被告黄某某于2013年3月7日签订的《股权转让协议书》；2.被告黄某某返还原告股权转让款150万元。

被告黄某某答辩称：一、原告撤销权的行使时限已过，撤销权消灭。原告

提出撤销之前设立的合同，应受合同法约束。根据合同法第五十五条规定，具有撤销权的当事人自知道或应当知道撤销事由之日起一年内没有行使撤销权的，撤销权消灭。原告担任管理人的指定时间为 2013 年 6 月 17 日，从指定之日起原告即应当知道撤销事由。但本案受理时间是 2015 年 6 月 8 日，其行使撤销权的时间早就超过一年，因此其撤销权消灭。二、被告在转让股权时旭华公司经营良好，年销售额 5000 万元以上。当时旭华公司的产品库存有 1500 万元，而应收账款有 2000 多万元，应付账款只有几百万元。上述数据可以反映出旭华公司经营非常良好，按当时的价格转让是合理的，不存在明显不合理的价格进行交易。请求驳回原告的诉讼请求。

乐清市法院认为，本案的争议焦点为：一、原告森泰公司管理人行使破产撤销权是否超过行使期限；二、被告黄某某与森泰公司之间的股权转让价是否存在明显不合理。

关于争议焦点一。《企业破产法》第三十一条规定，人民法院受理破产申请前一年内，涉及债务人财产的下列行为，管理人有权请求人民法院予以撤销：（一）无偿转让财产的；（二）以明显不合理的价格进行交易的；（三）对没有财产担保的债务提供财产担保的；（四）对未到期的债务提前清偿的；（五）放弃债权的。破产法规定的破产撤销权是指破产管理人对债务人在法院受理破产申请前一年内所为的有损于债务人财产，从而损害债权人利益的行为，有权请求法院予以撤销的权利，是管理人为维护债权人的利益在符合破产法第三十一条规定应当行使时必须行使的，故不同于《合同法》规定的当事人有行使的自由的撤销权，破产撤销权并不适用合同法第五十五条对撤销权消灭的规定。森泰公司与被告黄某某签订《股权转让协议书》进行股权转让的时间在本院受理森泰公司破产重整申请一案前一年内，现原告在担任森泰公司的管理人期间内，对法院受理旭华公司破产重整申请前一年的该行为提起诉讼，符合破产法对破产撤销权行使的规定。

关于争议焦点二。被告黄某某与森泰公司股权转让时旭华公司的资产及负债的整体状况是认定股权转让价是否存在明显不合理的直接依据。被告黄某某辩称：旭华公司在其转让股权时经营良好，但仅列举旭华公司的年销售额、产品库存、应收应付账款的相关数据，并未涉及旭华公司银行债务等其他数据。而根据本院（2013）温乐破（预）字 27-1 号民事裁定书反映，旭华公司经自查的截止 2013 年 2 月份止其银行贷款高达 11200 万元。仅该项债务就已远远超出被告所辩称的旭华公司当时的产品库存及应收账款。且从原告森泰公司管理人提交的供本院参考的会计师事务所出具的《报告书》内容显示，截止 2013 年 6 月 30 日，旭华公司调整后的账面资产总额 130726140.93 元，账面负债总额 128736110.43 元，账面所有者权益总额也仅为 1990030.5 元，该数据远远低于旭华公司实收资本账面数 11800000 元，旭华公司的未分配利润账面数为 - 9809969.5 元。该些数据的截止日期 2013 年 6 月 30 日与本案股权转让时间相近，亦可间接反映股权转让时旭华公司的财务状况。故可以认定被告黄某某将其持有的旭华公司 5% 股权以 150 万元转让给森泰公司价格明显不合理，其行为已侵害了森泰公司债权人的合法权益。原告的诉讼请求，有事实与法律依据，本院予以支持。被告的辩解理由依据不足，本院不予采纳。

乐清市法院依据《企业破产法》第三十一条第二项、《破产法司法解释二》第九条第一款之规定，作出（2015）温乐商初字第 1797 号判决书，判决：一、撤销森泰公司与被告黄某某于 2013 年 3 月 7 日签订《股权转让协议书》；二、被告黄某某应于本判决生效之日起十日内返还原告森泰公司管理人 150 万元。

作者分析

本案是一起典型的"以明显不合理的价格进行交易"的破产撤销权诉讼案件，其中有几个问题值得分析。

1. 关于发生期间问题。本案中，黄某某与森泰公司于 2013 年 3 月 7 日签订《股权转让协议书》，乐清市法院于 2013 年 6 月 17 日裁定受理森泰公司、旭华公司的重整申请，两者时间相差不到 4 个月。根据《企业破产法》第三十一条规定，"以明显不合理的价格进行交易的"行为发生在"人民法院受理破产申请前一年内"的，应当予以撤销。据此，本案股权交易在应当予以撤销的法定时间内。

2. 关于所涉的破产原因问题。《企业破产法》第三十二条规定的"个别清偿"是以"人民法院受理破产申请前六个月内，债务人有本法第二条第一款规定的情形"为条件，也就说"前六个月内"已经具有破产原因，涉破企业仍进行个别清偿的，属于应予撤销行为。而第三十一条规定的应予撤销的"以明显不合理的价格进行交易"行为无此条件限制，也就是说，无论在这种行为发

生时有无破产原因，只要后来进入破产程序的，都应予以撤销。本案中，乐清市法院破产裁定书已经查明，截止2013年2月份止，旭华公司资产总计只有2184万元，负债总计却有11982万元，资产负债率为584.63%，已经具有"资不抵债"。也就是说，双方于2013年3月7日签订《股权转让协议书》前，旭华公司已经具有破产原因，由此可见，涉案股权交易是在"资不抵债"的情形下进行的。

3. 关于"明显不合理"的问题。旭华公司已经"资不抵债"，黄某某持有旭华公司5%的股权实际上分文不值，黄某某却以150万元价款转让给森泰公司，据此，应当认定其股权转让价格明显不合理，损害了森泰公司破产债权人的利益，属于应予撤销的行为。因森泰公司也被裁定破产重整并也由泽商律师事务所担任管理人，故管理人应当提起破产撤销权诉讼。

4. 关于诉讼请求和法院判决问题。"以明显不合理的价格进行交易"有两种主要表现，管理人和法院在诉讼中亦应分别处置。一是仅为合意而未交易，比如，仅签订《股权转让协议书》，尚未交付股权转让金。对此，管理人只能请求撤销行为，而无条件请求返还财产。二是在合意基本上已经交易，即既有合意又有交易，比如，双方签订《股权转让协议书》后，受让方已经向出让方交付股权转让金，并办理了股权转让登记手续。在这种情况下，管理人应当在请求撤销行为的同时请求返还财产，法院亦应照此判决，方能实现破产撤销权的目的。

第五节　民企管理人行使破产财产追回权及若干问题

破产财产追回权，是指管理人依职责追索收回债务企业在法院受理破产申请前以有损害债权人利益为目的而转移的财产的权利。民企转移财产虽是其处置财产的行为，但当其进入破产程序后，由此产生的追回权由管理人行使。

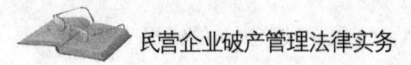

一、民企管理人行使破产财产追回权

民企在进入破产程序前，有对外金钱债权的，管理人应当依法予以追收；有对外非法转移财产的，管理人应当予以追回。"追回"与"追收"的意义和作用基本相同，但指向的对象有所不同，"追收"的对象主要是金钱债权，而"追回"的对象主要是实物财产。

民企对外转移财产有两种情况，一种是正常交易的合法转移，另一种是以逃避债务为目的的非法转移。管理人对债务民企因正常交易而合法转移的财产不可行使追回权，而对非法转移涉破财产应当予以追回，以维护破产债权人的债权利益。

破产财产追回权的原因与破产追收权、破产撤销权一样都因债务企业的财产行为有害于损害债权人的利益。民企在资不抵债、面临破产的情况下，以损害全体债权人的利益为目的非法转移财产，管理人应当根据《企业破产法》赋予的追回权，依法予以追回。

根据《企业破产法》第三十四条规定，管理人对该法第三十一条、第三十二条规定的财产，应当通过行使撤销权取回财产，这个问题在上面破产撤销权中已经阐明。下面根据《企业破产法》第三十三条、第三十五条、第三十六条的规定，分析民企破产财产取回权的有关法律问题。

二、关于第三十三条规定的追回问题

《企业破产法》第三十三条规定，涉及债务人财产的下列行为无效：（1）为逃避债务而隐匿、转移财产的；（2）虚构债务或者承认不真实的债务的。

1.行为违法性

"为逃避债务而隐匿、转移财产"。在这种违法行为中，隐匿和转移是手段，逃避债务是目的。民企在进入破产程序前，财产掌控在老板和股东手中，他们隐匿、转移财产是很容易做到的事情，在实践中也屡见不鲜。如民企老板在准备破产时将关键设备、值钱产品悄悄搬离公司，在进入破产程序时拒绝向管理人移交财产清单和实物或者提供虚假财产清单，企图侵占企业财产。

"虚构债务或者承认不真实的债务"。虚构债务是将根本不存在的债务通过

虚拟手段使之成为账目债务。承认不真实的债务是所谓的债权人提出原本不存在的债权而所谓的债务人予以认可的债务。承认不真实的债务实际上也虚构债务，只是表现手段不同而已。在实践中，债务民企虚构债务或者承认不真实的债务的主要手段是，与他人串通订立虚假的购销合同、借款合同等，虚构应付账款，然后在财务账册上列支，将资金转移出去，背后又从所谓的债权人处取回财产占为己有，最后还是逃避破产债务，结果损害了债权人的利益。

2.行使追回权诉讼

债务民企实施上述行为，管理人就此行使追回权，通常先要求行为人交还财产或纠正债务，行为人拒不交还财产的，管理人以财产占有人或非法受益人为被告向法院提起诉讼，请求法院直接确认无效、返还财产。此类纠纷的具体案由为"请求确认债务人行为无效纠纷"。

《企业破产法》第三十三条对这两种无效行为行使追回权没有规定发生期限的限制，这就是说，无论发生在破产前还是发生在破产程序中，管理人都有追回权，也不存在诉讼时效的经过或者无效原因的消灭而为有效，管理人都可提起诉讼，法院都应确认自始无效。

《破产法司法解释二》第十七条规定："管理人依据企业破产法第三十三条的规定提起诉讼，主张被隐匿、转移财产的实际占有人返还债务人财产，或者主张债务人虚构债务或者承认不真实债务的行为无效并返还债务人财产的，人民法院应予支持。"据此，管理人对上述两种行为提起诉讼，在请求法院宣告无效时，认为实际占有人应当返还财产的，应当同时请求法院判令实际占有人向自己返还财产。法院在判决无效的同时判决返还财产，实际占有人拒不返还的，管理人还应申请法院强制执行。这个过程就是行使追回权的程序。

三、关于第三十五条规定的追缴问题

《企业破产法》第三十五条规定："人民法院受理破产申请后，债务人的出资人尚未完全履行出资义务的，管理人应当要求该出资人缴纳所认缴的出资，而不受出资期限的限制。"这里的"管理人应当要求该出资人缴纳所认缴的出资"是指管理人行使追缴权。管理人追缴出资，虽与追收债权、追回财产表述不同，但都是收拢破产财产的职责行为，所以，我们将这种追缴权在这一节里作介绍和分析。

1. 追缴出资的由来

企业出资人的出资义务源于《公司法》的规范。依据《公司法》的有关规定，有限责任公司的股东可以用货币出资，也可以用实物、知识产权、土地使用权等可以用货币估价并可以依法转让的非货币财产作价出资；股东应当按期足额缴纳公司章程中规定的各自所认缴的出资额。股东以货币出资的，应当将货币出资足额存入有限责任公司在银行开设的账户；以非货币财产出资的，应当依法办理其财产权的转移手续。股份有限公司的设立，可以采取发起设立或者募集设立，采取发起设立方式设立的，注册资本为在公司登记机关登记的全体发起人认购的股本总额，公司全体发起人的首次出资额不得低于注册资本的百分之二十，其余部分由发起人自公司成立之日起两年内缴足，其中，投资公司可以在五年内缴足；采取募集设立方式设立的，注册资本为在公司登记机关登记的实收股本总额。以发起方式设立股份有限公司的，发起人应当书面认足公司章程规定其认购的股份；一次缴纳的，应即缴纳全部出资；分期缴纳的，应即缴纳首期出资。以非货币财产出资的，应当依法办理其财产权的转移手续。以募集设立方式设立股份有限公司的，发起人认购的股份不得少于公司股份总数的百分之三十五，其余股份应当向社会公开募集。其他企业法人，有关法律、行政法规也都明确规定，出资人在设立时，应当履行相应的出资义务。

出资人一旦出资货币和非货币财产，该财产就不再是出资人的财产，而是企业财产。企业进入破产程序后，出资人尚未缴纳所认缴的货币和非货币财产，管理人应当依法予以追缴并归位破产财产。

2. 追收未缴出资诉讼

管理人接管破产民企后，查明破产民企的出资人尚未缴纳所认缴的出资后行使追缴权的，在通常情况下，应先通知出资人补缴出资，出资人拒不补缴的，管理人应当向法院提起诉讼，通过法院裁判强制出资人补缴。《破产法司法解释二》第二十条第二款规定："管理人依据公司法的相关规定代表债务人提起诉讼，主张公司的发起人和负有监督股东履行出资义务的董事、高级管理人员，或者协助抽逃出资的其他股东、董事、高级管理人员、实际控制人等，对股东违反出资义务或者抽逃出资承担相应责任，并将财产归入债务人财产的，人民法院应予支持。"

在这种诉讼中，有些被告出资人会以认缴出资的期限尚未到公司章程规定的缴纳期限为由提出抗辩，拒绝补缴；也有的出资人认为，自己虽然违反出资义务未缴出资，但以超过诉讼时效进行抗辩，拒绝补缴。对此，管理人应当适用《企业破产法》第三十五条"不受出资期限的限制"的规定予以辩驳，并依据《破产法司法解释二》第二十条第一款规定请求法院予以支持。该条规定："管理人代表债务人提起诉讼，主张出资人向债务人依法缴付未履行的出资或者返还抽逃的出资本息，出资人以认缴出资尚未届至公司章程规定的缴纳期限或者违反出资义务已经超过诉讼时效为由抗辩的，人民法院不予支持。"

四、关于第三十六条规定的追回问题

《企业破产法》第三十六条规定："债务人的董事、监事和高级管理人员利用职权从企业获取的非正常收入和侵占的企业财产，管理人应当追回。"这是管理人追回董事、监事和高管人员非法取得财产的规定。

1. 法定条件

管理人据此行使追回权需要注意以下三个法定条件：

（1）被追主体只能是"董事、监事和高级管理人员"。在实践中，民企的董事、监事通常明确的，而"高级管理人员"的概念往往很含糊。对此，司法解释指出，"高级管理人员"是指公司的经理、副经理、财务负责人，上市公司董事会秘书和公司章程规定的其他人员。除此之外的企业人员不是这里的追回对象。

（2）被追主体必须有"利用职权"之便利。民企的董事、监事和高级管理人员在本企业内都有相应的职权，这些职权的设置本应属于企业治理的需要，但若利用职权之便利，在本企业获取非正常收入或侵占企业财产，一是违背履职义务，二是侵占了企业财产，三是有可能在破产程序中侵害债权人的利益。

从实践来看，大多数民企的董事、监事、高管都由股东或出资人担任，他们往往认为企业是自己的，自己用自己企业的财物，不存在非正常收入或侵占企业财产的问题。正因为有这种观念，民企董事、监事、高管侵占企业财产的现象就比较多见，而且还理直气壮。民企董事、监事、高管虽属民企的内部人员，但在法律上除履行职责外不属于同一主体，两者不能混淆，否则，企业的法人资格就容易被否定。因此，民企在破产的情况下，不论在破产程序前或破产程序中，董事、经理和高级管理人员获取非正常收入或侵占企业财产的行为，都是对破产债权人利益的侵害，故应予以追回。

（3）具有"获取的非正常收入和侵占的企业财产"的事实。如无证据证实有此事实，管理人不得以此为由行使追回权，即使提起诉讼也会被法院驳回。

2.行为分析

这里的非正常收入，主要指企业董事、监事、高管通过控制、操纵公司的董事会以及利用公司规则的漏洞或模糊之处，给自己过高的薪酬、奖金或者期权利益等，目的是攫取企业财产。这种行为的特点是，在形式上看似合法收入，但实际上是以合法形式掩盖对公司财产和股东利益的侵害，在企业进入破产程序后是对债权人利益的侵害，因此，管理人作为债权人利益的代表，有权对这部分财产予以追回。根据《破产法司法解释二》第二十四条规定，企业具有破产原因时，其董事、监事和高级管理人员利用职权获取的以下收入，应当认定为非正常收入：（1）绩效奖金；（2）普遍拖欠职工工资情况下获取的工资性收入；（3）其他非正常收入。

这里的侵占企业财产，是指企业的董事、监事和高管利用自己在职务上主管或者管理、经手本企业财产的便利条件，将企业财产占为己有的行为。管理人就此行使追回权，首先要确认所涉财产是不是企业财产。就民企而言，老板个人财产与企业财产混在一起使用是常见现象，如不加区别，就容易出现行使追回权错误。譬如，老板在其企业破产时将设备搬走，并主张该设备是其个人财产而不是企业财产，此时，管理人应当查核该企业的资产登记和财务支付情况，若查有企业支付购置该设备款项的，则应认定为企业财产；老板如果提供是其个人购置的证据的，则不可认为其侵占企业财产。

实践中需要注意的是，董事、监事和高管侵占企业财产，不仅包括企业登记在册的财产，还应包括企业的"小金库""内账"以及交易收取尚未入库等账外财产，只要有证据证明这些账外财产属于企业财产，而上述人员予以非法侵占的，均可依法予以追回。

上述人员侵占公司财产数额较大，嫌疑构成职务侵占罪的，管理人还应向公安机关报案，由司法机关追究其刑事责任。

3. 诉讼问题

管理人查实债务民企的董事、监事和高管利用职权,有从企业获取非正常收入和侵占企业财产的事实,上述人员主动返还的,管理人不能再行使追回权;如不主动返还,管理人应当通过诉讼程序行使追回权。《破产法司法解释二》第二十四条第二款规定:"债务人的董事、监事和高级管理人员拒不向管理人返还上述债务人财产,管理人主张上述人员予以返还的,人民法院应予支持。"此类纠纷的具体案由为"追回非正常收入纠纷"。

4. 返还财产的处置

在破产程序中,董事、监事和高管返还《企业破产法》第三十六条规定的侵占财产,该财产应为破产财产。返还《企业破产法》第三十六条规定的非正常收入的,根据《破产法司法解释二》第二十四条第二款规定,分别作如下处理:(1)返还绩效奖金和其他非正常收入的,可以作为普通破产债权清偿;(2)返还普遍拖欠职工工资情况下获取的工资性收入的,依据《企业破产法》第一百一十三条第三款的规定,按照该企业职工平均工资计算的部分作为拖欠职工工资清偿,高出的部分可以作为普通破产债权清偿。

【裁判案例】

提示:债权人擅自搬走破产财产不能返还,破产企业提起取回权诉讼,法院判决债权人赔偿损失。

2012 年 11 月 20 日,优视达公司向许某某借款 50 万元,借期一年。2013 年 7 月 18 日,优视达公司向许某某出具还款计划一份,载明:借许某某人民币 50 万元及利息,从 2013 年 8 月份开始每月还 10 万元到 12 月份止,如不偿还按电视机每台 100 元折算。2013 年 9 月 30 日,优视达公司法定代表人陆某某出具书面材料一份,载明:欠许某某人民币 50 万元、利息 10 万元,以 2012 年 11 月份借条为准,以电视机抵押。但未办理抵押登记。

2013 年 9 月 5 日,吴中区法院裁定受理优视达公司破产清算一案并指定管理人。

2013 年 10 月 2 日至 10 月 4 日,许某某将优视达公司仓库里的电视机等产品搬走变卖。10 月 8 日,陆某某将上述情况告知了管理人,管理人遂告知

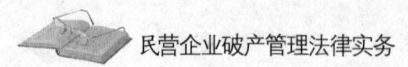

吴中区法院，吴中区法院电话联系许某某，后许某某向管理人申报了债权。

同年 10 月 10 日，许某某、陆某某、管理人至吴中区法院说明情况。许某某称，其是经陆某某允许才拿走东西的，钥匙也是陆某某给的，其并不知道优视达公司已进入破产程序，陆某某也未向其告知过；9 月 30 日虽有律师打电话问其要不要登记债权，但其以为是骗子而未相信。陆某某称：其未同意许某某拿走东西，9 月 30 日许某某要看东西，才把钥匙给了许某某；其将法院受理破产裁定书给许某某看过，许某某知道优视达公司进入了破产程序。

吴中区法院告知各方，优视达公司财产属于破产财产，任何人无权擅自处分，许某某将财产进行处分属于无效行为，应予返还，否则应按评估价赔偿损失，并重申债务人在管理人接管前应妥善保管财产。

2013 年 12 月 9 日，许某某向管理人出具情况说明一份，内容为："本人已收回电视机及配件，合计 30 万元，优视达公司还欠我 20 万元人民币本金、10 万元人民币利息"。但许某某未返还财产，亦未折价赔偿。

2014 年 2 月，优视达公司以许某某为被告，向吴中区法院起诉，请求判令被告许某某向其归还电视机及线路板，如不能返还则按评估价向其支付 1257820 元。

吴中区法院经审理认为：法院受理优视达公司的破产清算案件后，对优视达公司的破产财产，任何人不得擅自处分。被告许某某作为原告优视达公司的债权人，应向管理人申报债权依法受偿，而不得擅自取走原告优视达公司的破产财产。即使原告法定代表人陆某某同意被告许某某取走产品，根据破产法的规定，债务人对个别债权人的清偿也为无效，被告许某某亦理应返还而无权单方变卖破产财产受偿。现被告许某某明确其已无法返还取走的产品，故其应折价赔偿。经核算，被告许某某取走的产品的价款共计 554957 元。

吴中区法院依据《企业破产法》第十六条规定，作出（2014）吴商初字第 0111 号判决书，判决被告许某某于本判决生效之日起十日内赔偿原告优视达公司人民币 554957 元。

【裁判案例】

提示：清算组起诉追收公司董事非正常收入，法院判决公司董事返还并支

付利息。

2006 年，惠利佳公司召开股东会，决议选举周某某等八人为董事。同年，某某会计师事务所对惠利佳公司进行审计，并出具审计报告，该审计报告显示，惠利佳公司资产负债 304006.47 元。2009 年 7 月 20 日，惠利佳公司召开股东大会及董事会，以补发 2003 年 7 月 1 日至 2009 年 6 月 30 日工资的形式将公司资产进行分配，其中，周某某从惠利佳公司非正常领取工资计 445500 元。

2008 年，城东区法院判决惠利佳公司支付第三建筑工程公司工程款、履约保证金、违约金共计 1729579.27 元。

2015 年 9 月 23 日，西宁市中院裁定受理第三建筑工程公司申请惠利佳公司强制清算，并指定某某会计师事务所江某某等四人及惠利佳公司股东李某某组成清算组。

2017 年 3 月，惠利佳公司清算组向西宁市中院提起追收非正常收入诉讼称：根据相关法律规定，周某某作为惠利佳公司董事，从公司攫取非正常收入，侵占了企业财产，惠利佳清算组应予追回。请求判令：1. 被告周某某返还非正常收入的资金 445500 元；2. 被告周某某支付资金占用利息 166562.08 元。

西宁市中院认为，按照公司法的相关规定，在 2015 年 7 月 13 日本院裁定受理惠利佳公司强制清算一案后，惠利佳公司清算组在法院受理破产申请后应当接管惠利佳公司的所有财产，并在破产程序进行期间负责管理和处分惠利佳公司的财产，对于惠利佳公司董事利用职权从公司获取的非正常收入和侵占的公司财产有权并且也有义务进行追收。被告周某某作为惠利佳公司的董事，违背公司法的规定，从公司支取工资的行为，是对惠利佳公司财产的侵犯，应当予以追回并将其纳入惠利佳公司财产的范围。惠利佳清算组所持诉讼请求合法有据，应予支持。周某某依法应向惠利佳清算组返还前述款项 445500 元。因周某某于 2009 年 7 月至惠利佳公司进入破产清算未将上述款项归还，故惠利佳公司清算组主张周某某以中国人民银行同期贷款利率 4.9% 支付自 2009 年 7 月 20 日起至实际返还之日期间的利息损失的诉求合法，应予支持。

西宁市中院依照《企业破产法》第三十六条，《民事诉讼法》第一百三十四条第一款、第一百四十二条、第一百四十四条之规定，作出（2017）青 01 民初 60 号判决书，判决如下：被告周某某于本判决生效后十日内返还惠利佳公司非正常收入资金 445500 元，支付截止 2017 年 3 月 5 日的利

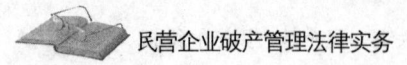

息损失 166562.08 元。

【裁判案例】

提示：股东抽逃出资，管理人行使追回权，法院判决股东返还出资及利息。

德福特公司成立于 2003 年 10 月 20 日，注册资本 210 万元，其中，朱某某出资 50 万元，占注册资本的 23.81%，担任公司法定代表人。2004 年 11 月，德福特公司增加注册资本 2790 万元，全部为朱某某以货币出资。至此，德福特公司注册资本为 3000 万元。

2004 年 11 月 23 日，德福特公司通过农业银行转账支票分五次共向朱某某转款 2640 万元，同月 26 日转款 101.2 万元。2010 年 12 月 28 日，朱某某在公司转账记账凭证中作出说明："2005 年 3 月因公司虚增资本 2790 万元，注册后退还现金，故增加朱某某应收账款 27412000 元，在此调账冲减 26488712.36 元，调减实收资本 26488712.36 元。" 2011 年 7 月 20 日，朱某某在其书写的 "关于调整实收资本情况的说明" 中载明："朱某某自公司成立以来至 2010 年底，累计在公司借款 26488712.36 元，用于对外办矿投资及偿还高息借款利息。为冲减个人借款，2010 年 12 月 28 日财务人员将本人账面欠款余额与实收资本对冲"。

2011 年 7 月 26 日，薛城区法院宣告德福特公司破产清算。

德福特公司破产管理人以朱某某为被告，向薛城区法院提起追收抽逃出资诉讼称：被告朱某某在 2004 年 11 月 24 日增加注册资本后以借款方式转出资金，未完全履行出资义务，应返还出资及支付利息。请求判令：被告朱某某向德福特公司返还出资 26488712.36 元及利息。

薛城区法院认为：股东出资，是公司设立并从事生产经营活动的物质基础。股东出资形成的有限责任公司法人财产，是维护公司的正常经营与发展的必要条件。根据公司制度原理，股东出资的财产，一经投入到公司，应属于公司法人的财产，股东不得对该财产再主张权利。因此，股东在公司成立后，不得抽逃已投入到公司的出资。

截止 2004 年 11 月 24 日，被告朱某某作为德福特公司股东已足额缴纳了认缴新增资本 2790 万元。但德福特公司通过转账支票向被告朱某某转款

27412000元，被告朱某某没有向公司偿还该笔款项，而将其中的26488712.36元与公司资本对冲，即公司注册资本减少了26488712.36元，应认定该对冲行为系朱某某抽逃出资26488712.36元。被告朱某某于2010年12月28日书写的"说明"，证明其本人认可"公司虚增资本2790万元，注册后退还现金"的事实。2004年8月修正的《公司法》第三十四条规定，股东在公司登记后，不得抽回出资。《破产法》第三十五条规定，债务人的出资人尚未完全履行出资义务的，管理人应当要求该出资人缴纳所认缴的出资，而不受出资期限的限制。因此，原告破产管理人要求被告朱某某向德福特公司返还抽逃出资26488712.36元及利息，本院予以支持。

薛城区法院依据《企业破产法》第三十五条和《公司法》第三十四条之规定，作出（2014）薛商初字第975号判决书，判决：一、被告朱某某于本判决生效后十日内向德福特公司返还出资26488712.36元及利息（从2004年11月24日起自本判决生效之日止，按银行同期同类贷款利率计算）。

第六节　民企管理人行使合同解除权及若干问题

权利人在破产程序中行使合同解除权是《合同法》规定的解除合同权利的伸延。因此，民企管理人行使合同解除权，在适用《企业破产法》的特殊规定的同时，应当适用《合同法》的通用规定。

一、管理人单方决定解除合同的基本条件

根据《企业破产法》第十八条第一款规定，"人民法院受理破产申请后，管理人对破产申请受理前成立而债务人和对方当事人均未履行完毕的合同有权决定解除或者继续履行，并通知对方当事人。"管理人据此拥有单方决定解除合同的特权，但管理人在破产程序中单方决定解除债务企业与他人在破产程序前订立的合同，必须具备以下两个基本条件：

1. 合同在法院裁定受理破产申请前已经有效成立

这是基础条件，有三个内容。（1）合同已经成立。相关合同正在酝酿阶段尚未成立，不存在解除对象和解除内容。（2）合同有效成立。合同虽然已经成立但属无效的，不适用解除，而应适用撤销，或者通过确认之诉认定无效。（3）合同在法院裁定受理破产申请前已经成立。合同如果在破产程序中成立，则不适用《企业破产法》第十八条规定进行解除。

2. 在法院裁定受理破产申请前未履行完毕

在法院裁定受理破产申请前成立的有效合同，双方当事人均未履行完毕，其权利义务带进破产程序的，管理人才可以单方决定解除合同。此前，双方当事人均已履行合同完毕，权利义务已经消灭，后来一方进入破产程序，管理人不可再对原合同行使解除权。

管理人按照《企业破产法》第十八条行使合同解除权是一种因破产程序需要的特权，只要具备上述解除条件，管理人就有权单方决定解除合同。

二、合同法上的解除与破产法上的解除之比较

合同法上的解除，是指合同有效成立以后，当具有法定解除情形时，因当事人一方或双方的意思表示而使合同关系自始消灭的行为。而破产法上的解除，是指法院受理破产申请后，管理人对此前成立而债务企业和对方当事人均未履行完毕的合同解除。《合同法》第九十四条规定了解除合同的权利和情形，《企业破产法》第十八条也规定了解除合同的权利和情形，那么如何处理两者的关系？

我们知道《合同法》是普通法，而《企业破产法》是特别法。根据特别法优于普通法的原则，涉破合同符合《企业破产法》规定条件的，应当优先适用《企业破产法》解除合同。

1. 关于协议解除问题

合同一旦有效成立，在没有法定解除事由的情况下，任何一方都不得单方自行解除，但根据《合同法》第九十三条规定，双方当事人经协商一致的，可以解除合同。未履行完毕的合同进入破产程序，破产法并不禁止协议解除，因此，管理人在不损害债权人利益的前提下，仍可根据《合同法》第九十三条规

定，与对方当事人协议解除合同，协议不成的，管理人可不经对方同意，有权单方决定解除合同。

2.关于约定解除条件问题

根据《合同法》第九十三条规定，当事人可以约定一方解除合同的条件，解除合同的条件成就时，解除权人有权解除合同。但这些合同一旦进入破产程序，因管理人有法定的单方决定解除权，故对方当事人不得以约定解除条件为由进行对抗，也就是说，在原约定解除条件未成就的情况下，管理人单方决定解除的，因破产程序需要应当视为约定解除条件成就。在约定解除条件未成就的情况下，管理人也有权单方决定继续履行，管理人决定继续履行的，对方当事人不得以企业破产为由拒不继续履行。当然，约定解除条件已经成就的，管理人不得违约决定继续履行，否则，对方当事人有权进行抗辩，并拒绝继续履行。

3.关于解除情形问题

根据《合同法》第九十四条规定，有下列情形之一的，当事人可以解除合同：（1）因不可抗力致使不能实现合同目的；（2）在履行期限届满之前，当事人一方明确表示或者以自己的行为表明不履行主要债务；（3）当事人一方迟延履行主要债务，经催告后在合理期限内仍未履行；（4）当事人一方迟延履行债务或者有其他违约行为致使不能实现合同目的；（5）法律规定的其他情形。上述5种可解除情形，当事人在进入破产程序前未行使解除权的，管理人在破产程序中有权单方决定予以解除。在不存在前四种情形下，管理人仅以破产为由决定解除合同的，属于第（5）种"法律规定的其他情形"。至于管理人是否决定继续履行合同，应当根据有无继续履行的可能和必要来决定。

三、关于管理人单方解除合同的程序问题

根据《企业破产法》第十八条第一款规定，管理人单方决定解除合同的，应当通知对方当事人；管理人自法院裁定受理破产申请之日起二个月内未通知对方当事人，或者自收到对方当事人催告之日起三十日内未答复的，视为解除合同。需要注意的是：（1）管理人一旦将解除通知达到对方当事人，无需对方当事人同意，即发生解除合同的法律效力。（2）"通知对方当事人"并非管理人

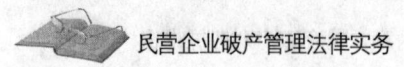

必须履行的义务，自破产申请受理之日起二个月内，管理人即使未通知对方当事人解除合同，二个月后亦发生解除合同的法律效力，即相关合同得以解除，双方不再继续履行合同。

对方当事人对管理人单方决定解除合同有异议的，可以向法院提起诉讼，由法院确认管理人解除合同是否合法以及有无效力。管理人单方决定解除合同有效的，法院不能另行裁判有效解除时间，而应按照《企业破产法》第十八条规定进行认定，即：管理人通知对方当事人解除的，解除生效时间为通知到达对方当事人之日；未通知对方当事人的，自破产申请受理之日起二个月届满之日为解除生效之日；对方当事人催告而管理人未答复的，以管理人收到之日起第三十日为解除生效之日。

四、关于单方解除合同的实体处理问题

关于解除合同所涉的实体问题，如财产返还、价款支付、违约责任等，通常按照民法总则、合同法等相关法律进行确认。在破产程序中，这些相关债权被管理人或法院依法认定后，应当根据《企业破产法》的有关规定返还财产，因解除合同给对方当事人造成损害的，对方当事人的赔偿请求作为债权向管理人申报，对管理人确认的赔偿数额有异议的，可以向法院提起诉讼

【裁判案例】

提示：管理人"两个月内"未通知承租人继续履行，租赁合同自行解除。

姜某某因从事特种养殖业需要，租赁久发农业公司的土地，双方于2014年11月8日签订了一份租赁协议书。该协议书约定：姜某某租赁久发农业公司7.5亩土地，租金每年13500元，先付后用，按年支付，租赁期限自2014年11月8日起至2016年11月7日止。

2015年6月16日，港闸区法院作出裁定受理包括久发农业公司在内的八家企业合并破产清算申请。破产管理人基于破产清算工作的需要，未在破产受理之日起两个月内通知姜某某继续履行合同。

2017年1月，久发农业公司向港闸区法院提出诉讼，请求：1.确认久发

农业公司与被告姜某某于 2014 年 11 月 8 日签订的租赁协议书已经解除；2. 被告姜某某立即搬离租赁场地，并恢复原状；3. 被告姜某某向原告久发农业公司按租赁协议书约定标准支付自 2015 年 11 月 8 日起至实际搬离之日止土地占有使用费。

被告姜某某辩称：对原告久发农业公司所主张的双方于 2014 年 11 月 8 日签订的租赁协议书，及至 2017 年 1 月 22 日尚欠使用费 13236 元的事实无异议。但对原告久发农业公司要求解除案涉租赁协议和限期搬离的主张不予认可。具体理由是，被告姜某某所租赁的土地用于生猪养殖，解除协议限期搬离，无法处置存栏生猪。另被告姜某某较长时间从事养殖业，家庭生活、小孩上学对租赁的土地依赖较大，需要时间予以过渡，原告久发农业公司要求立即搬离确有困难。

港闸区法院认为，原告久发农业公司与被告姜某某签订的土地租赁合同依法成立，合法有效。在原告久发农业公司正常经营的情况下，合同对签约双方均具有约束力，任何一方不得无故解除。原告久发农业公司于 2015 年 6 月 16 日依法进入破产清算程序，在该特殊情形下，法律赋予破产管理人解除合同的决定权。破产管理人基于破产清算工作的需要，未在破产受理之日起两个月内通知被告姜某某继续履行合同，依法要求确认案涉合同于 2015 年 8 月 16 日已经依法解除，符合法律的规定。被告姜某某在合同解除后理应及时搬离，管理人电话催促后仍未搬离。故原告诉请被告搬离租赁场地、恢复原状，符合法律规定。同时，被告姜某某应当按照合同约定的租金标准支付土地占用期间的费用。

港闸区法院依据《企业破产法》第十八条、《合同法》第九十七条之规定，作出（2017）苏 0611 民初 276 号判决书，判决：一、确认原告久发农业公司与被告姜某某于 2014 年 11 月 8 日签订的协议书已于 2015 年 8 月 16 日解除；二、被告姜某某于本判决生效后十日内搬离租赁场地，并恢复原状；三、被告姜某某于本判决生效后十日内按每天 36.9 元标准支付自 2015 年 11 月 8 日起至实际搬离之日止土地占有使用费。

【案例分析】

提示：承租人未付租金就破产，法院判决解除合同、返还租赁物并赔偿损失。

案件介绍

2011年6月24日，融资租赁公司与恒建混凝土公司签订《融资租赁合同》约定：融资租赁公司按恒建混凝土公司的要求，购入混凝土搅拌车10台，融资租赁出租给恒建混凝土公司，恒建混凝土公司预付2105600元，自2011年7月31日至2014年6月30日每月支付一期，共计36期，每期租金为179530元。该合同还约定：承租方发生一次或一次以上迟延支付租赁费时，承租方无需催告仅用通知即可解除合同；合同被解除的，承租方应立即将租赁物返还给出租方；承租方怠于支付租赁费时，承租方应从应付金额的支付日起至还清日止按年14%向出租方支付迟延损害金；出租方为了维护本合同的权利，可以就律师费等费用向承租方追偿。

同日，恒建混凝土公司向融资租赁公司出具《租赁物验收单》，设备所有权由恒建混凝土公司转移至融资租赁公司。合同开始履行后，恒建混凝土公司从2012年10月起逾期未付租金。2013年9月17日，法院受理恒建混凝土公司破产申请。截止至2013年9月17日，恒建混凝土公司逾期未支付融资租赁公司租金人民币1974830元，由此产生的迟延损害金143368元，融资租赁公司为本案诉讼聘请律师支付律师费人民币191438元。

2013年9月17日，南京市栖霞区法院裁定受理恒建混凝土公司破产清算。

融资租赁公司向上海市黄浦区法院提起诉讼，请求判令：1.原告融资租赁公司与被告恒建混凝土公司签订的融资租赁合同2013年9月17日解除；2.确认融资租赁合同项下租赁物10台搅拌车的所有权归原告所有，被告恒建混凝土公司立即归还租赁物；3.被告恒建混凝土公司向原告支付逾期未支付租金1974830元（计至2013年9月17日）；4.被告恒建混凝土公司向原告支付迟延损害金143368元（计至2013年9月17日）；5.被告支付原告律师费损失

191438元。

黄浦区法院认为：原告融资租赁公司与被告恒建混凝土公司签订的《融资租赁合同》系当事人的真实意思表示，应属有效，当事人均应恪守约定并按约履行各自的义务。原告融资租赁公司按照合同的约定，已履行了合同约定的义务。被告恒建混凝土公司承租设备后，未按约支付原告租金，违反了合同约定的义务，已构成违约，理应按约承担相应的违约责任。出租人享有租赁物的所有权。承租人破产的，租赁物不属于破产财产。故原告融资租赁公司要求按合同约定及相关法律规定，于栖霞区法院作出裁定受理恒建混凝土公司破产清算之日，即2013年9月17日请求解除与被告签订的《融资租赁合同》、确认租赁物所有权归原告所有、返还租赁设备并由被告支付至合同解除之日止的全部未付租金，以及迟延损害金、律师费损失的诉讼请求，符合双方约定，且合法有据，应予支持。

至于被告恒建混凝土公司辩称迟延损害金及律师费过高，请求调整的意见，本院认为，系争《融资租赁合同》对此约定："承租方发生一次或一次以上迟延支付租赁费时，承租方无需催告仅用通知即可解除合同；合同被解除的，承租方应立即将租赁物返还给出租方；承租方怠于支付租赁费时，承租方应从应付金额的支付日起至还清日止按年14%向出租方支付迟延损害金；出租方为了维护本合同的权利，可以就律师费等费用向承租方追偿。"上述对迟延损害金计算方法的约定，系双方当事人合意的表现，且该约定并未违反法律的强制性规定，应属有效。原告融资租赁公司为本案提起诉讼，与某某律师事务所签订《委托代理合同》，约定本案律师代理费为人民币191438元。该收费符合律师收费的相关规定，且某某律师事务所律师已为原告融资租赁公司提供了相应的法律服务，该笔律师代理费是必然发生的。原告融资租赁公司依据合同，要求被告支付该笔律师代理费191438元应当予以支持。

黄浦区法院依照《合同法》第一百零七条、第二百四十二条、第二百四十八条，以及《企业破产法》第十八条的一款、第四十六条，《民事诉讼法》第一百四十四条之规定，作出（2013）黄浦民五（商）初字第8657号判决书，判决如下：

一、原告融资租赁公司与被告恒建混凝土公司签订的《融资租赁合同》于2013年9月17日解除；

二、原告融资租赁公司租赁给被告恒建混凝土公司上述《融资租赁合同》项下的混凝土搅拌车 10 台所有权归原告融资租赁公司所有；

三、被告恒建混凝土公司应于本判决生效之日起十日内返还原告融资租赁公司上述《融资租赁合同》项下的混凝土搅拌车 10 台；

四、确认原告融资租赁公司对被告恒建混凝土公司享有租金人民币 1974830 元的债权；

五、确认原告融资租赁公司对被告恒建混凝土公司享有迟延损害金人民币 143368 元的债权；

六、确认原告融资租赁公司对被告恒建混凝土公司享有律师费损失人民币 191438 元的债权。

作者分析

本案是一起在破产程序中发生的融资租赁合同纠纷案件，其中有几个涉破法律问题值得说明：

1. 取回非破财产不受破产程序的管辖限制

《企业破产法》第二十一条规定："人民法院受理破产申请后，有关债务人的民事诉讼，只能向受理破产申请的人民法院提起。"本案中，恒建混凝土公司破产清算是南京市栖霞区法院裁定受理，按照上述规定，融资租赁公司的案件应当由南京市栖霞区法院管辖，但融资租赁公司向上海市黄浦区法院提起诉讼，并由上海市黄浦区法院予以受理并作出判决，不违反上述管辖规定。理由很简单，权利人向破产企业取回非破财产不受破产程序限制，只要适用普通民事诉讼管辖规定即可，而不适用破产案件的管辖规定。

2. 确认所有权并确认解除合同是取回、返还非破财产的基础条件

在本案中，法院先确认《融资租赁合同》项下的 10 台混凝土搅拌车为出租人融资租赁公司享有所有权，据此肯定 10 台混凝土搅拌车不属于破产财产，然后，根据《企业破产法》第十八条规定和融资租赁公司的请求，确认自恒建混凝土公司被裁定受理破产申请之日即 2013 年 9 月 17 日解除。在有争议并进入诉讼的情况下，只有所有权得以确认和解除合同得以确认的基础上，权利人才能向破产企业取回其财产，破产企业才应向权利人返还财产。

3. 多项诉讼请求一并裁判

本案是被告恒建混凝土公司未按约支付租金引起的诉讼，恒建混凝土公司仅返还财产还不足以弥补原告融资租赁公司的损失，故应继续承担相应的违约责任。所以，法院一并判决被告恒建混凝土公司支付租赁费、迟延损害金和律师费，于是了结整个案件。

第七章

权利人在民企破产中的维权

在民企破产程序中，对民企享有财产权利的单位和个人，不因民企破产而消灭其财产权利，但需依照法律规定的要求进行维权。这一章专题分析财产权利人取回"非破财产"、债权抵销债务和共益债权人的共益债权受偿的问题。

第一节 权利人行使"非破财产"取回权及若干问题

根据《企业破产法》有关规定，民企涉破财产取回有三种情况：一是民企管理人通过清偿债务或者另行提供担保而取回破产民企已为债权人占有的质物或留置物；二是民企管理人追回他人占有债务民企的破产财产；三是权利人取回自己被债务民企占有或在运途中而不属于破产的财产。我们这里讨论权利人行使财产取回权的问题。为了方便阐述，我们将权利人为债务民企占有或在运途中而不属于破产的财产称为"非破财产"。

一、"非破财产"取回权及其特征

"非破财产"取回权是《企业破产法》特别规定的权利，源于民法上的财产返还权。从《企业破产法》及其司法解释的有关规定来看，"非破财产"取回权有以下几个特征：

1.取回人对非破财产必须享有所有权或支配权

所有权或支配权是非破财产取回权的基础权利，取回人有这两个基础权利才有权取回非破财产，任何人对财产不享有所有权或支配权的，都不是行使取回权的主体，即无权向破产企业索要非破财产。比如，A公司将设备出租给B公司占有使用，B公司破产并不影响A公司对该设备享有的所有权，因此该设备不是B公司的破产财产即非破财产，A公司才是取回该设备的权利人；C公司不是该设备的权利人，无权主张取回该设备，B公司如果将该设备交付给C公司取走，则对A公司无效的侵权行为，C公司应当返还给B公司，或者直接返还给A公司。

2.取回权的标的物必须是非破财产

破产企业所有财产都是破产财产，而依法应当予以取回的财产必须是非破财产。这里的"非破财产"是指不属于破产企业所有的不应列为破产的财产。《破产法司法解释二》第二条规定，下列财产不应认定为债务人财产：（1）债务人基于仓储、保管、承揽、代销、借用、寄存、租赁等合同或者其他法律关系占有、使用的他人财产；（2）债务人在所有权保留买卖中尚未取得所有权的财产；（3）所有权专属于国家且不得转让的财产；（4）其他依照法律、行政法规不属于债务人的财产。这些财产不属破产企业所有，企业在破产时仍占有这些财产的，都构成权利人行使取回权的法定理由。

3. 非破财产必须现实存在

取回权成立的前提是取回标的物即非破财产在法院受理企业破产申请后现实存在，且被破产企业所占有。非破财产已被破产企业灭失不再存在，破产企业客观上不能返还的，物权转化为债权，权利人只能行使价款或赔偿损失的请求权。

4. 非破财产与破产财产必须得以区分

权利人行使取回权的标的物具有特定性，不与破产财产混同或添附，但若两者已经混同或添附不得区分，破产企业就无法返还，取回权也就失去了返还原物的基础。如出卖人将保留所有权的水泥出售给民企，民企在未支付价款的情况下，将水泥用于厂房建筑而不可区分，该民企进入破产程序后，出卖人不可能取回水泥，只能行使价款或赔偿损失的请求权。

5. 非破财产必须现行存在且能够返还

权利人行使取回权的基础是物上返还请求权，财产能否取回取决于原物是否存在，并在事实上能够返还。不论什么原因，非破财产已经不存在，或者虽然存在但无法返还的，权利人不能行使物上的请求权，而应当行使债上的请求权。

依据《破产法司法解释二》第三十七条、第三十八条，权利人行使取回权和主张作为共益债务清偿的，管理人应当准许行使取回权，无法返还的，应向权利人支付价款或将买卖标的物的价款作为共益债务清偿。

所要注意的是，权利人取回其财产是一种返还请求权，而不是行使债权，因此无需通过破产程序就可以直接取回其财产。

二、对债务企业占有非破财产行使取回权

《企业破产法》第三十八条规定:"人民法院受理破产申请后,债务人占有的不属于债务人的财产,该财产的权利人可以通过管理人取回。但是,本法另有规定的除外。"据此规定,破产民企占有他人的非破财产不一定必须返还,权利人也不一定必须取回,比如,管理人在重整程序中认为需要继续占有、使用的,可以与权利人协议继续进行。但是,权利人已经行使取回权,即使占有、使用未到约定期限,管理人也应予以返还,但若进入清算程序,管理人就必须返还。

1.关于取回非破财产的基本要求问题

(1)权利人应当向管理人提出取回。这有两个意义:一是企业进入破产程序后,权利人不得擅自从破产企业拿走其财产,必须先提出取回要求;二是管理人接管破产财产后,具有控制和处分破产财产的职权,此时,权利人向破产企业要求取回财产已无济于事,而应向管理人提出要求,并通过管理人予以取回。

(2)取回权应当在破产财产分配前行使。根据《破产法司法解释二》第二十六条规定,权利人对破产企业占有非破财产行使取回权,应当在破产财产变价方案或者和解协议、重整计划草案提交债权人会议表决前向管理人提出,在上述期限后主张取回财产的,管理人也应予以返还,但权利人应当承担延迟行使取回权增加的相关费用。

民企一旦进入破产程序,权利人即可行使取回权,但是,是否行使取回权由权利人自行决定。权利人不行使取回权,或者怠于行使取回权,至破产财产分配时,将视为其放弃行使取回权。因权利人未行使取回权,管理人将非破财产作为破产财产一并分配后,权利人再行使取回权无效。

(3)权利人应当履行相应给付义务。权利人向破产企业取回定作物、保管物等财产的,如果存在相应给付义务的,应向管理人交付加工、保管等费用,然后方可取回其财产。《破产法司法解释二》第二十八条规定:权利人行使取回权时未依法向管理人支付相关的加工费、保管费、托运费、委托费、代销费等费用,管理人应当拒绝权利人取回相关财产。同时,管理人可以根据《物权法》有关"留置"规定,留置上述有关财产作为支付上述有关债权的担保,并按留置规定进行处理。

2. 关于对不易保管和严重贬损的非破财产的处置问题

不易保管的物品通常是鲜活易腐的物品。严重贬损是指不及时变现价值将严重减少价款。破产企业对占有的非破财产属于不易保管财物或严重贬损财物的，为了防止损失或扩大损失，应当及时与权利人协商处置。管理人一时无法查明权利人，或者权属不清楚的，应当根据《破产法司法解释二》第二十九条规定及时变价并提存价款，权利人出现并就该变价款行使取回权的，管理人应当返还价款。

3. 关于受让人善意取得非破财产的处置问题

权利人行使取回权的标的物通常限于原物，该原物若已被破产企业违法转让而不能返还，权利人行使追回权又怎么处理？

《破产法司法解释二》第三十条规定：破产企业将占有的他人财产违法转让给第三人，依据《物权法》第一百零六条规定，第三人已善意取得财产所有权，原权利人无法取回该财产的，应当按照以下规定处理：（1）转让行为发生在破产申请受理前的，原权利人因财产损失形成的债权，作为普通破产债权清偿；（2）转让行为发生在破产申请受理后的，因管理人或者相关人员执行职务导致原权利人损害产生的债务，作为共益债务清偿。

非破产财产被破产企业违法转让适用这条规定进行处置，首先要确认第三人是否善意取得的问题。根据《物权法》第一百零六条规定，涉破企业作为无处分权人将其占有的属权利人所有的非破不动产或者动产转让给受让人的，所有权人虽有权追回，但符合下列情形的，受让人取得该不动产或者动产的所有权：（1）受让人受让该不动产或者动产时是善意的；（2）以合理的价格转让；（3）转让的不动产或者动产依照法律规定应当登记的已经登记，不需要登记的已经交付给受让人。受让人依照上述规定取得不动产或者动产的所有权的，原所有权人不得向破产企业取回原物，也不得行使物上追及权要求受让人返还财产，但有权向破产企业请求赔偿损失。《物权法》第一百零八条又规定："善意受让人取得动产后，该动产上的原有权利消灭，但善意受让人在受让时知道或者应当知道该权利的除外。"受让人在受让时知道或者应当知道所受让的财产不是破产财产，且破产企业无权处分仍然受让的，主观上具有恶意，受让行为无效，权利人行使追回权仍可追及原物，要求受让人返还财产。但是，根据

《破产法司法解释二》第三十五条规定，买受人已经支付标的物总价款百分之七十五以上或者第三人善意取得买卖标的物所有权的，权利人不得再要求取回买卖标的物。

4.关于受让人未取得所有权的处置问题

受让人未向涉破企业支付转让价款，因此未能取得非破产财产所有权的，在破产程序中也就不可能继续支付转让价款而取得非破产财产所有权。实践中的问题是，这边权利人已经依法行使取回权，那边受让人已经向涉破企业支付了转让价款，对此两种情况如何处理？比如，破产民企将非破财产出卖尚未交付标的物，而买受人已经支付了全部货款，此时权利人行使取回权。

在受让人依法不能取得非破产财产所有权的情况下，破产企业收取受让人的转让价款与权利人无关，权利人照样有权取回其财产，由此产生的破产企业对受让人的债务，应当依照《破产法司法解释二》第三十一条规定进行处置：（1）转让行为发生在法院裁定受理破产前的，作为普通破产债权清偿；（2）转让行为发生在法院裁定受理破产的，作为共益债务清偿。

5.关于非破产财产的代位权债权及其清偿的问题

这里的代位权，是指涉破企业占有的非破产财产毁损、灭失，权利人主张取回涉破企业因此获得的保险金、赔偿金、代偿物的权利。《破产法司法解释二》第三十二条第一款规定："债务人占有的他人财产毁损、灭失，因此获得的保险金、赔偿金、代偿物尚未交付给债务人，或者代偿物虽已交付给债务人但能与债务人财产予以区分的，权利人主张取回就此获得的保险金、赔偿金、代偿物的，人民法院应予支持。"

权利人行使这种代位权有两个基本条件：一是非破财产已经产生的保险金、赔偿金、代偿物，无此前提条件不产生代位权；二是代偿物能够区分破产财产，两者不能区分的，权利人不可行使代位权，但可另行请求债权。

《破产法司法解释二》第三十二条第二款规定：保险金、赔偿金已经交付给债务人，或者代偿物已经交付给债务人且不能与债务人财产予以区分的，人民法院应当按照以下规定处理：（1）财产毁损、灭失发生在法院裁定受理破产前的，权利人因财产损失形成的债权，作为普通破产债权清偿；（2）财产毁损、灭失发生在法院裁定受理破产后的，因管理人或者相关人员执行职务导致权利人损害产生的债务，作为共益债务清偿。

三、关于出卖人基于买卖关系行使取回权的问题

出卖人依照买卖合同约定，已将标的物即非破财产发运，买受人尚未受领也未付清全部价款就被法院裁定受理破产的，出卖人可以对出卖标的物行使取回权。

1. 出卖人行使取回权及其条件

《企业破产法》第三十九条规定："人民法院受理破产申请时，出卖人已将买卖标的物向作为买受人的债务人发运，债务人尚未收到且未付清全部价款的，出卖人可以取回在运途中的标的物。但是，管理人可以支付全部价款，请求出卖人交付标的物。"根据上述规定，出卖人行使取回权需要满足以下几个条件：

一是出卖人已将买卖标的物发运。出卖人尚未发运买卖标的物，该标的物作为非破财产尚为出卖人占有，不适用这条规定。买卖标的物已为买受人受领占有，买受人因出卖人而取得所有权的，该财产为破产财产，出卖人由此产生的债权应为破产债权进行申报，而不可行使取回权。

二是买卖标的物尚在途中。这里的"途中"是指在出卖人已经发运而买受人尚未受领之间的一种时间状态。《企业破产法》第三十九条规定中的"发运""在运途中"，说明这种买卖合同是隔地合同。隔地买卖合同存在运输事实，从发运到目的地需要一段时间差。权利人只能在"在运途中"这个时间差内向承运人或其他实际占有人取回财产。

三是买卖标的物必须为动产。可取回的非破财产包括动产和不动产，但出卖人依据《企业破产法》第三十九条规定行使取回权的买卖标的物仅为动产，不包括不动产财产。不动产转让不存在"发运""在运途中"这些情形。不动产在破产程序中可否取回，应视价款是否支付、买受人是否占有以及产权是否办理过户登记而定。

四是买受人尚未付清全部价款。买受人未付清全部价款就被法院裁定受理破产，权利人有权主张取回运途中的买卖标的物。这里所要注意的是，不论价款是否已到清偿期限，只要买受人未付清全部价款，出卖人均可行使取回权。

2. 所有权保留情况下的标的物取回

根据《物权法》第二十三条规定，除法律另有规定的外，动产物权的设立

和转让，自交付时发生效力。据此，在通常情况下，依买卖合同取得财产的，财产所有权从财产交付时起转移，即出卖人将财产交付买受人，买受人已经受领的，便取得该财产的所有权。但合同法又允许买卖双方当事人在买卖合同中约定保留所有权。

这里的所有权保留，是指根据法律的规定或者当事人的约定，出卖人移转标的物的占有于买受人但仍保留所有权，待买受人支付部分或全部价款时，该标的物所有权才发生移转的一种法律制度。买卖法律关系中的所有权保留有两个性质：一是物权担保性质，即出卖人通过保留方式延缓所有权移转来保障货款债权的实现；二是附条件性质，即财产所有权转移是有条件的，这个条件是买受人支付部分或全部价款后所有权才移转给买受人。

《合同法》第一百三十四条规定："当事人可以在买卖合同中约定买受人未履行支付价款或者其他义务的，标的物的所有权属于出卖人。"此条规定伸延到破产程序，通常只适用于买卖合同有标的物所有权保留之约定的情形。在有约定的情形下，出现出卖人仍然享有标的物所有权但不占有标的物，买受人占有标的物却并不享有所有权的两者分离情形。与此相适应，《破产法司法解释二》第三十七条规定，买受人破产管理人决定继续履行所有权保留买卖合同的，买受人支付价款的期限在破产申请受理时视为到期，买受人管理人应当及时向出卖人支付价款；无正当理由未及时支付价款，出卖人依法有权取回标的物。但《破产法司法解释二》第三十五条又规定，买受人已经支付标的物总价款百分之七十五以上或者第三人善意取得标的物所有权或者其他物权的，权利人不得行使取回权。

四、关于重整期间标的物的取回问题

《破产法司法解释二》第四十条规定："债务人重整期间，权利人要求取回债务人合法占有的权利人的财产，不符合双方事先约定条件的，人民法院不予支持。但是，因管理人或者自行管理的债务人违反约定，可能导致取回物被转让、毁损、灭失或者价值明显减少的除外。"也就是说，在债务企业合法占有权利人财产的情况下，在重整期间，财产权利人不得随意取回财产，仍应按照占有合同行事，若取回其财产必须符合双方事先约定的条件，不符合约定条件的不得取回。譬如，破产民企租用出租人的设备，在重整期间租赁期尚未届满，出租人以承租人破产为由要求提前取回出租设备的，属于"不符合双方事先约定条件"的情形，但承租民企在重整程序中有可能隐匿、转移租赁设备的，出租人有权提前取回出租设备；若租赁期已经届满，出租人要求提前取回出租设备的，属于"符合双方事先约定条件"的情形，承租人民企应当返还承租的设备。

五、关于行使取回权的诉讼问题

1.关于被告问题

在非破财产关系中所涉的主体有权利人、破产企业和破产管理人，如果有转让非破财产行为的，还涉及出让人（出卖人）和受让人（买受人）。那么，权利人作为原告提起取回权诉讼以谁为被告？

（1）以破产企业为被告的情形。权利人提起破产取回权诉讼，有的以破产企业为被告，有的以管理人为被告。从当前法院裁判看，各地认识并不相同，但通常认为，根据《破产法司法解释二》第二十七条第一款"权利人依据企业破产法第三十八条的规定向管理人主张取回相关财产，管理人不予认可，权利人以债务人为被告向人民法院提起诉讼请求行使取回权的，人民法院应予受理"之规定，权利人向管理人主张取回相关财产而管理人不予认可，权利人应以破产企业为被告向法院提起诉讼，管理人应代表破产企业参加诉讼；权利人如果以破产管理人为被告提起诉讼，属于被告主体错误，应当驳回原告权利人的起诉。

（2）以管理人为被告的情形。权利人以管理人为被告提起诉讼，请求管理人返还财产的，根据《破产法司法解释二》第三十八条"买受人破产，其管理人决定解除所有权保留买卖合同，出卖人依据企业破产法第三十八条的规定主张取回买卖标的物的，人民法院应予支持。""出卖人取回买卖标的物，买受人管理人主张出卖人返还已支付价款的，人民法院应予支持"之规定，管理人是适格的被告。主要理由是，企业进入破产程序，其破产财产由管理人负责处理，管理人便具有返还财产的义务，因此原告权利人起诉管理人在被告主体上并无不当。

（3）以受让人为被告的情形。破产企业将非破财产出让，受让人尚未支付对价的，权利人可以直接将受让人作为被告，通过诉讼程序行使请求权，请求法院判令受让人支付对价或者返还标的物。

2.关于诉讼时效问题

根据《企业破产法》第三十八条规定，权利人行使取回权的开始时间为"受理破产申请之后"。从此开始至破产财产分配时为权利人行使取回权的期限。超过这个期限即为超过行使取回权的诉讼时效期间。理由是，权利人在期限内未行使取回权，致使非破产财产被变价作为破产财产分配，已经无法予以挽救，这是权利人怠于行使取回权被视为放弃取回权的结果，权利人再行使取回权提起诉讼就不发生法律效力，法院应当驳回其起诉。

【裁判案例】

提示：买受人购买企业破产前的房产虽未登记过户，但已付清全部价款并占有，法院判决其有权取回该房产。

2009年3月23日，交通宾馆与张某某签订了《商品房买卖合同》，该合同约定，交通宾馆将坐落于将军中路的价值2144448元的门市楼3套出卖给张某某，并协助办理房产证书。张某某于3月27日交清了全部购房款。后经双方协商，张某某退回1、2层门市楼一套，合款74万元。2010年8月20日，庆悦酒店与张某某又签订了《商品房买卖合同》，该合同约定，庆悦酒店将坐落于将军中路价值3427200元的门市楼4、5、6层出卖给张某某，并协助办理房产证书。张某某于同年8月28日交清了全部购房款。

2013年1月14日，南皮县法院裁定受理庆悦酒店申请破产清算，并指定破产管理人。

张某某经与庆悦酒店破产管理人交涉未果，以悦庆酒店破产管理人为被告，向南皮县法院提起取回权诉讼，请求取回其对登记在悦庆酒店名下的房产享有取回权。

南皮县法院认为：《企业破产法》第三十八条规定："人民法院受理破产申请后，债务人占有的不属于债务人的财产，该财产的权利人可以通过管理人取回。但是，本法另有规定的除外"。因此，破产取回权是权利人请求将破产企业保管的属权利人所有的财产予以取回的权利。取回权成立的前提是取回权人申请取回的标的在法院受理债务人破产申请后还真实存在，且被债务人所占有。被取回的财产应当具有特定性，以与破产企业的自身财产进行区分。悦庆酒店出现经营危机后进入破产清算程序。争议房产虽登记在悦庆酒店名下，但可以与悦庆酒店的自有财产进行区分，不存在与悦庆酒店的资产混同的情形。

悦庆酒店在进入破产程序前将其所有的房屋出售给原告张某某，原告张某某已经将购房款全部付清，并实际占有该房屋，双方的房屋买卖协议已实际履行。原告张某某对该房屋装修后又租赁给悦庆酒店用于员工宿舍，被告孙某某亦对该事实认可。对不属于破产财产的房屋，权利人有权请求悦庆酒店予以返还。因此，原告张某某主张对诉争房屋取回权的请求，本院予以支持。鉴于悦庆酒店已经宣告破产，本案诉争房屋不属于破产财产的范围，应属原告张某某财产，依法应由被告悦庆酒店破产管理人协助原告张某某办理房屋过户手续。原悦庆酒店破产后，原告张某某可以直接起诉被告悦庆酒店破产管理人，要求其履行原悦庆酒店应尽的义务。

南皮县法院作出（2013）南民初字第727号民事判决书，判决：一、原告张某某有权向被告庆悦酒店破产管理人取回将军中路第一套和第三套门市楼和三、四、五、六层门市楼；二、被告庆悦酒店破产管理人协助原告办理产权变更登记证书。

庆悦酒店破产管理人不服上述判决，向沧州市中院提出上诉，请求改判驳回被上诉人张某某的全部诉讼请求。上诉理由是：

1. 原审认定事实存在严重错误。第一，庆悦酒店是独立法人，与交通宾馆和庆悦酒店没有承继关系。以交通宾馆和庆悦酒店作出的行为，不应对庆悦酒店发生效力；第二，交通宾馆和庆悦酒店都不是房地产开发企业，没有资格开发商品房，无权签订商品房买卖合同；第三，本案争议标的是不动产，占有不是权利转移的标志，而且被上诉人张某某也未提供确实交付和占有的证据。

2. 原审判决适用法律错误。涉案房屋2011年11月4日登记在庆悦酒店名下，根据《物权法》的相关规定，该房产属于庆悦酒店财产，被上诉人张某某不享有争议财产的所有权，不具备行使取回权的条件。

被上诉人张某某答辩：第一，庆悦酒店成立于2010年11月4日，之前均是孙某某以"交通宾馆"和"庆悦酒店"以及孙某某本人的名义从事民事活

动，公司法定代表人孙某某的儿子只是挂名。之后公司活动和孙某某本人财务也未严格区分，孙某某以自己名义借款、筹资均用于公司，上诉人也将其列为了破产债务。故交通宾馆、庆悦酒店存在承继关系。

第二，孙某某签字并盖有"交通宾馆"和"庆悦酒店"印章的商品房买卖合同合法有效，被上诉人张某某已交付房款，房屋也交付张某某，楼房装修都是由张某某完成，孙某某予以认可，争议房产的实际产权人为张某某。

第三，本案早在2010年8月20日双方结清房款后交付了房产，合同明确约定卖方协助办证，后因培训员工租用了该楼房，可是庆悦酒店之后擅自将该房产登记在自己名下，违背了诚信原则，其行为当然无效。该房产不属于破产财产，权利人有权取回。因此，原审判决正确，应予维持。

沧州市中院认为，交通宾馆是孙某某个人设立，庆悦酒店系孙某某与其子设立，故庆悦酒店与交通宾馆存在关联关系。庆悦酒店成立前，孙某某以交通宾馆和庆悦酒店名义与张某某签订商品房买卖合同，将涉案房产出售给张某某，该合同没有违反法律相关规定，应为有效，双方均应依合同约定全部履行。张某某按合同约定足额交付购房款，房屋已交付张某某，但未办理房屋产权登记。庆悦酒店成立后，孙某某没有按照合同约定协助张某某办理房屋产权证书，却将房产证书办理在自己的庆悦酒店名下，违反了合同约定和诚信原则。上诉人破产管理人不能提供证据证明庆悦酒店合法取得讼争房产所有权，仅以讼争房产登记在庆悦酒店名下，即认为该房产属于破产财产，没有事实和法律依据。最高人民法院《关于审理企业破产案件若干问题的规定》第七十一条六项规定：尚未办理产权证或者产权过户手续但已向买方交付的财产不属于破产财产。依照该规定，该讼争房产不属于破产财产。该房产交付张某某后，张某某对房产进行了装修，后将该房产租给庆悦酒店使用。现张某某请求返还并协助办理产权变更手续，符合《企业破产法》第三十八条的相关规定，应予支持。

沧州市中院认定：原审判决认定事实清楚，适用法律正确，应予维持。沧州市中院依照《民事诉讼法》第一百七十条第一款第一项之规定，作出（2014）沧民终字第305号判决书，判决驳回庆悦酒店破产管理人上诉，维持原判。

【裁判案例】

提示：**买受人将出卖人保留所有权的设备成为添附后破产，出卖人不可取回，但其货款应作共益债务清偿。**

2013 年 3 月 5 日和 2013 年 9 月 11 日，正泰公司与新沛公司分别签订了两份《工业品买卖合同》，新沛公司向正泰公司购买 110KV 线路金具、动力柜、端子箱等设备，合同价款总计 82 万元。上述两份合同均约定：标的物的所有权自新沛公司付清全款起转移，若新沛公司未履行支付义务，标的物仍属于正泰公司所有。上述两份合同签订后，正泰公司按约定履行了交付标的物的义务，但新沛公司未支付货款，欠正泰公司合同价款 82 万元。新沛公司已将正泰公司提供的设备设施及配件全部投入使用。

2016 年 2 月 5 日，巴音郭楞蒙古自治州中院裁定受理了新沛公司破产重整申请。正泰公司在法院指定的债权申报期限内向新沛公司破产管理人申报了全部债权 1604604 元。后又向新沛公司破产管理人提出《关于行使财产取回权的申请》。2016 年 6 月 6 日，新沛公司破产管理人作出《审核结论通知书》，不予准许正泰公司的取回申请。

正泰公司向巴音郭楞蒙古自治州中院提起取回权诉讼，请求：1. 将两份《工业品买卖合同》中正泰公司保留所有权的电气产品取回；2. 取回标的物价减少的损失，从共益债务中清偿补足。

巴音郭楞蒙古自治州中院认为：本案双方所争议的焦点问题是正泰公司是否享有取回权。《物权法》第二十三条规定：动产物权的设立和转让，自交付时发生效力，但法律另有规定的除外。虽然《合同法》第一百三十四条规定当事人可以在买卖合同中约定买受人未履行支付价款或者其他义务的，标的物的所有权属于出卖人，但本案中，正泰公司通过向新沛公司破产管理人申报债权的方式，要求支付全部货款。正泰公司申报债权主张全部货款的行为应当视为不再保留合同项下标的物的所有权，合同项下标的物的所有权已转移到新沛公司。现正泰公司再次主张标的物所有权的请求，不符合法律规定，不予支持。

巴音郭楞蒙古自治州中院作出（2016）新 28 民初 32 号民事判决书，判决驳回正泰公司的诉讼请求。

正泰公司不服一审判决向新疆维吾尔自治区高院提起上诉称：

1.《合同法》第一百三十四条规定，当事人可以在买卖合同中约定买受人未履行支付价款或者其他义务的，标的物所有权属于出卖人。同时，《破产法司法解释二》第二条规定，债务人在所有权保留买卖中尚未取得所有权的财产不应认定为债务人财产。因此，正泰公司在《工业品买卖合同》中约定所有权保留符合法律规定，因买方未履行支付价款义务，买卖标的物所有权属正泰公司所有。

2.《企业破产法》第三十八条规定，人民法院受理破产申请后，债务人占有的不属于债务人的财产，该财产的权利人可以通过管理人取回。《破产法司法解释二》第三十八条规定，出卖人依据《企业破产法》第三十八条的规定主张取回买卖标的物的，人民法院应予支持。根据上述规定，正泰公司取回标的物的主张应得到法院支持。

3.正泰公司已依据《破产法司法解释二》第二十六条的规定，向新沛公司破产管理人提出行使取回权，管理人不予准许取回申请缺乏法律依据。

4.破产法及相关司法解释未规定申报债权后不得行使取回权，何况正泰公司已撤回债权申报。一审法院在法律没有明确规定的情况下，推定正泰公司不再保留合同项下标的物所有权，所有权已转移至新沛公司错误。

5.依据《破产法司法解释二》第三十七条、第三十八条，不论破产管理人决定解除合同还是继续履行合同，所有权人提出行使取回权和主张作为共益债务清偿的，破产管理人应向正泰公司支付价款或准许行使取回权或将买卖标的物价款作为共益债务清偿。

6.一审法院将正泰公司起诉的被告新沛公司变更为新沛公司破产管理人，违反《破产法司法解释二》第二十七条的规定，属确定诉讼主体错误。

上诉请求：1.撤销一审判决，改判支持正泰公司的一审诉讼请求，即将二份合同《工业品买卖合同》中正泰公司保留所有权的电气产品取回；2.取回标的物价值减少的损失，从共益债务中清偿。

新沛公司破产管理人辩称：1.双方签订的合同虽约定，如新沛公司未履行付款义务，标的物仍属正泰公司所有。但正泰公司在法院指定的债权申报期内向破产管理人申报了债权，该申报债权的行为属于已选择认可标的物所有权属新沛公司，则正泰公司不再享有物权。2.正泰公司所供的设备均已安装并投入使用，与其他设备已形成厂房一个整体，拆卸取回将使厂房无法正常运转，且必将损坏其他物品，是对社会财富的浪费，因此不具备取回条件。请求驳回上诉，维持原判。

新疆维吾尔自治区高院二审中查明，正泰公司起诉的被告为新沛公司，一审在审理期间将被告变更为新沛公司破产管理人。新沛公司向一审法院提交了营业执照、法定代表人身份证明书及授权委托书等，其法定代表人李某某参加了一审诉讼。正泰公司二审庭审中认可《工业品买卖合同》中的设备已由新沛公司安装使用，成为主厂房整体的组成部分。

新疆维吾尔自治区高院认为：《企业破产法》第三十八条规定："人民法院受理破产申请后，债务人占有的不属于债务人的财产，该财产的权利人可以通过管理人取回。但是，本法另有规定的除外。"从上述规定可见，权利人行使取回权的基础是物上返还请求权，财产能否取回取决于原物是否存在并事实上能够返还或经济上合理。本案中，正泰公司出卖的设备已由新沛公司安装使用，成为新沛公司厂房的组成部分，设备与厂房已形成添附，强行拆除将导致厂房无法正常使用，同时亦破坏正泰公司要求取回的财产本身的价值，正泰公司请求取回财产在经济上不合理，会造成社会财产的损失和浪费，一审法院未予支持并无不当，对此本院予以维持。

《破产法司法解释二》第二十七条规定，权利人依据《企业破产法》第三十八条的规定向管理人主张取回相关财产，管理人不予认可，权利人以债务人为被告向人民法院提起诉讼请求行使取回权的，人民法院应予受理。根据上述规定，正泰公司向新沛公司主张取回权正确，一审法院将被告变更为新沛公司破产管理人不符合上述规定，属程序有误。鉴于新沛公司实际参加了一审诉讼，且该程序错误未影响案件的处理结果，本院对一审的判决结果予以维持。正泰公司可根据《破产法司法解释二》第三十四条、第三十七条的相关规定，向新沛公司破产管理人申请继续履行《工业品买卖合同》，支付货款或就该合同形成的债务申请作为共益债务清偿。

新疆维吾尔自治区高院依照《民事诉讼法》第一百七十条第一款第一项之规定，作出（2017）新民终116号判决书，判决如下：驳回上诉，维持原判。

第二节　债权人行使破产抵销权及若干问题

债务民企并非是单纯的债务人，绝大多数在生产经营过程对他人享有债权，而且"三角债"比较突出，这些债权债务情况带进破产程序，根据《企业破产法》第四十条"债权人在破产申请受理前对债务人负有债务的，可以向管理人主张抵销"之规定，破产债权人可以行使抵销权。

一、合同法上的抵销权与破产法上的抵销权

为了及时理清互负债务的纠缠问题，我国《合同法》第九十九条规定，除依照法律规定或者按照合同性质不得抵销外，当事人互负到期债务，该债务的标的物种类、品质相同的，任何一方可以将自己的债务与对方的债务抵销。第一百条规定，当事人互负债务，标的物种类、品质不相同的，经双方协商一致，也可以抵销。

《企业破产法》及其司法解释规定的破产抵销权不受《合同法》上述抵销条件的限制。这与破产程序的特殊性有关：一是破产程序是一种概括性的执行程序，所有破产债权债务都应通过债权申报转化金钱来清偿，因此并不要求双方债权债务的标的种类是否相同，不同种类的债权债务也可以在破产程序中进行抵销；二是《企业破产法》明确规定，企业进入破产程序后未到期的债权视为到期，且破产债权人单方就可以通知管理人抵销。

根据《合同法》第九十九条规定，当事人互负到期债务，一方可主张抵销。《破产法司法解释二》第四十三条规定，破产申请受理时，债务企业对债权人负有的债务尚未到期可以抵销。根据《合同法》第九十九条规定，标的物种类、品质相同的，一方可以主张抵销；不相同的，经双方协商一致才可以抵销。而《破产法司法解释二》第四十三条规定，债权人主张抵销，管理

人以"双方互负债务标的物种类、品质不同"为由提出异议的，法院不予支持。也就是说，双方互负债务标的物种类、品质不同的，债权人一方亦可行使抵销权。

二、破产抵销权及其特征

破产抵销权，是指债务企业与破产债权人在破产申请受理前发生的互负债务，在破产程序中无需依赖破产程序就可各以其债权充当债务，在等额内相互消灭的权利。从《企业破产法》及其司法解释的有关规定来看，债权人行使破产抵销权应当具备以下几个条件：

一是行使破产抵销权的主体只是破产债权人。根据《企业破产法》第四十条规定，在破产程序中，只有债权人才有权行使抵销权。《破产法司法解释二》第四十一条第二款更明确地规定，除抵销使债务人财产受益外，管理人不得主动抵销债务人与债权人的互负债务。由此可见，破产企业及其管理人都不是行使抵销权的主体。

二是债权人对破产企业的债权已经得到确认。根据《最高人民法院关于审理企业破产案件若干问题的规定》第六十条第一款规定，债权人行使抵销权应当具备"债权人的债权已经得到确认"条件。这里的"确认"是指债权已经管理人认定且当事人无异议，或者已经人民法院、仲裁机构裁判。债权未经依法确认，为保护全体债权人的利益，即使双方当事人都同意抵销，也不能产生抵销的法律效力。

三是可抵销债务必须是法院裁定受理破产申请前形成的债权债务。根据《企业破产法》第四十条规定，破产债权人主张抵销的债务必须是破产申请受理前对破产企业负有的债务，此后形成的债务一般为共益债务，通常不存在可抵销的情形。

三、关于不得抵销情形的问题

根据《企业破产法》第四十条、第四十四条、第四十五条和第四十六条规定，有下列情形之一的，不得抵销：

1."债务人的债务人在破产申请受理后取得他人对债务人的债权的"

这里的"债务人的债务人"是指破产企业的债务人，如第三人向民企借款未偿还，该第三人便是民企的债务人。在破产程序中，破产民企的债务人应当向管理人清偿债务，然后，管理人将受偿的财产归入破产财产，供所有债权人分配，这种债务人如果在破产案件受理后通过转让取得他人的对破产民企的债权，并以此与破产企业进行抵销，相当于个别清偿，同时会减少破产财产，有害于其他多数破产债权人的利益，所以不得主张抵销。

2."债权人已知债务人有不能清偿到期债务或者破产申请的事实，对债务人负担债务的"

比如，在法院受理破产案件前，出卖方作为借款人向买受方借款未偿还，出卖方明知买受方尚欠其到期货款不能清偿，或者已经知道买受方提出破产申请，在这种情况下，出卖方继续按照买卖合同的约定向买受方交付标的物，致使买受方增加对其债务负担，然后带进破产程序抵销借款债务，这是一种恶意抵销行为，有害于其他破产债权人的利益，故不得主张抵销。《企业破产法》第四十条第二项继续规定"但是，债权人因为法律规定或者有破产申请一年前所发生的原因而负担债务的除外。"也就是说，"因为法律规定或者有破产申请一年前所发生的原因"不是恶意行为，可以主张抵销。

3."债务人的债务人已知债务人有不能清偿到期债务或者破产申请的事实，对债务人取得债权的"

前种情形是债权人对债务人负担债务，这种情形是债务人的债务人对债务人取得债权。譬如，第三人欠民企借款未偿还成为民企的债务人，该第三人在得知民企有不能清偿到期债务或者破产申请的事实后，未经管理人同意仍将原材料交付给民企形成对民企享有债权，然后在破产程序中主张债权债务抵销，这与前种情况一样，也是一种个别清偿的恶意行为，故也不得主张抵销。但是，债务人的债务人因为法律规定或者有破产申请一年前所发生的原因而取得债权的除外。

4.《破产法司法解释二》第四十四条规定的情形

即"破产申请受理前六个月内，债务人有企业破产法第二条第一款规定的情形，债务人与个别债权人以抵销方式对个别债权人清偿，其抵销的债权债务属于企业破产法第四十条第二、三项规定的情形之一，管理人在破产申请受理之日起三个月内向人民法院提起诉讼，主张该抵销无效的，人民法院应予支持。"这条规定是对《企业破产法》第四十条第二、三项规定的解释，也就是说，破产申请受理前六个月内，涉破企业已有破产原因，仍与个别债权人进行债权债务抵销，也属于"个别清偿"的情形，抵销无效。但是，管理人超过自破产申请受理之日起三个月内不向法院提起诉讼的，债权人主张抵销便为有效。

5.《破产法司法解释二》第四十五条规定的情形

即"企业破产法第四十条所列不得抵销情形的债权人，主张以其对债务人特定财产享有优先受偿权的债权，与债务人对其不享有优先受偿权的债权抵销，债务人管理人以抵销存在企业破产法第四十条规定的情形提出异议的，人民法院不予支持。但是，用以抵销的债权大于债权人享有优先受偿权财产价值的除外。"也就是说，不得抵销情形的债权人对破产企业特定财产享有优先受偿权的债权（如抵押、质押、留置的担保债权）与破产企业对其不享有优先受偿权的债权可以进行抵销，但用以抵销的债权大于债权人享有优先受偿权财产价值的，大于部分不得抵销。

6.《破产法司法解释二》第四十六条规定的情形

破产企业的股东因欠缴本企业的出资或者抽逃出资的债务不得与本企业对其所负有的债务抵销，破产企业的股东滥用股东权利或者关联关系损害公司利益对本企业所负的债务，不得与本企业对其所负有的债务抵销。

四、关于行使破产抵销权的程序问题

《企业破产法》第四十条规定："债权人在破产申请受理前对债务人负有债务的，可以向管理人主张抵销。"《破产法司法解释二》第四十二条第一款规定："管理人收到债权人提出的主张债务抵销的通知后，经审查无异议的，抵销自管理人收到通知之日起生效。"第二款规定："管理人对抵销主张有异议的，应当在约定的异议期限内或者自收到主张债务抵销的通知之日起三个月内向人民法院提起诉讼。无正当理由逾期提起的，人民法院不予支持。"第三款规定："人民法院判决驳回管理人提起的抵销无效诉讼请求的，该抵销自管理人收到主张债务抵销的通知之日起生效。"

根据上述规定，因抵销权是债权人的权利，故是否行使由债权人自己决定，债权人若不行使，管理人就不得自行予以抵销，更不得强行抵销。债权人行使破产抵销权的，应向管理人提交债务抵销通知书，明确表达抵销的主张和内容。债权人若向破产企业主张抵销，或者破产企业向管理人主张抵销，都不能启动抵销程序。

管理人收到债权人的债务抵销通知后，经审查无异议的，债权债务抵销自管理人收到通知之日起生效。管理人对债权人的抵销主张有异议的，不能自行决定债权人所行使的抵销权无效，而应在约定的异议期限内或者自收到债权人主张债务抵销通知之日起，三个月内向法院提起诉讼，由法院裁判是否予以抵销；管理人无正当理由逾期提起诉讼的，法院将驳回其诉讼请求。

法院判决驳回管理人提起的抵销无效诉讼请求的，不得另行判决债务抵销生效时间，该抵销仍自管理人收到债权人主张债务抵销通知之日起生效。

五、关于行使抵销权的法律效果问题

债权人行使债务抵销权被法院裁判无效，不发生债权债务相互抵销的法律效力。债权人行使债务抵销权，管理人经审查无异议，或者有异议向法院提起破产抵销权诉讼而被法院裁判驳回的，债权人提出的债务抵销的主张生效，其与破产企业之间的债权与债务同归消灭，债权人在抵销范围内的债权获得了全额清偿，从而避免和其他债权人一样接受破产财产分配只获得比例清偿的损失，这说明具有抵销权的债权人在破产程序中拥有不同于其他债权人的优先地位。

【裁判案例】

提示：管理人对债权人抵销主张有异议提起诉讼，法院认定抵销行为不影响其他债权人利益驳回管理人的诉讼请求。

东来公司向中信银行宁波分行申请开立三笔信用证，并于2013年9月16日、2013年10月12日、2013年10月14日、2013年10月28日向中信银行宁波分行交存保证金合计2778000元。2013年12月9日，东来公司向中信银行宁波分行借款 2000 万元，用于以贷还贷，即偿还上述三笔信用证的对外付款，贷款年利率为 6%，到期日为 2014 年 11 月 10 日。后中信银行宁波分行信用证项下对外付款总额为 3664031.46 美元，2000 万元人民币借款折3287527.12 美元偿还对外付款后，仍欠差额 376504.34 美元由保证金购汇支付（折人民币 2290501.8 元），以上款项均于 2013 年 12 月 10 日清偿完毕。至2014 年 1 月 29 日，保证金账户余额合计 489656.2 元（含利息 2158 元），中信银行宁波分行已于当日扣划。

2013 年 12 月 18 日，东来公司向镇海区法院申请重整，镇海区法院于2013 年 12 月 19 日裁定受理其重整申请。2014 年 1 月 22 日，中信银行宁波分行向东来公司管理人申报债权本金 2000 万元，利息 33333.33 元。

2016 年 10 月 14 日，中信银行宁波分行通知东来公司管理人，就扣划的489656.2 元行使抵销权。2016 年 10 月 27 日，东来公司管理人致函中信银行宁波分行，认为中信银行宁波分行的扣划行为发生在东来公司破产受理及债权申报之后，属于《企业破产法》第四十条规定的个别受偿行为，抵销权不成立，要求中信银行宁波分行返还扣划款项。中信银行宁波分行接到该通知后拒绝返还。

东来公司管理人以中信银行宁波分行为被告，向镇海区法院提起破产抵销权诉讼称：2014 年 1 月 22 日，中信银行宁波分行向原告申报债权本金 2000万元、利息 33333.33 元。2016 年 10 月 10 日，原告发现被告于 2014 年 1 月29 日扣划了东来公司在被告处的保证金本息 489656.2 元。2016 年 10 月 14日，被告书面通知原告，要求对上述扣划的款项行使抵销权。原告认为被告的行为属于《企业破产法》第四十条第二款规定的不得抵销的情形，于 2016年 10 月 26 日致函要求被告返还被扣划的款项，但被告拒绝返还，故原告诉至法院。请求：1. 确认被告中信银行宁波分行对东来公司 489656.2 元债务行使抵销权的行为无效；2. 被告中信银行宁波分行返还银行存款 489656.2 元并支付利息。

被告中信银行宁波分行辩称：1. 中信银行宁波分行对东来公司享有 2000万元债权本金及相应利息并已向原告东来公司管理人申报，同时，中信银行宁波分行还对东来公司负担存款储蓄合同债务，应返还东来公司交存的信用证保证金余额 489656.2 元，以上债权债务的产生时间均在破产申请受理之前，故中

信银行宁波分行有权行使破产抵销权。

2. 虽然东来公司交存保证金的时间在法院受理破产申请一年前，但那时东来公司是正常经营的，中信银行宁波分行并不知道东来公司有不能清偿到期债务或者破产申请的事实，不存在恶意。

3. 中信银行宁波分行已依据《破产法司法解释二》第四十一条第一款的规定，向原告提出抵销主张，程序上亦属合法。

4. 东来公司向中信银行宁波分行借款 2000 万元是为了偿还信用证垫款，信用证的保证金补足剩余垫款后，至 2014 年 1 月 29 日，东来公司在中信银行宁波分行处的保证金余额为 489656.2 元。中信银行宁波分行于 2014 年 1 月 22 日向原告管理人申报债权，但原告管理人至今不予确认，现中信银行宁波分行以保证金余额抵销对东来公司的债权，不会损害其他债权人的利益，也不会影响破产债权的公平清偿。

综上，中信银行宁波分行行使破产抵销权符合法律规定，故请求驳回原告管理人的诉讼请求。

原告东来公司管理人补充认为：1. 涉案保证金是信用证项下的保证金，不是对 2000 万元借款的担保，被告中信银行宁波分行无权扣划，且保证金的交存时间在法院受理破产申请前一年内，被告中信银行宁波分行已明知东来公司以贷还贷，将无法清偿到期债务，存在恶意，不符合行使破产抵销权的要件。

2. 根据第六十条的规定，行使抵销权应当具备的条件之一为债权人的债权已经得到确认，但被告中信银行宁波分行的债权至今未得到原告管理人的确认，故被告中信银行宁波分行不能行使破产抵销权。

3. 涉案保证金系被告中信银行宁波分行单方扣划，且被告中信银行宁波分行在 2014 年 1 月 29 日扣划后故意向原告管理人隐瞒，直至 2016 年 10 月 10 日，原告管理人审核债权时发现该笔款项，被告中信银行宁波分行才于 2016 年 10 月 26 日书面通知原告管理人行使抵销权，被告中信银行宁波分行的行为存在恶意，损害了其他债权人的利益，应属无效。

庭审中，原告东来公司管理人称，在本案判决作出之前，将不予确认被告中信银行宁波分行的债权。被告中信银行宁波分行称，其系应东来公司正常经营行为的申请开立上述三笔信用证，并已经依照正常商业贸易往来的结算方式对外付款，被告中信银行宁波分行是经原告管理人告知后才知道东来公司破产事宜，不存在恶意，另外，被告申报的债权金额未扣除已经扣划的489656.2元保证金余额。

2017年2月16日，东来公司管理人向法院提交《关于对中信银行宁波分行债权审查的情况说明》（以下简称《情况说明》）一份，称如果法院认定被告中信银行宁波分行抵销权成立，则管理人对其债权认定为借款本金19543677.13元、利息0元；如果法院认定被告中信银行宁波分行抵销权不成立，则管理人对其债权认定为借款本金2000万元、利息33333.33元。

镇海区法院认为，本案的争议焦点为就涉案保证金，被告中信银行宁波分行是否有权行使破产抵销权。

第一，从实体上来说，《企业破产法》第四十条规定，债权人在破产申请受理前对债务人负有债务的，可以向管理人主张抵销。《最高人民法院关于审理企业破产案件若干问题的规定》第六十条第一款规定，行使抵销权的条件之一为"主张抵销的债权债务均发生在破产宣告之前"。本案中，东来公司于2013年9月至10月期间向被告中信银行宁波分行交存信用证保证金2778000元，被告中信银行宁波分行于2013年12月9日向东来公司发放贷款2000万元用于清偿信用证的对外付款，被告中信银行宁波分行取得债权的时间为2013年12月9日。保证金所担保的主债务于2013年12月10日清偿完毕后，被告中信银行宁波分行与东来公司就剩余的保证金成立储蓄存款合同关系，即被告中信银行宁波分行在2013年12月10日负有返还东来公司保证金余额的债务。本院受理东来公司破产重整申请的时间为2013年12月19日，故被告中信银行宁波分行对东来公司享有债权和负担债务的时间均在本院受理东来公司破产申请之前，被告中信银行宁波分行向原告管理人主张抵销符合行使抵销权的实体性要件。

第二，从程序上来说，根据《破产法司法解释二》第四十一条第一款的规定，债权人依据《企业破产法》第四十条的规定行使抵销权，应当向管理人提出抵销主张。本案中，被告在已于2016年10月14日向东来公司管理人提出抵销主张，符合该条规定的程序性要件。因此，本院认为，被告就涉案保证金行使破产抵销权的行为应属有效。

对于原告管理人主张保证金的交存时间发生在法院受理破产申请前一年内，且被告中信银行宁波分行明知东来公司有不能清偿到期债务的情形，存在

恶意，故被告中信银行宁波分行无权抵销的诉称意见。本院认为，《企业破产法》第四十条第二款规定不得抵销的情形为："债权人已知债务人有不能清偿到期债务或者破产申请的事实，对债务人负担债务的；但是，债权人因为法律规定或者有破产申请一年前所发生的原因而负担债务的除外。"据此，债权人已知债务人有不能清偿到期债务或者破产申请的事实仍对债务人负担债务的，不得抵销。但是，即便债权人明知上述情形，如果是因破产申请一年前所发生的原因而负担债务，仍旧可以主张抵销。因此，不能反向解释为债权人负担债务的时间必须发生在破产申请一年前才能行使抵销权，故原告管理人以此为行使抵销权的要件主张被告中信银行宁波分行抵销行为无效，没有法律依据，本院不予支持。

至于被告中信银行宁波分行是否存在已知东来公司有不能清偿到期债务或者破产申请的事实仍负担债务的情形。本院认为，第一，涉案保证金系为开立信用证所交存，信用证一般是货物贸易中所使用的支付方式，应属正常的商业经营行为，故本院认为被告中信银行宁波分行所称东来公司交存保证金时经营正常的陈述较为可信。第二，保证金交存的时间为2013年9月至10月期间，东来公司系2013年12月18日向本院提起的重整申请，而非由其他债权人向本院申请东来公司破产，可见东来公司并无明显的债权人可知的《企业破产法》第二条规定情形之外观，故本院认为被告中信银行宁波分行有理由相信东来公司申请开立信用证和交存保证金时尚属正常经营。第三，债权人主观上存在恶意的举证责任在于主张抵销权无效的一方。本案中，原告管理人称被告中信银行宁波分行在明知东来公司无法偿还信用证垫款的情况下仍向东来公司发放贷款2000万元，该以贷还贷的行为即构成恶意。对此，本院认为，被告中信银行宁波分行在开立信用证时只是存在对外付款的风险，其对东来公司的债权在对外付款之后才得以确定，而以贷款偿还信用证对外付款则是将对东来公司的或有债权变成了确定的债权。也就是说，如果被告中信银行宁波分行明知东来公司有不能清偿到期债务或者破产申请的事实仍旧发放贷款，被告中信银行宁波分行为此承担的是更大的风险，而非获得利益，显然不符合常理。故原告管理人仅以东来公司以贷还贷的行为主张被告中信银行宁波分行存在恶意，该事实并不足以证明其主张。因此，本院认为，原告管理人主张被告中信银行宁波分行已知东来公司有不能清偿到期债务或者破产申请的事实仍负担债务，没有事实和法律依据，本院不予支持。

对于原告主张被告的债权一直未得到确认，被告行使抵销权不符合《最高人民法院关于审理企业破产案件若干问题的规定》第六十条规定的构成要件，应确认无效的诉称意见。本院认为，《最高人民法院关于审理企业破产案件若干问题的规定》第六十条第一款规定行使抵销权的条件之一为"债权人的债权已经得到确认"。据此，破产抵销权行使的程序条件是债权人据以主张抵销的债权在破产程序中必须依法申报并最终经人民法院裁定确认。通过管理人审查和债务人、债权人会议核查等程序，可以保证抵销债权的真实性、合法性和准确性，从而防止利用虚假债权侵蚀破产财产从而损害全体债权人利益的情况发生。因此，未经依法申报的债权不能主张抵销，并且最终抵销的债权必须是经人民法院裁定确认的债权。本案中，被告向原告申报债权的金额为借款本金2000万元，利息33333.33元，对此，原告虽未出具书面的确认债权通知书，但是根据其向本院提交的《情况说明》，本院认为该笔债权已经得到东来公司管理人的审查确认。故而，虽然原告申报的债权尚未经法院裁定确认，程序上存有瑕疵，但在该笔债权已经管理人审查确认，其真实性、合法性和准确性能够得到保障且债权数额远大于所欲抵销的债务数额的情况下，该程序瑕疵尚不构成破产抵销权行使的实质性障碍。

对于原告主张被告单方扣划涉案保证金并刻意隐瞒，在事后才通知原告的行为，损害了其他债权人的利益，应属无效的诉称意见。本院认为，根据《破产法司法解释二》第四十二条的规定，管理人收到债权人提出的主张债务抵销的通知后，经审查无异议的，抵销自管理人收到通知之日起生效。管理人对抵销主张有异议的，应当在约定的异议期限内或者自收到主张债务抵销的通知之日起三个月内向人民法院提起诉讼。无正当理由逾期提起的，人民法院不予支持。人民法院判决驳回管理人提起的抵销无效诉讼请求的，该抵销自管理人收到主张债务抵销的通知之日起生效。据此，被告中信银行宁波分行扣划涉案保证金的行为并非作出即产生破产抵销的法律后果，如果原告认为被告扣划有误，仍享有返还请求权，本案被告系金融机构，履行能力也能够得到保障。并且，即便本院驳回原告的诉讼请求，被告的抵销行为也并非自扣划之日生效，而是自原告收到抵销通知之日才生效。故而，被告单方扣划涉案保证金以及扣划之后再向原告主张抵销的行为，不影响其他债权人的利益，对破产财

产也不构成实质损害，原告以此主张被告的抵销行为无效，于法无据，本院不予支持。

镇海区法院作出（2016）浙0211民初3692号判决书，判决驳回原告东来公司管理人的诉讼请求。

【裁判案例】

提示：债权人基于代偿债权按约变卖反担保质物，价款尚不足以覆盖其全部债权的，抵销债务有效。

2011年11月8日，安徒生公司与某银行城西支行签订《流动资金借款合同》，约定安徒生公司向城西支行借款150万元，民兴担保公司为该笔贷款提供了最高额保证。2011年11月15日，民兴担保公司与刘A、刘B、刘C签订《房地产抵押合同》，约定刘A、刘B、刘C将其所有的房产抵押给民兴担保公司，作为安徒生公司履行前述债务的担保。后因安徒生公司未能按约偿还城西支行的该笔贷款，民兴担保公司于2012年7月11日为安徒生公司代偿了贷款本息1532207.93元。

2011年11月8日，安徒生公司出具《承诺书》一份，载明：鉴于刘A、刘B、刘C以其房产为安徒生公司在城西支行150万元流动资金借款向民兴担保公司提供抵押反担保，安徒生公司同意以本公司儿童用品存货向刘A、刘B、刘C提供抵押担保，价值200万元。若因安徒生公司不能依照协议按期还款而导致刘A、刘B、刘C承担了抵押担保责任，安徒生公司承诺刘A、刘B、刘C可直接处置该存货并受偿。

后民兴担保公司将安徒生公司、刘A、刘B、刘C等诉至白下区法院。白下区法院经审理认为，刘C的签名非其本人所签，涉案《房地产抵押合同》无效，民兴担保公司、刘A、刘B对该《房地产抵押合同》无效均存在过错，故刘A、刘B应对安徒生公司不能清偿部分的二分之一承担赔偿责任，并于2012年12月14日作出判决，判令：安徒生公司偿还民兴担保公司借款本息1457207.93元及违约金，刘A、刘B对安徒生公司不能清偿部分的二分之一承担赔偿责任。该判决生效后，民兴担保公司与刘A、刘B于2014年12月2日达成《协议书》，就刘A、刘B承担的赔偿责任，民兴担保公司同意以刘A、刘

B 支付 30 万元了结。后刘 A 分别于 2015 年 1 月 21 日、3 月 18 日向民兴担保公司付款 20 万元、10 万元，合计 30 万元。

2013 年 7 月 29 日，南京市中院裁定受理对安徒生公司的破产清算申请。刘 A 就向民兴担保公司支付的上述 30 万元向安徒生公司破产管理人申报了债权，并已得到安徒生公司破产管理人的确认。

2014 年 11 月 16 日，经管理人工作人员清点，确认有 140 箱约 7280 件儿童服装存放于刘 A 处并由刘 A 保管。2016 年 6、7 月份间，刘 A 将上述存货以 3 万元价格予以变卖。管理人要求刘 A 返还这 3 万元变卖款。

刘 A 认为，本人因为安徒生公司借款提供担保支付了 30 万元，安徒生公司为本人的担保以案涉服装提供抵押反担保，因案涉服装一直未处理，不断在贬值，且因存放该服装不断产生仓储费，仓储费都是本人在承担，在此情况下，本人才将这批服装进行了处理。该批服装是抵押给本人的，变价款应优先偿还刘 A 的债权，故该笔 3 万元变价款不应再返还给安徒生公司。

安徒生公司遂向南京市中院提起破产抵销权诉讼，要求刘 A 将变卖款 3 万元返还给安徒生公司。

南京市中院认为：抵押是指债务人或者第三人不转移对财产的占有，将该财产作为债权的担保；债务人不履行债务时，债权人有权依法以该财产折价或者以拍卖、变卖该财产的价款优先受偿。动产质押是指债务人或者第三人将其动产移交债权人占有，将该动产作为债权的担保；债务人不履行债务时，债权人有权依法以该动产折价或者以拍卖、变卖该动产的价款优先受偿。本案中，安徒生公司出具的《承诺书》中虽表述为"以本公司儿童用品存货向刘 A、刘 B、刘 C 提供抵押担保"，但根据双方实际履行情况，安徒生公司系将其存货交由刘 A 保管并对其债权进行担保，因此，就案涉存货在刘 A 与安徒生公司之间成立的应系质押担保的法律关系。现刘 A 已为安徒生公司对外承担了 30 万元债务，其因此对安徒生公司具有 30 万元债权，且已得到安徒生公司破产管理人的确认。安徒生公司为此以案涉服装提供了质押担保，因此，刘 A 可就案涉服装的变价款优先受偿。鉴于刘 A 已在安徒生公司申报了债权并得到确认，而案涉服装变价款尚不足以覆盖其全部债权，故刘 A 主张以该变价款直接冲抵其对安徒生公司的债权而无需再予返还的抗辩理由，有其依据，本院予以支持。该变价款冲抵部分债权后，安徒生公司破产管理人应在其审核确认的债权中就

已冲抵部分予以相应扣减。

南京市中院作出（2016）苏01民初2187号判决书，判决驳回徒生公司的诉讼请求。

第三节　共益债权人行权及若干问题

在民企破产程序中，共益债权人行使共益债权，必然产生破产民企清偿共益债务的问题。共益债务是指在破产程序中为债权人的共同利益所形成的破产企业对他人所负担的债务。共益债务与共益债权是一个问题的两个方面，对债务人来说是共益债务，对债权人是共益债权。在民企破产中，共益债务人不是管理人而是破产民企。

在民企破产程序中，共益债权人向管理人申报共益债权，管理人予以审查和确认的重点是，哪些债务是共益债务而不是普通债务，哪些债务是普通债务不是共益债务，只有划清这个界限，才能正确处理共益债务问题。而解决这个问题，首先要看债务是否属于共益债务的范围以及共益债务形成是否具备基本条件。

一、关于共益债务形成的条件问题

根据《破产法》有关规定，共益债务的形成应当符合以下三个基本条件：

一是主体条件。民企进入破产程序后，因失去管理权和处分权而无法举债，此时共益债务的形成和产生通常都由管理人所为，而管理人代表债务民企所产生的共益债务应当以债务企业的财产进行清偿。在重整程序中，债务民企自行管理的，其举债行为形成的共益债务，应当由债务企业清偿。因此，形成共益债务的行为人只能是管理人和自行管理的债务企业，而清偿共益债务的真正主体仍是债务企业，管理人只是代表其清偿而已。

二是目的条件。共益债务形成的目的，是为全体债权人的共同利益，是为破产程序顺利进行,是更好地管理债务人财产,非此目的而为债务企业举债的,不属共益债务。

三是时间条件。共益债务产生的时间应当是法院受理破产申请之后,此前形成的债务是破产债务,应当由破产财产清偿。

管理人经审查,认为同时具备上述三个基本条件的,应当认定共益债务成立。共益债务作为随时清偿债务与其他债权人可分配利益直接有关,所以管理人坚持合法正当的目的是非常重要的,搞不好会引起其他债权人的反对。如管理人宴请债权人委员会成员以债务民企名义欠酒店的款项,就不具有符合全体债权人利益的正当目的,故不能认定为共益债务,而应由管理人自行负责。

二、关于共益债务的范围问题

关于共益债务范围,《企业破产法》第四十二条作了明确的规定。下面根据这条规定的情形,逐一分析共益债务的具体范围问题。

1.“因管理人或者债务人请求对方当事人履行双方均未履行完毕的合同所产生的债务”

这种债务实际上仍为债务企业的合同债务,但需要理解或注意以下几个事情:

(1)涉破合同应为企业进入破产程序前就已经成立且为有效的合同,由于双方未履行完毕,使合同的权利义务带进了破产程序。

(2)“双方均未履行完毕”说明所涉合同为双务合同,双务合同不一定因一方进入破产程序就得解除,管理人有权要求对方继续履行,而继续履行双务合同就有可能产生合同债务。

(3)管理人或者债务民企认为继续履行合同对破产债权人有利的,应当请求对方当事人继续履行,对方当事人也应按约继续履行。但在破产情况下,对方当事人可能会行使合同的履行抗辩权或不安抗辩权,对此,将继续履行合同所产生的债务作为共益债务优先受偿,就能消除对方当事人的抗辩心态。

2.“债务人财产受无因管理所产生的债务”

《民法总则》第一百二十一条(原《民法通则》第九十三条)规定:“没有法定的或者约定的义务,为避免他人利益受损失而进行管理的人,有权请求受

益人偿还由此支出的必要费用。"从中可以看出，无因管理是指管理人没有法定的或者约定的义务，为避免他人利益受损失而进行管理的事实行为。这里的"无因"是指"没有法定的或者约定的义务"。无因管理人因管理他人财产如有必要费用支出的，有权请求受益人偿还，于是就有了无因管理之债。在民企破产中，无因管理人管理债务民企的财产有必要费用支出的，债务民企是受益人，应当按照《民法总则》的上述规定予以支付。对无因管理人来说，无因管理所产生的债权不是普通债权，而是优先受偿的共益债权。

根据《民法总则》第一百二十一条规定，结合《企业破产法》第四十二条规定，债务民企无因管理债务的产生应当具备以下四个要件：

一是债务民企与无因管理人之间没有法定或者约定的义务，如有法定或约定的义务，则不为无因管理。如质权人占有债务民企的质押财产，其对该财产的保管，既是法定义务又是约定义务，属于有因管理，而不是无因管理。

二是因无因管理是一种事实行为，故无因管理人应当在客观上已经实施了管理事务的行为，否则不构成无因管理。

三是无因管理人进行无因管理的目的是为了避免债务民企利益受到损失，而不是为了获得报酬或盈利，所以，《民法总则》第一百二十一条规定无因管理人只能请求"偿还由此支出的必要费用。"

四是无因管理行为发生在法院裁定受理破产申请之后，此前无因管理产生的必要费用，可为无因管理人的普通债权，这种债权即使带入破产程序也不能成为共益债务而取得优先受偿待遇；此后，无因管理产生的必要费用是共益债务，无因管理人享有优先受偿权。

3. "因债务人不当得利所产生的债务"

不当得利，是指行为人没有法律根据，取得他人不当利益，使他人财产受损，而自己受益的行为。《民法总则》第一百二十二条规定："因他人没有法律根据，取得不当利益，受损失的人有权请求其返还不当利益。"在不当得利债务中，不当得利的行为人是债务人（受益人），受损人为债权人。

不当得利由三个条件构成：一是行为人的得利没有法律根据和约定依据；二是行为人取得财产利益，而对方受有财产损失；三是一方取得利益与对方受到损失之间有着因果关系。不同时具备上述三个条件的，不当得利不成立。

不当得利成立后，受损失人要求返还不当利益，原物存在的，债务人应当返还原物；原物不存在的，债务人应当给予相应的补偿或赔偿。

不当得利的法律规定不只是适用于一般民事行为，也适用于破产制度。如客户采购破产民企的产品并已付清全部货款取得了所有权，因其运输失误将部分产品丢失在债务民企，债务民企将该丢失产品出卖取得款项，就构成不当得利，债务民企应当承担赔偿责任，这种赔偿债务就是不当得利债务，理应列为共益债务，并根据《企业破产法》第四十三条规定，由破产民企的财产随时清偿。

4."为债务人继续营业而应支付的劳动报酬和社会保险费用以及由此产生的其他债务"

民企进入破产程序后，如果继续营业下去，职工劳动报酬和社会保险费用则是必不可少的费用，而这些费用支出符合全体债权人的共同利益，故应列为共益债务随时支付，否则就无法留住职工继续经营。

5."管理人或者相关人员执行职务致人损害所产生的债务"

在破产程序中，管理人以及债权人委员会等相关人员执行职务是为了破产债权人的共同利益，因而其后果也应由破产企业负担，如运输破产财产出现交通事故造成他人人身损害，应由破产企业承担赔偿责任，且该赔偿责任为共益债务。这里的关键是"执行职务"，非执行职务行为致人损害的，应由行为人自行负责。

6."债务人财产致人损害所产生的债务"

这里的"债务人财产致人损害"是指破产企业因其财产本身的原因造成他人的损害，包括造成他人人身损害和财产损害。如破产民企厂房倒塌，造成邻居人员伤亡和财产损失等，破产民企应当承担赔偿责任。

除上述《企业破产法》第四十二条规定的情形外，《破产法司法解释二》还规定了以下几种共益债务：

1.第四条第三款规定：管理人分割债务人（破产企业）共有财产，导致其他共有人损害，其他共有人请求赔偿的，作为共益债务清偿。

2.第三十条规定：债务人占有的他人财产被违法转让给第三人，依据物权法第一百零六条的规定第三人已善意取得财产所有权，原权利人无法取回该财产，转让行为发生在破产申请受理前的，原权利人因财产损失形成的债权，作为普通破产债权清偿；转让行为发生在破产申请受理后的，因管理人或者相关

人员执行职务导致原权利人损害产生的债务，作为共益债务清偿。

3. 第三十一条规定：债务人占有的他人财产被违法转让给第三人，第三人已向债务人支付了转让价款，但依据物权法第一百零六条的规定未取得财产所有权，原权利人依法追回转让财产的，对因第三人已支付对价而产生的债务，该转让行为发生在破产申请受理前的，作为普通破产债权清偿；转让行为发生在破产申请受理后的，作为共益债务清偿。

4. 第三十二条规定：债务人占有的他人财产毁损、灭失，保险金、赔偿金已经交付给债务人，或者代偿物已经交付给债务人且不能与债务人财产予以区分，财产毁损、灭失发生在破产申请受理前的，权利人因财产损失形成的债权，作为普通破产债权清偿；财产毁损、灭失发生在破产申请受理后的，因管理人或者相关人员执行职务导致权利人损害产生的债务，作为共益债务清偿。

5. 第三十三条规定：管理人或者相关人员在执行职务过程中，因故意或者重大过失不当转让他人财产或者造成他人财产毁损、灭失，导致他人损害产生的债务作为共益债务，由债务人财产随时清偿不足弥补损失，权利人向管理人或者相关人员主张承担补充赔偿责任的，法院应予支持。

6. 第三十六条规定：出卖人破产，其管理人决定解除所有权保留买卖合同，买受人依法履行合同义务并依据本条第一款将买卖标的物交付出卖人管理人后，买受人已支付价款损失形成的债权作为共益债务清偿。但买受人违反合同约定，管理人可主张上述债权作为普通破产债权清偿。

7. 第三十八条规定：买受人破产，其管理人决定解除所有权保留买卖合同，出卖人取回买卖标的物价值明显减少，买受人已支付价款不足以弥补出卖人标的物价值减损损失形成的债权，出卖人可以主张共益债务。

三、关于共益债务的清偿及异议处置的问题

根据《企业破产法》第四十三条规定，共益债务应当由破产企业财产随时清偿，随时清偿完毕的，共益债务消灭。未能随时清偿，的，应当在破产财产分配前先予清偿。破产企业财产不足以清偿所有破产费用和共益债务的，先行清偿破产费用。破产财产不足以清偿所有破产费用或者共益债务的，按照比例清偿。

共益债务异议主要有两种情况：一种是共益债权人对管理人不予认定共益债权或者认定共益债务数额错误而产生的异议；二是因共益债务具有上述清偿优势，将直接影响其他债权人最终债权的分配比例，其他债权人对管理人认定的共益债务有异议。对这些异议，管理人应当进行复核并回复，异议人也可以依法向法院提起债权确认诉讼。

【裁判案例】

提示：管理人要求债权人继续履行合同所产生的债务属于共益债务由债务人财产随时清偿。

2012年1月3日，刘某某因承包戴斯酒店与鸿元公司（戴斯酒店的控股股东）签订了《承包经营合同》。合同约定：1.承包经营期限12年；2.在承包期内，刘某某第一年、第二年每年向鸿元公司交纳承包金300万元，从第三年开始，乙方按在上一年度承包金基础上每三年递增13%；3.鸿元公司同意给刘某某三个月的免承包金期，该免承包金期采用承包期顺延的方式实现；4.刘某某向鸿元公司交纳履约保证金300万元，在合同履行完毕后退还。该合同订立后，双方尚未实际履行。

2012年5月至2013年4月期间，鸿元公司及其关联公司包括戴斯酒店在内，先后向大理州中院申请破产重整。大理州中院立案受理并指定展腾律师所为管理人。2013年6月9日，破产管理人依据《企业破产法》第十八条的规定向刘某某发出《通知书》，要求其继续履行《承包经营合同》。刘某某于2013年7月5日向鸿元公司缴纳了保证金300万元、承包金300万元，随后对戴斯酒店进行装修改造并进行经营。此后，刘某某又向鸿元公司交纳了第二年承包金300万元。

2013年7月，第二次债权人会议否决了鸿元公司及其关联公司的重整草案，大理州中院于2013年11月裁定中止重整程序、宣告鸿元公司及其关联公司破产。2014年11月，管理人以戴斯酒店已被法院宣告破产，《承包经营合同》丧失继续履行基础为由，依据《企业破产法》第十八条的规定，通知刘某某解除戴斯酒店承包经营合同，因合同解除产生的损失可以损害赔偿请求权向管理人申报债权。刘某某认为解除合同无效，向管理人回函表示异议，因而

未将资产交回给管理人仍在经营使用。

经评估，刘某某投入戴斯酒店的资产有序出售价值为2383.9040万元，戴斯酒店的房地产价值为6927.1807万元。2015年3月，戴斯酒店上述资产以6200万元拍卖出售给旅游公司。

2015年5月19日，鸿元公司起诉刘某某，认为戴斯酒店承包合同已经解除，刘某某无权继续占有经营戴斯酒店，请求判令刘某某返还戴斯酒店的资产及经营权。大理州中院判决：刘某某停止经营并搬离戴斯酒店，戴斯酒店的资产移交给鸿元公司破产管理人。

刘某某向大理州中院起诉，请求：1.依法确认刘某某对鸿元公司享有46113018.30元债权；2.确认上述债权属于鸿元公司的破产共益债务。

大理州中院认为：《承包经营合同》为有效成立的合同，因鸿元公司申请破产重整没有实际履行；2013年6月9日破产管理人向刘某某发出《通知书》，要求其继续履行承包经营合同，后双方进行了资产移交；2013年11月13日，法院裁定中止重整程序、宣告鸿元公司及其关联公司破产；2014年11月13日，管理人通知刘某某解除承包经营合同。刘某某接手后，投入资金进行装修改造，并按约交纳了保证金300万元和两年承包金600万元。因此，刘某某在签订履行承包经营合同中秉持善意，按约履行了自己的合同义务，属于守约方，因管理人解除合同给刘某某造成的损失，刘某某有权要求赔偿。

1.承包人刘某某投入的装修改造、设施设备等2383.9040万元，不属于债务人的破产财产。刘某某对该损失的发生无过错，因此损失金额应当确认为23839040元。

2.刘某某交付保证金300万元在鸿元公司的账户上，现由管理人保管。按合同约定，300万元履约保证金应在合同履行完毕后由鸿元公司退还刘某某，但由于合同提前解除，承包人刘某某没有违约，该保证金应当足额返还给承包人。

3.关于三个月免租金期75万元。管理人认为，合同约定免承包金期3个月采用承包期顺延的方式实现，性质属于预期收益，不应当包含在破产债权范围之内。大理州中院认为，合同约定，承包方享有三个月的免承包金期，该免承包金期采用承包期顺延的方式实现。实际上是对承包方装修期间损失的弥补和对已经发生的损失进行补偿，并非预期收益，每个月租金25万元，免三个月租金共 75 万元。承包人已经交足第一年承包金 300 万元，装修期间的损失已经产生，如果合同正常履行，这个损失可以得到弥补；但是鉴于合同提前解除，承包方丧失了通过合同约定的方式获得装修期损失补偿的机会。所以三个月免租金期 75 万元应认定为共益债务。

大理州中院认定，因鸿元公司管理人解除承包经营合同给刘某某造成的经济损失总计 27589040 元。根据《企业破产法》第四十二条第一项"因管理人或者债务人请求对方当事人履行双方均未履行完毕的合同所产生的债务"的规定，该损失属于共益债务，应当按照《企业破产法》第四十三条第一款的规定，由债务人财产随时清偿。

大理州中院判决如下：一、由鸿元公司赔偿给刘某某因解除《承包经营合同》所造成的经济损失 27589040 元；二、上述债务属于鸿元公司的共益债务。

鸿元公司不服大理州中院一审判决，向云南省高院上诉。云南省高院二审认为，原审认定事实清楚，适用法律正确，实体处理得当，于是判决驳回鸿元公司上诉，维持原判。

【裁判案例】

提示：代受益人补缴印花税致受益人不再欠缴税款构成无因管理，法院判决受益人予以偿还。

2012 年 10 月 10 日，江苏润泽公司（转让方）与董某某（受让方）签订一份《股权转让协议》，约定江苏润泽公司将其在无锡润泽公司的 47.73% 的股权以 10500 万元的价格转让给董某某，自该协议生效之日起，江苏润泽公司在无锡润泽公司所持有的上述股权相对应的权利义务由董某某承继。2015 年 9 月 7 日，无锡润泽公司代董某某向地方税务局缴纳印花税 52500 元、滞纳金 27510 元。

2016 年 3 月 8 日，滨湖区法院裁定受理无锡润泽公司破产清算申请。

2016 年 8 月 18 日，董某某向无锡润泽公司管理人提交《说明书》及华厦公司出具的收款凭证，认为无锡润泽公司代付董某某股权变更印花税共计 80010 元应转入华厦公司账上由该公司欠董某某的工资冲抵，因当时手续传递不及时导致该款项至今滞挂无锡润泽公司账上，现附上相关单位开具的收据，

要求调账处理。2016 年 9 月 14 日，董某某向无锡润泽公司管理人提交《回复》，表示华厦公司账面余额反映无锡润泽公司结欠 121.6 万元，而华厦公司欠董某某工资，故用无锡润泽公司代董某某支付的印花税冲抵无锡润泽公司欠华厦公司的款项，请求按此调账。无锡润泽公司管理人未同意董某某提出的债权债务冲抵要求。

2017 年 1 月 9 日，无锡润泽公司向滨湖区法院起诉，请求：判令董某某偿付无锡润泽公司垫付的印花税款 52500 元、滞纳金 27510 元，并赔偿无锡润泽公司自 2015 年 9 月 7 日起至实际给付之日止以 80010 元为基数按中国人民银行同期贷款利率计算的利息损失。

滨湖区法院认为：根据《印花税暂行条例》及施行细则的相关规定，江苏润泽公司与董某某以签订合同方式转让无锡润泽公司股权，江苏润泽公司与董某某均为印花税的纳税义务人。无锡润泽公司没有法定或约定的义务而为董某某管理事务，缴纳了董某某应向税务机关缴纳的印花税及滞纳金，即使违背董某某明示或可得推知的意思，仍构成正当的无因管理法律关系。无锡润泽公司有权请求董某某偿付无锡润泽公司由此而支付的必要费用，包括实际支出的费用和受到的实际损失。

滨湖区法院依据《民法通则》第九十三条之规定，判决：董某某偿还无锡润泽公司 80010 元及利息。

董某某上诉称：一、本案中的纳税主体为董某某和江苏润泽公司，并非无锡润泽公司，故税务机关存在税收征收错误，无权向无锡润泽公司征收印花税。无锡润泽公司应通过行政复议或行政诉讼的方式要求税务机关返还，无权向董某某主张。二、无锡润泽公司代董某某缴纳印花税、无锡润泽公司欠华厦公司款项、华厦公司欠董某某工资，故以欠付的工资抵销了印花税税款，本案不存在无因管理行为。三、根据江苏润泽公司与董某某的约定，股权转让所产生的税费由江苏润泽公司承担，无锡润泽公司主张的无因管理行为违反了董某某明示或可推知的意思表示，为不当行为。

综上，请求二审法院撤销一审判决，依法改判驳回无锡润泽公司的诉讼请求。

无锡市中院经审理认为：无锡润泽公司为董某某代缴税款的行为构成无因管理，有权要求董某某偿付。理由如下：

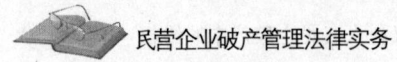

1、江苏润泽公司与董某某之间签订《股权转让协议》，根据《印花税暂行条例》规定应由该合同双方缴纳印花税，无锡润泽公司对此并无约定或法定的纳税义务。但事实上，无锡润泽公司代董某某缴纳了印花税，税收缴款书载明纳税人名称为董某某，可见税务机关征收的是董某某应缴纳的税款，而并非以无锡润泽公司为纳税对象，故不存在董某某上诉所称的征收错误的情形。

2.无锡润泽公司按照税务机关核定的金额代董某某补缴了印花税及滞纳金，其行为没有超过合理、必要的限度，且符合董某某的利益，即董某某因此不再欠缴税款，消除了违法行为，也不必再负担此后的滞纳金。

无锡市中院认定，董某某的上诉请求不能成立，一审判决认定事实清楚，适用法律正确。于是作出（2017）苏02民终2014号判决书，判决驳回董某某上诉，维持原判。

第八章

民企破产重整程序

破产重整，是指对具备破产原因但又有维持价值和再生希望的债务企业进行业务重组和债务调整，以帮助债务企业摆脱财务困境、恢复营业能力的法律制度。我国《企业破产法》对重整制度十分重视，其中第八章专门规定了破产重整。重整制度集中体现了破产法律的拯救功能，代表了现代企业破产的发展趋势。我们在这一章里，根据民企的特点，介绍、分析和讨论其破产重整的有关问题。

第一节 民企破产重整基本问题

民企破产重整所涉的内容和程序较多，这里先简要介绍和分析几个基本问题，以便读者对此有一个大概的了解。

一、破产重整原因与破产清算原因比较

根据《企业破产法》第二条规定，破产重整的原因与破产清算的原因，既有共同之处又有所区别。破产清算的原因只是"企业法人不能清偿到期债务，并且资产不足以清偿全部债务或者明显缺乏清偿能力"，而破产重整的原因，除了有与破产清算一样的原因外，还可以是"有明显丧失清偿能力可能"。也就是说，破产重整即可适用"企业法人不能清偿到期债务，并且资产不足以清偿全部债务或者明显缺乏清偿能力"的原因，也可适用"有明显丧失清偿能力可能"的原因。由此可见，破产重整的原因范围比破产清算大，即企业因为经营或者财务发生困难将导致不能清偿到期债务的，债权人和债务人都可以向法院申请破产重整。

二、民企破产重整与国企破产重整比较

民企破产重整与国企破产重整虽然都适用《企业破产法》的有关重整规定，但实际操作起来大有不同，如：国企破产重整主要采取清算组（包括管理人）履职管理模式，而民企破产重整可视具体情况，除管理人履职管理外，还可以采取自行管理、委托第三人管理等模式；国企破产的重整计划草案，在当地政府或者主管部门主持下是比较成熟的，无需法院更多的操心，而民企破产重整计划草案往往有许多争议，债权人会议难能一次性通过，由此给法院和管

理人带来不少难题并需付出很大的工作量；国企破产的关联企业实质合并重整不多见，而民企破产的关联企业实质合并重整较多且很复杂；多数民企破产重整，法院和管理人需要主动与政府、有关部门及银行进行协调，且"求三家拜四嫂"协调难度较大，国企破产重整则相反，政府及其有关部门会自行协调各自的关系，这给法院和管理人办理国企破产重整案件提供了良好的外部环境。

三、民企破产重整的适用对象

民企破产重整所适用的对象当然是债务企业，但不是所有的债务民企都适用破产重整。从我国破产立法精神和破产实践情况看，债务民企是否适用破产重整，关键是看其有无挽救希望。对于不具有挽救价值及挽救可能的，如"僵尸企业""无产可破"等无药可救的民企，不可能适用重整程序让其起死回，而应通过破产清算让其退出市场。在无重整成功可能的情况下，勉强债务民企进入重整程序是不妥的，既浪费司法资源和重整费用又不能重整成功，结果还是宣告破产清算。

民企破产重整的对象应是具有挽救价值和挽救可能的债务民企。债务民企是否具有"挽救价值""挽救可能"只有通过对其自身价值和商业市场进行判断才能知晓。

《企业破产法》没有将"挽救价值"或"挽救可能"作为破产重整的要件进行规定。但最高人民法院根据《企业破产法》的立法精神，在《全国法院破产审判工作会议纪要》（法〔2018〕53号，下同）第14条"要进一步完善破产重整企业识别"工作机制中指出："破产重整的对象应当是具有挽救价值和可能的困境企业；对于僵尸企业，应通过破产清算，果断实现市场出清。人民法院在审查重整申请时，根据债务人的资产状况、技术工艺、生产销售、行业前景等因素，能够认定债务人明显不具备重整价值以及拯救可能性的，应裁定不予受理。"民企破产实践也一直将"挽救价值""挽救可能"作为法外的要件来看待。

我们认为，破产民企具有"挽救价值""挽救可能"应当有以下表象：（1）符合国家产业结构调整政策，具有发展前景；（2）具有较好的品牌效应和品牌形象，消费者对其继续存在有所期待；（3）股权结构清晰，股东有一定实力，

并有继续经营的信心；（4）企业管理、经营团队和销售网络良好；（5）企业信用仍然良好，还可能融得资金；（6）"资不抵债"不是十分严重，债转股的可能较大；（7）工艺技术、专用权利、特许经营资质等无形资产具有一定的利用价值等。

债务民企在具有上述一种或多种情形的，应当在重整计划草案中进行正确的表述、分析和评估，以利于吸引战略投资人入驻和债权人会议表决通过。

四、民企破产重整的申请主体

《企业破产法》第七十条规定："债务人或者债权人可以依照本法规定，直接向人民法院申请对债务人进行重整。""债权人申请对债务人进行破产清算的，在人民法院受理破产申请后、宣告债务人破产前，债务人或者出资额占债务人注册资本十分之一以上的出资人，可以向人民法院申请重整。"据此，申请债务民企破产重整的主体有两种：一是初始申请的主体是债务民企或者债权人；二是后续申请，即民企进入破产程序至破产宣告前申请破产重整的申请人不只是债务民企和债权人，还可以是出资额占债务民企注册资本十分之一以上的出资人。

《企业破产法》第七十条规定的"债务人的出资人"，对民企而言主要是指债务民企的股东，但也应包括非股东的实际出资人（为方便叙述简称"股东"）。债务民企向法院提出重整申请，事先应由股东会（权力机构）以决议形式作出决定。但在实践中会出现这样的情况：部分股东为避免企业继续亏损而希望企业重整，但在其他股东控制下不能形成重整决定。在此情形下，为协调股东之间的利益关系，保护少数出资人的权益，《企业破产法》规定"出资额占债务人注册资本十分之一以上的出资人"也有权申请重整。申请人申请重整是债务民企重整的动因，但应当按照规定向法院提交申请书、重整计划方案等有关申请材料。法院经审查，认为重整申请符合《企业破产法》规定的，应当裁定受理重整，从而启动重整程序。

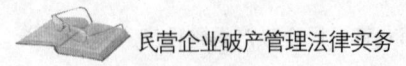

五、民企重整的听证问题

重整听证是法院在裁定受理重整申请前召集债务人、债权人代表、出资人、战略投资人以及其他利害关系人,听取重整意见和建议。《企业破产法》未设置重整程序听证程序,故重整听证程序不是法定的前置程序。最高人民法院《全国法院破产审判工作会议纪要》第15条指出:"对于债权债务关系复杂、债务规模较大,或者涉及上市公司重整的案件,人民法院在审查重整申请时,可以组织申请人、被申请人听证。债权人、出资人、重整投资人等利害关系人经人民法院准许,也可以参加听证。听证期间不计入重整申请审查期限。"

从实践来看,对债务规模较大、情况较为复杂的民企重整案件举行听证是有积极意义的,主要表现为,通过听证会上的介绍、提问、咨询等方式,听取债务民企的情况介绍、各方的意见和建议,使与会人员能够加深对案情的了解,战略投资人对重整计划草案是否可行和是否投资有所判断,有些听证会还就重整方案、战略投资达成初步意向。这对法院是否受理重整申请,以及如何提高重整成功率是有重要意义的。

六、民企破产的重整期间

重整期间是重整程序的进行时间。《企业破产法》第七十二条规定:"自人民法院裁定债务人重整之日起至重整程序终止,为重整期间。"由此可见,重整期间的始点是"法院裁定债务人重整之日",终点是法院裁定终止重整程序。重整期间主要是重整计划执行期间,即法院裁定批准重整计划之日起至重整计划规定的重整期限届满的这段时间。重整计划执行完毕,法院裁定重整程序终结,说明重整成功。债务民企不能执行重整计划或者不执行重整计划,重整失败,法院裁定终止重整程序,继而宣告债务民企破产。

七、民企重整的效力

法院一旦裁定债务民企破产重整,破产重整的裁定便具有一般效力和优先效力。

重整一般效力主要表现为，债权人、债务人、管理人等都应按照《企业破产法》的有关重整规定行事，努力促使重整成功。特别是已经法院批准的重整计划，具有与确定判决相等的法律效力，对管理人、债务人、全体债权人以及有关利害关系人均有约束力，因而必须予以执行。

重整优先效力主要表现为，在破产重整、破产和解、破产清算三大破产程序中，基于重整程序具有挽救危机企业的特殊功能，法院在受理破产申请时应当予以优先考虑；当重整程序开始时，正在进行的清算程序、和解程序、对债务人的民事执行程序都应中止，在重整期间对债务企业的特定财产享有的担保权暂停行使。

第二节　债务民企预重整

最高人民法院《全国法院破产审判工作会议纪要》第 22 条指出："探索推行庭外重组与庭内重整制度的衔接。在企业进入重整程序之前，可以先由债权人与债务人、出资人等利害关系人通过庭外商业谈判，拟定重组方案。重整程序启动后，可以重组方案为依据拟定重整计划草案提交人民法院依法审查批准。"这里的"庭外重组"是指"预重整"，"庭内重整"是指"重整程序"。在这个会议纪要下发前，有些地方法院已经开始探索庭外预重整，并办理了一些破产重整案件。这个会议纪要的上述规定是在总结地方法院预重整经验的基础上予以肯定的。但因我国至今仍无预重整的法律规定和司法解释，故各地法院的预重整仍在继续探索之中。

一、预重整概念和特点

不少专家们认为，预重整是指当事人在向法院提出破产重整申请之前就重整事项进行谈判并达成预重整计划草案的一种拯救困境企业的机制。我们认为，预重整机制是相对重整程序而言的，两者比较，预重整有以下几个特点：

1.发生在重整程序之前

预重整与重整程序虽然都是重整，但预重整应在企业进入重整程序之前进行。当事人申请债务民企破产，法院予以受理后尚未作出裁定重整，破产案件尚未进入重整程序，此时，法院可以指导债权人与债务人、出资人等利害关系人通过庭外自愿协商预重整，当事人达成预重整计划方案的，在重整程序启动后，当事人可以以预重整计划方案为重整计划草案，然后提交法院审查批准，于是就有"庭外重组与庭内重整制度的衔接"。

国企出现破产原因，在申请法院破产前，政府组织有关部门和人员成立清算组，清算组对国企资产进行评估，召集战略投资人与债权人协商谈判，并达成重整预案，然后再向法院申请破产，其实也是一种预重整。

2.预重整是庭外重组活动

尽管实践中可以将预重整作为重整程序的前置程序试行，但因法律尚无预重整作为重整的前置程序的规定，故预重整的有关活动以及预重整计划方案的制定，都应在法庭以外进行。当事人在庭外进行预重整活动，包括制定预重整计划方案，法院可以给予适当指导，但不宜担任主持人角色，也不可在庭外认可预重整计划方案的效力，更不能作为庭内的一项诉讼活动进行。

3.预重整适用自愿原则

在企业进入重整程序之前，有无预重整意向，是否进行预重整，以及如何制定预重整计划方案，均由债权人、债务人、出资人等通过庭外自愿协商决定。当地政府及有关部门可以牵头并主持预重整活动，但包括法院在内，都不能违背当事人自愿原则，强制当事人进行预重整并通过预重整计划方案。

二、预重整的表现情形

从实践情况来看，债务民企的预重整有以下三种表现情形：

一是在向申请法院破产前，债务民企具有破产原因，但尚未向法院申请破产，此时，债权人与债务民企自行协商重组，并制定了预重整计划方案，此时的重组不是严格意义上的预重整，且与法院以及重整程序无关，此后，当事人不向法院申请债务民企破产的，这种所谓的预重整实际上是民事和解，而不是我们这里所说的预重整；如果后来向法院申请债务民企破产重整的，则可认为

是预重整。

二是法院在受理破产申请后，考虑债权人的利益，提议当事人先行预重整，当事人采纳法院意见进行预重整的，或者各方当事人自愿进行预重整，并要求法院先给予预重整机会的，预重整则可视为重整程序的前置程序，法院可视预重整的不同情况再决定是否裁定受理破产重整。

三是破产清算转预重整。《企业破产法》第七十条第二款规定："债权人申请对债务人进行破产清算的，在人民法院受理破产申请后、宣告债务人破产前，债务人或者出资额占债务人注册资本十分之一以上的出资人，可以向人民法院申请重整。"据此规定，法院受理债权人对债务人破产清算申请的，可以转换为破产重整，但有两个前提条件，一是"在人民法院受理破产申请后、宣告债务人破产前"，二是"债务人或者出资额占债务人注册资本十分之一以上的出资人"提出重整申请。符合上述条件，法院可以依法将清算程序转换为重整程序，各方当事人达成预重整共识的，亦应允许预重整。

三、预重整的法律效应

我们认为，民企预重整可以参照重整程序的操作方式进行，并将重整程序中有关措施和方法提前适用于预重整，如，确定预重整管理人，选定战略投资人，对债务民企的财产进行审计和评估，召开债权人会议表决通过有关事项等移至庭外适用。但因预重整活动目前仍为庭外民事非诉活动，预重整计划方案类似于庭外调解书，故不具备重整程序一样的法律效力及法律保障，如债务利息停止计算、对外清偿债务停止进行、执行程序中止等，均不能依据预重整以及预重整计划方案为依据执行。

但是，法院一旦裁定受理破产重整，预重整中的有关行为和结果有无法律效果，应视当事人和法院是否予以认可而定，如果都予认可的，则在重整程序中产生相应的法律效果；不予认可的，应当按照重整程序的有关规定重新进行。如，当事人依据预重整计草案形成正式重整方案后带入重整程序，法院经审查发现，该预重整方案未经债务人会议通过的，在重整程序中应当再行召开债权人会议进行表决。预重整方案已经债权人会议表决通过且符合法定程序的，法院则可在重整程序中直接予以批准为重整计划方案，该方案便具有法律效力，这将大大缩短了庭内重整的时间，节省了不少人力、财力等司法资源。

当前，预重整尚在探索阶段，还有许多问题值得探讨，如法院在预重整中的角色问题，预重整管理人在重整程序中的地位问题，预重整费用可否作为共益债务处理的问题，预重整当事人在重整程序中的反悔问题等，我们期待着最高人民法院出台司法解释予以明确。

【裁判案例】

提示：政府牵头预重整成功，法院受理后直接进入重整程序。

吉尔达公司具有企业法人资格，注册资本金为 5500 万元人民币，股东为余某某、李某某、余某某，从事鞋、箱包、皮革制品及特种防护用品的研发、生产、销售等业务。

2013 年 11 月，温州市政府召开专题会议，将吉尔达公司列入重点帮扶解困企业。2016 年 12 月 12 日，温州市鹿城区政府向温州市政府出具（2016）8 号《关于对吉尔达鞋业实行"预重整"方案帮扶的请示》报告。2017 年 2 月 4 日，温州市政府下发（2017）91 号抄告单，决定对吉尔达公司进行预重整，并确定某某律师事务所担任预重整管理人。

2017 年 2 月 28 日，吉尔达公司委托会计师事务所、资产评估公司进行审计和评估。会计师事务所、资产评估公司分别作出关于吉尔达公司截至 2017 年 2 月 28 日的全部资产和负债专项审计和评估的报告。该两份报告显示，吉尔达公司资产评估价值 69683226 元，应收款 120218094.69 元，应付款 581422710.67 元。

在预重整期间，预重整管理人在鹿城区政府指导下对申请人吉尔达公司现状进行资产调查，并召开金融债权人会议，处置部分资产，化解部分债务，制作职工安置方案，引入重整战略投资人。申请人及管理人起草了重整计划草案，并与战略投资人、部分债权人就重整计划草案进行沟通。

2017 年 5 月，吉尔达公司向温州市中院提出重整申请。温州市中院认为：申请人吉尔达公司的债权债务情况经审计机构审计，且经温州市政府组织启动预重整程序，无法清偿到期债务且资产不足以清偿全部债务的事实清楚，具备破产原因。吉尔达公司的企业类型为私营有限责任公司，属于企业法人，其破

产主体适格。吉尔达公司作为债务人，申请本公司重整，申请人主体适格。吉尔达公司主营业务经营状况良好，行业前景健康，品牌价值较高，且已有重整投资人承诺支持重整计划，具备重整的可行性和必要性。温州市中院依照《企业破产法》第二条第二款、第三条、第七条第一款、第七十条第一款、第七十一条之规定，作出（2017）浙03破申46号裁定书，裁定受理吉尔达公司的重整申请。

第三节　民企清算程序转换重整程序

在破产程序中，清算程序与重整程序相互转换有三种情况：一是法院裁定终止重整或和解程序，宣告债务人破产而进入清算程序，这是"重整转清算"；二是债权人申请对债务人进行破产清算，而债务人、出资人申请重整，法院裁定将清算程序转换为重整程序，这是"清算转重整"；三是"清算转重整"后，重整不成再转清算，这是"重整再转清算"。第一种情况和第三种情况的程序转换，我们将在"民企重整程序的终止与终结"中阐述，这里先介绍和分析民企"清算转重整"的有关问题。

一、重整申请具有优先的排他效力

《企业破产法》第七十条第二款规定："债权人申请对债务人进行破产清算的，在人民法院受理破产申请后、宣告债务人破产前，债务人或者出资额占债务人注册资本十分之一以上的出资人，可以向人民法院申请重整。"这是"清算转重整"的法律依据。根据这条规定，债务民企或出资人在债权人申请破产清算的情况下可以申请破产重整来对抗破产清算。

根据《企业破产法》规定，债权人有权申请破产清算，债务人有权申请重整，这是破产申请权的均衡。但是，在《企业破产法》规定的重整、和解和清算三大程序中，重整申请具有优先的排他效力，主要表现为：重整申请符合法定条件，一经法院裁定受理，正在进行的清算程序在宣告破产前即告中止；债务人不执行或不能执行重整计划，法院裁定终止重整程序的，才可以再将重整程序转换为清算程序。

二、"清算转重整"的法定条件

根据《企业破产法》第七十条第二款规定，民企破产案件"清算转重整"应当具备以下两个法定条件：

1.法院已经受理当事人对债务民企提起的破产清算申请

一是债权人提出破产清算申请。根据《企业破产法》第七条规定，当债务民企具有破产原因时，债权人和债务民企都可以向法院提出破产清算申请。但若将"清算转重整"，只是适用于债权人提出的破产清算申请，而不适用于债务民企提起的破产清算申请，理由是，债务民企提起破产清算申请被法院裁定受理后又提起破产重整申请，违反"一事不再理"原则。同时，破产程序的启动是依申请行为，在没有当事人申请的情况下，法院不能依职权自行将清算程序转换重整程序。债权人如果直接申请重整，法院裁定受理的，也就不存在"清算转重整"的问题。

一是出资人提出破产清算申请。债务民企的出资人提出重整申请的，必须是有"占债务人注册资本十分之一以上的出资人"。这里的"出资人"包括公司股东和其他形式的出资人。这里的"注册资本"，是指在登记机关登记的出资额或者股本总额。出资人提出重整申请时未达到这个条件的，法院不予受理。需要注意的是，"占债务人注册资本十分之一以上的出资人"仅为出资人作为申请人的资格条件，而不是法院裁定受理重整的实体条件。

三是法院已经受理破产申请。债权人提起债务民企破产清算申请，法院予以受理进入清算程序，管理人接管破产民企，才有可能将清算程序转换重整程序；法院不予受理，破产案件仍应进行清算，不发生"清算转重整"的问题。

2.法院尚未宣告债务民企破产

《企业破产法》第七十条第二款规定，"清算转重整"的时间条件为"在人民法院受理破产申请后、宣告债务人破产前"，即债务人或出资人提出"清算转重整"的申请，必须在法院受理破产申请后至宣告债务人破产前这段时

间内。债权人申请债务民企破产，破产案件先进入重整程序或和解程序，因债务民企不执行或不能执行重整计划，或者不能执行或者不执行和解协议的，法院裁定终止重整程序或和解程序，并宣告债务人破产进入清算程序的，此时的破产宣告具有不可逆转性，破产民企或出资人不能再提出"清算转重整"的申请。

【裁判案例】

提示：法院裁定债务人破产清算后，债权人不具有申请重整的主体资格。

2017 年 7 月，蕲春县法院裁定受理债权人宏鑫建设公司申请棕盛地产公司破产清算，而后，屈某某等三人作为债权人申报了债权，同时又向蕲春县法院提出棕盛地产公司破产重整申请，蕲春县法院裁定不予受理。

屈某某等三人向黄冈市中院提起上诉称：《企业破产法》第七十条并未限制或剥夺在人民法院受理破产申请后、宣告债务人破产前，其他债权人向人民法院提出对债务人申请后续重整的权利，故债权人可以依据《企业破产法》第七条第二款的规定向人民法院申请重整，请求撤销一审裁定，依法裁定棕盛地产公司进入重整程序。

黄冈市中院认为，《企业破产法》第七十条第二款规定，债权人申请对债务人进行破产清算的，在人民法院受理破产申请后、宣告债务人破产前，债务人或者出资额占债务人注册资本十分之一以上的出资人，可以向人民法院申请重整。据此，债权人申请对债务人进行破产清算的，在人民法院受理破产申请后、宣告债务人破产前，只有债务人或者出资额占债务人注册资本十分之一以上的出资人才具备向人民法院申请重整的资格。本案中，一审法院已于 2017 年 7 月 24 日裁定受理棕盛地产公司破产清算一案，上诉人屈某某等三人作为债权人申报了债权，故屈某某等三人不符合上述申请重整的法定条件，原审裁定不予受理并无不当。

黄冈市中院依照《企业破产法》第七十条第二款、《民事诉讼法》第一百七十条第一款第一项、第一百七十一条规定，于 2018 年 03 月 20 日作出（2018）鄂 11 民终 611 号裁定书，裁定驳回上诉，维持原裁定。

【裁判案例】

提示：出资人未实际出资不具有申请重整的主体资格条件。

在上列棕盛地产公司破产清算同一案件中，王某和吕A向蕲春县法院申请棕盛地产公司破产重整，并称：胡某和吕B与王某和吕A签订《股权代持协议》，约定由王某和吕A代胡某和吕B在棕盛地产公司持有股份，没有《合同法》第五十二条规定的无效情形，应为合法有效的合同。根据《企业破产法》第二条、第七条第一款之规定，棕盛地产公司严重资不抵债并不导致重整不能，王某和吕A作为公司股东有权申请破产重整。根据王某和吕A引进的潜在重整方评估，重整盘活项目资产的商业价值可有较大幅度提升，至少可清偿债务资产价值比简单复工增加30%以上。

蕲春县法院裁定不予受理。王某和吕A不服向黄冈市中院上诉。黄冈市中院认为，《企业破产法》第七十条第二款规定，债权人申请对债务人进行破产清算的，在人民法院受理破产申请后、宣告债务人破产前，债务人或者出资额占债务人注册资本十分之一以上的出资人，可以向人民法院申请重整。本案中，上诉人王某和吕A虽然在棕盛地产公司分别持股15%，但其二人并未实际出资，而是代胡某和吕B持有股份，故王某和吕A不符合上述法律规定的出资人身份，即不符合上述申请重整的法定条件，原审对其二人提出破产重整的申请不予受理并无不当。

黄冈市中院依照《企业破产法》第七十条第二款、《民事诉讼法》第一百七十条第一款第一项、第一百七十一条规定，于2018年03月20日作出（2018）鄂11民终611号裁定书，裁定驳回上诉，维持原裁定。

第四节　民企破产重整的管理模式

民营企业进入重整程序，一方面需要进行重整，另一方面需要继续经营，

这就应当将重整和经营结合起来进行管理。根据《企业破产法》第七十三条和第七十四条规定，民企破产重整管理有"债务人自行管理"和"管理人履职管理"两种模式。在这两种管理模式中，以管理人履职管理为原则，以债务民企自行管理为例外。此外，司法实践中还创建了一种叫"委托第三人管理"模式。下面具体分析这三种民企重整管理模式。

一、管理人履职管理模式分析

1. 管理人履职管理的性质

管理人履职管理是法定管理模式。根据《企业破产法》第二十五条规定，管理人负有履行"决定债务人的内部管理事务""决定债务人的日常开支和其他必要开支""管理和处分债务人的财产"等职责。这些职责说明，管理人在民企重整程序中是债务民企的法定管理者，即债务民企的重整事务、营业事务、财产收支等都由管理人负责管理。因管理债务民企是管理人的法定职责，所以，我们称这种重整管理模式为"履职管理"。

2. 管理人履职管理的优劣势

管理人对重整民企履职管理的最大优势是，不仅能够充分发挥其法律、财会等专业知识完善重整民企的相关制度，促进重整民企规范化管理，而且能够进一步了解和掌握重整民企的深层次管理问题和破产真实原因，以便"对症下药"处理重整及管理事务，有利于重整程序的顺利进行。

但管理人"履职管理"也有一定的局限性。根据《企业破产法》第二十四条规定，破产管理人一般由律师事务所、会计师事务所、破产清算事务所等社会中介机构或其具有执业资格的人员担任。这些机构和人员虽然都有法律、财会等一技之长，但并不都具有管理企业、经营企业的成功经验和技巧，大多数缺乏技术管理、营销管理、客户管理等业务能力。

3. 关于聘任经营管理人员的问题

为解决管理人履职管理的这些缺陷，《企业破产法》第七十四条规定："管理人负责管理财产和营业事务的，可以聘任债务人的经营管理人员负责营业事务。"债务企业经营管理人员原本就管理本企业的经营业务，最了解本企业的经营情况，只要他们有心协助管理人一般都能胜任工作，所以，上述规定允许

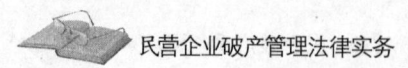

管理人聘任债务企业的经营管理人员负责营业事务具有现实的意义和作用。

《企业破产法》第七十四条只规定聘任"债务人"的经营管理人员，但若这些经营管理人员不接受聘请，或者是重整民企的利害关系人（如股东兼经营管理人员）不宜聘请重返岗位的，我们认为，管理人既然有权管理重整企业，就应给予相应的自主权，除依法应当经债权人会议通过或经法院批准的事项外，法院和债权人会议不宜进行法外限制，一般经营事务应当由管理人自主决定，其中，管理人应当有权自主聘请其他单位的相关经营管理人员参与重整民企的经营管理工作。但需要注意三个事情：（1）这里说是"聘任"而不是"留守"，留守人员可以按原劳动合同的约定顺延工作，而对外聘任的经营管理人员应当与其签订聘任合同，建立劳动关系；（2）基于聘任关系，管理人对受聘经营管理人员应负监督职责，受聘经营管理人员亦应接受管理人的监督；（3）根据《企业破产法》第四十二条规定，法院受理破产申请后发生的"为债务人继续营业而应支付的劳动报酬和社会保险费用以及由此产生的其他债务"为共益债务，应当在破产财产中优先予以支付。

二、债务民企自行管理模式分析

债务民企自行管理（以下简称自行管理）是一种例外的重整管理模式。这里"例外"主要表现为，债务民企要求自行管理，必须先向法院提出申请，并经法院批准；债务民企未向法院提出申请，或者法院不予批准的，应当由管理人履职管理。

1. 自行管理的利弊分析

债务民企自行管理模式的有利方面主要表现为：

（1）民企之所以要求重整并自行管理，大多是因为其股东仍有拯救企业的能力和信心。股东有信心是指其对企业恢复经营乃至发展抱有可行性的希望，股东有能力主要是指股东仍有改善经营管理的方法、途径和继续投入资金的实力。股东有能力有信心是民企重整的内在动力，也是成功重整的关键因素。因此，债务民企大多数股东要求重整并自行管理，且能提交可行的重整计划的，法院不宜予以拒绝。

（2）在自我管理模式下，民企股东有积极性利用人缘关系，在行业内、上

下游客户以及亲朋好友中寻找战略投资人。实践也说明，民企股东寻找战略投资人比管理人、债权人容易，且成功率较高。

（3）自我管理模式可以充分利用现成的企业管理层对本企业财产管理、经营业务、生产技术等经验和技能，熟门熟路地开展工作，无需额外增加管理费用就能实现经营和重整的双重目的。

债务民企自行管理的不利方面主要表现为：

（1）民企破产与其股东有着直接的损益关系，这就难以控制他们利用自行管理之便利，隐匿企业财产，私下转移资金等行为的发生而损害债权人的利益，这是法院、管理人和债权人最为嫌疑和担心的问题。

（2）民企一旦爆发债务危机而破产，通常会产生"树倒猢狲散"的效应，高管人员、技术骨干、经营人员流失严重，他们另行就业后难以召回，自行管理往往缺乏人才而需另行聘请。

（3）民企进入破产程序，生产经营能力将会明显下降，信誉损失一时难以挽回，上下游客户流失严重，供销渠道修复难度大。在这种残缺不全的情况下，重整民企自行管理将有很多困难，管理人即使尽职监督，也难以保证重整企业起死回生。

2. 自行管理的条件问题

根据《企业破产法》第七十三条规定，债务人自行管理仅为程序上的"在重整期间""经债务人申请""人民法院批准"三个要求和范围上"财产和营业事务"的限制，但没有规定债务企业自身应当具备哪些条件，法院才予批准自行管理。

基于重整民企自行管理可能存在的上述问题，我们认为，在依照《企业破产法》第七十三条审核批准前，法院首先应当考虑债务民企的业主或股东申请自行管理的动机是否端正，他们确实为了挽救企业而申请自行管理的，即使其他条件差一些，也应予以支持，否则会挫伤其重整的积极性；但若动机不纯，企图借自行管理之机 捞一把好处的，即使具备自行管理的条件和能力，法院也不能予以批准。那么，如何考察这种动机？实践中有以下三种方式：

一是就自行管理事宜，召开听证会听取债务人、债权人意见，或交由债权人会议决定。理由是，债权人对债务人的诚信和动机是最了解的，只要债权人信得过，债务民企自行管理的动机一般没有问题。

二是考察业主或股东在民企进入破产程序前，有无隐匿企业财产、私下转移资金等可疑行为或实际行为，如有，则不宜再批准其自行管理，以免这些非法行为和不良动机在自行管理中继续得逞。

三是征求管理人意见。理由是，管理人在接受债权人债权申报和对破产财产进行调查中，对民企业主或股东的诚信和动机有一定的了解和掌握；再者，法院如果批准自行管理，日后由管理人进行监督，因此，法院事先征求管理人意见是有必要的。

此外，债务民企申请自行管理，法院还应考量其有无基础条件。如，企业管理结构基本完整，中高层管理能力基本胜任，资产和财务基本清晰，产品仍有一定市场，有可能通过自行管理得以挽救的，才可以考虑批准重整和自我管理。如果连这些最基本的东西都不存在，业主或股东要求自行管理便是一句空话。

3. 自行管理的范围问题

根据《企业破产法》第七十三条规定，债务民企自行管理的范围限于"财产和营业事务"。但其中"可以"一词未把这一范围限制过死，因此，法院根据债务民企自行管理的能力和需要以及自行管理方案，可以适当放宽或收紧。债务民企自行管理能力强，且有很好的诚信和动机的，应当放宽自行管理的范围，甚至允许其作出经营决策、发展战略等；自行管理能力弱，诚信也有问题的，则可收紧一些管理范围，如将财务交由重整民企自行管理不放心的，则可由管理人管理。

法院批准债务民企自行管理后，《企业破产法》第七十三条规定，管理人已经接管债务人财产和营业事务的，应当向债务人移交财产和营业事务。管理人交管理权后，不再管理相关事务，但对重整民企的自行管理负有监督职责。

三、委托第三人管理模式分析

委托第三人管理是将重整企业的整体资产或部分资产的经营权，以契约形式委托给其他法人或个人进行经营的一种管理模式，即"托管模式"。委托第三人管理是重整管理的一种创新模式。从实践来看，委托第三人管理是在管理人难以履职管理和不宜由债务人自行管理，或者委托第三人管理更为有效的情

况下所采取的管理模式。

委托第三人管理主要是通过受托人的相关资质和有利条件，包括经验、技术、资金等投入对债务企业进行重整管理。如，生产型民企，职工、设备和销售网络基本存在，只是严重缺乏资金，受托人接管后，通过资金投入使之恢复生产；又如，债务民企所经营的特殊行业，因缺乏相应的管理经验和知识而破产的，管理人委托具有相应专业的单位派驻团队进行管理。

从实践来看，委托第三人管理有三件事情非常重要，需要引起高度重视：

一是托管协议的效力问题。管理人与受托人谈妥托管事宜后，不能直接签订托管协议，而应先拟制托管方案，明确受托人、托管事项、托管目标、考核机制、托管报酬等内容，然后将托管方案报请债权人会议通过，再报请法院批准。管理人依据法院批准的托管方案，再与受托人正式签订托管协议，该方案和协议对管理人、受托人以及债权人、债务人都具有约束力。

二是托管绩效考核。托管目的是使重整企业恢复正常生产并尽可能获得盈利，因此，对受托人的工作成果进行考核是很重要的。就此，托管协议应当有明确的考核机制和考核标准的约定，届时，管理人选聘有关中介机构或专业人士以及债权人代表组成考核组，对委托管理事项进行绩效考核，然后，根据托管协议和考核结果支付托管报酬。

三是托管报酬方式。取得托管报酬是受托人接受托管所要达到的目的，因此托管报酬是托管协议不可缺少的内容。托管报酬的标准和方式由管理人与受托人在托管协议中协商约定。托管报酬方式可以是固定计酬，也可以是盈利分红，还可以是计酬入股。托管报酬应当作为共益债务予以支付。

近几年，不少法院在探索和实践托管模式，并获得一些成效且积累了一些经验，为企业重整开辟了一条新的道路。根据《柳州日报》2017 年 11 月 24 日报道，鹿寨金利水泥有限公司曾是当地的明星企业，其创立的"通宝"水泥品牌享有较高的市场影响力，后因市场下行等因素，该公司自 2012 年起连年亏损，并引发一系列民事诉讼，企业资产被冻结、查封，陷入经营困境和债务危机，其中累计拖欠职工工资及社保就超过 1700 万元，2017 年初被迫全面停产，依法进入破产程序。其管理人在积极寻求重整投资人的同时，通过公开招募的方式，与昌江华盛天涯水泥有限公司达成托管协议，由托管方注入 5000 万元用作鹿寨金利水泥有限公司的设备检修和运营资金。当年 7 月，托管方正式进

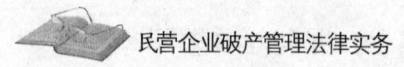

驻。昌江华盛天涯水泥有限公司在托管期间，严格审核每一份检修合同和采购合同，并聘请水泥行业的专家对检修合同和采购合同标的价格的合理性进行监督，当年实现销售收入近 7000 万元，纳税近 200 万元，企业获得了一定的利润收入，成为柳州市首例企业破产期间托管成功案例。

第五节　民企重整计划及执行问题

重整计划是以清理破产债权债务和维持债务人继续营业为主要内容而编制的一种破产文件。重整计划是重整程序最为重要的法定文件，既是避免破产清算拯救企业的一种方案，又是多方当事人经协商达成的协议，集中体现了各当事人及有关利害关系人的权益。

一、制定重整计划草案的主体问题

《企业破产法》第八十条规定："债务人自行管理财产和营业事务的，由债务人制作重整计划草案。管理人负责管理财产和营业事务的，由管理人制作重整计划草案。"由此可见，重整计划草案由管理者负责制作，即实行"谁管理谁制作"原则。

实践中的问题是，债务民企在委托第三人管理模式下，由谁负责制作重整计划草案？我们认为，根据"谁管理谁制作"原则，受托人既然受托管理重整企业的财产和营业事务，也应由受托人负责制作重整计划草案。但是，重整计划草案涉及多方利益，不论制作主体是谁，管理人、债务人、债权人等都应协调配合，为顺利进行重整奠定良好的基础。

二、民企重整计划草案的内容分析

根据《企业破产法》第八十一条，民企重整计划草案应当包括下列基

本内容：

1.债务民企经营方案

民企破产重整的主要目的之一是改进债务民企经营弊端，重新启动经营活动。因此，在民企重整计划草案中应当有新的经营方案，其中需要突出经营管理措施、融资渠道和方式、资产与业务如何重组等内容的设计，且要具体要明确，不可含糊不清。债务民企进入破产程序，大多数是企业管理和经营管理不善造成的，故在重整程序中清除原企业经营管理方面存在的弊端，完善和创新经营管理模式是关键。此外，完善规章制度，调整机构设置等，也应为重整计划草案的重要内容。

2.债权分类

破产债权分类是按照债权的产生、债权的性质和债权人与债务人的不同关系所进行的分门别类。破产债权分类能使破产债权有清晰的结构，清晰的债权结构对破产债权清偿顺序具有依据意义，也是债权人会议对重整计划草案进行表决的基础性要求。根据《企业破产法》第八十二条规定，民企破产债权按照以下类别进行分类：

（1）对债务民企特定财产享有担保的债权。即债权人接受债务民企提供其财产所设立的抵押、质押、留置担保上的债权，这类债权具有优先受偿权，不依赖于破产程序就可实现担保债权，但在重整计划草案中仍应列明并作说明。

（2）债务民企所欠职工的工资和医疗、伤残补助、抚恤费用，所欠的应当划入职工个人账户的基本养老保险、基本医疗保险费用，以及法律、行政法规规定应当支付给职工的补偿金等。这些债权属于职工劳动债权，在重整计划草案中不仅应予列明，而且应说明其依法属于第一清偿顺序。

（3）债务民企所欠的税款。税款债权处于第二清偿顺序，即后于劳动债权而先于普通债权清偿，因此税款债权多少将直接影响普通债权的受偿问题。有些民企拖欠税款时间长、数额大而破产财产少，甚至破产财产不足清偿税款。对此，重整计划草案也应列明作说明，以便普通债权人决定在债权人会议上如何行使权利。

（4）普通债权。普通债权主要有两种情况：一是未曾设定物权担保或一直不存在法定的优先受偿权的普通债权；二是在法院裁定债务民企破产申请前已经设定担保物权，后放弃物权担保而转变为不具优先受偿权的普通债权。在一些民企破产案件中，普通债权虽比物权担保债权的数额小，但普通债权人人数往往较多，重整计划草案列明这两种普通债权也就成为理所当然的事情。

此外，民企破产案件如有保证担保债权、索赔债权等，因这些债权也属破产债权，与破产清偿直接有关，故也应在重整计划草案予以分类和列明。

3. 债权调整方案

债权调整方法和债权调整内容实行当事人意思自治原则，由债务企业、管理人根据企业履行债务的可能性提出方案，交由债权人会议通过。在通常情况下，债务民企的破产财产客观上不可能按照基础合同约定的期限和数额清偿破产债务，因而重整时需要根据实际情况予以调整。债权调整方案通常包括债权调整原因、债权调整基础、债权调整依据、债权调整方法、债权调整结果等，但主要内容是债务延期履行并消减债权数额。

民企重整还涉及出资人权益（主要是股东权益）和现有企业股权结构的相应调整。出资人权益如何调整，股权如何转让，经股东和股东会议商定后，应当在重整计划草案中说明清楚。

4. 债权受偿方案

债权受偿方案的主要内容有：债务清偿的期限，清偿债务资金的来源，债务履行的担保，债务清偿的条件等。债权受偿方案关系到所有债权人的切身利益，必须具有为多数债权人接受的可行性。

管理人或债务民企在编制债权调整方案和债权受偿方案时，需要注意《企业破产法》第八十三条"重整计划不得规定减免债务人欠缴的本法第八十二条第一款第二项规定以外的社会保险费用；该项费用的债权人不参加重整计划草案的表决"的规定。我国现行的社会保险有基本养老保险、基本医疗保险、失业保险、工伤保险以及生育保险。这条规定的"以外的社会保险费用"是指除划入职工个人账户的基本养老保险、基本医疗保险费用以外的社会保险费用，包括：（1）未划入职工个人账户的基本养老保险费用和基本医疗保险费用；（2）失业保险费用；（3）工伤保险费用；（4）生育保险费用。这些社会保险费用的债权，有关管理机构无权决定减免，同时也不受重整程序的影响，重整计划草案也不得规定减免，因此，这些债权人也就不需要参加重整计划草案的表决。

5.重整计划的执行期限

《企业破产法》没有重整计划执行期限的规定，但破产重整即使有拯救价值，重整计划也就必须执行期限。重整计划执行期限由重整计划草案拟定并债权人会议通过，最后由法院批准。法院批准重整计划中的执行期限具有法律效力。

上述内容为重整计划草案通常需要具备的基本内容，除此之外的内容，如债权转股权、关联企业合并重整、战略投资人先行出资等，应当根据个案的具体情况和当事人协调的结果予以载明。

三、民企重整计划草案的可行性问题

民企重整计划草案能否在实际中顺利操作和执行，直接关系到破产重整能否达到目的，债权人期待利益能否实现的大问题，这需要重整计划草案具有可行性。重整计划草案的可行性是能否获得债权人会议通过和法院批准所必须考虑的一个非常重要的因素。

我们认为，民企重整计划草案的可行性是在坚持合法性前提下的合理性与有效性的相结合。在合理方面，特别需要注意的是债权调整方案和债权受偿方案必须公正合理，否则无法得到债权人会议的支持。在有效方面，需要特别强调债务民企经营方案应当具有融资投资、市场竞争、获得盈利的切实有效的方法和措施，能使重整目的基本实现。

民企重整计划草案的可行性还需强调制作者充分听取债权人和利害关系人的意见。实践经验告诉我们，债务民企或者管理人在制作草案时，就有关权益问题充分听取债权人、利害关系人的意见，特别是消减债权，应当邀请债权人的代表参与讨论和修改，并向债权人解释清楚，争取债权人的理解；债权人和利害关系人提出的合理意见，应当修订重整计划草案。债权人能够理解债务民企在客观上不可能全部清偿债务和消减债权不可避免的，债权调整草案和债权受偿草案就容易在债权人会议上得以通过。

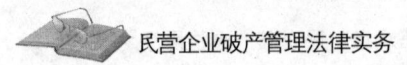

四、民企重整计划的效力产生过程

民企重整计划草案并不具有法律效力，只有经过债权人会议表决通过，并经法院裁定批准，才能成为正式的民企重整计划，才能成为破产重整的执行依据。

1. 提交重整计划草案的法定期限

《企业破产法》第七十九条第一款规定："债务人或者管理人应当自法院裁定债务人重整之日起六个月内，同时向人民法院和债权人会议提交重整计划草案。"这里的"六个月内"是提交重整计划草案的法定期限。第二款规定："前款规定的期限届满，经债务人或者管理人请求，有正当理由的，人民法院可以裁定延期三个月。"这是延长期限的规定，最长延期为"三个月"，前提条件是超过"六个月"未能完成重整计划草案而不能提交必须"有正当理由"，经债务人或管理人提出申请，法院才可裁定延长3个月，即最长为9个月。

债务民企或者管理人超过"六个月"未提交重整计划草案又不提出延期申请，或者虽已提出延期申请但无"正当理由"，或者法院裁定延长3个月后仍未提交重整计划草案的，法院可不再问原因，裁定终止重整程序，并宣告债务民企破产。

2. 提交债权人会议表决通过

重整计划草案提交债权人会议分组表决通过是必经程序。《企业破产法》第八十四条第二款规定："出席会议的同一表决组的债权人过半数同意重整计划草案，并且其所代表的债权额占该组债权总额的三分之二以上的，即为该组通过重整计划草案。"第八十六条还规定："各表决组均通过重整计划草案时，重整计划即为通过。"在债权人会议上，部分表决组未通过重整计划草案的，根据《企业破产法》第八十七条规定，债务民企或者管理人可以同未通过的表决组协商，该表决组可以在协商后再表决一次，再次表决通过的，除双方协商的结果损害其他表决组的利益外，重整计划草案通过；未通过重整计划草案的表决组拒绝再次表决或者再次表决仍未通过重整计划草案的，由法院依法强制批准重整计划草案。

3. 法院批准重整计划草案

债务民企或者管理人自重整计划通过之日起十日内向法院提出批准重整计

划的申请，法院经审查认为合法的，自收到申请之日起三十日内裁定批准重整计划草案。重整计划草案经法院裁定批准后成为正式重整计划，同时，法院终止重整程序并予以公告。债权人会议未通过重整计划草案的，法院可以管理人或债务企业的申请和《企业破产法》的有关规定依职权强制批准。

最高人民法院在《全国法院破产审判工作会议纪要》第17条和第18条中还强调，重整不限于债务减免和财务调整，重整的重点是维持企业的营运价值，因此，法院在审查重整计划时，除合法性审查外，还应审查其中的经营方案是否具有可行性；重整计划中关于企业重新获得盈利能力的经营方案具有可行性、表决程序合法、内容不损害各表决组中反对者的清偿利益的，法院应当裁定批准重整计划。但法院应当审慎适用企业破产法第八十七条第二款，不得滥用强制批准权，确需强制批准重整计划草案的，重整计划草案除应当符合企业破产法第八十七条第二款规定外，如债权人分多组的，还应当至少有一组已经通过重整计划草案，且各表决组中反对者能够获得的清偿利益不低于依照破产清算程序所能获得的利益。

民企重整计划草案未获得法院批准，法院应当裁定重整程序终止，并宣告债务民企破产。

五、民企重整计划的执行问题

1.民企重整计划的执行人问题

民企重整计划经法院裁定批准后，对债务民企和全体债权人均有约束力，下一个阶段便是重整计划的执行。民企重整计划的执行人通常是债务民企。实践中的问题是，在采取"委托第三人管理"模式的情况下，民企重整计划由债务民企执行还是由受托人执行？我们认为，重整民企即使已经委托第三人管理，也应由受托人执行，从而使重整计划的执行与"委托第三人管理"模式有机结合。但是，债务民企或受托人在执行重整计划执行中遇到的一些重要问题，法院和管理人应当予以支持和协助，如遇到投资主体、股权结构、税务登记、资产产权的变更遇有困难的，法院应当帮助其与政府有关部门沟通协调，或者依职权予以解决。又如，债务民企依照法院裁定批准的重整计划变更出资人的股权具有强制性，法院可以出具协助执行通知书，通知工商行政管理部门予以协助办理变更手续。《全国法院破产审判工作会议纪要》第 21 条也指出："企业重整后,投资主体、股权结构、公司治理模式、经营方式等与原企业相比,往往发生了根本变化,人民法院要通过加强与政府的沟通协调,帮助重整企业修复信用记录,依法获取税收优惠,以利于重整企业恢复正常生产经营。"

2.民企重整计划执行的监督人问题

《企业破产法》第九十条和第九十一条规定,管理人是重整计划执行的监督人。管理人自法院裁定批准重整计划之日起,在重整计划规定的监督期内,负有监督执行重整计划的责任和职权。在监督期内,民企重整计划执行人应向管理人报告重整计划的执行情况和财务状况。债务民企违反重整计划的,管理人有权提出纠正意见;债务民企不执行或不能执行重整计划的,管理人有权请求法院裁定终止重整计划的执行。监督期届满时,管理人应当向法院提交监督报告,利害关系人可以查阅监督报告。

3.民企重整计划的修改和变更问题

《企业破产法》没有规定重整计划在执行中可以变更,但也未禁止变更。最高人民法院《全国法院破产审判工作会议纪要》第 19 条指出:因出现国家政策调整、法律修改变化等特殊情况,导致原重整计划无法执行的,债务人或管理人可以申请变更重整计划一次;债权人会议决议同意变更重整计划的,应自决议通过之日起十日内提请人民法院批准;人民法院裁定同意变更重整计划的,债务人或者管理人应当在六个月内提出新的重整计划,变更后的重整计划应提交给因重整计划变更而遭受不利影响的债权人组和出资人组进行表决,有关程序与原重整计划的相同。

我们认为,除"出现国家政策调整、法律修改变化"情形外,若发生某些对债务民企和债权人都有利的重大事情,或者不修改将严重影响重整目的的事情,不能坐视债务民企失去拯救良机,如有更好的经营方案、融资方案等,应当允许债务民企按照债权人会议通过、法院批准等相关程序作局部修改或变更。

4.不能执行或者不执行重整计划的处置

《企业破产法》第九十三条第一款规定:"债务人不能执行或者不执行重整计划的,人民法院经管理人或者利害关系人请求,应当裁定终止重整计划的执行,并宣告债务人破产。"这里的"不能执行",是指债务人已经开始执行,但

由于没有能力执行或者不能成功执行。如重整计划中的经营方案执行失败，导致债权受偿方案无法兑现。这里的"不执行"，是指债务人在法院裁定批准重整计划后一开始就没有执行。债务民企在重整期间内"不能执行"或"不执行"重整计划，导致债权人不能按照重整计划全部受偿债权的，应当终止重整计划的执行。在程序上，终止重整计划执行先由管理人、债权人、债务人或其他利害关系人向法院提出申请，然后由法院作出裁定，并宣告债务人破产。

法院以债务民企"不能执行或者不执行重整计划"为由裁定终止重整计划执行的，该裁定的效力及于：（1）重整计划失去法律效力，不再继续执行；（2）管理人重新接管债务企业的财产；（3）债权人在重整计划中作出的债权调整，如消减债权、延期偿付等的承诺失去效力，债权恢复到重整计划表决通过前的原状；（4）债权人在重整计划执行过程中已经受偿的债权仍然有效，无须返还，未受清偿的债权作为破产债权参加破产清算程序；（5）如果同顺位债权的各债权人在重整计划执行中已经清偿的债权未达到同一比例的，在破产分配时应当首先予以补足；（6）已经为重整计划的执行提供的担保继续有效，管理人有权依据担保协议，请求担保人履行担保义务；（7）管理人的监督重整计划的职责终止了；（8）法院宣告债务民企破产。

5.民企重整计划执行完毕

民企重整计划执行完毕的主要标志是，债务民企按照重整计划完成了债权分配，清偿了全部债务，企业已进入良性循环，拯救获得成功。但以重整计划执行完毕为由终结破产程序的，仍需按照一定的程序予以确认。第一，根据《企业破产法》第九十条第二款规定，债务民企要向管理人报告重整计划执行完毕的情况；第二，管理人对债务民企执行重整计划的情况进行审查核实，然后向法院提交监督报告；第三，法院确认并裁定重整计划执行完毕。

法院以重整计划执行完毕为由作出终结破产程序的裁定，通常包括以下几项内容：（1）确认重整计划执行完毕；（2）自裁定生效之日起，管理人的监督职责终止；（3）重整期间未依法申报债权的债权人，在重整计划执行完毕后，可以按照重整计划规定的同类债权清偿条件行使权利；（4）按照重整计划减免的债务，自重整计划执行完毕时起，债务人不再承担清偿责任。

【裁判案例】

提示：战略投资人已按重整计划清偿破产债权完毕，再行请求终止重整计划执行被法院判决驳回。

唐鹰公司于2001年12月11日成立，注册资金3000万元，其中胡某某出资1950万元，占股权比例65%，田A出资1050万元，占股权比例35%。此后成立的圣吉丹顿公司、韩风公司、南佳公司，工商登记虽由张某某、田B、田C、钱某某、陈某某、李某某出资，实际上注册资金由胡某某解决。胡某某与田A系夫妻关系，其余登记的出资人都是胡某某与田A的亲戚。唐鹰公司与上述三家企业在管理和经营中存在法人人格混同：1.财务混同，即上述三家公司与唐鹰公司只设立了一个财务部门，所有资金进出都由该部门管理，资金支出由胡某某支配；2.资产混同，即唐鹰公司与三家公司的资产无明确的权属界定，四家公司虽在名义上单独立账，但由于所有财务均由一个财务部门支出，四家公司的账册不能体现实际资产；3.高管人员和内设机构混同，即其他三家公司没有独立的内设机构和管理人员，也没有单独的工人团队，登记的执行董事、监事都是唐鹰公司的管理人员和员工，重大事项都是由胡某某一人决定；4.办公场所混同，即三家公司与唐鹰公司的住所地都在东郊开发区唐鹰工业园，而且没有单独的生产经营。

2011年9月，唐鹰公司出现经营危机，奉化市政府成立唐鹰公司危机处置工作领导小组，下设办公室。同月，工商银行奉化支行向奉化区法院申请对唐鹰公司进行破产清算。奉化区法院于同月22日裁定受理唐鹰公司破产清算申请，并指定唐鹰公司危机处置工作领导小组办公室为唐鹰公司管理人。

为了公平清理债权债务，保护债权人和债务人合法权益，奉化法院裁定唐鹰公司与上述三家公司合并破产，统一清算。2011年11月30日，奉化区法院裁定唐鹰公司重整，同时与三家关联企业一并重整。

2012年1月6日，罗蒙集团公司作为战略投资人与唐鹰公司管理人签订了《唐鹰公司股权转让协议书》。该协议载明以下内容：罗蒙集团公司收购唐鹰公司及三家关联企业的股权，股权转让系唐鹰公司破产重整计划的一部分；股权转让后，由罗蒙集团公司负责接管唐鹰公司及三家关联企业的流动资产、

应收应付和经营活动；唐鹰公司管理人负责处理唐鹰公司及三家关联企业的土地、房屋等资产和短期借款、其他应付款等债务，重整计划执行完毕后，唐鹰公司管理人退出对唐鹰公司的监管，四家公司全部交由罗蒙集团公司自主管理和经营。该协议签订后，罗蒙集团公司接管了唐鹰公司及其三家关联企业。

2012年9月25日，唐鹰公司及其三家关联企业召开第三次债权人会议，对管理人提出的重整计划草案进行表决。在重整计划草案交付债权人会议表决过程中，张某某、田B、田C、钱某某、陈某某、李某某等名义投资人均投票赞成重整计划草案。

2012年9月29日，唐鹰公司管理人向奉化区法院提出申请称：唐鹰公司及三家关联企业重整计划草案已经债权人会议表决，四个债权组全部通过了重整计划草案。2012年10月18日，奉化区法院裁定：一、批准唐鹰公司及三家关联企业重整计划；二、终止唐鹰公司及三家关联企业重整程序。

2015年7月31日，唐鹰公司管理人提出《唐鹰公司及其关联企业重整计划调整方案》，奉化法院裁定予以批准。

2016年3~4月期间，唐鹰公司管理人按照调整后重整方案的内容按60%的比例清偿了借贷性普通债权债务，相关债权人均书面确认"重整计划执行完毕，债务人按照法律规定不用再支付剩余款项"。

2016年3月22日，罗蒙集团公司以唐鹰公司管理人为被告向奉化区法院提起诉讼称：三家关联企业没有根据破产法的规定由债权人或债务人申请破产清算或申请破产重整，唐鹰公司管理人无权提起三家关联企业合并破产，唐鹰公司重整计划存在多处违法，应当认定为无效。罗蒙集团公司作为利害关系人也有权申请法院裁定终止重整计划执行，并宣告债务人破产。请求判令：1.确认唐鹰公司重整计划无效；2.中止唐鹰公司重整计划的执行，并宣告债务人唐鹰公司破产。

被告唐鹰公司管理人辩称：原告的诉讼请求没有事实根据和法律依据，要求法院驳回原告的诉讼请求。具体理由如下：被告管理人在制定重整计划及申请合并破产过程中程序合法，三家关联企业不是单独资不抵债申请破产，而是与唐鹰公司存在财务、人员及出资人混同的情况下由管理人提出合并破产，符合规定，并且提出合并破产以后三家关联企业的投资人及债权人均无异议，因此原告无权就此合并破产提出异议；因为三家关联企业被裁定与唐鹰公司合并破产，所以不需要另行指定管理人，由唐鹰公司的管理人担任管理人；唐鹰公司及其三家关联企业的重整计划实施方案已经法院裁定认定有效，不能提出异议；重整计划虽然由于种种原因在二年内没有执行完毕，其后管理人已经第四次债权人会议对重整计划实施方案达成新的调整方案，并在2015年8月份被法院裁定批准。目前重整计划调整方案已经执行完毕。

奉化区法院认为，本案的争议焦点之一在于：被告唐鹰公司管理人能否履行唐鹰公司及三家关联企业的管理人职责。奉化法院在查明唐鹰公司与三家关联企业存在财务混同、资产混同、高管人员和内设机构混同、办公场所混同的基础上以裁定书的形式确认四家关联企业合并破产，统一清算。之后又作出裁定唐鹰公司及三家关联企业一并重整。在此过程中，债权人、债务人及公司股东包括本案被告管理人均未提出过异议，被告管理人可以作为唐鹰公司及三家关联企业的管理人行使相关职权。

本案的争议焦点之二在于：法院批准的重整计划是否有效，特别是该重整计划的效力是否及于三家关联企业。破产法的立法目的在于"公平清理债权债务，保护债权人和债务人的合法权益"，结合破产法的相关规定，重整计划有效应当符合以下条件：1.重整计划经债权人会议表决通过；2.重整计划出资人权益的调整公平、公正且已经人民法院批准。本案中，法院已经查明唐鹰公司及三家关联企业存在混同的情形，因此三家关联企业也符合破产清算的条件。三家关联企业的相关债权人均向唐鹰公司管理人申报了债权，并且作为唐鹰公司及其关联企业的债权人会议成员参加重整计划的表决，该重整计划也已经获得了符合法律要求的债权人数和债权金额的同意。在重整计划草案交付表决时设立了出资人组，张某某、田B、田C、钱某某、陈某某、李某某等名义投资人均投票赞成重整计划草案。破产重整过程中案外人胡某某作为唐鹰公司的实际控制人对《股权转让协议》、重整计划草案均表示认可，并办理相关事项。综上，重整计划草案获得出资人组中多数股东和多数股权份额的同意。鉴于唐鹰公司及其关联企业在破产清算条件下实际清偿率不足40%的实际情况，在重整计划中将唐鹰公司及其三家关联企业股权转让给罗蒙集团公司，并以转让款用以归还非经营性普通债权人债务的安排是公平、公正的。该重整计划已于2012年10月18日获得法院批准，当然具有法律效力。

本案的争议焦点之三在于：本案中的破产重整计划是否需要终止执行。本

院认为，原、被告在《股权转让协议》已经对债务的承担作出了明确划分，其中应付账款、应付工资、未交税金、其他未交款、其他应付款中的预付保证金由原告罗蒙集团公司负担。在重整计划中再次明确职工债权、税收债权、经营性债权由原告罗蒙集团公司在接管唐鹰公司及关联企业后负责向债权人进行清偿。该受偿方案也在第一次债权人会议中经债权人会议表决通过，相应债权人也同意该清偿方案，即该部分债权已经以债权转让的方式获得清偿，相关债权人应当向原告罗蒙集团公司主张债权。至于借贷性普通债权以及对债务人的特定财产享有担保权的债权已经按调整后的清偿比例清偿完毕，所有债权人也出具了书面意见表示放弃剩余债权，该部分债权债务已经清偿完毕且全部消灭。此时，重整计划中涉及的债权已经全部履行完毕，原告罗蒙集团公司要求终止重整计划的执行已无必要。

奉化区法院最后认为，原告罗蒙集团公司的诉讼请求缺少法律和事实依据，便于 2017 年 06 月 05 日作出（2016）浙 0283 民初 1716 号民事判决书，判决驳回原告罗蒙集团公司的诉讼请求。

第六节　关联民企实质合并重整及若干问题

我国《企业破产法》没有关联企业实质合并的规定，最高人民法院根据地方法院的实践，在《全国法院破产审判工作会议纪要》第 32 条至第 39 条中提出了一些指导意见，法学界据此普遍认为，关联企业实质合并，是指将两个或两个以上的关联企业视为单个企业，合并其资产与债务，统一进行清偿的一种特殊破产程序。

引起关联企实质合并破产的主要原因是两个或两个以上企业法人的人格高度混同。实践中，国有企业有严格的监督和制约的机制，很少出现这种高度混同的情况，而两个或两个以上关联民企，法人人格高度混同的情况很多，故关联企业实质合并破产主要适用于关联民企。

一、民企关联交易的问题

分析关联民企实质合并破产问题，首先要从关联交易说起。关联交易，是指在公司与公司之间有着直接或间接占有权益、存在利害关系的情况下所进行的交易。譬如，同一自然人创办 A 公司和 B 公司，在这一自然人业主的主导下，B 公司无偿占有使用 A 公司的设备，A 公司委托 B 公司加工产品，B 公司不计收成本和加工费，这就是典型的关联交易。关联交易是在企业关联的基础上所进行的交易，所以，法院和管理人在审查和确认关联交易时，首先需要认定公司之间是否具有关联性以及有无关联交易行为。

从正面看，民企关联有彼此了解、信任、协助、合作等特点，有优化资本结构、相互交易、提高资金周转效率等优点。从反面看，民企关联交易最容易损害其债权人的利益，比如，有的民企集团遇到经营亏损，将劣质企业中的优质业务和优质资产通过"关联交易"转移到优质企业而掏空劣质企业，将优质企业债务通过"关联交易"转移到劣质企业而填饱劣质企业的债务，最后故意让劣质企业破产，于是掏了债权人的钱袋而肥了老板的腰包。法院和管理人在办理民企破产案件时，若发现有这些关联交易情况，在对关联交易所生产的债权债务进行尽职审查的基础上，应当适用关联企业实质合并破产方式进行处置，最大限度地维护债权人的合法权益。

二、关联民企的构成问题

两个或两个以上的民企法人存在直接或间接的控制关系或重大影响关系的是关联民企。在关联民企中，通常有起核心控制作用的企业与从属性的企业之分，它们之间往往有着控制与被控制或影响与被影响的不平等关系。

我国法律尚无明确的关联企业的定义，《企业所得税法实施条例》第一百零九条规定给圈定一个范围，即有下列关联关系之一的为关联企业：

（1）在资金、经营、购销等方面存在直接或者间接的控制关系；

（2）直接或者间接地同为第三者控制；

（3）在利益上具有相关联的其他关系。

国家税务总局《关于完善关联申报和同期资料管理有关事项的公告》（2016

年第 42 号）第二条规定，企业与其他企业、组织或者个人具有下列关系之一的，构成关联关系：

（1）一方直接或者间接持有另一方的股份总和达到 25% 以上；双方直接或者间接同为第三方所持有的股份达到 25% 以上；如果一方通过中间方对另一方间接持有股份，只要其对中间方持股比例达到 25% 以上，则其对另一方的持股比例按照中间方对另一方的持股比例计算；两个以上具有夫妻、直系血亲、兄弟姐妹以及其他抚养、赡养关系的自然人共同持股同一企业，在判定关联关系时持股比例合并计算。

（2）双方存在持股关系或者同为第三方持股，虽持股比例未达到上述规定，但双方之间借贷资金总额占任一方实收资本比例达到 50% 以上，或者一方全部借贷资金总额的 10% 以上由另一方担保（与独立金融机构之间的借贷或者担保除外）。

（3）双方存在持股关系或者同为第三方持股，虽持股比例未达到上述规定，但一方的生产经营活动必须由另一方提供专利权、非专利技术、商标权、著作权等特许权才能正常进行。

（4）双方存在持股关系或者同为第三方持股，虽持股比例未达到上述规定，但一方的购买、销售、接受劳务、提供劳务等经营活动由另一方控制。上述控制是指一方有权决定另一方的财务和经营政策，并能据以从另一方的经营活动中获取利益。

（5）一方半数以上董事或者半数以上高级管理人员（包括上市公司董事会秘书、经理、副经理、财务负责人和公司章程规定的其他人员）由另一方任命或者委派，或者同时担任另一方的董事或者高级管理人员；或者双方各自半数以上董事或者半数以上高级管理人员同为第三方任命或者委派。

（6）具有夫妻、直系血亲、兄弟姐妹以及其他抚养、赡养关系的两个自然人分别与双方具有上述第一至五项关系之一。

（7）双方在实质上具有其他共同利益。

民企关联的特点表现为由核心控制企业与从属性企业构成，两者有着统一管理的关系，这种关系往往借助于控制公司对从属公司的控制，然后有着实质上的共同利益。

三、民企关联交易的审查问题

依照公司法登记的法人民企，即使属于关联企业，各自也都具有独立的法人人格和法律地位。但实践中的问题并不这里简单，大多数民企都由老板说了算，老板且往往利用核心控制企业支配从属性企业。特别是有些民企集团，老板随意调配子公司的人力资源、经营业务、资产资金是家常便饭，转移、挪用、占有子公司资产也为数不少，于是造成关联企业成员财务财产混同、债权债务混同、人力资源混同，当其中一家破产，相关法律问题就会暴牵连其他关联企业。

从司法实践来看，法院和管理人在破产程序中对民企的关联交易，主要从以下几方面进行审查：

1.对资产交易审查

重点审查：（1）产品、原材料买卖的情况；（2）资产重组、转让、租赁情况；（3）有形和无形资产进行置换、转让的情况；（4）固定资产是否无偿划拨或以极低价出让的情况。管理人在审查时，从中分析关联交易是否合法、有无借关联交易之机逃避破产债务的情况。如对关联企业的土地、厂房、车辆等，管理人在审查时应以政府有关部门登记或备案产权为准来认定是否属于破产企业的财产。

2.对融资交易审查

关联民企之间资金融通是正常现象，且有利于互补短缺、协调发展。但若不顾公司人格，利用融资方式故意转移财产，则有可能损害关联企业债权人的利益。在实践中，我们发现有这样的三种情况：一种是在"老板"的策划下，原本亏损的出借方故意让关联的借款方无偿占用借款不收回，或者故意超过诉讼时效致使借款债权不受法律保护，然后让出借企业破产；二是在"老板"的安排下，出借方以借款名义提供资金，然后，双方订立虚假买卖合同，借款方"以货抵债"了结借款债务，然后让出借方破产；三是劣质企业向银行贷款私下转到优质企业，企图让劣质企业破产逃避银行贷款债务。在破产程序中，管理人如遇类似情况，应当运用"证据链"来识别真假，其中，融资合同、银行往来账、关联双方财务记账是关键证据，从中能够分析并得出债权与债务的归属。

3. 对投资和股权交易审查

民企老板多头投资和多头任职是民营经济发展的正常现象，因此也产生了不少的关联企业。但是，有的老板在设立关联企业时根本就没出资就成为关联企业的股东；有的在关联企业登记成立后又通过各种方式抽回出资，因而形成虚假关联。企业在破产前对关联企业的投资资产，在破产程序中当属破产财产，但"聪明"老板往往将投资关联公司的资产"抹平"账目，企图隐瞒资产转移，并利用关联企业破产逃避债务。对此，管理人应当审查股权确认书、出资方和入资方的财产账目、银行往来账户，以及投资方在关联企业有无行使股权等情况，综合分析有无投资和股权以及数额多少等情况，然后确认投资交易是否成立，以及股权投资是否属于破产财产。

4. 对相互担保审查

关联民企之间相互提供担保较为普遍，只要债权人同意接受并不违反法律和行政法规的禁止性规定，即为有效。关联民企之间担保案件带进破产程序后，管理人主要审查担保行为有效还是无效。对保证担保，审查保证人在关联民企中有无主体错位，如在保证担保合同上，甲公司盖章而乙公司法定代表人签名；又如，由于资产混同，关联企业中的甲公司按照"老板"的旨意，未经乙公司同意就将乙公司的设备为自己甲公司的债务设定质押。对类似这些问题，管理人应当结合担保合同、担保主体、担保财产权属，以及因担保取得的资金归谁使用等情况，判断担保合同效力及其担保责任的归属。如设备依法登记在乙公司名下，甲公司无处分权而拿去抵押，不论关联企业之间对该设备资产如何混同，该抵押合同都属无效。

5. 对关联债权债务审查

关联企业之间的债权债务关系是由关联交易产生的，因而也是管理人审查的重要内容。民企之间虽有关联，但毕竟是各自独立的主体，因此，债权各自享有，债务各自清偿。在审查中，管理人若发现关联民企中一方免除对方债务，或者故意不收回对方债权，或者为逃避破产债务故意非法转让债权，故意为对方向的债权人代偿债务等，由此损害破产债权人利益的，应当通过法律途径予以撤销或者追回。

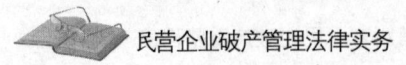

四、关联民企实质合并破产的原则问题

在民企各关联企业都具有独立法人资格的情况下，首先应当尊重企业法人人格的独立性，如有破产原因，应当首先考虑各自独立破产，只有出现法人人格高度混同、财产债务等不能区分的情况，才例外考虑实质合并破产。《最高人民法院全国法院破产审判工作会议纪要》第 32 条指出："人民法院在审理企业破产案件时，以对关联企业成员的破产原因进行单独判断并适用单个破产程序为基本原则。当关联企业成员之间存在法人人格高度混同、区分各关联企业成员财产的成本过高、严重损害债权人公平清偿利益时，可例外适用关联企业实质合并破产方式进行审理。"简单地说，关联企业实质合并破产以单个破产为基本原则，以合并破产为例外。

这一原则告诉我们，关联企业适用合并破产应当慎重，不能有"关联"就"合并"，更不能一家破产都破产，而应看各个关联企业是否具有关联破产的条件而定。如，同一投资人创办 ABC 三家关联公司，其中核心控制公司为 A 公司，A 公司已经进入破产程序，而 B 公司也已具有破产原因，且与 A 公司在破产原因上有着直接的关联性，就应将 B 公司与 A 公司合并破产；如果 B 公司破产原因与 A 公司在破产原因上不具关联性的，B 公司与 A 公司应当分别破产。C 公司虽与 A 公司、B 公司是关联企业，但其本身不具有破产原因，且与 A 公司、B 公司不存在破产原因上的关联性，则不能也将 C 公司拉进来破产。

五、关联民企合并破产的实质条件问题

根据最高人民法院《全国法院破产审判工作会议纪要》精神和司法实践来分析，关联民企合并破产应有以下两个实质要件：

1. 民企法人人格高度混同

企业法人人格是独立的人格，即能以法人自己的名义独立进行民事活动，享有民事权利和承担民事义务，并以法人自己的独立的财产承担民事责任的法律资格。企业法人人格高度混同严重破坏了企业法人的独立人格，所以才有公司法上的"法人人格否认"的责任。关联民企合并破产以"法人人格高度混同"为实质要件，其理论基础就在于法人人格否认制度，并表现为这个制度在

破产程序中的伸延,《全国法院破产审判工作会议纪要》第32条指出,当关联企业成员之间存在法人人格高度混同时,可例外适用关联企业实质合并破产方式进行审理。

关联民企法人人格混同,从企业角度看,主要是具有法人资格的母子公司之间人格混同、"兄弟公司"的人格混同、公司之间相互投资的人格混同;从业务交易角度看,主要是财务财产混同、经营业务混同、债权债务混同和人事管理混同。

2.资产和债务混同难以区分

关联民企法人人格混同的内容较多,但其中资产和债务还能依法区分开来,并不影响债权人的利益,是不能采取合并破产的。财务资产和债权债务已经达到高度混同无法区分开来,如果不合并破产就有害于债权人利益的,则应合并破产,或者虽然能够区分,但区分成本过高,严重损害债权人公平清偿利益,也可以合并破产。

六、关联民企实质合并重整其他几个问题

当事人申请关联企业实质合并破产,法院裁定予以受理的,与普通破产案件一样可以依法适用和解程序、重整程序和清算程序。其中,合并重整的操作程序与普通重整差不多,但从实践来看,合并和解和合并清算相对简单一些,而合并重整相对复杂一些。这里根据关联民企合并重整的特点,分析以下几个问题:

1.申请合并重整的主体问题

关联民企实质合并重整的申请人与一般破产一样,应由债权人、债务民企和符合条件的出资人向法院提出申请,所不同的是:(1)管理人在破产程序中发现已进入破产程序民企的关联民企应当并入重整的,可以作为合并重整的申请主体向法院提出合并破产申请;(2)法院在裁定单个民企进入破产程序后,经审查发现关联民企具有破产原因和关联原因应当并入重整的,可以依职权启动关联民企合并重整程序。

2.合并重整的内容问题

民企各关联法人既然存在财务资产、债权债务等高度混同,它们之间各自

名义上存在的财务资产和债权债务也就无法区分。据此，最高人民法院《全国法院破产审判工作会议纪要》第 36 条指出："人民法院裁定采用实质合并方式审理破产案件的，各关联企业成员之间的债权债务归于消灭，各成员的财产作为合并后统一的破产财产，由各成员的债权人在同一程序中按照法定顺序公平受偿。采用实质合并方式进行重整的，重整计划草案中应当制定统一的债权分类、债权调整和债权受偿方案。"第 37 条还指出"适用实质合并规则进行重整的，各关联企业原则上应当合并为一个企业。"这说明，关联民企合并重整有三个主要内容：一是各关联企业合并视为一个企业进行破产重整；二是将各关联企业的财产合并统一为破产财产；三是各自的债权人合并为同一破产程序中的债权人。然后在同一破产程序中处置破产财产，按照法定顺序公平受偿。

此外，法院裁定合并重整的，管理人或债务民企在制作重整计划草案时，应当在其中说明合并重整的事由，并进行统一的债权分类、债权调整和债权受偿的策划。

3. 合并重整的管辖问题

根据《企业破产法》第三条规定，破产案件由债务人住所地人民法院管辖，"债务人住所地"包括主要办事机构所在地、注册地，但未就合并破产的管辖作出明确规定。

根据最高人民法院《全国法院破产审判工作会议纪要》第 38 条规定以及司法实践来看，合并重整案件的管辖有三种情况：一是法院已经裁定受理破产申请的，后来加入破产的关联企业，并入已经受理的破产案件合并审理，由已经受理破产案件的法院管辖；二是首次申请合并重整的，通常由关联企业中核心控制企业住所地的法院管辖；三是合并破产比较复杂且关联企业不在同一辖区的，可以综合考虑破产案件审理的效率、破产负债规模大小等因素，由共同的上级法院确定一家法院管辖。

4. 召开听证会听取问题

关联民企合并重整往往因"关联"而显得复杂，这会给法院和管理人审查是否合并重整带来一些难度。为此，最高人民法院《全国法院破产审判工作会议纪要》第 33 条强调，"人民法院收到实质合并申请后，应当及时通知相关利害关系人并组织听证。"据此，组织听证也就成了关联民企合并破产的前置程序。法院通过听证，听取相关利害关系人的意见，综合考虑关联企业之间资产

的混同程序及其持续时间、各关联企业之间的利益关系、债权人整体清偿利益是否受到影响，然后才能正确决定是否合并重整。

此外需要注意的是，法院裁定关联企业合并重整只是解决关联企业资产与负债混同的问题，只对各关联企业作债权债务上的整体性处理，而非将关联企业在组织形式上进行合并，所以，合并重整成功后，关联企业仍具有独立的法人资格继续经营。如果合并重整失败，而后进入破产清算的，这种清算的后果与普通破产清算一样，关联企业应予以注销。

【裁判案例】

提示：母公司与子公司在表征人格的因素上高度混同，导致财产及债权债务无法完全区分，法院裁定合并破产。

2015 年 1 月 19 日，湖滨新城投资开发公司以亿泰旅业集团不能清偿到期债务、且资产不足以清偿全部债务为由，向宿迁市中院申请对亿泰旅业集团进行破产清算，宿迁市中院裁定予以受理。

2015 年 4 月 30 日，湖滨新城投资开发公司以亿泰旅业集团与假日大酒店、欢乐岛旅游公司、欢乐岛旅行社、龙马湖文化发展公司存在人员和财产的高度混同，严重影响债权人权益为由，申请将上述企业并入亿泰旅业集团破产清算程序。宿迁市中院依法通知了上述被申请人，被申请人在法定期限内未提出异议。

宿迁市中院查明：1.假日大酒店、欢乐岛旅游公司、欢乐岛旅行社、龙马湖文化发展公司系亿泰旅业集团的全资子公司，项某某系亿泰旅业集团的股东，亦是亿泰旅业集团另一股东亿泰实业公司的股东，并系上述五家公司的实际控制人和经营事项的决定人。项某某将五家企业视为一体，实行人、财、物的统一管理，资金统一筹措、使用和调配，关联方资金往来及关联交易频繁入账，具有很大随意性，因此存在资金混同，无法完全区分对应的债务主体。2.五家公司财务账簿、会计凭证未进行完全区分，流动资金、货币资产、固定资产等主要经营性财产在占有、使用、收益和处分等方面区分困难。全资子公司无偿占有和使用母公司亿泰旅业集团的财产，母公司亦未按公司章程和法定程序调用和支配子公司收益。3.五家公司人员高度混同，项某某现任假日大酒店法定代表人，并曾兼任包括亿泰实业公司在内的多家关联公司的法定代表人，另外，包括财务人员等在内的公司管理层兼职、流动频繁，人员混同严重。

宿迁市中院认为：五被申请人形式上为独立法人，但其股东及实际控制人项某某滥用股东权利和关联关系，在经营管理、人员、资产等表征人格的因素上高度混同，导致各自财产及债权债务无法完全区分，已丧失各企业的独立人格，构成人格混同。从有利于推动企业破产清算，公平清理债权债务和平等保护各方当事人的合法权益角度出发，应对上述五家企业依法合并破产清算。申请人湖滨新城投资开发公司提出的合并破产清算申请有事实和法律依据，依法应予支持。

宿迁市中院作出（2015）宿中商破字第00001-00005号裁定：受理假日大酒店、欢乐岛旅游公司、欢乐岛旅行社、龙马湖文化发展公司合并破产清算的申请。

第七节　民企"债权转股权"及若干问题

民企破产重整计划草案可以拟制"债权转股权""减债偿还"两种方案供债权人选择。全体债权人选择"减债偿还"的，不再适用"债权转股权"；全体债权人选择"债权转股权"的，不再适用"减债偿还"；部分债权人选择"债权转股权"，另一部分债权人选择"减债偿还"的，重整程序同时适用"债权转股权"和"减债偿还"两种方式消灭破产债权债务。我们在这里重点讨论民企重整中的"债权转股权"问题。

一、"债权转股权"的法律依据

"债权转股权"，是指债权人以其对债务企业享有的债权转为债务企业的股权，从而消灭破产债权债务的行为。破产重整中的"债权转股权"源于公司法

上有关"债权转股权"的规定。公司法上"债权转股权"的有关规定是民企重整中的"债权转股权"的基础法律。

《公司法》第二十七条第一款规定："股东可以用货币出资，也可以用实物、知识产权、土地使用权等可以用货币估价并可以依法转让的非货币财产作价出资；但是，法律、行政法规规定不得作为出资的财产除外。"第二款规定："对作为出资的非货币财产应当评估作价，核实财产，不得高估或者低估作价。"上述规定虽然没有明确规定金钱债权可以作为出资转化为公司股权，但也未予以禁止或限制。我们认为，金钱债权属于非货币财产，债权人自愿以金钱债权出资为公司自愿接受而置换股权的，并不违反法律规定，故"债权转股权"应为合法行为。

国家工商行政管理总局于2012年公布的《公司债权转股权登记管理办法》（以下简称《债转股办法》）对"债权转股权"作出较为具体的操作规范，且规定，公司在破产重整期间，已经列入经法院批准的重整计划或者裁定认可的债权可登记为股权。

《最高人民法院关于审理与企业改制相关的民事纠纷案件若干问题的规定》第十四条第一款规定："债权人与债务人自愿达成债权转股权协议，且不违反法律和行政法规强制性规定的，人民法院在审理相关的民事纠纷案件中，应当确认债权转股权协议有效。"第十六条规定："部分债权人进行债权转股权的行为，不影响其他债权人向债务人主张债权。"这些规定说明，在民事行为中，债权人与债务人可以采取"债权转股权"的方式自愿处置债权债务问题。破产案件属于民事案件，故民企重整中也可以采取"债权转股权"方式处置破产债权与破产债务的问题。

二、"债权转股权"的效力条件

一是必须符合基础法律规定。民企重整中的"债权转股权"方案必须符合《公司法》及《债转股办法》等基础性法律的相关要求。"债权转股权"方案若违反基础法律规定，即使已经债权人会议通过，法院也不予批准，因此不产生法律效力。

二是必须经债权人会议表决。"债权转股权"不论为重整计划草案中的一部分内容，还是单独作为一个方案提出，都应报请债权人会议讨论表决。债权人会议讨论表决是"债权转股权"的必经程序，未经债权人会议讨论表决的，不得提请法院批准，即使已经提请，法院也不予受理。

三是必须经法院裁定批准。债权人会议按照表决规则通过"债权转股权"方案，法院经审查没有违法之处，应当裁定批准；债权人会议若未予通过，但法院认为符合《企业破产法》第八十七条规定的，可以强制裁定批准。法院一旦裁定批准"债权转股权"方案，该方案便产生法律效力，债权人和债务民企都应执行。

三、转股债权的范围及比率

根据《债转股办法》第三条规定，有下列情形之一的，属于债权转股权的登记管理范围：（1）公司经营中债权人与公司之间产生的合同之债转为公司股权，债权人已经履行债权所对应的合同义务，且不违反法律、行政法规、国务院决定或者公司章程的禁止性规定；（2）人民法院生效裁判确认的债权转为公司股权；（3）公司破产重整或者和解期间，列入经人民法院批准的重整计划或者裁定认可的和解协议的债权转为公司股权。

上述第（1）种情形通常不适于破产重整，原因有二：一是这种"合同之债转为公司股权"其实是债权人与债务公司自行处理债权转股权的行为，与破产程序无关；二是重整程序"债权转股权"中的债权，事先须按规定向管理人申报，并以"经债权人会议通过且经法院裁定批准"为基本条件，而"合同之债转为公司股权"不属于破产债权，且无须得到法院裁定确认，故在重整程序中不应有这种"债权转股权"的情形。

关于上述第（2）种情形，即法院裁判的"债权转为公司股权"。这种债权转股权的情形发生在债务人进入破产程序之前的，债权人在破产程序中可以持法院裁判确认并已生效的法律文书，向管理人申报债权并可申请"债权转股权"。

关于上述第（三）种情形，即"公司破产重整或者和解期间，列入经人民法院批准的重整计划或者裁定认可的和解协议的债权转为公司股权。"这是正宗的破产重整和破产和解的"债权转股权"的情形。

由此可见，重整程序中可转化为公司股权的债权是《债转股办法》第三条所规定的后两类债权，即经法院生效裁判确认转为公司股权的债权和经法院批准的重整计划中的债权。此外，未经法院确认的债权、无法确定价值的债权、或然性债权等都不能置换为公司股权。如抚恤金、养老金、人身损害赔偿金等专属性债权，因具有不可转让性，故不得置换为公司股权。

《债转股办法》第六条规定，债权转股权作价出资金额与其他非货币财产作价出资金额之和，不得高于公司注册资本的百分之七十。我们认为，民企在破产的情况下，所谓的"公司注册资本"已经名存实亡，再者，破产民企实际财产价值如果已经低于"公司注册资本"的百分之三十，在重整中也以"不得高于公司注册资本的百分之七十"为限，将会使部分民企重整中的"债权转股权"严重受阻，重整拯救功能将会被大大削弱，因此，此比率限制只适用于通常的"合同之债转为公司股权"，而不适用于重整中的"债权转股权"。

四、公债权转换民企股权的问题

在司法实践中，我们经常遇到公债权可否转换股权的问题，如债务民企所欠的国家税款可否转为公司股权？我们认为，公债权是国家债权，将其作为国家资产转为国有企业的股权是没有多大问题的，但置换民企股权不妥。民企本身是有关行政机关的管理对象，行政管理者成为被管理者的股东，有违行政管理的基本准则；再者，国家在无特别需要的情况下，不宜向民企投资而获取经济利益。但政府及其有关部门代表国家，将公债权指定给如国有资产管理公司、国有投资管理公司等投资主体，再由这些投资主体作为民企的平等主体，就可将公债权转换为民企的股权。

五、银行债权转换民企股权的问题

民营企业进入破产程序，商业银行向其发放的贷款不能收回成为不良资产，在这种情况下，商业银行可否在民企重整中考虑"债权转股权"？

《商业银行法》第四十三条规定："商业银行不得向非自用不动产投资或者向非银行金融机构和企业投资，但国家另有规定的除外。"这是禁止性规定。

据此规定，除国家另有规定的外，商业银行不得作为债权人在重整中直接与破产民企进行"债权转股权"活动。

为了切实降低企业杠杆率，增强经济中长期发展韧性，国务院于2016年9月22日发布了《关于积极稳妥降低企业杠杆率的意见》并附《关于市场化银行债权转股权的指导意见》（国发〔2016〕54号）。该指导意见指出："除国家另有规定外，银行不得直接将债权转为股权。银行将债权转为股权，应通过向实施机构转让债权、由实施机构将债权转为对象企业股权的方式实现。""鼓励金融资产管理公司、保险资产管理机构、国有资本投资运营公司等多种类型实施机构参与开展市场化债转股；支持银行充分利用现有符合条件的所属机构，或允许申请设立符合规定的新机构开展市场化债转股；鼓励实施机构引入社会资本，发展混合所有制，增强资本实力。""鼓励银行向非本行所属实施机构转让债权实施转股，支持不同银行通过所属实施机构交叉实施市场化债转股。银行所属实施机构面向本行债权开展市场化债转股应当符合相关监管要求。"据此，在民企重整程序中，债权人商业银行可以先通过向金融资产管理公司、保险资产管理机构、国有资本投资运营公司等实施机构转让债权，然后由实施机构将债权转为民企股权。按此操作，商业银行与实施机构之间发生的是债权转让关系，商业银行一旦将对民企享有的债权转让给了实施机构也就失去了民企债权，然后，由实施机构作为债权人与债务民企实施"债权转股权"活动。

在民企重整程序中，按此方法操作"债权转股权"，一是避开了《商业银行法》第四十三条关于商业银行直接向企业投资的禁止性规定，隔离了商业银行向破产民企"债权转股权"所带来的风险；二是通过实施机构受让银行债权再向破产民企投资，开通了银行债权置换民企股权的合法渠道。

六、"债权转股权"的几个程序问题

1. 债权是否需要评估问题

《公司法》第二十七条规定，"对作为出资的非货币财产应当评估作价。"《债转股办法》第七条将债权视为"非货币财产"的情况下又规定"用以转为股权的债权，应当经依法设立的资产评估机构评估。"但是，重整程序中的转股债权只适用于已经管理人审查并已列入经法院批准的重整计划的债权和已经

法院生效裁判确认的债权，而这两种债权数额已经法院依法确定，没有必要再行评估。因此，《债转股办法》第七条规定的债权评估只适用于第（1）种"合同之债转为公司股权"的情形，而不宜适用于重整程序中的"债权转股权"。

2.股权转让是否经公司股东会同意的问题

根据《公司法》有关规定，公司股东向股东以外的人转让股权，应当经其他股东过半数同意，涉及股权转让作出公司变更决议的机构通常为股东会或股东大会。但重整程序中的"债权转股权"与日常的"债权转股权"不同，因重整变更相关股权决议的形成程序，不宜适用《公司法》的相关规定，而应优先适用《企业破产法》的相关规定，其间，公司权力机构在重整中的权利受到相应限制，其有关决议应由债权人会议决议予以代替。债权人会议表决通过"债权转股权"方案，法院一旦裁定批准，该方案具有强制性效力，不论债务民企的股东以及股东会或股东大会是否同意都应执行。

3."债权转股权"的变更登记

根据《债转股办法》第九条、第十条和第十一条规定，办理股权转让的变更登记，应当由重整企业向公司登记机关申请办理注册资本和实收资本变更登记，并根据《公司登记管理条例》和有关规定提交材料。但因重整"债权转股权"与日常股权转让不同，故在办理股权转让时需要另行提供相关的特殊材料，如债权人会议通过的重整计划、法院批准重整计划的裁定书等。

七、"债权转股权"的法律效应

公司登记机关给予办理"债权转股权"的变更登记后，重整程序中"债权转股权"的法律效应是：债权人以债权为代价向重整企业出资，从而抵缴相应股款，消灭相应债权，置换了重整企业的相应股权，债权人转变为重整企业的股东，获得了重整企业的决策权、管理权、收益分权等股东权利，同时将原出资人的股权强制调减或者清零。

【裁判案例】

提示：法院已经裁定批准全部债权转换为股权，债权人又起诉请求偿还借款被法院驳回。

2015年9月，天尊线缆公司因经营需要，在易九信息服务公司的互联网平台（易九金融平台）上两次发布借款600万元、400万元信息，向该平台的注册投资人（原始债权人）募集借款，同时发布由融投担保公司提供的担保函，融投担保公司承诺对上述两笔借款提供连带责任保证担保。借款担保信息发布后，84名原始债权人根据交易规则将1000万元借款转至其在第三方支付平台易极付公司开立的资金托管账户内。易极付公司审核后，将借款人账户内托管资金划转至被告天尊线缆公司在易极付公司开立的账户内。根据涉案《借款担保合同》约定，借款年利率为9.3%，600万元借款还款日为2016年3月28日，400万元借款还款日为2016年3月29日，逾期还款应以借款本金和收益为基数按年收益率的150%承担违约责任，该合同还对债权转让进行了约定。

2015年7月28日，新宝丰公司出具最高额保证担保函，对天尊线缆公司和同创线缆有限公司在易九金融平台借款项目的债权人提供担保，最高担保借款额为2300万元。

在上述借款期限到期后，借款人天尊线缆公司未偿还借款本金和利息。

自2016年2月起，一平方管理公司陆续与原始债权人签订债权转让协议，受让了原始债权人对天尊线缆公司享有的债权，将并支付给原始债权人债权转让金共计995.3万元。

2016年1月14日，沧州市中院受理新宝丰公司重整一案，并决定由新宝丰公司自行管理财产和营业事务。重整期间，管理人协助沧州市中院向新宝丰公司债权人发出申报债权的通知和公告，一平方管理公司作为债权人向沧州市中院和重整管理人申报了债权本金22933000元、利息693718元，本息合计23626718元，沧州市中院作出裁定予以确认。

2016年9月28日，新宝丰公司向沧州市中院提交了重整计划草案，沧州市中院裁定予以批准。在该重整计划草案中，一平方管理公司所申报的债权为无担保普通债权，按照重整计划，一平方管理公司所有的债权将全部转化为新

宝丰公司的股权。

2017年4月，一平方管理公司向桥西区法院提起诉讼，请求判令：1.被告天尊线缆公司偿还借款本金995.3万元，利息46.28万元，并支付逾期还款违约金；2.被告融投担保公司对上述借款本金及利息承担连带清偿责任。

被告融投担保公司辩称：新宝丰公司是天尊线缆公司借款的连带保证人。沧州市中院批准了新宝丰公司的重整计划草案，拟对原告一平方管理公司以债权转股权形式偿还该债务，而一平方管理公司却向法院起诉该债权，明显不符合法律规定。如该案继续审理，将会出现同一笔债权得到两次受偿。新宝丰公司重整管理人于2017年6月21日召开债权人大会，宣布沧州市中院裁定批准新宝丰公司重整计划草案，意味着一平方管理公司的债权即将得到清偿，请法庭依法驳回原告一平方管理公司诉求。

桥西区法院经审理认为，在易九金融平台注册的84位投资人，通过易九金融平台向被告天尊线缆公司筹集了两笔共计1000万元的借款，天尊线缆公司与筹集借款的84位投资人虽未签订书面的借款担保合同，但双方之间实际建立了借贷合同关系。原告一平方管理公司通过债权转让方式转受了原始债权人的债权。故原告一平方管理公司对被告天尊线缆公司享有995.3万元借款本金及相应利息、违约金的债权。被告融投担保公司与案外人新宝丰公司同为连带保证人，在被告天尊线缆公司逾期未能偿还借款的情况下，原告一平方管理公司可以向任一保证人主张债权。现原告已经向新宝丰公司重整管理人和沧州市中院申报了包括本案债权在内的债权，而沧州市中院也批准了新宝丰公司的重整计划草案。根据新宝丰公司的重整计划，原告一平方管理公司的债权将转化为新宝丰公司的股权。涉案重整计划的执行期限自2017年4月19日起三年，在重整计划执行期限内，如果重整计划执行成功，原告一平方管理公司的债权自债权转为股权时即获得清偿，如果重整计划失败，则新宝公司将进入破产清算程序，原告的债权恢复为普通债权，则原告可以向债务人或担保人主张债权。新宝丰公司现在处于重整计划执行期间，原告一平方管理公司的债权处于未真正获得清偿阶段，而能否真正获得清偿，取决于新宝丰公司的重整计划能否最终成功，故，现原告一平方管理公司要求被告天尊线缆公司偿还债务，被告融投担保公司承担连带保证责任的诉讼请求，本院不予支持，原告可以待条件具备后再行起诉。

对原告—平方管理公司主张：根据《企业破产法》第九十二条第三款"债权人对债务人的保证人和其他连带债务人所享有的权利，不受重整计划的影响"之规定，新宝丰公司的重整计划不影响原告向被告天尊线缆公司和被告融投担保公司主张担保债权。本院认为，该条款的含义为，债权人在债务人的重整计划中因让步未获清偿部分可以继续向其保证人和其他连带债务人要求清偿，而本案中原告的债权全部转为股权，故原告此主张，本院不予采信。原告主张，原告在债权人会议表决时未同意新宝丰公司的重整计划草案，但根据《企业破产法》第九十二条第一款"经人民法院裁定批准的重整计划，对债务人和全体债权人均有约束力"之规定，虽原告不同意债权转为股权，但重整计划已经沧州市中院裁定批准，故重整计划对原告有约束力。

综上，桥西区法院作出（2017）冀 0104 民初 3875 号判决书，判决驳回原告—平方管理公司的诉讼请求。

第八节　民企重整的"府院联动机制"

这里的"府院联动机制"，是指法院联合政府及其有关部门采取沟通协调方式，各自发挥职能作用，共同推进破产工作的运行制度。"府院联动机制"不是法定机制，而是法院与政府协调职能共同解决破产程序中遇到的问题的工作制度。《全国法院破产审判工作会议纪要》第 16 条特别指出，"人民法院要与政府建立沟通协调机制，帮助管理人或债务人解决重整计划草案制定中的困难和问题。"

在债务民企重整、和解、清算三大程序中，和解程序和清算程序相对容易操作一些，而重整程序相对复杂一些，难度也大一些，需要政府及其部门配合更多一些。此外，民企破产重整与国企破产重整不一样，国企破产重整基本上由政府及有关部门"包办"，民企重整没有这个"福气"，需要依靠自己的努力起死回生，但在关键时刻，政府及有关部门的支持能起决定性的作用。下面，我们专题分析民企重整程序的"府院联动机制"问题。

一、民企重整建立"府院联动机制"的必要性

办理民企破产重整案件是法院和管理人的法定职责，那为什么非把政府及其部门拉进来"联动"呢？

（一）拯救破产民企的必然要求

我们知道，不少民企进入破产程序，尽管具有拯救价值和起死回生的可能，法院和管理人也全力以赴，但在实践中仍会遇到不少困难和阻力需要解决，主要表现为：

1.民企破产维稳问题突出

许多民企在资金困难的情况下往往会做出以下三种事情：一是为了取得银行贷款，大部动产和不动产用于抵押或质押，剩余没有多大财产；二是迫不得已向民间大量借款，甚至高利借入资金，债务负担甚重；三是大量拖欠职工劳动工资，企业上下人心涣散。这些民企进入破产程序后，资产所剩无几，甚至无产可破，这就容易发生社会稳定问题，特别一些没有财产担保的借贷债权人、货款债权人和一些欠薪职工，一旦听说债务民企破产，往往一哄而上，抢产品，搬设备，砸门窗，甚至非法拘禁"老板"，逼得"老板"走投无路；有的聚众上访闹事，呼喊"还我血汗钱"，向政府和法院施加压力。法院面对此类情况只能请求政府组织公安等有关部门出面平息。

2.缴欠税款难以重整

在破产重整中，有些民企在税款缴纳上会遇到四个问题：一是民企因继续经营需要税务部门开具相应的发票，但有些税务机关会以补交法院受理破产前的欠税为由拒绝开具税票；二是有些税务机关坚持不交清法院受理破产前欠缴的税款不同意重整；三是重整民企如果欠缴关税，在接收涉及关税财产时，海关认为应先行交清关税，否则不能取走监管设备和物资；四是债务民企如果欠缴税款时间过长、数额过多，而破产财产少，致使普通债权人受偿债权无望，重整计划在债权人会议上也就难以通过。为使债务民企得以重整，面对这些税款问题，法院需要与税务机关协调，并需税务机关的理解和支持，否则会导致重整流产。

3.存在法律上瑕疵的破产财产难以处置

特别是重整民企的房地产，但若审批手续不全，就难以变现，致使破产重整长期不能完结。如，已取得土地使用权但未取得规划许可的厂房，少批多建的办公楼等，法院和管理人不能通过正常途径变现，而只能先与土地、规划等有关部门进行协调，争取他们依法予以补办手续，然后才可以处置。

4.财产被恶意转移难以追回

民企财产掌控在"老板"手中，"老板"在破产前恶意隐匿、转移财产易如反掌，而管理人行使追回权却相当困难，如证据不足无法提起追回权诉讼，严重阻碍了破产重整。

5.缺乏破产费用难以启动重整程序

重整程序因承担拯救功能，其成本和费用显然高于和解程序和清算程序，但有些债务民企虽有拯救价值，但账面上没有资金或者资金极少，法院不可能让管理人做"赔本生意"办理破产案件，管理人无钱可赚当然没有积极性，重整程序难以启动。

民企重整存在的上述问题，只有政府及有关部门的大力支持才能解决，所以建立"府院联动机制"是很有的必要性的。

（二）政府及其部门应当履行的职责

在我国现行国家管理体制中人民政府和人民法院都由同级的人大产生，都对同级人大负责，并受同级人大监督。政府行使行政管理权，法院独立行使审判权，两者不存在隶属关系，同级政府所属部门与同级法院也不存在隶属关系，因此，法院在审理破产案件中如遇行政管理问题，通过协调方式解决。

民企破产是市场经济规律和供给侧结构性改革的必然，具有维护和稳定民营经济秩序和助推现代化民营经济体系建设的功能，这与行政管理所追求的目标是一致的。在此宏观之下，破产重整除解决债务清偿、财产分配等问题外，还会产生一系列需要政府履行职责解决的问题，如社会稳定维护、重整企业信用修复、破产税费缴纳、工商注销登记等，本身就是有关行政机关应当履行的职责，有关行政机关应当介入破产重整工作，但不少行政机关相对被动，这就需要法院主动与其沟通，建立"府院联动机制"协调民企破产重整工作。

二、"府院联动机制"的模式

从实践来看，"府院联动机制"有以下四种模式，破产重整应当是其中的主要内容。

一是常态化破产工作联动机制。这种机制通常采取政府牵头、部门联动、法院主导的原则，根据政府及其部门和法院的各自职能，规定在破产程序中的工作职责和协调方式。这种机制具有综合性的特征，适用于各类破产案件，只要破产案件出现需要联动协调的，都可启动这种机制解决问题。

二是专项破产联动机制。如政府与法院建立"僵尸企业"破产联动机制，专门处置"僵尸企业"的破产清算问题。

三是个案重整协调机制。这种机制主要是在未构建常态化协调机制或者在常态化协调机制不足的情况下，为了某起影响大、难度大的破产重整案件，由政府及其部门和法院建立协调机制，解决个案重整问题。

四是某一重整事项的协调机制。如法院在个案重整中遇到债务民企的房地产在法律上有瑕疵，土地、规划、房管等有关部门不能统一意见而难以处置，法院推动当地政府组织有关部门进行协调。这种协调大多属于临时活动，但能有效地解决重整程序中的关键性难题。

三、破产重整"府院联动机制"的主要内容

常态化府院破产联动机制是较为完整的协调模式，通常有下主要内容：

（1）建立非常设的协调领导机构和工作机构。如建立由政府牵头、法院主导及有关部门参与的企业破产协调领导小组和办公室，并建立联席会议制度，负责企业破产及重整工作，处置债务企业的产权瑕疵、债务处理、职工安置、税收优惠、信用修复、企业注销、金融机构参与、破产费用保障以及打击逃废债等重点难点的问题，制定重大、疑难、复杂破产案件的处置方案，协调多部门资源，合力推进破产及重整工作。

（2）成员单位职责分工。根据法院、政府及其有关部门的职能，就破产及重整的有关工作进行职责分工，并统筹协调处理。如经信部门，负责提供破产企业的行业信息，协助引进战略投资人；如公安部门，负责打击逃废债活动，

负责破产企业维稳工作，协助查控破产企业相关责任人员等。

（3）破产预警及重整识别。要求各成员单位及时掌握和分析企业破产动态，发现企业具有破产原因而恶意逃废债务，将影响当地社会稳定和经济发展的，通过联席会议制度，联合和协调有关部门进行处置。

（4）破产信息通报。建立破产信息通报制度，要求法院及时通报破产及重整的申请、立案以及审理的进展情况，政府成员单位及时向领导小组及其办公室报送相关信息，利用网络、"简报"等形式确保信息渠道畅通，做到信息共享。

（5）协调掌握企业破产资产处置。如对重整企业有瑕疵的房地产项目和生产经营项目，有关部门依法给予补办相关手续，提升破产资产的价值；如对重整中涉及破产企业的土地、房产、排污权分割处置、转让，有关部门根据法律和政策予以支持，并协助法院执行。

（6）保障职工权益。依法妥善安置职工，保障职工劳动债权，防止职工情绪激化，预防职工群体性事件发生。

（7）建立破产专项资金。由财政安排专项资金，建立破产费用、管理人报酬、职工劳动债权清偿的保障基金。

（8）对重整企业税收政策支持。确定挽救债务企业的税收优惠政策，如税务部门对重整企业欠缴的税款延期缴纳或作和合理处置，依法落实债权转股权的税务优惠措施，及时办理税务注销登记等。

（9）加大对重整企业的融资支持。为重整企业拓宽融资渠道，帮助重整企业引入战略投资人，通过缓交方式延期缴纳所欠税款，推动金融机构继续对重整企业的融资支持等

（10）帮助重整企业修复信用。

总之，构建府院破产联动机制，研究和解决民企重整中面临的困难问题，对深化供给侧结构性改革，盘活存量资产，优化资源配置，推动民营经济转型升级有着非常重要的意义和作用。

第九节 民企重整的"院银协调"

在民企破产程序中，商业银行往往是最大债权人或主要债权人，如何处置银行债权往往决定重整的成败。因此，法院为了成功重整债务民企，在通常情况下都会与银行就债权问题进行沟通与协调，这就有了"院银协调"。

一、民企重整"院银协调"的主要原因

银行债权与其他债权的法律地位是平等的，在破产程序中只要依法清偿即可。但在重整程序中，银行债权人出于保护自身债权的本能，某些行使债权的行为不能与重整拯救保持一致，主要有以下几个利益冲突需要解决。

一是行使财产担保权问题。银行债权多数设有特定财产担保，债务民企进入破产清算程序，并不影响也不限制银行债权人行使财产担保的优先受偿权。债务民企如果重整，根据《企业破产法》第七十五条规定，银行债权人在重整期间对债务民企提供的担保财产暂停行使担保权，反而对银行债权人实现债权不利。再者，因重整时间过长，担保财产价值有可能下降或者发生折旧造成贬值，不足以清偿担保债权。

二是消减债权问题。重整计划往往要求银行消减本金或利息，这对银行来说是一种债权损失。

三是债务民企借机逃废债务问题。债务民企的财产在重整期间仍由其自行管理，且重整时间比较长，管理人如果监督不力，不可排除某些债务民企恶意提高重整费用、违法清偿其他债权等，使银行破产财产缩水，这就难免银行担心债务民企借重整之机逃废债务。

四是重整不如清算方便。在银行内部管理上，大多数地方分行没有同意重整计划的审批权限，需上报总行批准，且报批程序又过于繁琐，而破产清算对

地方分行来说就简单多了，受偿多少算多少，又没有多大责任，且可更快地核销坏账，还有利于业绩考核。在此情况下，重整计划草案即使不错，不少地方分行也因"多一事还不如少一事"而予否决。

由于上述种种原因，大多数银行债权人对民企重整缺乏积极性，在债权人会议上票投同意重整的不多，而投票反对的居多。我们经常听到管理人、债务人、债权人有这样的埋怨："跟银行沟通很困难""银行总是投反对票""银行是重整的最大阻力"等。基于这些原因，法院在裁定重整之前，应当与银行债权人进行沟通与协调，争取银行债权人的理解和支持。

二、民企重整"院银协调"的前提条件

我们认为，民企重整能否保障银行债权和对银行实现债权是否有利是银行债权人是否同意重整的关键所在，因此，法院与银行进行沟通协调时，首先要考虑这个前提条件。

从金融机构高层监管机构来看，如总行、银监会并非盲目反对民企重整，而是看民企重整对银行债权有无保障和是否有利来决定的。

首先，银行债权人要看民企重整是否符合拯救条件。中国银监会办公厅于 2017 年 5 月 10 日下发《关于进一步做好银行业金融机构债权人委员会有关工作的通知》（银监办便函〔2017〕802 号）中指出："需要进行金融债务重组的，一般应当具备以下条件：（一）企业出现较为严重的财务困难或债务危机，预计不能偿还到期金融债务；（二）企业产品或服务有较好的发展前景和市场份额，具有一定的重组价值；（三）企业发展符合国家产业和金融支持政策；（四）债务企业和债权银行金融机构有债务重组意愿。"这四个条件与破产重整的拯救条件基本一致，所以，民企重整计划草案如果符合上述条件，对银行债权是有利的，银行债权人就会支持破产重整。

该通知还指出："对于以下企业，银行业金融机构要坚决压缩、退出相关贷款，尽快实现市场出清：（一）不符合国家产业政策规定的落后产能企业；（二）环保、能耗、质量、安全生产、技术等不达标且整改无望的企业；（三）已经停产半停产、连年亏损、资不抵债、失去清偿能力的"僵尸企业"。"民企存在这些情况，本身就没有拯救价值，银行为使债权不再继续受到损害而反对

重整也就理所当然，法院也不能许可这些民企重整。

银行债权人反对民企重整的主要原因之一是怀疑债权在重整程序中不能得到有效保护，这就需要，除了重整计划的可行性外，法院还需加大保护银行债权的力度，才能与银行进行有效的协调。

三、民企重整"院银协调"的主要措施

法院与银行协调民企重整的主要方法是沟通和协商，而沟通协商不能仅凭口头上的语言，而要有切实可行的措施。从民企重整实践来看，许多法院采取以下几种措施，然后与银行债权人进行沟通协调：

1. 把重整计划草案的可行性分析清楚，把重整民企的拯救价值摆明白，解除银行债权人对重整的顾忌，让银行债权人看到重整对其实现债权有利而无害，这是首要的方法。

2. 采取切实有效措施依法保护银行债权，如针对银行债权人担心的重整民企逃废债务的问题，法院和管理人应当摸清在重整民企有无逃废银行债务，有无隐匿、转移有效资产掏空企业的意图，若有怀疑，应当对债务民企的有关财产依法采取保全措施。又如，银行债权设有债务民企财产抵押、质押的，应当采取措施保物保值。再如，银行债权人在重整期间虽应暂停行使担保权，但法院和管理人也应同时限制债务民企处分担保财产，如需处分必须先满足银行的优先受偿权。

3. 赋予银行债权人对破产财产变价的特别监督权。为防范重整民企资产低估出让，股权低价转让，通过租赁、承包逃避债务等有害债权人利益的行为，除了通过管理人、债权人会议加强监督外，法院和管理人可以特邀银行债权人派员直接参与监督，允许其审查评估报告是否合法和破产财产处置是否公开、公平、公正，并认真听取对银行债权人的监督意见。

实践证明，债务民企确有拯救价值，重整计划具有可行性，法院措施有力，再加以在相互尊重的基础上进行沟通协调，大多数银行债权人不仅同意重整，而且还可能继续给重整民企提供融资支持。

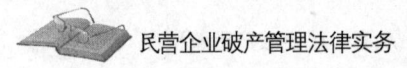

四、争取银行再融资支持

民企进入破产程序主要是遇到资金问题不能解决。在此情况下，银行债权人主要考虑收回贷款本息，通常不会考虑继续向破产民企发放贷款。但是，在民企重整具有拯救价值的基础上，继续向其发放贷款并能保障收回，且对此前债权的实现有利的，经法院与之协调，不少银行债权人还是能够理解和支持的。法院与银行协调再融资来支持重整的主要方法有：

1. 以原担保物继续提供物权担保进行转贷，并采取"借新还旧"方法灵活处置抵押债权。这能解决两个问题，一是银行担保债权在破产程序中仍然得到有效保障，二是重整民企可以继续使用贷款资金并安心使用抵押财产。

2. 另行提供财产担保。根据《企业破产法》规定，在重整期间，债务人或者管理人报经债权人委员会或法院同意，可以为重整企业继续营业借款并设定财产担保。债务民企虽然进入重整，但另行提供财产担保进行融资活动，并不影响其他债权人利益，也不影响银行担保债权，银行依法对担保财产仍有不依赖于破产程序的优先受偿权。

3. 银行与战略投资人及债务民企进行协商，由战略投资人提供担保，银行为重整民企提供贷款支持，或者由战略投资人贷款，然后投入重整民企。

4. 在不影响其他债权的情况下，法院和管理人可与银行协商减免部分本息，然后一次性清偿或者分期偿还，从而减轻重整债务负担。

实践证明，债权人银行如果给重整民企"雪中送炭"，重整民企盘活资金后，通过重整是能够起死回生的。

第十节　民企重整的信用修复

这里的修复信用，是指民企由于破产原因引起信用监管等级降低，通过自身重整的努力和法院、政府、银行等支持，改善信用记录，消除不良影响的行为。民企凡具有破产原因，信用监管等级都会降低，甚至被拉入"黑名单"，

当其进入重整程序进行拯救时，既需要修复经营，又需要修复信用，只有两者都得以修复，才能走出困境获得重生，否则难以避免"第二次死亡"。

一、债务民企的信用丧失

根据国家发展改革委、人民银行《关于加强和规范守信联合激励和失信联合惩戒对象名单管理工作的指导意见》（发改财金规〔2017〕1798号）和国家发展改革委办公厅、人民银行办公厅《关于对失信主体加强信用监管的通知》（发改办财金〔2018〕893号）精神，为了加强社会信用体系建设，国家建立"红名单"和"黑名单"制度，按照统一标准，根据刑事处罚、行政许可、行政处罚、行政强制、行政确认、行政检查、行政征收、行政奖励、行政给付和拒不履行生效司法裁决等反映主体诚信状况的信息，将企业分为"红名单"和"黑名单"，并对红黑名单主体采取奖惩措施；建立健全失信信息公示制度，利用企业信用信息公示系统和各级政府及其部门门户网站等，依法向社会公开各类主体失信信息，构建"一处失信、处处受限"的信用惩戒大格局。

从实践情况来看，大多数债务民企会因下列行为而失信：

（1）逾期未能偿还银行贷款，在相关商业银行的企业信贷等级以及在人民银行征信中心的信用记录均为不良，由此在企业征信系统形成的标识码，导致后续经营中出现融资成本增加，甚至无法继续获得银行贷款、开具保函等。

（2）欠缴税款时间较长、数额较大，税务机关给予相应扣分或直接判定为D级，并收缴其发票或者停止向其发售发票。民企欠缴税款的这些法律后果带入重整程序，税务机关收缴发票或者停止发售发票，债务民企就无法重整。

（3）大量民间借贷无法清偿，债权人诉至法院，法院判决后进入执行程序，债务民企仍未偿还，法院根据债权人的申请，将债务民企列入"黑名单"，然后引起银行、工商、税务等部门对其不良信用的连锁反应。

（4）民企犯合同诈骗、逃税抗税、非法吸收公众存款、污染环境等罪，法定代表人被判处有期徒刑、无期徒刑等，单位被判处罚金，被禁止、限制或剥夺从事某项业务活动，这对民企来说将产生严重的不良信用影响。

上述失信行为性质严重的，根据《国务院关于建立完善守信联合激励和失信联合惩戒制度加快推进社会诚信建设的指导意见》规定不予信用修复。

民企具有不可修复的严重失信行为，法院就应考虑重整计划是否具有可行性的问题，信用不可修复而无法拯救的，即使予以批准重整，重整成功率也是很低的。

二、重整民企的信用修复

在破产重整中，上市企业和国有企业的信用问题并不突出，即使有失信问题，在政府介入下也容易修复。债务民企被法院列入失信被执行人名，被税务部门、工商部门列入经营异常，被商业银行的企业信贷等级以及在人行征信中心的信用记录为不良等，修补这些信用缺陷往往有一定难度，这是民企重整的第二大障碍（第一大障碍是资金困难）。比如，在战略投资人接管并投资重整民企后，债务民企虽有希望获得生机，但若不予修复信用，仍让战略投资人长时间背负着企业的不良信用记录，将会严重阻碍重整计划的继续执行和重整民企恢复正常经营，也将严重影响战略投资人的积极性，甚至退出战略投资，结果会使重整失败，债务民企将重新走向死亡。因此，民企重整必须排除失信障碍，法院、政府部门和金融机构应当大力支持其修复信用。

从国家层面看，在严惩企业失信行为的同时也很重视企业信用的修复。最高人民法院《全国法院破产审判工作会议纪要》第21条指出："企业重整后，投资主体、股权结构、公司治理模式、经营方式等与原企业相比，往往发生了根本变化，人民法院要通过加强与政府的沟通协调，帮助重整企业修复信用记录，依法获取税收优惠，以利于重整企业恢复正常生产经营。"国家发展改革委办公厅 人民银行办公厅《关于对失信主体加强信用监管的通知》（发改办财金〔2018〕893号）第十三条也指出："积极稳妥开展信用修复。建立信用修复制度。黑名单、重点关注名单主体在规定期限内纠正失信行为、消除不良影响的，不再作为联合惩戒对象。建立有利于自我纠错、主动自新的社会鼓励与关爱机制，支持黑名单、重点关注名单主体通过公开信用承诺、参加信用修复专题培训、提交信用报告、参与社会公益服务等方式修复信用。"

民企若想重整获得新生，首先应当自身修复信用，并与修复经营一起两条腿走路，只是修复经营，而不修复信用，单条腿走路难以成功重整，这是主要因素。遗憾的是，许多管理人或债务民企对信用修复不够重视，其所编制的重

整计划草案中没有信用修复的方案。我们也曾见过个别重整计划草案中有信用修复内容，但都是重整计划执行完毕后的正常信用修复，如"本重整计划执行完毕，各债权人应向破产受理前将债务人列入失信被执行人名单的人民法院提出申请删除债务人的失信信息""银行债权人自本重整计划执行完毕之日起，应修改债务人于人民银行征信系统中的贷款信息及风险等级分类内容，或以'大事记'方式标明债务人已经司法重整的事实""本重整计划执行完毕，债务人需注销于各银行债权人开立的银行账户的，各银行债权人应积极配合给予办理"。我们不是说这些"重整计划执行完毕"后的信用修复方案没用，而是强调在重整过程中更需要及时修复信用，特别是重整计划中就要有信用修复的方案，并与其他重整措施同时实施。

此外，法院、政府部门和金融机构贯彻上述文件精神，大力支持民企在重整程序中的信用修复也十分重要，如民企在重整程序中能够获得商业银行的信用支持，就有可能继续获得融资资格，从而改善恶劣的财务状况获得经营生机。

三、重整民企信用修复的内容和方法

从总体上讲，债务民企丧失哪些信用，经重整程序应当修复哪些信用，并使之达到正常的企业信用程度。从部分地方的司法实践来看，债务民企信用修复的内容和方法有以下几个方面：

一是修复法院执行系统的信用记录。企业在重整之前，在法院有失信记录的，法院在裁定批准重整计划后，应当允许管理人或债务民企向法院执行机构申请撤销失信记录。

二是修复人民银行征信系统的征信记录。法院在裁定批准重整计划后，应当允许管理人或债务民企凭法院批准的重整计划裁定书，向当地人民银行或债权银行提出企业信用记录修复申请，人民银行或债权银行应当适当调整债务企业信贷分类和征信系统企业征信记录；重整成功的，当地人民银行将此信息载入"大事记"征信系统，借此隔断原失信记录。

三是重新变更统一社会信用代码。法人统一社会信用代码相当于法人"身份证号"。民企进入破产重整后，通常沿用原统一社会信用代码，而原统一社

会信用代码因经营不善会有不少污点记录，重整因此会遇到困难。民企被法院批准重整，在重整期间会发生股东构成、组织机构、资金投入、后续运营等方面发生了重大变化，甚至会发生颠覆性变化，据此，登记管理机关可以凭法院批准的重整裁定书，在重整民企名称不变的情况下变更社会信用代码，划断新旧企业信用信息。

四是重新开立结算账户。债务民企的开户银行多数是债务民企的债权人，有的还是主要债权人。在民企重整计划执行期限，开户银行债权人通常会将重整民企进入结算账户的款项自动扣划用于受偿债权，这会使重整民企没办法正常使用结算账户。在这种情况下，有些开户银行在重整民企提供担保的情况下，凭法院批准重整计划裁定，或者在重整计划执行完毕后，凭法院出具的相关债权保护文件等，撤销原结算账户，另行开立结算账户，使重整民企正常使用账户。

五是修复税务机关的征信信息。纳税信用制度既然有对纳税人的失信惩罚，同时也应有允许纳税人修复信用。在通常情况下，只有纳税人缴清税款、滞纳金和罚款，才能从"黑名单"中撤出，从而修复信用。如国家税务总局2016年的《重大税收违法案件信息公布办法（试行）》规定，偷税和逃避追缴欠税等重大税收违法案件的当事人缴清税款、滞纳金及罚款，经税务部门决定，可以从公告栏撤回该案件信息，使失信纳税人恢复正常信用状态。但是，债务民企在重整期间一次性缴清税款是有困难的，再者税款债权亦应参与破产财产分配而不可能单独先行受偿，因此适用上述类似规定撤销失信信息是有困难的。据此，我们认为，税务机关可凭债务民企、新投资人或者民企股东提供的有效担保，或者法院裁定批准的税款清缴方案，以及法院出具变更征信记录的文件，予以办理撤回或者变更不良的征信记录。

六是修复工商部门征信记录。2014年，国务院公布《注册资本登记制度改革方案》《企业信息公示暂行条例》提出了对市场主体"宽进严管"的基本要求，在放宽注册资本等准入条件的同时，进行社会诚信体系建设，强化企业信用约束机制。此后，对市场主体的失信和违法行为，分类列入经营异常名录、严重违法企业名单，并通过企业信用信息系统向社会公示。民企一旦被列入这些"黑名单"，对重整影响很大，因此必须修复。对此，不少地方的工商行政管理部门按照法院裁定批准的重整计划和出具的协助执行通知书，将重整民企从经营异常名录中移出；对在进入重整程序前已被依法吊销营业执照，允许申请恢复营业执照，给予办理暂时恢复营业执照的手续。

第十一节　民企重整程序的终止与终结

重整程序既然有启动，也就肯定有结束。重整程序的结束有两种方式，即重整程序的终止和重整程序的终结。但这两种结束重整程序的原因不同，法律效果也不相同。

一、民企重整程序终止

民企重整程序终止，是指债务民企进入重整程序后，因有法定或不能拯救的情形，法院裁定不再适用重整程序的司法行为。重整程序一旦被法院裁定终止就不再继续进行，而其后果则应根据不终止原因而定。

根据《企业破产法》有关规定，法院裁定民企重整程序终止有以下几种原因：

1.法院裁定批准民企重整计划

根据《企业破产法》第八十六条规定，债权人会议各表决组均通过重整计划草案时，重整计划即为通过，然后，由债务人或者管理人向法院提出批准重整计划的申请，法院经裁定批准的，同时终止重整程序，并予以公告。

有学者认为，可以将管理人或债务人拟制的重整计划草案看作是债务人发出的要约，债权人会议分组表决通过同意的决定看作是承诺，于是，应将双方达成的以债务清偿与债权受偿为主要内容的一个协议来看待。法院经审查认为已经表决通过的重整计划符合法律规定，裁定予以批准的，也就赋予了重整计划的执行力。

重整程序是破产申请人提出申请、召开债权人会议通过重整计划草案、法院裁定批准重整计划的过程，但不含此后重整计划的执行。因此，重整计划的执行被视为类似民事诉讼的执行程序，法院批准重整计划后，应当裁定终止重整程序，然后进入重整计划的执行程序。

法院以裁定批准重整计划为由，裁定终止重整程序的法律效应是重整计划具有约束力和执行力，债务人应当按照重整计划的规定清偿债务。这是法院裁定终止重整程序唯一不宣告债务人破产的法定事由，但仍需"以观后效"再来决定债务人是否破产清算。

2.民企重整计划未获得法院批准

法院裁定批准重整计划与法院未批准重整计划一样，其后果都是终止重整程序。《企业破产法》第八十八条规定："重整计划草案未获得通过且未依照本法第八十七条的规定获得批准，或者已通过的重整计划未获得批准的，人民法院应当裁定终止重整程序，并宣告债务人破产。"据此规定，全部表决组均未通过重整计划草案的，法院应当裁定终止重整程序，并宣告债务人破产；部分表决组未通过重整计划草案，法院不予强制批准的，也应当裁定终止重整程序并宣告债务人破产。但法院未批准重整计划的，应当同时宣告债务人破产。

3.债务民企或管理人未按期提出重整计划草案

根据《企业破产法》第七十九条第一款和第二款规定，债务人或者管理人应当自法院裁定债务人重整之日起六个月内向法院和债权人会议提交重整计划草案；六个月期限届满，经债务人或者管理人请求，有正当理由的，法院可以裁定延期三个月；上述六个月期限届满，债务人、管理人没有请求延长或请求延长没有正当理由的，或者提出请求延长有正当理由，法院裁定延期三个月后（即超过九个月），未提交重整计划草案的，法院应当裁定终止重整程序。在上述法定期限内，债务人或者管理人未提交重整计划草案，说明债务人重整无望，重整程序应当终止。法院以此为由裁定终止重整程序的法律效应是宣告债务人破产。

4.债务民企无拯救可能

法院根据《企业破产法》规定裁定债务民企重整，前提条件的债务民企具有拯救价值和拯救可能。法院裁定受理重整后，债务民企在重整期间出现《企业破产法》第七十八条规定"债务人的经营状况和财产状况继续恶化，缺乏挽救的可能性"情形的，说明其已经无药可救，不再存在重整的意义和作用，管理人或者利害关系人据此提出终止重整程序请求，法院应当裁定终止重整程序，并宣告该债务民企破产。

5.债务民企不当行为对债权人不利或使管理人无法执行职务

民企重整程序的目的之一是使债权人得到比破产清算更多的债权受偿，债务民企如果故意实施欺诈、恶意减少财产，或者其他显著不利于债权人的行为，也就完全违背了破产重整的目的。因此，《企业破产法》第七十八条还规定，"债务民企有欺诈、恶意减少财产或者其他显著不利于债权人的行为"，"由于债务民企的行为致使管理人无法执行职务"的，经管理人或者利害关系人请求，法院应当裁定终止重整程序，并宣告债务人破产。

在债务民企重整期间，管理人是一个法定的非常重要的角色，担负着编制重整计划草案、监督财产处分和重整经营等重要任务，当其履行这些职责时，不可缺少债务民企的积极配合。债务民企的法定代表人、董事、监事、高级管理人员等不履行配合义务，甚至破坏、阻挠，致使管理人无法执行监督职务的，说明其拒绝重整"自找死路"，因而没有必要继续重整，而应终止重整程序，宣告债务民企破产。

6.债务民企不能执行或者不执行重整计划

债务民企不能执行或者不执行重整计划的，根据《企业破产法》第九十三条第一款规定，经管理人或者利害关系人请求，法院应当裁定终止重整计划的执行，并宣告债务民企破产。

这里的"不能执行"通常是指有客观原因无法执行，如重整计划缺乏可行性无法执行下去，又如实际情况发生变化致使债务人不能按照重整计划执行继续执行下去。这里的"不执行"是指债务人具备执行重整计划的能力，而主观上对抗、放弃执行。但不论主观原因还是客观原因，只要债务民企未执行重整计划，法院都应裁定终止重整计划执行。

法院以债务民企"不能执行或者不执行重整计划"为由裁定终止重整计划执行，将产生以下几个法律效果：一是同时宣告该债务民企破产并进入破产清算程序；二是重整计划中作出的债权调整的承诺失去效力；三是债权人因执行重整计划所受的清偿仍然有效，债权未受清偿的部分作为破产债权，但只有在其他同顺位债权人同自己所受的清偿达到同一比例时，才能继续接受分配；四是为重整计划的执行提供的担保继续有效。

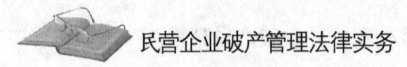

二、民企重整程序终结

重整程序终结，是指重整计划执行完毕，重整程序不可逆转地归于结束。重整程序终结也就意味着整个破产程序终结。

债务民企重整计划执行完毕表现为：按照重整计划中债权清偿方案，破产债权已经全部受偿，破产债务已经全部清偿，债务民企对减免债务依法不再承担清偿责任，破产债权债务全部消灭。

重整计划执行完毕后，管理人应当及时向法院提出终结破产程序的申请，法院裁定终结破产程序的，整个破产程序也就不可逆转地归于结束重整程序终结的事由主要是重整计划执行完毕，但也有例外的债权清偿完毕而终结，如，在法院裁定重整后至批准重整计划前，债务民企的股东、战略投资人或其他第三人向重整民企注入资金，不等法院批准重整计划，债务民企就将所有债务清偿完毕，包括协商减债后的债务清偿完毕，破产原因消灭，在此情形下，不能适用终止方式结束重整程序，而应终结整个案件的破产程序。

【裁判案例】

提示：债务企业执行重整计划完毕，法院裁定终结破产程序。

太阳能科技公司从事太阳能光伏生产业务，注册资本为 1.976 亿元，并于 2010 年 11 月在深圳证券交易所中小企业板挂牌交易。该公司自 2012 年发行"11 超日债"后，因经营不善，整体处于停滞阶段，导致其产生巨额债务。2014 年 4 月 3 日，毅华公司作为太阳能科技公司的债权人，以太阳能科技公司无法偿还货款为由，向上海市第一中院申请对太阳能科技公司进行破产重整。

2014 年 6 月 26 日，上海市第一中院裁定受理太阳能科技公司破产重整；同年 10 月 28 日，裁定批准太阳能科技公司重整计划，终止太阳能科技公司重整程序，并予以公告。重整计划的执行期限为 6 个月，由太阳能科技公司管理人监督重整计划的执行。

2014 年 12 月 23 日，太阳能科技公司管理人向上海市第一中院提交《太阳能科技公司重整计划执行监督工作报告》。经管理人审查，除初步确认债权

和预计债权对应的分配额、被其他司法机关冻结的部分债权人的分配额以及未提交收款账户的部分债权人的分配额已进行提存外，其余债权均已按照重整计划的规定获得清偿；出资人权益调整涉及的资本公积金转增股份已经登记至太阳能科技公司破产企业财产处置专用账户，法院已经通知证券登记结算机构协助办理相关股票过户事宜；目前，太阳能科技公司生产经营状况良好，预计可以按照重整计划的规定实现保壳目标。太阳能科技公司管理人据此于同日向上海市第一中院提交了《关于确认太阳能科技公司重整计划执行完毕的申请书》。管理人认为，太阳能科技公司执行重整计划符合法律、司法解释和重整计划的相关规定，且太阳能科技公司重整计划已经达到执行完毕的标准，故提请法院裁定确认重整计划执行完毕并终结破产程序。

上海市第一中院认为，太阳能科技公司重整计划明确规定了重整计划执行完毕的标准，即"各类债权已经按照本重整计划的规定获得清偿，债权人未领受的分配额以及初步确认债权和预计债权对应的分配额已经按照本重整计划的规定提存；债权人与太阳能科技公司另行达成清偿协议且不损害其他债权人利益的，视为债权人已按照本重整计划的规定获得清偿。"现太阳能科技公司重整计划规定的向债权人实施分配等工作已经完成，相应资金已经分配至债权人指定的账户或者已进行提存，重整计划执行完毕的标准已经成就。按照重整计划减免的债务，自重整计划执行完毕时起，太阳能科技公司不再承担清偿责任。自2014年12月23日起，太阳能科技公司管理人对太阳能科技公司执行重整计划的监督职责终止。

鉴于本案重整计划已经执行完毕，重整工作已经完成，上海市第一中院根据太阳能科技公司管理人的申请，依照《中华人民共和国企业破产法》第九十一条第一款、第九十四条的规定，于2014年12月24日作出（2014）沪一中民四（商）破字第1号裁定书，裁定如下：一、确认太阳能科技公司重整计划执行完毕；二、终结太阳能科技公司破产程序。

第九章

民企破产和解程序

民企破产和解，是指债务民企与债权人在破产程序中就债务清偿与债权受偿自愿达成协议的行为。债务民企申请破产和解，目的是通过协议途径解决债权债务问题，避免自身破产清算。

第一节 民企破产和解程序

《企业破产法》规定的破产重整、破产和解、破产清算三大程序，相互之间既有横向并列关系又有纵向包含关系。

横向并列关系表现为，三者具有相对独立性，各自的程序各自独立适用，排除其他程序同时适用。如，民企有破产原因，当事人可以在三者中选其一向法院提出破产申请，而不能在申请和解的同时又申请重整或者清算；即使和解不成依法转换清算，或者清算转换和解，也必须终止前一程序再走下个程序。

纵向包含关系表现为三者之间有先后顺序及牵连关系。如，债权人提出债务民企破产清算，债务民企或出资人可以提出重整或和解，清算可以转换为重整或和解；重整或和解一旦成功，不再适用清算程序；如果重整或和解不成，如重整计划或和解协议不能被法院认可，则应裁定宣告破产，进入清算程序。

一、自行和解与破产和解的区别

和解是当事人之间在自愿互谅的基础上就已经发生的争议进行协商解决并达成协议的行为。在债务民企具有破产原因的情况下，和解可分为自行和解与破产和解两种方式。

（一）自行和解

自行和解可分为"非破自行和解"与"涉破自行和解"两种情况。

1.非破自行和解

"非破自行和解"是指债务人与债权人及其他利害关系人在法院裁定受理破产申请前进行的自行和解。债务民企具有破产原因，在法院裁定受理破产申请前，可以与债权人在自愿基础上进行自行协商，就减债清偿或延期清偿达成和解协议。"非破自行和解"得以执行，债务民企就能避免进入破产程序，即使债权人已经申请债务民企破产，在法院未作出裁定受理申请前，债务民企与全体债权人自行达成和解协议的，债权人也可撤回破产申请，从而避免法院作出受理破产申请裁定。但"非破自行和解"不属于破产和解，其和解协议不具有强制效力，债权人反悔或债务民企不履行，当事人仍可向法院申请破产。

2. 涉破自行和解

涉破自行和解是指依据《企业破产法》第一百零五条规定进行的自行和解。该条规定："人民法院受理破产申请后，债务人与全体债权人就债权债务的处理自行达成协议的，可以请求人民法院裁定认可，并终结破产程序。"涉破自行和解，首先是债务人与全体债权人就债权债务的处理自行达成协议的和解，本质上属于自行和解，之所以"涉破"，是因为这种自行和解发生法院受理破产申请后，又需经法院裁定认可，并能导致破产程序终结，所以我们称其为"涉破自行和解"。

在法院裁定受理破产申请后，根据当事人意思自治原则，债务民企与全体债权人仍可就债权债务的处理自行达成和解协议，然后请求法院裁定认可，法院在裁定认可的同时一并裁定终结破产程序。也就是说，在法院宣告债务人破产前，法院裁定认可债务民企与全体债权人自行达成的和解协议的，破产案件不再进行重整和清算，法院将作结案处理。但非破自行和解所达成的协议，不属于严格意义上的破产和解。

（二）破产和解

法院裁定受理破产申请后，债务民企与全体债权人没有自行和解，或者自行和解不成的，可在法院主导下进行破产和解。破产和解与自行和解不同的是，破产和解必须严格按照《企业破产法》规定的程序进行，如，法院裁定和解并予以公告，债务人提交和解协议草案，召集债权人会议表决通过，法院裁定认可并终止和解程序等。自行和解须经全体债权人同意，而破产和解无需全体债权人同意，债权人会议只要按照表决规则通过即可，不因少数债权人的反对而使破产和解协议草案失效，法院也无需考虑少数债权人的反对就可裁定认可破产和解协议，然后，破产和解协议对债务人和全体和解债权人都有约束力，就此可以说，法院裁定认可和解协议对少数持反对意见的债权人也具有

强制性。

二、破产和解与破产重整的区别

破产和解的主要内容是减债清偿或延期清偿，破产重整同样有此内容，所以两者都有和解方式，但两者毕竟是两个不同的破产程序。

1.目的有所不同

破产和解的特点是债权人与债务人自愿进行协商，重点解决减免债务数额、延缓债务履行期限的问题，目的是避免债务人破产清算。而破产重整侧重于拯救陷于困境的债务人，在减债清偿、延期清偿的同时，力图恢复债务人正常生产经营。

2.调整对象有所不同

破产和解主要调整债权人与债务人之间的债权债务关系，也可同时调整债务人与其股东以及债权人三方的债权债务关系，如债权人、债务民企通过与股东协商，由股东加入债务，代替债务民企向债权人履行债务，而民企破产重整的调整对象仅为债权人与债务民企之间的债权债务关系，如无特殊情况则不涉及债务民企股东的清偿债务问题。

3.申请主体有所不同

宣告债务人破产或者重整的申请主体较多，除债权人、债务人外，还有关利害关系人、公司股东等，但债权人不能申请破产和解。债务人为了避免被宣告破产，只能自己提出破产和解申请，破产和解的申请人仅限于债务人。债务人向法院提出和解申请，债权人可以同意和解。自行和解有所不同，债权人可以向债务人提出和解。

4.法律措施有所不同

破产和解只要通过债权人同意债务人减免债务、延缓履行而达成协议即可，而破产重整以追求债务人摆脱经营困境、维持正常经营为目标，因此所需较多的拯救措施，如引入战略投资人、"府院联动""院银沟通""债权转股权"等，方能成功重整。

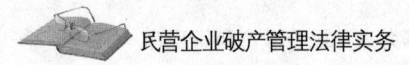

三、债务民企提出破产和解申请

破产和解程序的启动与"自行和解"不同。"自行和解"无需向法院提出申请，债务人与债权人自行启动协商机制即可，即使需要法院认定，也只需向法院提出认定申请。

破产和解程序的启动得先有申请、后有裁定两个内容。民企破产和解程序是依债务民企申请而为，只有债务民企提出和解申请，才有后来的法院裁定和解并进入和解程序的可能；债务民企不提出和解申请，法院不能依职权强制和解，因此，债务民企申请和解是启动民企破产和解程序的前置条件。

根据《企业破产法》第九十五条规定，债务民企申请和解有两种方式：一是直接向法院申请和解，二是在法院受理破产申请后至宣告破产前向法院申请和解。这里的"破产申请"包括债权人提起的重整申请和清算申请，也就是说，债权人向法院提起的重整申请或清算申请，在法院宣告破产前，债务人就此也可以主张和解。

从《企业破产法》立法精神来看，和解应当优先于重整和清算，在债务人申请和解符合法定条件的情况下，重整和清算应当先让路给和解，和解不成的，再转换为重整或清算。

四、法院审查和裁定认可破产和解

法院接到债务民企和解申请后，应对和解申请进行审查。一是进行形式审查，包括对债务民企申请的和解案件是否具有管辖权，申请主体是否适格，证据材料是否齐全等进行审查。二是进行实质审查，包括审查债务民企是否具有破产和解原因，是否在受理破产申请后至宣告破产前提出申请，债务民企有无和解诚意，有无借机逃废债务的目的，和解协议草案是否合法等。法院经审查认为，和解申请符合《企业破产法》规定的，裁定和解并予以公告。破产和解程序由此正式启动。

第二节 民企破产和解协议

破产和解协议实际上是债务人与债权人在破产程序中就债务清偿与债权受偿通过自愿协商而达成的合同。《企业破产法》第九十五条第二款规定："债务人申请和解，应当提出和解协议草案。"这款规定说明两个事情，一是和解协议应当由债务人起草和提供，二是债务人提交和解协议草案是法院受理并裁定和解的必要条件。

和解协议是和解程序的核心内容，和解程序中的所有工作都是围绕着和解协议而展开，没有或不能提供和解协议草案，法院不可能受理和解申请。

一、民企破产和解协议草案的主要内容

民企破产和解协议草案在通常情况下应当具有以下几个主要内容：

1. 债务民企财产状况

债务民企财产是债务民企清偿债务的物质基础，债务民企财产状况如何决定债务清偿程度，因此，和解协议草案应当说明债务民企财产的具体情况，包括财产总额、财产类别、财产分布以及可利用、可改善、可收回等财产情况。

2. 债权债务的基本情况

债权债务的基本情况是债务清偿与债权受偿的计付基础，和解协议草案应予以详细说明，如列明，债权债务总额、债权债务性质、债务清偿期限、债务清偿方式，债权债务有无担保和争议等，债权债务笔数较多的，可以制表附和解协议草案之后。

3. 债务清偿计划

债务清偿计划是和解协议草案的核心内容，如，债务清偿的比例、数额，延期偿付、分期偿付、金钱清偿、实物抵债，债务民企必须在和解协议草案中

说明清楚，并明确债务清偿的开始期限和结束期限。此外，和解协议草案如有债权转股权、股东加入债务清偿等特别约定的，亦应在说明清楚，并应有相关合同等附件。

4. 履行和解协议的保障措施

保障措施也是债权人关注和解协议草案的重点，保障措施切实可行，债权人容易接受和解协议草案，反之则会拒绝。保障措施要从债务民企自身的实际情况而定，如清偿债务的资金来源、处置财产的方式等都要在和解协议草案中载明，并承诺保证债权人能够按照和解协议草案获得受偿。

二、债权人会议讨论破产和解协议草案

民企破产和解协议作为债务民企与债权人双方自愿协商而形成的产物，在债务民企事先单方编制草案的情况下，必须征求全体债权人的意见，并取得全体债权人的同意或者经债权人会议表决通过，否则不叫"协商"，也就没有所谓的"协议"。债权人会议作为代表全体债权人的一方接收并讨论和解协议草案是其应有的权利，召集债权人会议讨论和表决和解协议草案便成为法院裁定和解的前置程序。

债权人会议讨论和解协议草案，至少有以下三个作用：一是能使各债权人有机会核对和解协议草案中载明的债权有无异议，二是对债务民企在和解协议草案提出的债务清偿方案是否满意，三是审查和解协议草案是否具有可行性。债权人如有债权异议则可提出校对和纠正，如对债务清偿方案不满意的，可以提出提高受偿比例，也可以准备行使否决权；认为和解协议草案不可行的，可以要求债务民企修订或者准备行使否决权。债权人会议以协商方式要求债务民企进行修改和解协议草案的，债务民企修改后再交债权人会议进行表决。

三、债权人会议表决破产和解协议草案

债务民企拟制的和解协议具有要约性质，是债务民企通过法院向债权人提出的要约，只有债权人"承诺"同意才能成为正式的和解协议。但在减债让步、延期清偿的情况下，和解协议草案即使很好，也有可能出现部分债权人反

对。但债权人会议作为一个群体组织，只要代表大多数债权和大多数债权人即可，无须全体债权人一致同意，因此就有法律规定的表决规则。

和解协议草案表决规则不适用债权人会议的一般表决规则，而适用《企业破产法》第九十七条规定，即由出席债权人会议的有表决权的债权人过半数同意，并且其所代表的债权额占无财产担保债权总额的三分之二以上。根据《企业破产法》第六十四条规定，债权人会议一般表决规则是"由出席会议的有表决权的债权人过半数通过，并且其所代表的债权额占无财产担保债权总额的二分之一以上。"两者不同的是"三分之二"与"二分之一"，即一般表决规则适用"二分之一"，而和解协议草案表决规则适用"三分之二"，显然，和解协议草案表决规则的要求比一般表决规则要高。

此外，根据《企业破产法》第九十六条第二款和第一百条第二款规定，和解债权人是指人民法院受理破产申请时对债务人享有无财产担保债权的人；对债务人的特定财产享有担保权的权利人，其财产担保权利不受和解程序的影响，自法院裁定和解之日起仍可行使优先受偿权。因此，对债务人享有财产担保权的债权人未放弃物权担保的，无需参加债权人会议对和解协议草案进行表决。

四、法院裁定认可和破产解协议

债权人会议表决通过和解协议草案，提请法院认可的，法院对和解协议草案仍应进行合法性审查。经审查，债权人会议依照法定规则表决通过和解协议草案，不存在违法情形的，法院应当裁定认可，同时裁定终止和解程序并予以公告（裁定认可"涉破自行和解"的，一并裁定终结破产程序）。法院经审查，发现债务民企提交的和解协议是采取欺诈手段成立，或者存在其他违法行为的，法院应裁定该和解协议无效，并宣告债务人破产。

债权人会议表决未通过和解协议草案的，管理人和债务民企不能申请法院认可和解协议，而法院则应裁定终止和解程序，并宣告债务民企破产。

法院裁定认可民企破产和解协议（不包括"涉破自行和解"协议），将产生以下几个法律效应：

一是原和解协议草案成为正式和解协议，正式和解协议对债务民企和全体和解债权人均有约束力，对没有参加债权人会议的债权人、没有申报债权的债权人以及反对和解协议草案的债权人都能生效，此后，债务民企开始执行和解协议，并按照和解协议开始清偿债务。

二是债务民企获得自行管理权，管理人应当向债务民企移交财产和营业事务，其职责转换为监督和解协议的执行。

三是和解债权人未依规定申报债权的，在和解协议执行期间不得行使权利，在和解协议执行完毕后，才可以按照和解协议规定的清偿条件行使权利。

四是按照和解协议减免的债务，自和解协议执行完毕时起，债务民企不再承担清偿责任。

五是债权人对债务民企的保证人和其他连带债务人所享有的权利，不受和解协议的影响，仍有权按照约定或法定行使担保权。

法院裁定和解协议无效的，债权人因执行和解协议所受的清偿，在其他债权人所受清偿同等比例的范围内不予返还。

第三节　民企破产和解程序的终止与终结

一、民企破产和解程序的终止

和解程序终止是法院裁定和解后由于出现法定情形而将和解程序停止。根据《企业破产法》有关规定，民企破产和解程序的终止有以下三种法定情形：

1. 法院裁定认可和解协议

债务民企向法院申请和解，法院予以受理并裁定和解，破产案件进入和解程序。和解程序的主要任务是召集债权人会议讨论和表决和解协议草案，债权人会议表决通过和解协议，法院裁定认可后，和解协议草案成为正式和解协议并进入执行阶段。和解协议的执行不属于和解程序范畴，而是和解程序的后续执行程序，因此，法院在裁定认可和解协议的同时，应当裁定终止和解程序，

然后进入执行程序清偿债务。

2.和解协议草案未获债权人会议表决通过或者法院认可

民企破产案件进入和解程序，债权人会议对债务民企提供的和解协议草案经表决未予通过，或者已经表决通过但法院经审查认为和解协议违法而不予认可的，说明和解失败，法院应当裁定终止和解程序，并宣告债务人破产。

3.债务民企不能执行或者不执行破产和解协议

债务民企不能执行或者不执行破产和解协议，根据《企业破产法》第一百零四条规定，经和解债权人请求，法院应当裁定终止和解协议的执行，并宣告债务人破产。

二、民企破产和解程序终止的效应

和解程序或和解协议执行被法院裁定终止后，在法律上将会产生以下几个效应：

1.法院在裁定终止和解程序或和解协议执行的同时，宣告债务民企破产，债务民企被宣告破产也就进入了清算程序，理论上叫"和解转换清算"。

2.和解协议中作出的债权调整的承诺失去效力，但债权人在和解协议执行期间所受的债权清偿仍然有效，和解债权未受清偿的部分，在其他债权人同其所受的清偿达到同一比例的，作为破产债权继续参与清算程序分配。

3.第三人为和解协议的执行提供的担保继续有效。

三、民企破产和解程序的终结

和解程序终结不仅结束了和解程序，而且了结了整个破产程序，与重整程序终结一样具有不可逆转性，不再发生破产重整程序和清算程序。民企破产和解程序终结有以下两种事由：

1.债务民企与债权人等自行达成"涉破和解协议"。这是《企业破产法》第一百零五条规定的终结破产程序的情形。该条规定："人民法院受理破产申请后，债务人与全体债权人就债权债务的处理自行达成协议的，可以请求人民法院裁定认可，并终结破产程序。"

2.债务民企已清偿全部到期债务。根据《企业破产法》第一百零八条规定，在破产宣告前，"债务人已清偿全部到期债务的"，法院应当裁定终结破产程序。债务民企按照和解协议全部清偿债务，说明和解目标实现，也意味着整个破产程序结束，不再发生破产重整和破产清算，故应终结破产程序。

【裁判案例】

提示：当事人在破产清算中自行达成和解协议，法院裁定终结破产清算程序。

衡器厂进入破产清算程序后，于2016年同年11月3日召开了第六次债权人会议，会议表决通过了《衡器厂和解方案》，同日衡器厂与全体债权人签订了和解协议。该和解协议约定：1.优先足额清偿职工债权、税务债权；2.普通债权清偿率为24.53%。同年11月8日，衡器厂管理人请求西安市中院裁定认可衡器厂与全体债权人达成的和解协议。

西安市中院认为：债务人衡器厂与全体债权人签订的和解协议是当事人自愿达成，意思表示真实，不违反国家法律法规的强制性规定，符合企业破产法关于破产清算中债务人与全体债权人和解的规定。

西安市中院依照《企业破产法》第一百零五条"人民法院受理破产申请后，债务人与全体债权人就债权债务的处理自行达成协议的，可以请求人民法院裁定认可，并终结破产程序"；第一百零六条"按照和解协议减免的债务，自和解协议执行完毕时起，债务人不再承担清偿责任"之规定，于2016年11月14日作出（2011）西民四破字第00002-17号裁定书，裁定如下：一、认可债务人衡器厂与全体债权人达成的和解协议；二、终结衡器厂破产清算程序；三、自和解协议执行完毕时起，债务人衡器厂不再承担全体债权人按照和解协议减免债务的清偿责任。

【裁判案例】

提示：和解协议执行完毕，法院裁定终结破产程序。

2007年8月28日，宁远公司及五户关联企业共同于向凉山彝族自治州中

院提出破产清算申请，凉山彝族自治州中院于 2007 年 9 月 24 日依法裁定受理。破产清算组依法通知了已知债权人，并刊登了债权申报公告。

截止申报期满，凉山地税局、凯丽莱置业公司、攀钢财务公司、冶金建设公司破产清算组、国投发展公司、电线电缆公司管理人和国东方资产管理公司共有 7 户债权人向清算组申报了债权。

2014 年 10 月 13 日，清算组向凉山彝族自治州中院提交"关于对部分债权人申报债权不予确认的申请"，申请对攀钢财务公司、冶金建设公司破产清算组、电线电缆公司管理人、国投发展公司 4 户债权人的债权不予确认。2014 年 10 月 20 日，凉山彝族自治州中院依法作出（2007）川凉中民破字第 1-57 号民事裁定书，裁定对上述四家公司债权人的债权不予确认。

2014 年 11 月 8 日，宁远公司及五户关联企业向凉山彝族自治州中院提交了"债务确认书"，载明：宁远公司及五户关联企业对凉山地税局、凯丽莱置业公司、国东方资产管理公司的申报债权的真实性、合法性及债权总额均予以确认；其中，凉山地税局的税款债权属于优先债权，凯丽莱置业公司自愿放弃抵押优先受偿权属于普通债权，国东方资产管理公司的债权属于普通债权。该 3 户债权人均系破产和解的适格债权人。

2014 年 11 月 8 日宁远公司及五户关联企业向凉山彝族自治州中院提交了"破产和解申请"和"破产和解方案"。2014 年 11 月 16 日凉山彝族自治州中院依法作出（2007）川凉中民破字第 1-60 号民事裁定书，裁定：准予宁远工业公司及兴达公司、变压器公司、轻工机械厂、特种钢管厂、物业公司五户关联企业破产和解。

2011 年 11 月 29 日，凉山彝族自治州中院召集债权人会议讨论债务人宁远公司及五户关联企业提交的"破产和解方案"。"破产和解方案"载明：

一、破产和解金额：1. 凉山地税局：根据《企业破产法》规定，税款债权属于优先债权。凉山地税局债权享有优先权，但基于支持地方困难企业，请求免除部分金额，和解金额按 559961.24 元进行和解，债权实现率为 59.33%。2. 凯丽莱置业公司。根据《企业破产法》规定，对破产人的特定财产享有担保权的权利人，对该特定财产享有优先受偿的权利，凯丽莱置业公司为了促成破产和解，主动放弃抵押优先受偿权，将利益让渡给其他债权人，按普通债权进行和解，和解金额为 35000000 元，债权实现率为 26.70%。3. 国东方资产管理公司 12900742.95 元债权属于普通债权，综合考虑国东方资产管理公司受让债权金额、债权性质等，和解金额为 2300000 元进行和解，债权实现率为 17.83%。

二、破产和解金额的支付：1.支付方式：宁远公司及五户关联企业委托国投发展公司转账支付。2.支付期限：破产和解方案生效后 20 日内。经债权人会议表决，凉山地税局、凯丽莱置业公司 2 户债权人同意该"破产和解方案"，并同意按照和解协议减免的债务，自和解协议执行完毕时起，债务人不再承担清偿责任。

国东方资产管理公司不同意该"破产和解方案"。

鉴于该"破产和解方案"已由出席会议的有表决权的债权人过半数同意，并且其所代表的债权额占无财产担保债权总额的三分之二以上，因此，债权人会议通过了和解协议。

2014 年 11 月 29 日，宁远公司及五户关联企业共同向凉山彝族自治州中院提出申请，称和解协议已经债权人会议通过，请求裁定予以认可。2014 年 12 月 1 日，凉山彝族自治州中院依法作出（2007）川凉中民破字第 1-62 号民事裁定书，裁定：一、认可宁远公司及五户关联企业的和解协议；二、终止宁远公司及五户关联企业的和解程序。

2014 年 12 月 12 日，宁远公司及五户关联企业委托国投发展公司转账支付凉山地税局 559961 元、凯丽莱置业公司 35000000 元、国东方资产管理公司 2300000 元，和解款项已经全部清偿完毕。

2014 年 12 月 23 日，宁远公司及五户关联企业共同向凉山彝族自治州中院提出申请，称其已按破产和解协议约定向债权人履行了全部付款义务，债务已全部清偿完毕，请求裁定终结破产程序。

凉山彝族自治州中院认为，根据《企业破产法》第一百条第一款"经人民法院裁定认可的和解协议，对债务人和全体和解债权人均有约束力"、第一百零二条"债务人应当按照和解协议规定的条件清偿债务"、第一百零六条"按照和解协议减免的债务，自和解协议执行完毕时起，债务人不再承担清偿责任"、第一百零八条第一款第二项"破产宣告前，有下列情形之一的，人民法院应当裁定终结破产程序，并予以公告：（二）债务人已清偿全部到期债务的。"的规定，鉴于债务人宁远公司及五户关联企业已按本院裁定认可的破产和解协议内容向债权人履行了全部付款义务，债务已经全部清偿完毕，因此，债务人破产的原因已消失，破产程序没有再进行下去的理由，应当依法终结破产程序。债务人宁远公司及五户关联企业请求本院裁定终结破产程序，符合法律规定。

凉山彝族自治州中院依照《企业破产法》第一百条第一款、第一百零二条、第一百零六条、第一百零八条第一款第二项之规定，于2014年12月23日作出（2007）川凉中民破字第1-64号裁定书，裁定如下：终结宁远工业公司及兴达公司、变压器公司、轻工机械厂、特种钢管厂、物业公司五户关联企业破产程序。

第十章

民企破产清算程序

破产清算是破产制度的重要组成部分。民营企业缺乏拯救价值和拯救可能的，法院应当裁定宣告其破产，并通过破产清算程序对债权债务进行全面清算，从而淘汰落后产能，优化市场资源配置。

第一节　法院宣告民企破产

民企破产清算程序与其他类型的企业法人破产清算一样，由破产宣告、财产变价、债权分配、裁定终结四道主要操作程序构成。这一节先介绍和分析破产宣告问题。

一、启动破产宣告程序的原由

破产宣告，是指法院依据当事人的申请或依职权裁定宣布债务人破产以清偿债务的程序。启动破产宣告的原由有两类，一类法院根据当事人的破产清算申请直接裁定宣告债务人破产，另一类是法院依职权将重整程序或和解程序依法转换为破产清算程序。

1.申请人直接申请破产清算

破产申请人包括债务人、债权人以及依法负有清算责任的人。根据《企业破产法》第七条规定，直接申请破产清算有两种情况，一是债务人或债权人直接向法院申请债务人破产清算，二是负有清算责任的人直接向法院申请已解散的企业法人破产清算。

（1）当事人直接申请破产清算。民企具有破产原因，当事人直接申请破产清算，法院受理破产清算申请后，在第一次债权人会议上无人提出重整或和解申请的，管理人在债权审核确认和必要的审计、资产评估后，向法院提出宣告破产申请，法院应当直接裁定破产清算并予宣告。

（2）清算组直接申请破产清算。清算组直接申请破产清算的法定事由是，企业法人已经解散，但未清算或者未清算完毕，资产不足以清偿债务。根据《公司法》有关规定，企业法人解散，是指已经成立的企业法人因企业章程的规定、成员大会的决议、企业法人合并或者分立、依法被吊销营业执照、责令关闭或者被撤销等法定事由的出现而停止企业法人的经营活动。企业法人解散时，应当依法成立清算组进行清算。清算组应当对企业法人的债权、债务进行清理，编制资产负债表和财产清单，并应当制定清算方案。在此过程中，除已清算完毕外，若发现企业法人的资产不足以清偿债务，不论是否清算完毕，清算组都应向法院申请企业法人破产。

2.重整、和解转换清算

当事人申请和解或重整符合法定条件，破产案件不能直接进入破产清算程序，而应先行和解或重整；当事人直接申请破产清算的，也并不必然导致债务人被宣告破产，还有可能转换为重整或和解。但若重整或和解不成，法院裁定终止重整程序或和解程序，同时裁定债务人破产并予宣告的，重整程序或和解程序就应转换为清算程序。法院一旦裁定宣告债务人破产，也就排除了和解和重整，确定无疑地进入清算程序。债务民企被宣告破产后，不得再转入重整程序或和解程序。

二、宣告民企破产的裁定

法院裁定宣告债务民企破产有两种情况：一是当事人或清算组直接申请破产清算，不存在和解和重整情形的，法院直接裁定宣告债务民企破产；二是终止重整、和解程序或终止重整计划、解协议的执行转换为清算程序的，在裁定终止的同时一并宣告债务民企破产。法院裁定宣告债务民企破产也就是判决债务民企"死刑"。

根据《企业破产法》第一百零七条规定，法院宣告债务民企破产的，应当自裁定作出之日起五日内送达债务民企和管理人，自裁定作出之日起十日内通知已知债权人，并予以公告。

法院裁定宣告债务民企破产应当制作破产宣告裁定书，该类裁定书的内容包括破产民企的基本情况、破产原因、宣告破产的法律依据、其他有关事项和破产宣告日期。

公告内容包括，破产民企的亏损情况、资产负债情况、破产宣告时间、破产宣告理由和法律依据，以及对破产财产、账册、文书、资料和印章的保护、债权人申报债权登记等。

法院裁定驳回破产申请，破产申请人不服的，根据《最高人民法院关于审理企业破产案件若干问题的规定》，可以在裁定送达之日起十日内向上一级法院提起上诉。上一级法院应当组成合议庭进行审理，并在三十日内作出裁定。

债务民企被宣告破产后成为破产人，破产民企的全部财产成为破产财产用于清偿债务。法院裁定宣告破产启动了破产清算程序，破产案件随之进入实质性清算阶段。

第二节　民企破产财产的变价方式

债务民企被法院裁定宣告破产进入清算程序，变价破产财产也就势在必然。破产财产的变价是对破产财产所作的实体处理，其结果是破产民企的财产消灭与债权人的债权受偿。

一、破产财产清理

法院裁定受理民企破产申请后，管理人就接管了债务民企，但经过一段时间，特别是经过重整、和解再转入清算，破产财产和破产债务往往会发生变化，为了准确地变价破产财产，管理人在清算程序中仍应对其作最后的清理。

破产财产清理的主要内容和方法有二：一是根据《企业破产法》和《最高人民法院关于审理企业破产案件若干问题的规定》的有关规定，重新校对破产民企的现有财产，并划清哪些财产属于破产财产，哪些不属于破产财产，以免将不属于破产的财产进行变价；二是核实现存财产是否与原已登记在册的财产是否一致以及有无变化，特别经和解、重整转换为清算的破产案件，破产财产大多数会发生增加或减少，对此必须重新清理，确定破产财产的真实现状。

二、破产财产变价方式

破产财产变价是指将破产财产强制出卖换取金钱的行为。破产财产变价实际上是破产清算程序中的一种强制执行措施，目的是换取价款清偿债务，所以，破产财产变价又是破产债务清偿的前置行为和必要措施。

根据《企业破产法》第一百一十一条规定，管理人准备变价破产财产的，应当拟订破产财产变价方案，并提交债权人会议讨论通过，债权人会议经表决未通过的，由法院裁定，然后变价出售破产财产。

《企业破产法》第一百一十二条第一款规定："变价出售破产财产应当通过拍卖进行。但是，债权人会议另有决议的除外。"《全国法院破产审判工作会议纪要》第 26 条指出："破产财产处置应当以价值最大化为原则，兼顾处置效率。人民法院要积极探索更为有效的破产财产处置方式和渠道，最大限度提升破产财产变价率。采用拍卖方式进行处置的，拍卖所得预计不足以支付评估拍卖费用，或者拍卖不成的，经债权人会议决议，可以采取作价变卖或实物分配方式。变卖或实物分配的方案经债权人会议两次表决仍未通过的，由人民法院裁定处理。"由此可见，破产财产变价实行"以拍卖为主、以变卖或实物分配为辅"的方式进行。

1. 破产财产拍卖

拍卖是将财产以公开竞争的方式出卖给出价最高的买受人的一种买卖方式。根据《企业破产法》第一百一十二条第一款规定，除债权人会议另有决议外，破产财产变价应当采取拍卖方式进行。据此，破产财产的变价主要采取拍卖形式，凡是适合拍卖、能够拍卖的都应采取拍卖方式进行变价。拍卖具有公开透明、公平竞争的特点，能够有效防范法院、管理人等暗箱操作，最大限度提升破产财产变价率。拍卖破产财产必须委托具有法定资质的专业拍卖交易中介机构，管理人应当对拍卖竞卖过程实施监督。

2. 破产财产变卖

变卖是一种通常的出卖财物换取现款的买卖行为，在程序上与拍卖很大差异。拍卖是通过拍卖程序以公开竞争方式成交，而变卖则可由管理人交由有关单位出售或自行组织出卖，两者比较，变卖显然缺乏公开公平因素，因此，对变卖方式处置破产财产应当有所限制。

从有关司法解释和实践情况来看，具有下列情形之一的，可以适用变卖方式处置破产财产：（1）预计采取拍卖所得可能不足以支付评估拍卖费用的；（2）预计拍卖不成，或者已经拍卖但拍卖不成的；（3）债权人会议决议可以作价变卖的；（4）变卖方案经债权人会议两次表决仍未通过，由法院裁定变卖的。

3.担保财产的变价问题

在破产清算程序中，债权人对债务人特定财产享有担保权的，因物权担保不可直接取得担保财产所有权，而只能对担保财产通过变价取得的价款享有优先受偿权，所以，管理人在清算财产担保债权时，除非债权人会议与担保债权人一致同意"以物抵债"外，担保权人可以随时向管理人主张就该特定担保财产进行变价处置，从而得以优先受偿。因物权担保享有的债权不依赖于破产程序就可行使优先受偿权，故由法院和管理人依法处置担保财产即可，无需债权人会议同意变价。

第三节 民企破产财产分配及若干优先受偿问题

破产财产分配，是指将所有破产财产包括变价所得的价款按照法定顺序和债权比例公平地分给债权人清偿债权的行为。破产财产分配是破产清算的实质性阶段，也是破产程序的最后阶段。

一、最后调整破产债权债务

法院裁定受理破产申请后，管理人虽已审查登记了破产债权，但到破产财产分配时，大多数债权债务会发生变化，如：债务民企在和解期间清偿部分债务，破产债务就会相应减少；战略投资人在重整期间投入资金因重整不成转为债权，就会产生新的债权；债权人放弃担保的优先受偿权，必须调整破产财产及普通债权；管理人解除合同需要赔偿对方当事人的损失，在减少破产人损失

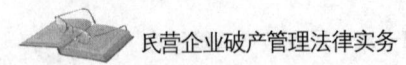

的同时增加债务等。在这些情况下，管理人必须对破产债权债务作最后整理，并与债权人校对无误后，拟订破产财产分配方案。

二、先行清结破产费用和共益债务

破产费用，是指在破产程序中，为债权人的共同利益需要，保证破产程序正常进行而支付的各种费用，包括：破产财产的管理、变卖、分配所需的费用，破产案件的受理费，债权人会议费用，催收债务所需费用，为债权人的共同利益而在破产程序中支付的其他费用。

共益债务，是指在破产程序中，为债权人的共同利益所负担的债务，包括：因管理人或者债务人请求对方当事人履行双方均未履行完毕的合同所产生的债务，债务人财产受无因管理所产生的债务，因债务人不当得利所产生的债务，为债务人继续营业而应支付的劳动报酬和社会保险费用以及由此产生的其他债务，管理人或者相关人员执行职务致人损害所产生的债务，债务人财产致人损害所产生的债务等。

根据《企业破产法》第一百一十三条规定，破产费用和共益债务不参加破产财产分配，而应在破产财产分配前先行支付清结，剩余破产财产再向债权人分配。

三、破产债权的清偿顺序

破产清偿顺序，是指法律规定的对不同性质破产债权在分配时的先后次序。根据《企业破产法》第一百一十三条规定，民企破产财产在优先清偿破产费用和共益债务后，依照下列顺序清偿：

第一清偿顺序为：破产民企所欠职工的工资和医疗、伤残补助、抚恤费用，所欠的应当划入职工个人账户的基本养老保险、基本医疗保险费用，以及法律、行政法规规定应当支付给职工的补偿金；

第二清偿顺序为：破产民企欠缴的除前项规定以外的社会保险费用和破产人所欠税款；

第三清偿顺序为：普通破产债权。

根据上述清偿顺序，破产财产不足以清偿同一顺序的清偿要求的，按照比例分配；破产财产不足清偿第一顺序的职工劳动债权的，第二顺序的其他社会保险费用、税款债权和第三顺序的普通破产债权都无法得以清偿；第二顺序的债权只有在破产财产满足清偿第一顺序的债权后还有剩余的才能受偿。第二顺序和第三顺序的清偿按此推类。

上述清偿顺序是在破产财产不足清偿破产债务的情况下适用的，但若破产财产能够满足清偿全部债务，就无所谓上述清偿顺序。但民企进入破产清算程序后，除非意外情况发生，在通常情况下破产财产都不足清偿破产债务，所以破产民企通常都适用法定清偿顺序。

此外，《全国法院破产审判工作会议纪要》在第28条"破产债权的清偿原则和顺序"中还指出："对于法律没有明确规定清偿顺序的债权，人民法院可以按照人身损害赔偿债权优先于财产性债权、私法债权优先于公法债权、补偿性债权优先于惩罚性债权的原则合理确定清偿顺序。因债务人侵权行为造成的人身损害赔偿，可以参照企业破产法第一百一十三条第一款第一项规定的顺序清偿，但其中涉及的惩罚性赔偿除外。破产财产依照企业破产法第一百一十三条规定的顺序清偿后仍有剩余的，可依次用于清偿破产受理前产生的民事惩罚性赔偿金、行政罚款、刑事罚金等惩罚性债权。"

四、破产财产分配方案和分配方式

1.破产财产分配方案的内容

破产财产分配应先由管理人按照清偿顺序和分配比例拟订方案。破产财产分配方案应当载明下列事项：（1）参加破产财产分配的债权人，（2）参加破产财产分配的债权额，（3）可供分配的破产财产数额，（4）破产财产分配的顺序、比例及数额，（5）破产财产分配方法等。管理人将破产财产分配方案提交债权人会议讨论。债权人会议通过破产财产分配方案后，由管理人将该方案提请法院裁定认可。法院裁定认可后由管理人执行。管理人按照破产财产分配方案实施多次分配的，应当公告本次分配的财产额和债权额。

2.破产财产分配的方式

《企业破产法》第一百一十四条规定："破产财产的分配应当以货币分配方

式进行。但是，债权人会议另有决议的除外。"根据此规定，破产财产分配以"货币分配"为主，除货币分配外的分配方式，由债权人会议另有决议。从实践来看，债权人会议另有决议的分配方式主要是实物分配、债权分配。所以，破产财产分配有货币分配、实物分配、债权分配三种方式。但三种分配方式不一定都适用于每个破产案件，各个破产案件所要采取的分配方式，应当根据破产财产的实际情况而定。

（1）货币分配。货币分配是将破产企业的现金包括拍卖、变卖的价款，按照清偿顺序和比例分别支付于债权人的还债方式。清偿顺序理清和分配比例确定后，货币分配就很简单了。

（2）实物分配。实物分配是将实物形态（包括无形资产）的破产财产折价分配给债权人抵偿破产债务的一种还债方式。《全国法院破产审判工作会议纪要》根据《企业破产法》第一百一十四条规定和破产清算案件的实际情况，允许债权人会议决议对破产财产采取实物分配方式。

（3）债权分配。债权分配是将破产人尚未收回的债权（如应收账款）折价给破产债权人抵偿债务的还债方式。这种方式实际上是债权转让与以债抵债相结合的破产财产分配方式。如民企破产，债权分配方案经债权人会议决议和法院确定后，由管理人（清算组）向破产债权人出具债权分配书，破产债权人得到债权分配书后，便成为破产民企的债务人的债权人，对破产民企的债务人享有相应的债权，从而消灭其对破产民企享有的相应债权，然后，破产债权人可以凭债权分配书要求破产民企的债务人履行，破产民企的债务人拒不履行的，破产债权人可以申请法院强制执行。

3. 特殊情况的处置

附生效条件和解除条件的债权处置。管理人在分配破产财产时，对附生效条件的债权和解除条件的债权，应按其分配额进行提存，在最后分配公告日，生效条件未成就或者解除条件成就的，应当分配给其他债权人；在最后分配公告日，生效条件成就或者解除条件未成就的，应当交付给债权人。

债权人未受领的处置。管理人按照破产财产分配方案通知债权人受领破产财产分配额，债权人未受领的，管理人应先予提存，债权人自最后分配公告之日起满二个月仍不领取的，视为放弃受领分配的权利，管理人或者法院应当将提存的分配额分配给其他债权人。

五、关于职工劳动债权优先受偿的问题

根据《企业破产法》第一百一十三条规定，破产财产在优先清偿破产费用和共益债务后，第一顺序清偿职工劳动债权，即职工劳动债权的受偿顺序安排在"破产费用和共益债务"之后与税款、普通破产债权之前的位置，也就是说，职工劳动债权优于税款、普通破产债权受偿，且为法定优先受偿权。

破产债权可分为有担保债权与无担保债权，职工劳动债权属于无担保债权，而物权担保债权属于有担保债权，职工劳动债权对无担保的普通债权优先受偿是没有问题的。我们在实践中发现的问题是，在物权担保债权与职工劳动债权并存的情况下，民企职工通常会与担保权人发生争先受偿纠纷，那么，哪个债权优先受偿？

《企业破产法》第一百零九条规定："对破产人的特定财产享有担保权的权利人，对该特定财产享有优先受偿的权利。"在破产程序中，担保物权的优先受偿权被称为别除权。别除权是担保物权可以不依照破产程序而对特定担保财产享有的优先受偿权。也就是说，物权担保的优先受偿权可以撇开破产程序，直接请求就特定的抵押、质押、留置的财产行使优先受偿权，而职工劳动债权依赖于破产程序优先受偿。由此可见，物权担保债权在"特定财产"上应当优于职工劳动债权受偿。

这里还需要注意《企业破产法》"附则"中第一百三十二条的规定。该条规定："本法施行后，破产人在本法公布之日前所欠职工的工资和医疗、伤残补助、抚恤费用，所欠的应当划入职工个人账户的基本养老保险、基本医疗保险费用，以及法律、行政法规规定应当支付给职工的补偿金，依照本法第一百一十三条的规定清偿后不足以清偿的部分，以本法第一百零九条规定的特定财产优先于对该特定财产享有担保权的权利人受偿。"有人据此认为，职工劳动债权优先于物权担保权债权受偿，这是一种误解。本条规定的本意是解决法律溯及力及2006年《企业破产法》实施前的职工劳动债权的遗留问题，即"在本法公布之日前"，破产财产不足以清偿职工劳动债权的部分，才以"特定财产"予以优先受偿，但2006年《企业破产法》实施后，不能再以"特定财产"给予职工劳动债权的"不足以清偿的部分"予以优先受偿。

六、关于工程款是否优先受偿的问题

《企业破产法》对工程款是否优先受偿没有作出明确规定，于是在破产实践中出现了工程款是否优先受偿的争议。

在企业破产之外，工程款优先受偿是有明确法律依据的。《合同法》第二百八十六条规定："发包人未按照约定支付价款的，承包人可以催告发包人在合理期限内支付价款。发包人逾期不支付的，除按照建设工程的性质不宜折价、拍卖的以外，承包人可以与发包人协议将该工程折价，也可以申请人民法院将该工程依法拍卖。建设工程的价款就该工程折价或者拍卖的价款优先受偿。"《最高人民法院关于建设工程价款优先受偿权问题的批复》规定：一、人民法院在审理房地产纠纷案件和办理执行案件中，应当依照《中华人民共和国合同法》第二百八十六条的规定，认定建筑工程的承包人的优先受偿权优于抵押权和其他债权；二、消费者交付购买商品房的全部或者大部分款项后，承包人就该商品房享有的工程价款优先受偿权不得对抗买受人；三、建筑工程价款包括承包人为建设工程应当支付的工作人员报酬、材料款等实际支出的费用，不包括承包人因发包人违约所造成的损失；四、建设工程承包人行使优先权的期限为六个月，自建设工程竣工之日或者建设工程合同约定的竣工之日起计算。

《企业破产法》仅是程序法，在处理破产案件中的实体问题时并不排斥适用民事法律的有关规定。《最高人民法院关于审理企业破产案件若干问题的规定》第七十一条规定，依照法律规定存在优先权的财产不属于破产财产，但权利人放弃优先受偿权或者优先偿付特定债权剩余的部分除外。这里的"法律规定"应当包括《合同法》第二百八十六条的规定。这就说明，工程款债权破产程序中应当优于抵押权受偿，而且还可以"别除"抵押权先行受偿。

七、关于股东债权是否劣后清偿的问题

法理上所称的"劣后债权"，一般是指在破产清算顺序上排列于普通破产债权之后的债权，即末位债权。如以无偿给付为内容的债权、破产程序中产生的债权利息、行政机关和司法机关的罚款、罚金等，在破产财产清偿普通债权

后还有剩余的，应当予以清偿。我们认为，劣后债权是当然债权，即使不是破产债权，破产财产在清偿普通债权后还有剩余的，也应当予以清偿。但是，现实是残酷的，民企在资不抵债的情况下破产清算，如无特别情况，劣后债权是不可能实现的，所以，讨论破产程序中的劣后债权清偿的问题没有多大现实意义。但讨论民企股东劣后债权的清偿问题是道理的。

在民企破产程序中，民企股东对本企业享有破产债权的情况较为多见，如：股东将金钱出借给本企业所产生的债权，股东为本企业代偿债务所产生的债权，股东为本企业承担担保责任后对本企业产生的追偿债权等。对股东债权的清偿顺序问题，《企业破产法》没有特别规定，法学界也不同的观点。

一种意见认为：根据债权平等原则，平等的债权没有排他性，效力上没有优劣之分，故无法律优先受偿的股东债权与其他普通债权在破产程序不应存在区别，两者应当同等对待，股东债权亦应作为普通债权参与破产财产分配。

另一种意见认为：民企股东与本企业有关息息相关的利益关系，而与民企债权人之间有着利益冲突关系，再者，民企破产致使债权人不能全部或者部分实现债权，与股东投资民企和经营企业有着直接的关系，股东应当对此承担更多的法律责任，因此，不能僵化坚持股东债务与普通债权平等清偿，以牺牲其他债权人的利益来维护股东的利益，股东债权利益应当让位其他破产债权人的利益而劣后清偿。

实践中也有这个争议，股东债权人在本企业破产程序中极力主张与其他债权人平等受偿，而债权人会议上的其他普通债权人对此极力反对，于是形成一种利益冲突。

这里举个案例——宁宜公司与兰山公司以及宜兴工行的企业借贷纠纷一案，看无锡市中院对股东债权劣后清偿是如何认定和判决的。

2009年9月，五星公司、兰山公司、长发公司签订一份合作协议，约定三方共同投资开发"山水林隐"别墅项目，后经工商核准设立了宁宜公司（项目公司）。后宁宜公司向兰山公司借款，至2015年1月结欠借款利息7510.641625万元。2013年12月，宁宜公司向宜兴工行借款4亿元，宁宜公司在《房地产借款合同》中承诺"该借款的清偿顺序优于其对股东的债务"。此外，五星公司、兰山公司、万家公司还向宜兴工行出具承诺函，承诺"在未还清九龙依云二期房地产开发贷款本息之前，不得抽回股东投资及股东借款，不

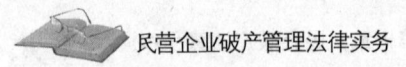

得进行利润分配"。

2015年1月，兰山公司以宁宜公司为被告向宜兴市法院起诉，请求判令宁宜公司归还借款利息。宜兴市法院判决宁宜公司支付兰山公司借款利息77510.641625万元。

宁宜公司不服向无锡市中院上诉，除了对涉案借款性质有争议外，还称：宁宜公司"目前对外结欠工程款、银行贷款、其他融资等债务高达10亿元，在外债没有清偿之前，股东债权不应优先得到清偿。"

第三人宜兴工行称：根据宁宜公司与宜兴工行签订的《房地产借款合同》约定，应该优先清偿宜兴工行贷款而非股东债权。

无锡市中院认为：宁宜公司与宜兴工行签订的《房地产借款合同》中承诺"该借款的清偿顺序优于其对股东的债务"，此处的"债务"应理解包括股东借款本息，但宁宜公司的股东并非该合同当事人，宁宜公司所作的"该借款的清偿顺序优于其对股东的债务"的承诺，对股东不具有当然约束力。宁宜公司各股东向宜兴工行出具的承诺函表示"未还清九龙依云二期房地产开发贷款本息之前，不得抽回股东投资及股东借款，不得进行利润分配"，此处同一句中对"股东借款""贷款本息"措词上明显不同，且承诺"不得抽回股东投资"的同时，对作为投资收益的利润也承诺"不得进行分配"，但对于同样作为借款收益的利息却未有涉及，此两点可见对是否包含利息有明显区分，原因即在于股东承诺劣后清偿的仅限于股东的借款本金，不指向利息。况且，宜兴工行作为本案第三人，也是该承诺函的权利人，对一审判决并未提起上诉，故该问题不应成为宁宜公司拒付利息的理由。

关于股东债权的清偿顺序，本案除股东向宜兴工行承诺股东的借款本金劣后于银行贷款清偿之外，不存在股东的其他债权应次于普通债权受偿的法定情形或理由，且宁宜公司对其他股东已经归还了巨额本息，故宁宜公司认为兰山公司的股东债权应劣后于普通债权清偿等意见，缺乏依据，本院不予采纳。无锡市中院作出（2016）苏02民终2608号民事判决书，判决驳回宁宜公司上诉，维持原判。

我们从这个案例中可以看出，尽管法学界有股东债权劣后清偿的观点，尽管当事人合同有股东债权劣后清偿的约定，但因没有法律规定或合同依据，法院在审判中仍以债权平等原则进行处理。

【裁判案例】

提示：**发包人未按合同约定支付工程款，承包人提起别除权诉讼，法院判决工程款优先受偿。**

2006 年 3 月，天宇公司与通州公司签订了一份《建设工程施工合同》约定，天宇公司将其厂区一期工程生产厂区的土建、安装工程发包给通州公司承建，开工日期暂定 2006 年 4 月 28 日（以实际开工报告为准），竣工日期 2007 年 3 月 1 日，合同工期总日历天数 300 天，合同价款暂定 800 万元（以实际结算为准）。开工前预付总价款 10% 作为预付款，每月付当月完成工程量的 85%，审计结束后付已审计总价的 95%，5% 余款在保修期结束后一个月付清。发包方不按合同约定支付工程款，双方未达成延期付款协议，承包人可停止施工，由发包人承担违约责任。2006 年 3 月 22 日双方又签订一份《合同补充协议》，对支付工程款作出新的约定，并约定厂区工期为 113 天，生活区工期为 266 天。2006 年 5 月 23 日监理公司下达开工令，通州公司遂组织施工。2007 年天宇公司厂区的厂房等主体工程完工，由于天宇公司未按合同约定支付工程款，致使工程停工，该工程至今未竣工。2011 年 7 月 30 日双方在仲裁期间达成和解协议，约定，如处置天宇公司土地及建筑物偿债时，通州公司的工程款可优先受偿。

2011 年 8 月，宏远公司向滁州市中院申请天宇公司破产还债，滁州市中院裁定受理天宇公司的破产申请。2011 年 10 月 10 日，通州公司向天宇公司破产管理人申报债权 15500224.19 元，并主张对该工程享有优先受偿权。后经鉴定，工程总价为 13787402.02 元，天宇公司已支付通州公司工程款 4957700 元。2013 年 5 月 3 日天宇公司破产管理人向通州公司发出债权核查通知书，通知通州公司的债权为未支付的工程款，申报的债权数额为 8829702 元。2013 年 7 月 19 日，滁州市中院裁定确认通州公司债权数额为 8829702 元。同日，滁州市中院裁定宣告天宇公司破产。通州公司于 2013 年 8 月 27 日向滁州市中院提起别除权诉讼，请求确认其债权享有优先受偿权。

滁州市中院认为：天宇公司将其厂区一期工程生产厂区的土建、安装工程发包给通州公司承建，并与通州公司签订了《建设工程施工合同》及《合同补充协议》，该合同系双方当事人的真实意思表示，其内容不违反法律、法规的规定，应为合法有效，双方之间形成建设工程施工合同关系。根据《中华人民共和国合同法》第二百八十六条规定，发包人未按照约定支付价款的，承包人可以催告发包人在合理期限内支付价款。发包人逾期不支付的，除按照建设工程的性质不宜折价、拍卖的以外，承包人可以与发包人协议将该工程折价，也可以申请人民法院将该工程依法拍卖。建设工程的价款就该工程折价或者拍卖的价款优先受偿。《最高人民法院关于建设工程价款优先受偿权问题的批复》第一条规定，人民法院在审理房地产纠纷案件和办理执行案件中，应当依照《中华人民共和国合同法》第二百八十六条的规定，认定建筑工程的承包人的优先受偿权优于抵押权和其他债权。第四条规定，建设工程承包人行使优先权的期限为六个月，自建设工程竣工之日或者建设工程合同约定的竣工之日起计算。依据上述规定，建筑工程的承包人的优先受偿权是由法律直接规定的一种法定优先权，且优于抵押权和其他债权。本案建设工程施工合同虽约定了竣工时间，但涉案工程因天宇公司未能按合同约定支付工程款，致使工程停工，至今未竣工，应当认定为在建工程，不受优先权行使期限的限制，并且在法院受理对天宇公司破产申请前，在仲裁期间，双方达成和解协议中已明确如处置天宇公司土地及建筑物偿债时，通州公司的工程款有优先受偿权，通州公司在向破产管理人申报债权时也已明确主张对涉案工程享有优先权。因此，通州公司要求确认其工程价款依法享有优先受偿权符合法律规定，予以支持。

滁州市中院依据《中华人民共和国合同法》第二百八十六条的规定，判决：确认通州建总集团有限公司对申报的8829702元债权就其施工的安徽天宇化工有限公司生产厂区土建、安装工程享有优先受偿权。

天宇公司不服滁州市中院上述判决，向安徽省高院上诉称：1.原审已查明天宇公司与通州公司已在施工合同和补充协议上约定了工程竣工日，根据最高人民法院全国民事审判会议纪要第四项第六条规定，"非因承包人的原因，建设工程未能在约定期间内竣工，承包人依据合同法第二百八十六条的规定享有的优先受偿权不受影响；承包人行使优先受偿权的期限为六个月，自建设工程合同约定的竣工之日起计算"的规定，通州公司行使优先权的日期应当是在合同约定的竣工之日计算。从双方约定的竣工之日到通州公司起诉或破产受理之日已远远超过六个月，因此通州公司的优先权已不存在。2.虽然双方在2011

年7月30日签订和解协议，但该协议属于无效协议。建设工程优先权属于法定权利，超过该法定的除斥期限后该权利就消灭。不能因双方的协议而设立。同时签订协议后不到一个月天宇公司就被受理破产，天宇公司原来的企业负责人与通州公司属于恶意串通损害其他债权人的利益。3.即使享有优先权，根据《最高人民法院关于建设工程价款优先受偿权问题的批复》第三条的规定，承包人对实际支出费用有优先权，而对损失和利润并不能享有优先权。但原审法院对审计报告中的利润没有扣除。请求撤销原审判决，改判驳回通州公司的诉讼请求，并由通州公司承担本案的诉讼费用。

通州公司答辩称：1.建筑工程承包人优先受偿权是法定优先权，本案建设工程施工合同，虽然约定竣工时间，但是涉案工程因天宇公司没有支付工程款，致使工程停工，至今未竣工，应属于在建工程，不受优先权行使期限限制。根据最高人民法院全国民事审判会议纪要第四项第六条规定，因发包人原因合同解除或终止履行时，已经超出合同约定竣工日期的，承包人行使优先受偿权的期限自合同解除或终止履行之日起计算。涉案工程至今未竣工，天宇公司也从未与通州公司就本合同做出解除或终止的决定。因此，天宇公司引用该条规定，不足以否定通州公司行使优先受偿的权利。2.经天宇公司委托有资质的鉴定机构对涉案工程造价审核，确认通州公司行使优先受偿权的数额，该数额已经滁州市中院受理破产申请后予以确认，该审核结果仅含涉案工程应予支付的工作人员报酬、材料款等实际支出的费用，并不包含天宇公司迟延违约造成的损失，通州公司主张优先受偿的数额符合法律规定。

二审中，双方当事人所举证据同原审，证明目的及相对方的质证意见同原审。本院的认证意见同原审，故本院对原审判决认定的事实予以确认。

安徽省高院认为，本案争议焦点为：涉案债权是否超过优先受偿权主张期限，以及通州公司应享有优先受偿权的数额。

安徽省高院认为：本案双方当事人签订的建设工程施工合同虽约定了工程竣工时间，但涉案工程因天宇公司未能按合同约定支付工程款导致停工。现没有证据证明在工程停工后至法院受理破产申请前，双方签订的建设施工合同已经解除或终止履行；也没有证据证明在法院受理破产申请后，破产管理人决定继续履行合同。根据《中华人民共和国破产法》第十八条："人民法院受理破产申请后，管理人对破产申请受理前成立而债务人和对方当事人均未履行完毕的合同有权决定解除或继续履行，并通知对方当事人。管理人自破产申请受理之日起二个月内未通知对方当事人，或者自收到对方当事人催告之日起三十日内未答复的，视为解除合同"之规定，案涉建设工程施工合同在法院受理破产申请后已实际解除，本案建设工程无法正常竣工。按照最高人民法院全国民事审判工作会议纪要精神，因发包人的原因，合同解除或终止履行时已经超出合同约定的竣工日期的，承包人行使优先受偿权的期限自合同解除或终止履行之日起计算。即本案工程款优先受偿权的行使时间应自合同解除之日起计算，天宇公司要求按合同约定的竣工日期起算优先权行使时间的上诉主张，缺乏依据，不予采信。2011年8月26日，法院裁定受理对天宇公司的破产申请，2011年10月10日通州公司即向天宇公司的破产管理人申报债权并主张工程款优先受偿权。此后的工程造价鉴定和通州公司提起的别除权确认之诉，系破产管理人对债权数额的审查和别除权人对债权性质异议的救济程序，属于破产程序中对债权的核查与确认。可见，通州公司主张优先受偿权的时间是2011年10月10日。天宇公司上诉认为通州公司行使优先权的时间超过了破产受理之日六个月，与事实不符，本院不予支持。案涉债权数额系由破产管理人委托的工程鉴定审价确定，审计机构对该工程造价审核时不包括损失和利润。天宇公司上诉称通州公司主张优先受偿权的数额包括损失和利润缺乏事实依据，本院不予采信。

安徽省高院最后认定，原审判决认定事实清楚，适用法律正确，依照《中华人民共和国民事诉讼法》第一百七十条第一款第一项之规定，作出（2014）皖民一终字第00054号判决书，判决驳回天宇公司上诉，维持原判。

【裁判案例】

提示：债权人按分配方案取得破产实物，承租人拒不移交，法院判决排除妨碍。

2010年7月1日，气体阀门厂与富翼工贸公司签订《租赁协议》。该协议约定，气体阀门厂将三车间（锻压车间）及阀体表面处理车间租给富翼工贸公司使用，租期为5年，从2010年7月1日起至2015年6月30日止。

2012年11月，宝山区法院裁定气体阀门厂破产，后债权人会议表决通过

了《气体阀门厂破产财产分配方案》，宝山区法院予以裁定认可。该分配方案载明：1. 罗泾资产投资公司、罗泾镇政府、罗泾镇社区事务服务中心、罗泾商业公司四家职工债权人的债权 40,398,083.13 元，以可供分配的破产财产优先予以支付，债权清偿比例为 82.62%；2. 将气体阀门厂的厂房设备等实物分配给罗泾商业公司等四家债权人单位。

后该四家债权人经协商签订《债权转让协议》约定：一致同意气体阀门厂破产财产全部转让给罗泾商业公司；管理人接管气体阀门后，向该四家公司发送了解除租赁协议的通知，并要求富翼工贸公司尽快搬离厂房，并就厂房及相关机器设备与管理人进行交接。

2013 年 12 月 19 日，气体阀门厂管理人与四家债权人签订《气体阀门厂厂房、设备及财务凭证清点、移交确认书》。该确认书载明：相关各方已经对气体阀门厂所属房屋建筑物、机器设备、电子设备等进行了现场盘点、并按照上述实物资产盘点确认的现状进行了移交，移交后的法律风险由接收方承担；各方一致同意视为管理人已经按照分配方案的规定完成了移交责任。

2013 年 12 月 30 日，四家债权人签订《债权转让协议》约定：罗泾资产投资公司、罗泾镇政府、罗泾镇社区事务服务中心一致同意，将各自对气体阀门厂享有的职工债权一并转让给罗泾商业公司，罗泾商业公司接受转让后，罗泾资产投资公司、罗泾镇政府、罗泾镇社区事务服务中心不再对气体阀门厂享有上述职工债权。同日，上述四家债权人向气体阀门厂管理人发出《债权转让通知》，告知上述债权转让事宜。

嗣后，罗泾商业公司通知富翼工贸公司办理房屋的移交手续，但富翼工贸公司一直未予回复。罗泾商业公司遂以富翼工贸公司为被告向宝山区法院提起排除妨害诉讼，请求判令被告富翼工贸公司移交系争房屋。富翼工贸公司辩称，无法证明系争房屋与罗泾商业公司的权属关系，罗泾商业公司无权要求富翼工贸公司搬迁。

宝山区法院认为，气体阀门厂的包括系争房屋在内的实物资产，已根据法院认可的《破产财产分配方案》移交给罗泾商业公司等四家债权人，上述四家单位亦已受领上述实物资产。该四家单位签订的《债权转让协议》确定罗泾资产投资公司、罗泾镇政府、罗泾镇社区事务服务中心的债权一并转让给原告罗泾商业公司，故原告罗泾商业公司享有包括系争房屋在内的上述实物资产的所

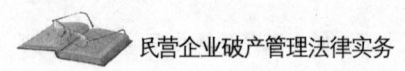

有权。法人的合法的民事权益受法律保护，任何组织和个人不得侵犯。现原告罗泾商业公司要求被告富翼工贸公司移交系争房屋的诉请，合法有据，本院予以支持。

据此，宝山区法院依照《民法通则》第五条的规定，判决如下：被告富翼工贸公司于本判决生效之日起十日内，将三车间（锻化车间）及阀体表面处理车间房屋移交给原告罗泾商业公司。

第四节　非法人民企的破产清算问题

根据《企业破产法》第二条规定，我国破产制度仅适用于企业法人破产，但这不是绝对的，第一百三十五条还规定："其他法律规定企业法人以外的组织的清算，属于破产清算的，参照适用本法规定的程序。"这说明，未依法取得法人资格的民营企业，可以参照适用《企业破产法》的有关程序规定进行破产清算。

一、非法人民企及清算模式

我国经济组织有法人类与非法人类之分。上述规定中的"企业法人以外的组织"是指非法人类经济组织。非法人经济组织虽然不具有法人资格，但是能够依法以自己的名义从事民商活动，其主要特征是当非法人经济组织的财产不足以清偿债务时，由其出资人或者设立人承担无限责任。在我国，非法人经济组织大部分是民营经济组织，我们称其为"非法人民企"，如不具有法人资格的合伙企业、个人独资企业等。

非法人民企既然依照法定规则进入市场，也应依照法定规则解散、终止、清算等结束经营活动退出市场。非法人民企在对外负有债务的情况下解散或终止的，应当依法进行以清理债权债务为主要内容的清算。非法人民企清算分自行清算、主管清算与破产清算三种模式。非法人民企解散或终止，通常由其自

行清算；法律规定由审批机关或主管部门组织清算的，审批机关或主管部门应当组织清算，我们称其为"主管清算"（或行政清算）；出现破产原因的，可按照上述规定申请法院破产清算。这里的"破产清算"是指在法院主导下参照适用《企业破产法》有关规定进行的破产清算，从以区别自行清算和主管清算。

二、非法人民企申请破产清算的基本条件

一是在主体上必须具有企业性质。非法人民企虽然不具有法人资格，但必须具有企业性质，不具有企业性质的，如个人工商户、农村承包经营户等，不能参照适用《企业破产法》规定申请破产清算。

二是在组织上必须已经解散或终止。根据《民法总则》规定，非法人企业的解散有三种原因：（1）章程规定的存续期间届满或者章程规定的其他解散事由出现，（2）出资人或者设立人决定解散，（3）出现法律规定的其他情形。非法人民企解散或者终止不适用破产程序，若已解散或终止也就不再适用破产重整程序和破产和解程序，而只能申请法院破产清算。

三是在原因上必须具有"资不抵债"的情形。非法人民企进入破产清算程序，与企业法人破产一样必须符合《企业破产法》第二条规定的条件，即必须具有"资不抵债"的情形。如果其资产足以清偿债务，法院就不予受理，应当由其自行清算或由其主管部门组织清算。

四是在依据上必须有"其他法律规定"。也就是说，"其他法律规定"是非法人企业参照适用《企业破产法》规定破产清算的依据，如果没有"其他法律规定"，则不能申请法院破产清算。

三、关于非法人合伙企业的破产清算问题

合伙企业，是指自然人、法人和其他组织依照《合伙企业法》在中国境内设立的，由两个或两个以上的自然人通过订立合伙协议，共同出资经营、共负盈亏、共担风险的企业组织形式。《合伙企业法》第三条规定："国有独资公司、国有企业、上市公司以及公益性的事业单位、社会团体不得成为普通合伙人。"由此可见，合伙企业不存在公有制成分，而属于一种民营企业。根据

《合伙企业法》规定，合伙人对合伙组织的债务承担连带清偿责任，因此不具有法人资格。《合伙企业法》第九十二条第一款规定："合伙企业不能清偿到期债务的，债权人可以依法向人民法院提出破产清算申请，也可以要求普通合伙人清偿。"据此，合伙企业可以参照适用《企业破产法》有关规定的破产清算程序进行清算。

需要注意的是，因《合伙企业法》规定合伙企业中的普通合伙人对合伙企业的债务承担无限连带责任，故合伙企业经依法清算破产后，债权人有权向普通合伙人中的任何一人或数人要求清偿剩余债务的一部分或全部，而每个普通合伙人就剩余债务对债权人都负有清偿的义务。

四、关于非法人个人独资企业的破产清算问题

《个人独资企业法》第二条规定："本法所称个人独资企业，是指依照本法在中国境内设立，由一个自然人投资，财产为投资人个人所有，投资人以其个人财产对企业债务承担无限责任的经营实体。"其中，"由一个自然人投资，财产为投资人个人所有"说明，个人独资企业属于私营企业。

《个人独资企业法》第二十七条第一款规定："个人独资企业解散，由投资人自行清算或者由债权人申请人民法院指定清算人进行清算。"《最高人民法院关于个人独资企业清算是否可以参照适用企业破产法规定的破产清算程序的批复》(法释〔2012〕16号)规定，个人独资企业不能清偿到期债务，并且资产不足以清偿全部债务或者明显缺乏清偿能力的，可以参照适用《企业破产法》规定的破产清算程序进行清算。

因个人独资企业的"投资人以其个人财产对企业债务承担无限责任"，故个人独资企业经清算，其财产不足以清偿债务的，投资人应以其个人的其他财产继续予以清偿。

五、关于民办学校的破产清算问题

根据《民办教育促进法》有关规定，民办学校是国家机构以外的社会组织或者个人，利用非国家财政性经费进行投资的，属于具备法人资格的公益性事

业单位。由此可见，民办学校是民间资金投资，而非国有资产投资，所以属于"民办"，但其又属于公益性事业单位，与经营性民营企业又有些不同。

《民办教育促进法》第五十八条规定："民办学校终止时，应当依法进行财务清算。民办学校自己要求终止的，由民办学校组织清算；被审批机关依法撤销的，由审批机关组织清算；因资不抵债无法继续办学而被终止的，由人民法院组织清算"。据此规定，民办学校自己要求终止的，由其自行组织清算；被审批机关依法撤销的，由审批机关组织清算；法院只有在民办学校出现破产原因又无法继续办学的情况下才予受理清算。

《最高人民法院关于对因资不抵债无法继续办学被终止的民办学校如何组织清算问题的批复》（法释〔2010〕20号）规定，人民法院组织民办学校破产清算的，应当参照适用《企业破产法》规定的程序，并依照《民办教育促进法》第五十九条规定的顺序进行清偿，因此，民办学校在资不抵债无法继续办学而终止的情况下，可申请法院组织清算。

"其他法律"对非法人民企没有类似上述相关破产清算规定的，如民营医院，就不能参照适用《企业破产法》的规定申请法院破产清算。

【裁判案例】

提示：合伙企业破产后财产不足清偿债务，法院判决普通合伙人承担无限连带清偿责任。

1999年5月，龚某某、熊某某等8人合伙成立荣坊煤矿为普通合伙企业，龚某某为执行事务合伙人。2013年3月20日，熊某某等3位合伙人与其他5名合伙人签订责任承包协议，由熊某某等3人承包经营荣坊煤矿。

2013年8月2日，荣坊煤矿的债权人李某某、周某某等13人向丰城市法院申请荣坊煤矿破产清算，丰城市法院予以受理，案件进入破产程序。2013年8月27日，丰城市法院作出（2013）丰民破字第1-2号民事裁定书，其中确认荣坊煤矿共拖欠员工涂某某工资21809元。同日，丰城市法院作出（2013）丰民破字第1-3号民事裁定终结破产程序，并确认破产人荣坊煤矿无可分配财产。

涂某某向丰城市法院提起诉讼，请求判令龚某某、熊某某等8位合伙人共

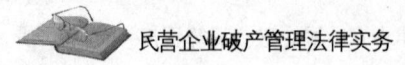

同支付拖欠涂某某的工资 21809 元。

丰城市法院认为，涂某某提供的民事裁定书足以证明，荣坊煤矿与涂某某之间存在劳动合同关系以及荣坊煤矿拖欠涂某某工资的事实，涂某某享有的债权合法有效，应受法律保护。龚某某、熊某某等 8 位合伙人之间的内部承包系荣坊煤矿内部管理与经营，其承包约定对外不能对抗及侵害第三人的利益。荣坊煤矿破产程序已终结，荣坊煤矿在破产终结前的债权债务应由该煤矿的股东享有与承担。故龚某某、熊某某等 8 人应承担支付涂某某工资的责任。综上，涂某某的诉讼请求，证据确凿，理由充分，应当予以支持。丰城市法院依照《民法通则》第一百零六条第一款、第一百零八条和《民事诉讼法》第一百四十四条之规定，作出（2015）丰民一初字第 719 号民事判决书，判决：龚某某、熊某某等 8 人欠涂某某工资款 3700 元，限判决生效后 10 日内付清。

熊某某等 3 位合伙人不服上述一审判决，向宜春市中院提起上诉称：1. 原审法院判决认定事实错误。荣坊煤矿当时并非合伙企业，上诉人并非是在 1999 年 5 月与其他五名原审被告合伙成立荣坊煤矿。2013 年 3 月 20 日签订的责任承包协议约定了上诉人不承担工伤、劳动报酬等债务，并且，被上诉人涂某某在协议上签字同意。2. 上诉人一审中提供了被上诉人涂某某签名的内部承包协议复印件，原审法院判决不予采纳错误，原审法院依据民事裁定书判决上诉人共同还款证据不足。请求撤销原审法院判决，依法改判驳回被上诉人涂某某对上诉人的诉讼请求。

宜春市中院二审认为：根据《合伙企业法》第九十二条规定，合伙企业不能清偿到期债务的，债权人可以依法向人民法院提出破产清算申请，也可以要求普通合伙人清偿。合伙企业依法被宣告破产的，普通合伙人对合伙企业债务仍应承担无限连带责任。荣坊煤矿为普通合伙企业，破产清算后，荣坊煤矿的财产不足以支付对外债务的，应由该煤矿的普通合伙人共同对外承担无限连带清偿责任。被上诉人涂某某享有的工资债权经破产程序及双方当事人共同确认为 21809 元，应受法律保护。上诉人熊某某等 3 人与其他合伙人之间的内部承包协议，仅在其各合伙人之间具有约束力，不能对抗被上诉人涂某某的债权。上诉人熊某某等 3 人的上诉理由不充分，本院不予支持。原审法院认定主要事实清楚，适用法律正确，程序正当。

宜春市中院依照《民事诉讼法》第一百七十条第一款第一项、第

一百七十五条之规定，作出（2016）赣09民终127号判决书，判决驳回上诉，维持原判。

【裁判案例】

提示：个人独资企业严重资不抵债，法院受理其破产清算申请。

大唐长连彩印厂由章某某个人出资150万元成立的个人独资企业，于2002年9月5日在诸暨市工商行政管理局登记注册。至2015年11月申请破产时，该彩印厂的债务已逾7700万元，但其账面资产不足2200万元，已严重资不抵债，且不能清偿到期债务，于是向诸暨市法院申请破产清算。

诸暨市法院认为，申请人大唐长连彩印厂作为个人独资企业，依法可参照适用企业破产法规定的破产清算程序进行清算，现其不能清偿到期债务，且其全部资产不足以清偿全部债务，严重资不抵债，已经具备法律规定的破产条件，应予以受理。

据此，诸暨市法院依照《破产法》第二条、第三条、第七条第一款、第十条第二款和《最高人民法院〈关于个人独资企业清算是否可以参照适用企业破产法规定的破产清算程序的批复〉》之规定，作出（2015）绍诸破（预）字第15号裁定书，裁定受理大唐长连彩印厂的破产清算申请。

【案例分析】

提示：审批机关撤销民办学校未组织清算就申请强制清算，法院裁定不予受理。

案情介绍

2014年7月25日，乌鲁木齐市中院收到新疆维吾尔自治区教育厅（以下简称区教育厅）对华联职业学强制清算申请书。申请人区教育厅称：华联职业学校是1985年经自治区政府批准成立的一所民办中等职业学校，学校资金系自筹。在办学过程中，华联职业学校存在固定资产设账不全、账物不实及管理混乱、教育用地长期闲置等严重问题，故区教育厅下发了《关于撤销新疆华联职业学校的通知》，区民政厅也下发了《关于撤销新疆华联职业学校登记的决定》，现该学校已经解散，但未能进行清算。故依照相关法律规定，请求法院对华联职业学校进行强制清算。

乌鲁木齐市中院查明：1985 年 6 月 14 日，新疆维吾尔自治区政府办公厅新政办（1985）102 号文件决定设立华联职业学校，文件注明该学校的经费来源由办学者筹集和学生交纳的学杂费以及勤工助学解决。依照申请人提交的学校资产明细显示，该学校系采用社会力量由多家单位投资设立，学校性质为民办，区教育厅系该学校的业务主管单位。2000 年 6 月 30 日，依照华联职业学校的申请，区民政厅对华联职业学校进行了民办非企业单位（法人）的登记，对于开办资金来源注明为"自筹"，但对于具体筹集单位未登记。2003 年 3 月 12 日，区教育厅下发《关于撤销新疆华联职业学校的通知》，该文件以华联职业学校固定资产设账不全、账物不实、财务管理混乱等原因决定撤销华联职业学校。2004 年 12 月 30 日，民政厅亦下发了《关于撤销新疆华联职业学校登记的决定》，决定撤销华联职业学校。

乌鲁木齐市中院认为，依照《最高人民法院关于适用〈中华人民共和国公司法〉若干问题的规定（二）》第七条，能够提起公司强制清算申请的主体只有两类，一是公司的债权人，二是公司的股东，且公司股东只有在债权人不提起申请的前提下才能发起强制清算的申请。依据上述审查内容，区教育厅以华联职业学校的业务主管单位的身份提出对华联职业学校强制清算的申请，缺乏法律依据。据此，乌鲁木齐市中院依照《民事诉讼法》第一百二十三条、第一百五十四条第一项之规定，作出（2014）乌中法清初（预）字第 2 号裁定：对区教育厅的强制清算申请不予受理。

区教育厅不服上述裁定，向新疆区高院提起上诉称：根据《民办教育促进法》第五十八条及最高人民法院《关于对因资不抵债无法继续办学被终止的民办学校如何组织清算问题的批复》的规定，区教育厅可以以清算责任人的身份向法院申请清算，原审法院仅依照《公司法》的有关规定确定清算申请主体不当。请求撤销原裁定，发回重审。

新疆区高院认为，《企业破产法》第七条规定："债务人有本法第二条规定的情形，可以向人民法院提出重整、和解或者破产清算申请。债务人不能清偿到期债务，债权人可以向人民法院提出对债务人进行重整或者破产清算的申

请。企业法人已解散但未清算或者未清算完毕，资产不足以清偿债务的，依法负有清算责任的人应当向人民法院申请破产清算"。《民办教育促进法》第五十八条规定："民办学校终止时，应当依法进行财务清算。民办学校自己要求终止的，由民办学校组织清算；被审批机关依法撤销的，由审批机关组织清算；因资不抵债无法继续办学而被终止的，由人民法院组织清算"。因而，民办学校、债权人以及民办学校清算责任人均可成为破产清算的申请主体，向人民法院提出申请。本案中，华联学校因被审批机关区教育厅发文撤销，故应当由审批机关区教育厅组织清算。原判决适用《最高人民法院关于适用〈中华人民共和国公司法〉若干问题的规定（二）》，认定区教育厅不能成为破产清算的申请主体，属适用法律错误。但区教育厅申请法院强制清算及上诉请求不能成立。一审裁定认定事实清楚，虽适用法律错误，但处理结果并无不当。

据此，新疆维吾尔自治区高院依照《民事诉讼法》第一百七十条第一款第一项、第一百七十一条规定，作出（2016）新民终343号裁定：驳回上诉，维持原裁定。

作者分析

本案的争议焦点是区教育厅决定撤销华联职业学校未予清算且未知"资不抵债"的情况下可否向法院申请强制清算的问题。就此我们作如下分析：

一、民办学校破产清算的法定条件

《民办教育促进法》第十条、第十八条、第十九条规定，民办学校应当具有法人资格，民办学校取得办学许可证后应当进行法人登记。由此可见，民办学校属于具有法人资格的社会组织。《企业破产法》第七条规定，"企业法人已解散但未清算或者未清算完毕，资产不足以清偿债务的，依法负有清算责任的人应当向人民法院申请破产清算。"根据上述规定，民办学校作为法人组织解散或终止是可以向法院申请破产清算的，但应当同时具备以下　四个条件：一是已经解散，二是未清算或者未清算完毕，三是资产不足以清偿债务，四是由依法负有清算责任的人向法院提出破产清算申请。上述四个条件缺一不可，否则不构成破产清算。

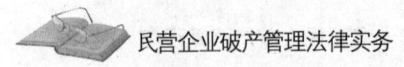

二、实行谁撤销谁清算的原则

根据《民办教育促进法》第五十八条"被审批机关依法撤销的,由审批机关组织清算"之规定,撤销民办学校实行"谁撤销谁清算"的原则,审批机关在不能证明民办学校"资不抵债"的情况下,应当由其先行组织清算,而不可直接申请法院强制清算。本案中,区教育厅和区民政厅下发了《关于撤销新疆华联职业学校的通知》《关于撤销新疆华联职业学校登记的决定》,华联职业学校被撤销已成事实,但其决定撤销的事由是"华联职业学校固定资产设账不全、账物不实、财务管理混乱等原因"。在此情形下,区教育厅作为华联职业学校的审批机关负有组织清算华联职业学校的职责,但区教育厅未组织清算就向法院申请强制清算,直接把"皮球"踢给了法院,不符合《民办教育促进法》第五十八条的规定。

三、只有"资不抵债"才可申请破产清算

根据《企业破产法》第七条规定和《民办教育促进法》第五十八条规定,民办学校已经解散或终止但未清算或者未清算完毕,且在资产不足以清偿债务而无法继续办学的情况下才可以向法院申请破产清算,法院才可以予以受理。而区教育厅作为对华联职业学校依法负有清算责任的人未组织清算,仅以"固定资产设账不全,账物不实、财务管理混乱等原因"予以"撤销"为由申请法院强制清算,不符合"资不抵债"条件。

第五节　民企破产清算程序的终结

破产程序终结,是指破产程序的目的已经达到或者不能达到,导致继续进行破产程序已无必要,由法院裁定予以结束的司法行为。破产程序进行完毕,不论债权人是否实现债权和实现债权多少都应终结。法院一旦裁定终结破产程序,破产程序就告全部结束。

一、民企破产清算程序终结的原因

民企破产程序终结有七种原因：一是和解协议执行完毕；二是重整计划执行完毕；三是第三人为债务人提供足额担保；四是第三人为债务人清偿全部到期债务；五是破产财产不足以支付破产费用。

此外，民企经过破产清算而终结破产程序的，根据《企业破产法》第一百二十条规定，有以下两种情形：

（1）"破产人无财产可供分配"。经破产清算程序清算，破产人的财产不足支付破产费用和公益债务，或者支付破产费用和公益债务后无财产可供分配的，破产程序没有继续进行的必要，因此，管理人应当请求法院裁定终结破产程序。

（2）破产财产最后分配完结。通过破产清算程序，破产人的财产最后分配完毕，破产任务也就最后完成，破产程序没有继续进行，管理人应当向法院提交破产财产分配报告，申请终结破产程序。

破产民企具有上述终结原因，法院应当自收到管理人终结破产程序的请求之日起十五日内裁定终结破产程序，并予以公告。

二、办理破产民企的注销登记

注销登记，是指登记主管机关依法对歇业，被撤销，宣告破产或者因其他原因终止营业的企业，取消其法人资格或经营权的行政执行行为。《企业破产法》第一百二十一条规定："管理人应当自破产程序终结之日起十日内，持人民法院终结破产程序的裁定，向破产人的原登记机关办理注销登记。"据此，民企因破产而进行注销登记的，一是由管理人负责办理注销登记；二是管理人自破产程序终结之日起十日内，向破产民企的原登记机关提供法院终结破产程序的裁定等有关材料；三是办理注销公司登记和注销税务登记，破产民企若有特许经营许可，同时予以办理注销登记手续。工商、税务等原登记机关，接到管理人提交对破产民企注销登记的申请后，应当依法予以注销，收缴企业法人营业执照及副本，收缴公章，撤销其注册号，并予以公告。

民企因破产被注销登记，民事主体资格及企业法人资格消灭，该民企正式

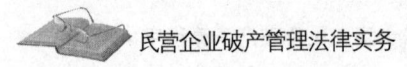

"死亡"而不再存在。

三、终止管理人执行职务

《企业破产法》第一百二十二条规定："管理人于办理注销登记完毕的次日终止执行职务。但是，存在诉讼或者仲裁未决情况的除外。"管理人自被法院指定之日起开始履行职责，法院裁定终结破产程序，管理人办完破产人注销登记手续，也就履行了全部职责，所有工作任务都已完成，故应终止执行职务。管理人终止执行职务后，若发生有关原破产程序事务，如发现应当继续追回原破产财产、继续追收原破产人应收账款财产等，均由法院直接处理。

在法院裁定终结破产程序后，破产案件还遗留诉讼或者仲裁等未决情况的，即使破产人的注销登记手续已办理完毕，也仍需管理人代表债务人参加诉讼或者仲裁，在此情形下，法院不应终止管理人职务，而应让管理人继续执行履行相关职责。

四、破产财产追加分配

追加分配，是指在破产程序终结以后发现可用于破产分配的财产，法院按照破产分配方案对尚未获得完全清偿的债权人所进行的补充分配。民企破产财产最后分配结束，说明债务民企再无财产可供分配，但在裁定终结破产程序后，若发现并取得破产财产的，应将破产财产向债权人追加分配。

根据《企业破产法》第一百二十三条规定，自破产程序依照本法第四十三条第四款或者第一百二十条的规定终结之日起二年内，有下列情形之一的，债权人可以请求法院按照破产财产分配方案进行追加分配：（一）发现有依照本法第三十一条、第三十二条、第三十三条、第三十六条规定应当追回的财产的；（二）发现破产人有应当供分配的其他财产的。

这里的"其他财产"包括：（1）因纠正破产程序中错误支出而收回的款项；（2）因权利被承认而追回的财产，如：破产程序终结前与相对人存在争议，在破产程序终结后被确认属于债务企业的财产；又如，在破产财产分配时，对于诉讼或者仲裁未决的债权，管理人将其分配额提存，在破产程序终结后由于

债权人败诉或者部分败诉而应分配给其他债权人的财产；再如，债权人放弃的财产，包括债权人自破产程序终结之日起满二年仍不能受领分配的财产等。

破产程序终结后取得的破产财产，应当优先清偿破产费用和共益债务。在清偿上述费用和债务后，没有剩余财产的，不能进行追加分配。

第十一章

民企破产适用简易程序

《企业破产法》没有规定破产简易程序，破产简易程序的出现是地方法院根据《民事诉讼法》有关简易程序的规定适用到破产程序而形成的，目前还处于探索状态。

第一节　民企破产简易程序概述

在民事诉讼中，法院审理和裁判第一审民事案件，通常适用普通程序。普通程序具有诉讼程序完整性的特征，如在体系上包括了起诉、受理、开庭、裁判等各个法定诉讼阶段；如在诉讼内容上包括撤诉、缺席判决、诉讼中止和诉讼终结等，诉讼体系完整。简易程序是相对于普通程序而言的，是基层人民法院及其派出法庭审理简单的民事案件所适用的一种独立的一审诉讼程序，适用于事实清楚，权利、义务关系明确，争议不大的简单案件。简易程序的起诉、受理、传唤等方式简便，且实行独任审理制。

一、普通程序与简易程序的区别

（1）适用范围不同。根据《民事诉讼法》第一百五十七条规定，简易程序只适用于向基层人民法院起诉的事实清楚、权利义务关系明确、争议不大的一审民事诉讼案件，但若双方争议大，且事实不清楚的，应适用普通程序审理。

（2）提起方式要求不同。适用简易程序审理的民事案件，原告可以口头起诉，当事人双方可以同时到基层人民法院或者其派出的法庭，请求解决纠纷；适用普通程序审理的案件，原则上原告必须向人民法院递交书面起诉状，只有在原告书写起诉状确有困难时，才可以口头起诉。

（3）审理人员组成不同。适用简易程序审理的民事案件由审判员一人独任审理，适用普通程序审理的案件，人民法院在受理案件后，应当依法组成合议庭。

（4）审理过程的要求不同。简易程序是对普通程序的简化，对于审理前准备、法庭调查顺序和法庭辩论顺序等没有普通程序那样严格规定，可以用简便方式随时传唤当事人、证人，如果双方同时到基层法院请求解决纠纷的，法院

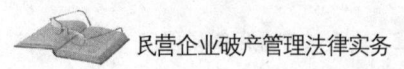

可以当即审理。

（5）审理期限不同。简易程序的审理期限短，且不可以延长，通常应在立案之日起三个月内审结；适用普通程序审理的案件，应当在立案之日起六个月内审结，有特殊情况需要延长的，经法院院长批准可以延长六个月。

二、破产案件的"繁简分流"

最高人民法院在总结地方法院适用简易程序审理民企破产案件的基础上，在《全国法院破产审判工作会议纪要》第 29 条"建立破产案件审理的繁简分流机制"中指出："人民法院审理破产案件应当提升审判效率，在确保利害关系人程序和实体权利不受损害的前提下，建立破产案件审理的繁简分流机制。对于债权债务关系明确、债务人财产状况清楚的破产案件，可以通过缩短程序时间、简化流程等方式加快案件审理进程，但不得突破法律规定的最低期限。"

这里的"繁"，是指破产案件债权人多，债权数量大，且债权债务有较大争议，破产财产不够清晰，案件较为疑难复杂的情形。此类破产案件只能适用普通程序审理。这里的"简"，是指"债权债务关系明确、债务人财产状况清楚"的情形。此类破产案件可以适用简易程序审理。

法院通过建立繁简分流机制，将破产案件分为适用普通程序类与适用简易程序类，然后，"在确保利害关系人程序和实体权利不受损害的前提下"，"对于债权债务关系明确、债务人财产状况清楚"的破产案件适用简易程序审理，缩短审理时间，简化诉讼流程，加快结案进程，将会大大提高审判效力，且使债权人及时实现债权。

《全国法院破产审判工作会议纪要》第 29 条指出的"繁简分流机制"，虽然对国企破产和民企破产都适用，但国企破产涉及国家资产处置、主管部门是否同意、职工如何重新安置等一系列大问题，在一般情况下不宜适用简易程序审理，而民营企业不涉及这些问题，特别是一些小微民企破产，债权债务不多且案情简单，适用简易程序能够提高审理效力快速结案，所以，实践中的破产简易程序主要适用于民企破产案件。

三、民企破产案件为何适用简易程序审理

在通常情况下，破产案件涉及债权人较多，债权数量较大，破产财产结构比较复杂，具有法律关系多维化、利益主体多元化、矛盾纠纷复杂化三个特点，因此，《企业破产法》只规定破产案件适用普通程序审理，而没有规定适用简易程序。那么，地方法院为什么要创新破产简易程序，最高人民法院为什么也要推进破产简易程序？主要原因有三：

一是有不少民企破产案件本身具备"简易"条件。特别是不少小微民企破产，规模较小，债权债务数量不大，债权人也不多，破产财产也较为清晰，本身就符合适用简易程序的条件，如果也适用普通程序审理，显然"杀鸡用牛刀"；若适用简易程序审理，也就弥补了《企业破产法》审理程序设计的不足。

二是提升破产案件审理效率的需要。过去，民企破产案件一律适用普通审理程序，就连很简单的破产案件也按部就班，这势必拖延审理期限，导致审判效率低下，浪费司法资源，增加诉讼成本。近十年来，民企破产案件大量出现，不少基层法院和中级法院因人物、精力、财力跟不上，破产审理工作压力很大，于是在寻求减压的情况下探索简易程序。实践证明，适用简易程序审理相关的民企破产案件，缩短审理期限，将大大地提高了民企破产案件的审理效率。

三是维护债权人利益的需要。民企破产案件具备"简易"条件，如果也适用普通程序，因审理期限偏长，不仅浪费司法资源，而且会增加诉讼成本包括破产费用，破产财产反而折损减值，这些损失最终减少了债权受偿，这对债权人是不利的。适用简易程序快审快结，对维护债权人的利益有意义的。

四、民企破产案件适用简易程序的范围

根据《民事诉讼法》有关规定和最高人民法院的上述精神，以及"繁简分流"的司法实践来看，下列民企破产案件可以适用简易程序审理：

1.破产财产产权清晰，债权人人数均较少

债权人人数多少，债权数额多少，破产财产多少，以及有无争议，与破产案件的难易程度有着直接关系。债权人数和债权数额越少，债权审查、资产调

查、资产处置就越简单，同时，当事人对破产财产无多大争议的，应当适用简易程序予以快速结案。

2.债务人属"僵尸企业"，但债权债务明确，未发现其他破产财产

我们在实践中发现，民企在处于"僵尸"状态下，其股东或其他投资人明知其企业不可挽救，在法院裁定破产后，置之不理也不予配合，任由法院和管理人处置。在此情形下，债务人已不可能重整或和解，但若破产财产清晰，债权债务明确的，就没有必要适用普通程序审理，而应适用简易程序直接进行破产清算。

3.破产财产不足以清偿破产费用和共益债务

破产费用和共益债务在破产财产分配前先行支付且随时清偿。一起民企破产案件，破产财产不能满足支付破产费用和共益债务的，就不可能有剩余财产可供债权分配，因此，没有必要按照普通程序继续审理，而应根据《企业破产法》第四十三条第四款之规定，适用简易程序直接裁定终结破产程序。

此外，根据当事人意思自治原则，破产申请人、被申请人及其他主要破产参与人，经协商一致同意简化审理程序的，债务人与全体债权人就债权债务的处理自行达成协议的，均可适用简易程序进行审理。

法院决定民企破产案件适用简易程序的，应将相关事项及时告知申请人、被申请民企及其他破产参与人。申请人、被申请民企或其他主要破产参与人对法院适用简易程序提出异议，且有充分理由的，或者在审理过程中发生影响破产进程的衍生诉讼以及需要通过诉讼途径进行债权清收等不宜再简化审理程序的事由的，法院应当将简易程序转换为普通程序审理。

五、破产衍生诉讼的简易程序

破产衍生诉讼是指与破产程序有关的一般民商事诉讼，包括债权确认诉讼、别除权诉讼、对外追收债权诉讼、请求交付财产诉讼、解除合同诉讼、破产撤销权诉讼等。破产衍生诉讼是破产程序中的重要内容，有的很复杂，也有的很简单。

复杂的破产衍生个案，当事人往往纠缠不休，法院一时不能结案，将会严重影响整个破产案件的进程，破产案件因此也难以简易化。对此，我们建议，

为使衍生个案不阻碍破产简易程序的进展，可将其作未决案件处理，由管理人依照规定提存其分配额。对简单的衍生案件，可以直接根据《民事诉讼法》有关规定进行简易审理，尽快结案，然后与破产程序衔接处置。

但是，根据《民事诉讼法》规定，不能适用简易程序进行审理破产案件，如，破产民企没有支付大量职工劳动报酬，破产债权债务构成复杂，破产财产一时难以查清或者处置，涉及关联企业一并破产，有关人员涉及刑事犯罪等，只适用普通程序审理。

【裁判案例】

提示：债务人和全体债权人当庭提交和解协议，法院在18天内裁定终结破产程序。

2017年3月20日，始兴县法院作出（2017）粤0222清申1号民事裁定书，裁定受理仁信置业公司破产清算一案。后破产管理人受理四位债权人申报债权。2017年7月21日，始兴县法院依法召开第一次债权人会议，听取了管理人的工作汇报，讨论了仁信置业公司的财务情况和经营状况。讨论会上，债务人及债权人均表达了和解的意愿，始兴县法院遂从中协调和解。2017年9月22日，召开第二次债权人会议，债务人与四债权人当庭提交和解协议，并申请始兴县法院认可。

始兴县法院认为：人民法院受理破产申请后，债务人与全体债权人之间可就债权债务的处理自行达成协议，债务人仁信置业公司与全体债权人达成的《破产和解协议》真实意思表示，内容未违反法律、行政法规强制性规定，本院予以确认。始兴县法院依照《企业破产法》第一百零五条之规定，于2017年10月9日作出（2017）粤0222破1号裁定书，裁定认可申请人仁信置业公司与四位债权人签订的《破产和解协议》，终结仁信置业公司破产程序。

第二节　民企破产程序的简化

根据参照《民事诉讼法》有关简易程序的规定，结合企业破产的特点，我们可以在重整、和解和清算程序中寻求简化内容，如缩短审理期限和简化审理方式等。

一、民企破产三大程序的简易化

在决定整个民企破产案件适用简易程序后，我们认为，破产和解、破产重整和破产清算三大程序都可以在"在确保利害关系人程序和实体权利不受损害的前提下"简化程序。

简化重整程序。《企业破产法》规定破产重整一律适用普通程序审理，且没有规定重整期限，这是破产案件久拖不决的主要原因之一，有的甚至经历三四年都不能完成重整，成本高而效率低，债权人意见很大。因此，若想提升重整效率，在案情合适的情况下简化程序也就势在必然。从实践来看，简化重整程序主要是缩短重整期限，如重整计划草案提交期限，有的法院明确规定为一个月，最长不超过二个月，有延期事由的，只可延长一次，且总期限不超过三个月，延期届满后不再受理延期申请，否则裁定终止重整程序。

简化和解程序。对一些债权人数较少、债权债务关系明确的小微民企破产案件，债权人有和解意向的，法院在受理破产申请后，应当积极引导当事人适用简易程序进行和解。根据当事人意思自治原则，只要债务民企与全体债权人协商一致自愿签署和解协议，和解程序可不受《企业破产法》有关规定程序的制约，如不再召开债权人会议，直接报经法院许可，即可进入执行。

简化清算程序。破产清算程序的主要任务是对破产财产的评估、变价和分配。其中，评估和变价往往时间较长，拖延了债权清偿，增加了破产成本，降

低了债权受偿比例。对此，许多法院简化了评估、变价的手续，缩短了评估、变价的时间，通过网络司法拍卖平台处置破产财产简化流程，财产变价费用可能高于财产变价收入时可以选择便捷方式变价。又如，除追加分配外，破产财产实行一次性分配，经债权人会议通过不将破产财产进行变价，而采取实物分配、债权分配等方式快速处理破产债务。

二、缩短并限定期限

这里的缩短期限，是指在有法定期限的情况下在法定期限内采用较短的期限。这里的限定期限，是指在没有法定期限的情况下法院根据实际需要而规定的期限。

适用简易程序审理破产案件的关键是"在确保利害关系人程序和实体权利不受损害的前提下"缩短审理期限，只有缩短审理期限，才能提高破产审判的效率。从各地试行的简易程序来看，缩短审理期限有以下几种情况：

1.限定破产案件的整体审理期限

这里的"整体审理期限"是指法院裁定受理破产申请之日起至裁定终结破产程序之日止的审理期间。《企业破产法》对破产案件的整体审理时间未作限制性规定。破产案件适用简易程序，在考虑审理计划或方案时，首先要根据案件的实际情况，通过内控方式初步确定整个案件的内控审理期限，且整体审理期限不能过长。从实践来看，大部分基层法院限定整个破产案件的简易审限为裁定受理之日起六个月，采用简易清算的审限为四个月。在整体审理期限确定后，再安排具体程序的操作期限，使两者能够协调一致，确保简易程序有序并顺利进行。

2.缩短程序性事项的审理期限

《企业破产法》规定的破产案件审理期限主要有两类，一类有关程序性事项的审理期限，另一类是管理人履行职务的有关期限。破产案件简易化的主要目的之一是缩短审理期限，争取早日清理清理债权债务。适用简易程序若不能缩短审理期限，就与普通程序没有多大区别，简易程序也就失去其意义。缩短程序性事项的审理期限，主要做法有：

（1）缩短收到破产申请的通知期间。如债权人提出破产申请的，法院自收到申请之日起五日内通知债务人，也可以当日通知已知债权人。

（2）缩短受理破产申请的期限。《企业破产法》第十条规定，人民法院应当自收到破产申请之日起十五日内裁定是否受理；债务人对申请有异议的，人民法院应当自异议期满之日起十日内裁定是否受理。在适用简易程序时可在缩短至五日以内。

（3）缩短裁定受理的期限。《企业破产法》第十四条规定，人民法院应当自裁定受理破产申请之日起二十五日内通知已知债权人，并予以公告。在适用简易程序时可在自裁定受理破产申请之日起十日内通知已知债权人。

（4）缩短债权申报的期限。《企业破产法》第四十五条规定，债权申报期限自人民法院发布受理破产申请公告之日起计算，最短不得少于三十日，最长不得超过三个月。在适用简易程序时可缩短债权申报期限为"三十日"或"四十日"。

（5）缩短宣告破产期间。《企业破产法》第一百零七条规定，人民法院依照本法规定宣告债务人破产的，应当自裁定作出之日起五日内送达债务人和管理人，自裁定作出之日起十日内通知已知债权人，并予以公告。在适用简易程序时，可自宣告破产裁定作出之日起二三日内送达债务人和管理人，可自裁定作出之日起五日内通知已知债权人，并予以公告。

（6）缩短终结破产程序的期间。《企业破产法》第一百二十条第二款规定，人民法院应当自收到管理人终结破产程序的请求之日起十五日内作出是否终结破产程序的裁定。在适用简易程序时，可在收到终结破产程序请求之日起"五日内"裁定终结破产程序。

3. 规定管理人短期内履行职务的期限

管理人总体履行职务期限是从被法院指定之日起到办理破产企业注销登记完毕的次日止，但《企业破产法》对管理人各阶段、各事项没有规定的履职期限。为使管理人有效配合简易程序，法院可以根据简易程序的需要，明确规定管理人在短期内履行职务，如：

（1）接管资产期限。法院对破产案件决定适用简易程序的，可以明确规定管理人在接受指定之日起在短时间内接管债务人财产、印章和账簿、文书等资料，如两天、三天等。债务民企刚进入破产程序时是最容易发生破产财产流失事件的，股东往往趁机隐匿、转移破产财产，债权人职工往往擅自取走破产财

产，外部债权人往往哄抢、损坏破产财产等，管理人一旦接管破产财产，这些情况就会得到有效控制，所以，不论适用简易程序还是适用普通程序，管理人都应在短时内接管破产企业。

（2）调查资产期限。法院对破产案件决定适用简易程序，应当明确规定管理人在接受指定之日起短期内集中人力和精力调查破产企业的资产。根据破产资产的实际情况，有法院规定十日内，也有法院规定二十日内，限期管理人予以查清。如果破产资产在短时内不能查清，且有较多较大争议的，则不宜适用简易程序。

（3）提交财务报告期限。法院对破产案件决定适用简易程序的，可以明确规定管理人在债权申报期限届满之日起短期内提交财务状况报告，有法院规定七日内，也有规定10日内，经审查符合宣告破产条件的，同时提交宣告破产的申请。

4. 缩短召开债权人会议时间

《企业破产法》第六十二条规定的"自债权申报期限届满之日起十五日内"召开第一次债权人会议，第六十三条规定的召开债权人会议"管理人应当提前十五日通知已知的债权人"，第八十四条规定的"人民法院应当自收到重整计划草案之日起三十日内召开债权人会议"对重整计划草案进行表决，在适用简易程序中均可视破产案件的具体情况均可缩短至五日或十日。

5. 缩短并指定期限需要注意的几个事情

一是审理期限缩短不得突破法律规定的最低期限。诉讼法上的法定最低期限，通常是当事人最低限度的程序权利保障，法院即使适用简易程序，有关审理期限也不能低于法定最低期限，如《企业破产法》第四十五条规定，债权申报期限最短不得少于三十日，最长不得超过三个月。法院决定适用简易程序的，债权申报期可缩短为"三十日"，但不能低于"三十日"，法院如果不满"三十日"，就不能确保当事人程序权利，属于程序违法行为。

二是当事人依法行使程序权利的期限不能缩短或另行限制，如《企业破产法》第十二条规定，申请人对法院裁定不受理破产申请不服的，可以自裁定送达之日起十日内向上一级人民法院提起上诉。对此，法院不能因适用简易程序而将此期限缩短至五日内或一周内，否则也是程序违法行为。

三是是否缩短或限定期限以及缩短或限定至多少期限，应当根据破产案件

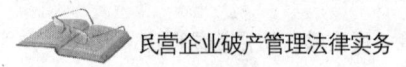

的具体情况而定，但若在缩短限定的期限内不能完成相关事项的，则不宜缩短限定期限，个别或部分法定期限不缩短限定，并不影响简易程序的适用。

三、简化审理方式

简化审理方式是破产案件适用简易程序的又一大特点。只有简化审理方式，才能突出"简易"这一特点。从各地实践来看，审理方式简化的主要内容如下：

1. 简化送达方式

在适用简易程序中，破产案件相关法律文书的送达方式简化主要是：（1）要求债权人确认送达地址，管理人可以参照民事诉讼程序中设置送达地址确认书的方式向债权人送达相关文书；（2）采取关联查询和电话、微信等电子送达等多种方式提高送达效率；（3）对拒不确认或以拒绝应诉等躲避、规避送达的，通过查询当事人的一年内的诉讼、仲裁、民事活动中的地址或依法登记备案的地址进行送达；（4）除受理破产申请、第一次债权人会议召开时间、宣告债务人破产和终结破产程序必须公告以外，其他的公告可以以书面形式送达；（5）在公告方式上，通过全国企业破产重整案件信息网发布公告。

2. 简化债权人会议制度

在适用简易程序中，除缩短债权人会议时间外，也可简化债权人会议制度：（1）第一次债权人会议上，破产财产的管理与变价方案、分配方案争取在第一次债权人会议上一次性表决通过，原则上不再召开第二次债权人会议；（2）在表决方式上，可以通过电子邮件、传真、短信、网络平台、书面确认等方式在场外提前表决；（3）适用简易程序审理的破产案件相对简单，债权人数较少，可不设立债权人委员会。

3. 直接吸收执行成果

执行部门对债务人财产已经进行价值评估，在客观条件未发生变化的情况下，可以直接提交债权人会议讨论，无需再委托中介机构进行价值认定。执行部门已经采取变价措施，应将所得价款可按照债权人会议通过或法院裁定许可的分配方案直接进行分配。执行案件转破产简易程序的，可以直接维持已经取得且仍为有效的执行措施。破产财产在执行程序中已经调查清楚的，要求执行

部门在移送案件时制作财产线索清单一并移送，管理人不再调查。

4. 独任审理

基层法院决定适用简易程序审理破产案件的，可以由审判员一人独任审理，但中级法院简化审理程序的，一般应由审判员组成合议庭审理。

在适用简易程序审理破产案件时，缩短审理期限，简化审理方式，对债权人的程序权利必然产生一定影响，又因破产程序不可逆转和清算程序具有终局性，法院和管理人都必须谨慎设计简易程序，能简则简，不能简则"繁"，且应充分尊重债权人意思自治，在合法的前提下充分保障债权人的实体权益。

四、破产简易程序与破产普通程序转换

这两种程序的转换，即指将破产简易程序审理的案件转换为破产普通程序审理，或将破产普通程序审理的案件转换为简易程序审理。

根据民诉法有关解释规定，已经按照普通程序审理的破产案件，在审理过程中不得改用简易程序审理。但在适用普通程序审理中，破产案件确实出现可简化情形的，债务人和债权人一致要求快速结案的，我们认为，根据当事人意思自治原则，法院可以简化剩余程序办结案件。同时，破产案件适用简易程序立案，在审理过程中发现案情复杂，需要转为普通程序审理的，法院应当将简易程序转为普通程序，由合议庭进行审理。此外，破产申请人、被申请人或其他主要破产参与人对适用简易程序提出异议且有充分理由的，或者在审理过程中发生影响破产进程的衍生诉讼以及需要通过诉讼途径进行债权清收等不宜再简化审理程序的事由的，法院亦应将简易程序转换为普通程序审理，以确保破产案件的顺利进行和审理质量。

关于适用简易程序审理破产案件的操作规范，提供温州市中院的一份会议纪要供参考。

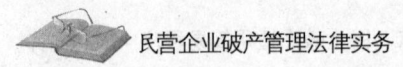

附：温州市中级人民法院关于试行简化破产案件审理程序的会议纪要

为切实解决破产案件审理周期偏长的实际情况，尽力缩短破产案件审理期限，确保企业破产制度功能得以充分发挥，本院审判委员会就有关试行简化部分破产案件审理程序所涉及的相关问题进行了专题讨论。现纪要如下：

一、关于试行简化审理程序的基本原则

1. 破产案件是否需要试行简化审理程序，应区别破产案件的难易程度、破产财产的多寡，繁简分流，审慎决定。

2. 对破产案件试行简化审理程序必须坚持效率原则。在不损害破产参与人合法权益的情况下，能够缩短的期限尽可能缩短；能够并联的事项，尽可能并联。

二、关于试行简化审理程序的案件范围

3. 事实清楚、债权债务关系明确、争议不大并且同时具备下列情形之一的破产案件，可以试行简化审理程序：

（1）债务人资产和债权人人数均较少的；

（2）破产财产可能不足以支付全部破产费用的；

（3）申请人、被申请人及其他主要破产参与人协商一致同意简化审理程序的；

（4）债务人与全体债权人就债权债务的处理自行达成协议的；（5）其他适宜试行简化审理程序的情形。

4. 对下列破产案件原则上不试行简化审理程序：

（1）有重大维稳隐患的破产案件；

（2）裁定破产重整的破产案件；

（3）其他不宜简化审理程序的破产案件。

5. 审理程序的简化从裁定受理破产申请后开始。对破产申请的审查受理程序不试行简化。

三、关于试行程序简化的启动、审级和审判组织

6. 裁定受理破产申请后，对属于本纪要第 3 点第（1）（2）（4）（5）项情形的破产案件，可依职权决定试行简化审理程序，但应将相关事项及时告知申请人、被申请人及其他破产参与人。

7. 裁定受理破产申请后，对属于本纪要第 3 点第（3）项情形的破产案件，可以试行简化审理程序。

8. 对已经按一般程序审理的破产案件，除破产参与人协商一致同意简化审理程序的以外，不应再简化相关审理程序。

申请人、被申请人或其他主要破产参与人就审理程序的简化提出异议，且有充分理由的，或者在审理过程中发生影响破产进程的衍生诉讼以及需要通过诉讼途径进行债权清收等不宜再简化审理程序的事由的，仍应按一般程序审理。

9. 裁定受理破产申请的法院，均可对符合条件的破产案件试行简化审理程序。人民法庭在相关业务庭的指导下亦可办理试行简化审理程序的破产案件。

10. 各基层法院对符合条件的破产案件试行简化审理程序的可以由审判员一人独任审理，中院对符合条件的破产案件试行简化审理程序的需由审判员组成合议庭审理。

四、关于试行程序简化的具体内容

11. 对于决定试行程序简化的破产案件，可以依照最高人民法院《关于审理企业破产案件指定管理人的规定》（法释〔2007〕8 号）第十七条之规定，指定管理人名册中的个人为管理人。

12. 对于债务人财产可能不足以支付管理人报酬和管理人执行职务费用的企业破产案件，债权人在提出破产申请时承诺自行承担清算组费用的，审判业务庭报请分管院长同意后，可以债权人推荐的名单为基础定清算组成员并指定

清算组为管理人。

13.（受理通知期限的缩短）受理破产申请的法院应当自裁定受理破产申请之日起十日内通知已知债权人，并予以公告。

14.债权人申报债权的期限自法院发布受理破产申请公告之日起计算，最短不得少于三十日，最长一般不超过四十日。

15.第一次债权人会议由法院召集，自债权申报期限届满之日起五日内召开。

16.债权调查日期与第一次债权人会议的日期实行合并，不再另定债权调查日期。

17.召开债权人会议，管理人应当提前五日通知已知债权人。

18.对试行程序简化的破产案件，可引导债权人会议作出不设立债权人委员会的决议。

19.经审查认为符合宣告破产条件的，一般应在第一次债权人会议召开之日起三十日内裁定宣告债务人破产，并在裁定作出之日起三日内送达债务人和管理人，自裁定作出之日起五日内通知已知债权人，并予以公告。

20.为最大限度地保护中小债权人及异地债权人的合法权益，管理人可以尝试为中小债权人及异地债权人提供与债权人会议同步的网络表决平台或通过邮寄、发送电子邮件等便利方式进行表决，为中小债权人及异地债权人行使表决权提供便利。

21.试行简化审理程序的破产案件，债务人一般只能进行一次和解，否则不应继续试行程序简化。

22.试行简化审理程序的破产案件，除受理破产申请、指定管理人、宣告债务人破产和终结破产程序必须公告外，其余事项可不予公告，但应以书面形式送达相关破产参与人。

23.试行简化审理程序的破产案件，可按《中华人民共和国民事诉讼法》有关简易程序的简便送达方式送达各类文书。

24.在法律允许的框架内，经债权人会议决议，可以确认企业进入破产程序前的相关债务清偿和资产重组协议内容，最大限度节省司法资源，加快破产进程。

25.破产财产中无货币财产支付变价财产的费用或者货币财产不足以支付

变价财产的费用，且财产变价费用可能高于财产变价收入时，管理人可以尝试选择便捷方式进行变价。

26.管理人拟定的破产财产分配方案经债权人会议一次表决未通过的，第二次表决可以书面、数据电文等形式分别进行。

27.管理人应按照破产财产分配方案实施最后一次性分配，但不妨碍管理人实施追加分配。

28.经债权人会议一致通过，管理人可以不将债务人财产进行变价而进行实物分配、债权分配或产权分配。

29.法院应当自收到管理人终结破产程序的请求之日起五日内作出是否终结破产程序的裁定。

30.管理人应当自破产程序终结之日起五日内，持法院终结破产程序的裁定，向破产人的原登记机关办理注销登记。

31.试行简化审理程序的破产案件，一般在裁定受理后六个月内审结。其中无财产且可以向债务人或其负责人、实际控制股东直接送达相关文书的破产案件，一般在裁定受理后三个月内审结。

32.试行简化审理程序的破产案件，可以按照《诉讼费用交纳办法》第十六条规定在依法计算受理费的基础上再减半收取。对于无任何财产可供分配的破产案件，由管理人提出申请，经受理法院的院长批准后可以免收受理费。

33.债务人财产不足以支付破产费用的，可以尝试根据管理人工作的时间来确定其相应的报酬。

34.债务人财产不足以支付破产费用的，管理人应当提请人民法院宣告债务人破产并终结破产程序。但债权人、管理人、债务人的出资人或者其他利害关系人愿意垫付的，破产程序可以继续进行。

35.对于债务人财产不足以支付管理人报酬和管理人执行职务费用的破产案件，经债权人会议确认，可以将债权人对债务人未知财产的追索权以及对公司股东、董事、实际控制人等相关责任人的民事请求权全部或部分转让给管理人，以折抵应予支付的管理人报酬和管理人执行职务的费用。

36.对确无任何财产可供分配且无人垫付相关费用的破产案件，管理人可以不刻制印章和登报公告，相关的文书可粘贴在债务人的工商注册地、管理人办公地点和受理法院的公告栏，并拍照附卷。

37.对债务人人员下落不明或财产状况不清的破产案件，要从充分保障债权人合法利益的角度出发，对债务人的法定代表人、财务管理人员、其他经营管理人员，以及出资人等进行释明，或者采取相应罚款、训诫、拘留等强制措施后，债务人仍不提交有关账册等材料或者不提交全部材料，影响破产清算顺利进行的，可就现有财产对已知债权进行公平清偿并裁定终结破产清算程序后，告知债权人可以另行提起诉讼要求有责任的有限责任公司股东、股份有限公司董事、控股股东，以及实际控制人等清算义务人对债务人的债务承担相应的民事责任。在破产清算中，若发现上述人员存在"假破产、真逃债"及虚假出资、抽逃出资等行为涉嫌犯罪的，应依法将相关材料移送公安机关立案侦查。

五、其他

38.全市法院在强化诉讼效率意识，充分发挥债权人意思自治，在法律允许的框架内，加快破产案件审理节奏的同时也要慎重处理好"先行先试"和维护法制统一之间的关系，及时总结审判经验，对实践中遇到新情况新问题要组织精干力量进行调研并及时向我院上报。我院将继续深入调查研究，加强监督指导，确保依法妥善审理好程序简化的破产案件。

【裁判案例】

提示：一审适用简易破产程序不符合规定，二审裁定撤销并责成组成合议庭进行审查。

2016年，债权人元通商贸公司向河津市法院申请债务人河东焦化公司破产清算，河津市法院予以立案后，适用简易程序由一名审判员独任审判，并作出（2016）晋0882破申1号裁定不予受理，元通商贸公司不服向运城市中院提起上诉。

运城市中院认为，企业破产案件的审理周期长、难度大、事务性工作繁重，其审理的复杂性和特殊性，决定了企业破产类案件的审理应当组成合议庭进行审理。原审法院审理河东焦化公司破产清算案时，适用简易程序，独任审

判，违反了最高人民法院关于适用简易程序审理民事案件的有关规定，故该院对元通商贸公司破产清算申请不予受理的裁定，应予撤销，由原审法院组成合议庭，对元通商贸公司的破产清算申请重新进行审查。

运城市中院依照《企业破产法》第四条、《民事诉讼法》第一百七十条第一款第二项、最高人民法院《关于适用简易程序审理民事案件的若干规定》第一条第一款第四项规定，于 2017 年 06 月 20 日作出（2017）晋 08 破终 1 号裁定书，裁定撤销河津市法院（2016）晋 0882 破申 1 号民事裁定，由河津市法院组成合议庭对本案进行审查。

第十二章 民企破产后的连带清偿责任

民企因破产程序终结被注销登记而丧失主体资格后（以下简称民企破产后），对未清偿的债务不再清偿，但破产民企的保证人和其他连带债务人不因民企破产而免除其连带责任，债权人在民企破产后仍有权向破产民企的保证人或其他连带债务人要求清偿其在破产程序中未受清偿的债权。本章介绍和分析民企破产后的保证连带清偿责任和股东连带清偿责任。

第一节　民企破产后保证人的连带清偿责任问题

法院裁定终结破产程序后，破产案件了结，但相关的保证案件不一定随之了结，理由是保证担保责任不一定随着破产案件的结束而免除或消灭，债权人仍有权要求保证人继续承担保证责任，且可另行提起清偿保证债务诉讼。

一、债权人在民企破产后要求保证人承担保证责任的条件问题

《企业破产法》第一百二十四条规定："破产人的保证人和其他连带债务人，在破产程序终结后，对债权人依照破产清算程序未受清偿的债权，依法继续承担清偿责任。"据此，民企破产后，债权人仍有权要求破产民企的保证人清偿保证债务，但应当具备以下几个条件：一是破产财产已经清算程序分配，法院已经裁定破产程序终结；二是保证人是为破产民企提供保证担保的单位或个人，而不是破产民企为他人提供保证担保而为保证人；三是保证人在破产程序中尚未全部清偿保证债务留有保证责任带到破产程序结束后，债权人依照破产清算程序分配后仍留有债权未受清偿；四是债权人在破产程序中没有放弃、丧失保证担保权利，保证责任没有被依法被免除。在具备上述条件的情况下，债权人在破产程序终结后继续行使担保权利的，破产民企的保证人应当继续承担清偿责任。

《企业破产法》第一百二十四条虽为破产程序中保证责任的特别规定，但其中"依法继续承担清偿责任"中的"依法"是有讲法的。这里的"依法"是指依照《担保法》的有关保证担保的规定，所以，保证人在民企破产程序终结后是否承担保证责任以及如何承担保证责任等问题，仍应适用《担保法》的有关规定进行处理，包括保证合同的性质和效力、保证人的主体资格、保证担保的方式、保证担保的期间、保证责任的承担等都应执行《担保法》的有

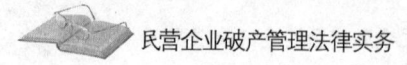

关规定。

二、民企破产后的一般保证责任问题

《担保法》第十七条规定：当事人在保证合同中约定，债务人不能履行债务时，由保证人承担保证责任的，为一般保证；一般保证的保证人在主合同纠纷未经审判或者仲裁，并就债务人财产依法强制执行仍不能履行债务前，对债权人可以拒绝承担保证责任。此外，根据该条第三款规定，法院受理债务人破产案件，中止执行程序的，一般保证人不得行使先诉抗辩权。

《担保法司法解释》第一百三十一条规定："本解释所称'不能清偿'指对债务人的存款、现金、有价证券、成品、半成品、原材料、交通工具等可以执行的动产和其他方便执行的财产执行完毕后，债务仍未能得到清偿的状态。"民企破产财产已经清算分配，法院已经裁定破产程序终结，也就充分说明破产民企已经处于《担保法》规定的"不能履行债务"的状态，所以，民企破产后，一般保证人也就丧失了先诉抗辩权。先诉抗辩权丧失后，意味着一般保证与连带保证不再区别，一般保证人就要开始承担保证责任。

三、民企破产后的连带保证责任问题

根据《民法总则》和《担保法》有关规定，负有连带义务的每个债务人都负有清偿全部债务的义务；为债务人提供保证担保的第三人在债务人未履行或不履行债务的情况下，保证人应当按约承担连带责任。保证人为债务民企提供连带责任担保，在保证期间内债务民企破产，债权人既可以向法院申报债权，也可以直接要求连带保证人清偿保证债务；连带保证人在破产程序中清偿保证债务的，其追偿债权参与破产分配。

《企业破产法》第一百二十四条还规定："破产人的保证人和其他连带债务人，在破产程序终结后，对债权人依照破产清算程序未受清偿的债权，依法继续承担清偿责任。"据此，保证人包括一般保证人和连带保证人不因民企的破产而免除其保证责任。破产程序终结后，债权人仍有权要求破产民企的保证人清偿其在破产程序未受清偿的债权。

《全国法院破产审判工作会议纪要》在第 31 条"保证人的清偿责任和求偿权的限制"中指出："破产程序终结前，已向债权人承担了保证责任的保证人，可以要求债务人向其转付已申报债权的债权人在破产程序中应得清偿部分。破产程序终结后，债权人就破产程序中未受清偿部分要求保证人承担保证责任的，应在破产程序终结后六个月内提出。保证人承担保证责任后，不得再向和解或重整后的债务人行使求偿权。"

四、民企破产后承担保证责任的时效问题

根据《担保法司法解释》第四十四条规定，债权人要求保证人承担保证责任的，应当在破产程序终结后六个月内提出；在债务人被宣告破产前，债权人已在保证债务的诉讼时效期间内向保证人主张权利，破产程序终结后，债权人对其在破产程序中未受清偿的部分债权继续向保证人主张权利的，保证人应承担法律责任。

五、民企破产后保证责任的免除问题

根据《担保法司法解释》第四十五条规定，债权人知道或者应当知道债务民企破产，既未申报债权也未通知保证人，致使保证人不能预先行使追偿权的，保证人在该债权在破产程序中可能受偿的范围内免除保证责任。保证人在此情形下已为法律免除保证责任的，债权人在民企破产程序终结后还要求保证人承担保证责任的，保证人可以予以拒绝，债权人如果向法院提起诉讼的，法院应当驳回其诉讼请求。

此外，民企破产财产被分配完毕，破产民企被注销而消灭主体资格，保证人在破产后为破产民企清偿保证债务的，也就丧失了对破产民企的追偿权。

【裁判案例】

提示：债权人仅选择申报债权方式受偿的，保证人承担保证责任的实际履行期限应在破产程序终结之后。

2013年9月13日，华夏台州分行与双友机电公司签订了xxx28号《最高额保证合同》，该合同约定：双友机电公司自愿在最高债权本金余额人民币3000万元整的范围内为借款人中捷公司自2013年9月13日起至2014年9月13日止的期间内同华夏台州分行连续签订的多个《流动资金借款合同》项下债务提供连带责任保证担保。2014年3月13日，华夏台州分行与蔡某某、许某某分别签订了xxx09号和xxx10号的《个人最高额保证合同》，该两份合同约定，蔡某某、许某某自愿在最高债权本金余额人民币5000万元整的范围内为借款人中捷公司自2014年3月13日起至2015年4月30日止的期间内同华夏台州分行连续签订的多个《流动资金借款合同》项下债务提供连带责任保证担保。

上述最高额保证合同项下共发生三笔借款，分别是：1.xxx30号《流动资金借款合同》项下贷款本金2000万元整；2.xxx29号和xxx31号《流动资金借款合同》项下贷款本金各1500万元整，合计人民币3000万元。同时，为确保债权的实现，华夏台州分行与中昌公司、爱华集团公司、爱华房地产公司分别签订了xxx13号、项下11号、xxx12号的《保证合同》，与项某某、陈某某分别签订了xxx14号和xxx15号的《个人保证合同》。上述五份合同均约定各保证人自愿为借款人中捷公司与华夏台州分行所签订的xxx30号的《流动资金借款合同》（以下简称主合同）项下债务提供连带责任保证担保。

上述合同签订后，华夏台州分行依约向借款人中捷公司发放了贷款。

2014年9月12日，华夏台州分行与借款人中捷公司及保证人双友机电公司、蔡开坚签订了xxx76和xxx75的《展期协议》，对xxx29号和xxx31号的《流动资金借款合同》项下两笔借款合计3000万元进行了展期。两份展期协议均约定合同项下展期金额各为人民币1500万元，年利率7.8%，展期后借款到期日为2015年3月13日，担保人均继续承担担保责任。

2014年10月13日，借款人中捷公司资不抵债，经玉环县法院裁定受理其破产重整申请。通过重整程序，华夏台州分行仅收到了管理人依据重整计划偿付的824万元分配款，剩余债权尚未获清偿。华夏台州分行多次向各保证人催讨，上述保证人均未履行保证义务。

华夏台州分行向椒江区法院起诉请求：1.被告双友机电公司、蔡某某、许某某承担连带保证责任，立即向原告清偿借款本金人民币25056000元及至实

际清偿日的利息（含利息、罚息、复利等）；2.被告蔡某某、许某某、中昌公司、爱华集团公司、爱华房地产公司、项某某、陈某某承担连带保证责任，立即向原告清偿借款本金人民币16704000元及至实际清偿日的利息（含利息、罚息、复利等）。

椒江区法院作出（2016）浙1002民初2951号民事判决，判决：一、被告双友公司、蔡某某、许某某于本判决发生法律效力且中捷公司破产程序终结后十日内偿还原告华夏台州分行借款本金25056000元在中捷公司破产程序中未受清偿的部分；二、被告蔡某某、许某某、中昌公司、爱华集团公司、爱华房地产开发公司、项某某、陈某某于本判决发生法律效力且中捷公司破产程序终结后十日内偿还原告华夏台州分行借款本金16704000元在中捷公司破产程序中未受清偿的部分；三、驳回原告华夏台州分行的其余诉讼请求。

华夏台州分行不服上述，向台州市中院提起上诉称：一、原审法院判决保证人在破产程序终结后履行保证义务属于适用法律错误。借款人和连带责任保证人负有同等的清偿责任，并无先后之分，上诉人有权要求各保证人承担保证责任。根据最高人民法院对《关于担保期间债权人向保证人主张权利的方式及程序问题的请示》的答复（〔2002〕民二他字第32号），在认定保证人承担保证责任时，应分两种情形：一是一般保证时，需裁定中止诉讼，等待破产程序终结；二是连带责任保证时，法院应在判决中明确扣除债权人在债务人破产程序中可以分得的部分，这没有限制必须在破产程序终结后承担保证责任。上诉人认为，保证人承担保证责任后，可将债权人的申报债权变更至保证人名下，这既不影响保证人的追偿权，又能提高司法效率。二、保证人承担保证责任的范围不应适用于破产法关于破产债权停止计息的规定，担保制度本身是为了保障主债务人清偿能力不足时债权人的债权，借款人破产导致利息部分损失，应当由各保证人予以弥补和救济。

台州市中院二审认为：一、根据《最高人民法院关于适用破产法若干问题的解释》第四十四条规定，债务人进入破产程序后，债权人可以选择申报债权或向保证人主张权利，若申报了债权，则应在破产程序终结后六个月内要求保证人承担保证责任。另，最高人民法院对《关于担保期间债权人向保证人主张权利的方式及程序问题的请示》的答复进一步解释，对债权人既申报了债权，同时又起诉保证人的案件中，若需等待破产程序终结的，裁定中止诉讼；若径行判决的，应在判决中明确扣除债权人在破产程序中受偿的部分。可见，债权人已选择申报债权方式受偿时，保证人承担保证责任的实际履行期限应在债务人破产程序终结之后，即债权人在破产程序中实际受偿的金额确定后，保证人才对不足部分承担偿还责任，本案中上诉人作为借款人中捷公司的债权人，已申报了债权，并于 2016 年 10 月 12 日前已实际受偿了 1474 万元，故原审法院认定各被上诉人在中捷公司破产程序终结后偿还上诉人未受偿部分金额得当，上诉人在未放弃债权申报的情况下，要求保证人立即承担保证责任，于法无据，本院不予支持。

二、根据《企业破产法》第四十六条规定，附利息的债权自破产申请受理时起停止计息，上诉人向中捷公司破产管理人申报的债权为借款本金 5000 万元，可见涉案主债务为 5000 万元借款本金，各被上诉人所负的保证责任系从债务，从债务不应超出主债务范围，故在主债务不计息的情况下，各被上诉人承担的保证责任也不应包含借款利息，原审法院对此判决得当，本院予以维持。上诉人在二审中自认受偿借款人第二期部分破产债权 650 万元，但因破产债权程序仍在进行中，上诉人最终受偿金额尚未确定，故本院对该 650 万元不在本判决中扣减。

台州市中院最后认定，上诉人华夏台州分行的上诉请求不能成立，应予驳回；一审判决认定事实清楚，适用法律正确，应予维持。

台州市中院依照《民事诉讼法》第一百七十条第一款第一项规定，于 2016 年 10 月 24 日作出（2016）浙 10 民终 1872 号判决书，判决驳回华夏台州分行上诉，维持原判。

附：最高人民法院对《关于担保期间债权人向保证人主张权利的方式及程序问题的请示》的答复（〔2002〕民二他字第32号）

青海省高级人民法院：

你院〔2002〕青民二字第10号《关于担保期间债权人向保证人主张权利的方式及程序问题的请示》收悉。经研究，答复如下：

1. 本院2002年8月1日下发的《关于处理担保法生效前发生保证行为的保证期间问题的通知》第1条规定的"向保证人主张权利"和第2条规定的"向保证人主张债权"，其主张权利的方式可以包括"提起诉讼"和"送达清收债权通知书"等。其中"送达"既可由债权人本人送达，也可以委托公证机关送达或公告送达（在全国或省级有影响的报纸上刊发清收债权的公告）。

2. 该《通知》第2条规定的意义在于，明确当主债务人进入破产程序，在"债权人没有申报债权"或"已经申报债权"两种不同情况下，债权人应当向保证人主张权利的期限。根据《最高人民法院关于适用若干问题的解释》第44条第1款的规定，在上述情况下，债权人可以向人民法院申报债权，也可以向保证人主张权利。因此，对于债权人申报了债权，同时又起诉保证人的保证纠纷案件，人民法院应当受理。在具体审理并认定保证人应承担保证责任的金额时，如需等待破产程序结束的，可依照《中华人民共和国民事诉讼法》第136条第1款第5项的规定，裁定中止诉讼。人民法院径行判决保证人承担保证责任，应当在判决中明确应扣除债权人在债务人破产程序中可以分得的部分。

二○○二年十一月二十二日

【案例分析】

提示：**债权人申报债权时保证期间已届满，保证人不再承担保证责任。**

案情介绍

2008 年 7 月 1 日，钢硕物资公司汇给锦宏重工公司 300 万元，并出具证明称，上述款项系叶某某所有。2008 年 12 月 2 日，叶某某与锦宏重工公司、锦宏房地产公司、胡某某签订一份《借款协议》，该协议约定：锦宏重工公司因建筑及房地产投资需要，向叶某某借款 390 万元，借款期限为 2008 年 12 月 2 日至 2010 年 8 月 2 日，逾期违约金为日 3‰；若锦宏重工公司不能按时还款，由锦宏房地产公司、胡某某承担连带责任。2009 年 3 月 30 日，锦宏重工公司通过银行电汇 200 万元给锦州钢管公司，叶某某等人确认该款系偿还其借款利息。

2010 年 5 月 19 日，锦宏重工公司向湘潭市中院申请破产重整；2010 年 6 月 8 日，湘潭市中院裁定准许锦宏重工公司重整。叶某某于 2011 年 3 月 3 日向锦宏重工公司申报债权，锦宏重工公司根据上述《借款协议》及 300 万元银行汇款凭证，确认叶某某的债权数额为 390 万元。

诉讼过程

叶某某以锦宏房地产公司、胡某某为被告向宁德市中院提起保证合同诉讼，请求判令锦宏房地产公司、胡某某承担连带偿还责任。宁德市中院审理认为，本案双方均确认借款的主债务人为锦宏重工公司。锦宏重工公司在对叶某某申报的债权进行确认时，系依据叶某某通过钢硕物资公司于 2008 年 7 月 1 日汇给锦宏重工公司的 300 万的银行汇款凭证及上述《借款协议》，故可以确认本案借款实际发生的日期为 2008 年 7 月 1 日，2008 年 12 月 2 日各方签订的《借款协议》对双方往来款项进行了再确认，并设置了担保。基于叶某某债权 390 万元是根据主债务人锦宏重工公司依法定破产程序确认，故锦宏重工公司结欠叶某某 390 万元的事实应予认定。锦宏重工公司于 2009 年 3 月 30 日汇款 200 万元给锦州钢管公司，叶某某等认可该款项系偿还借款利息。因锦宏重工公司、锦宏房地产公司的法定代表人均是胡某某，可以认定锦宏房地产公司及胡某某对上述借款往来过程是清楚的，锦宏房地产公司、胡某某在 2008 年 11 月 15 日《借款协议》上的保证，应认定为系其真实意思表示，且该保证行为并未违反法律、行政法规强制性规定，应认定有效，锦宏房地产公司、

胡某某应对锦宏重工公司结欠叶某某的借款承担连带清偿责任。锦宏重工公司结欠叶某某的390万元债权已经法定破产程序确认，该事实应予认定。上述债权申报时间为2011年3月3日，应认定叶某某至2011年3月3日止的债权为390万元，此后该390万元债权的利息另计。本案叶某某主张逾期利息按日3‰计算明显偏高，调整到同期银行贷款利率的4倍。锦宏房地产公司、胡某某为上述借款债权的连带保证人，应对此债务承担连带清偿责任。2012年7月19日，宁德市中院作出（2012）宁民初字第25号民事判决书，判决：一、锦宏房地产公司、胡某某应于本判决生效之日起十日内连带偿还叶某某390万元及利息；二、锦宏房地产公司、胡某某在承担连带清偿责任后，有权向锦宏重工公司追偿；三、驳回叶某某的其他诉讼请求。

锦宏房地产公司、胡某某不服一审判决，向福建省高院提出上诉。

福建省高院认为，锦宏重工公司确认其于2008年7月1日收到钢硕物资公司通过银行汇出的300万元款项。各方同时确认叶某某与锦宏重工公司、锦宏房地产公司、胡某某于2008年12月2日签订的《借款协议》的真实性。可见，钢硕物资公司与锦宏重工公司的款项往来，于2008年12月2日已经形成新的债权债务关系。即郑辉与锦宏重工公司、锦宏房地产公司、胡某某之间的借款担保合同关系。2010年6月8日湘潭市中院作出的（2010）潭中民破字第2—1号民事裁定，准许锦宏重工公司重整。叶某某于2011年3月3日持讼争的300万银行汇票及其与锦宏重工公司、锦宏房地产公司、胡某某签订的《借款协议》向锦宏重工公司的破产重整管理人申报债权，管理人依法确认叶某某债权为390万元。因此，叶某某与锦宏重工公司、锦宏房地产公司、胡某某之间存在债权债务关系，出借人叶某某依法可以向锦宏重工公司、锦宏房地产公司、胡某某主张权利。

关于本案保证人的诉讼时效问题，依据最高人民法院《关于适用〈中华人民共和国担保法〉若干问题的解释》第四十四条关于"保证期间，人民法院受理债务人破产案件的，债权人既可以向人民法院申报债权，也可以向保证人主张权利。债权人申报债权后在破产程序中未受清偿的部分，保证人仍应当承担保证责任。债权人要求保证人承担保证责任的应当在破产程序终结后六个月内提出"的规定，债权人叶某某在破产程序尚未终结前向保证人锦宏房地产公司、胡某某主张债权，没有超过法定的对保证人主张权利的诉讼时效。

关于原审是否适用法律错误问题，根据查明的事实，因上诉人锦宏房地产公司、胡某某与叶某某之间借款担保合同关系，原审根据最高人民法院《关于适用〈中华人民共和国担保法〉若干问题的解释》第四十四条第一款、第二款的规定，判决锦宏房地产公司、胡某某对叶某某的债权承担连带偿还责任，适用法律正确，应予维持。

福建省高院二审认定，原审判决认定事实清楚，适用法律正确，程序合法，应予维持。判决驳回上诉，维持原判。

锦宏房地产公司、胡某某向最高人民法院申请再审称：1. 被申请人叶某某于 2008 年 12 月 2 日与锦宏重工公司签订《借款协议》后未按约定支付借款，本案未实际履行；2. 申请人的保证责任已超过法定保证期间，依法不承担保证责任；3. 保证期间不因破产而发生中断、中止、延长的法律后果，本案不属担保法解释第四十四条规定的情形。原审以该规定认定保证期限未过，适用法律错误。

被申请人叶某某答辩称：1. 本案借款已实际发生，由第三方钢硕物资公司代付，且代付人并没有向申请人主张权利；2. 本案是先前发生借款关系，到 2008 年 12 月时重新订立借款协议，锦宏重工公司破产重整时已确认该债务；3. 二审适用担保法解释第四十四条是正确的，虽然担保法规定没有约定担保期限的保证期间是主债务期满后六个月，但是又有规定遇到破产保证期间应该是破产终结后六个月，故担保人不能免除责任。

最高人民法院裁定福建省高院再审。

福建省高院再审认为：根据《担保法》第二十六条规定，连带责任保证人与债权人未约定保证期间的，债权人必须在主债务期限届满后六个月内向保证人主张权利。本案借款期限届满日期为 2010 年 8 月 2 日，连带保证责任保证期间为 2010 年 8 月 3 日至 2011 年 2 月 3 日。根据原审及再审查明的事实，叶某某于 2011 年 3 月 3 日才向债务人锦宏重工公司破产管理人申报债权。叶某某没有提供证据证明其在保证期间届满前曾向保证人主张债权，故保证人的保证责任依法可以免除。原审认为根据最高人民法院《关于适用〈中华人民共和国担保法〉若干问题的解释》第四十四条，债权人叶某某在破产程序尚未终结前向保证人锦宏房地产公司、胡某某主张债权，没有超过法定的对保证人主张权利的诉讼时效，系适用法律错误。经本院审判委员会讨论决定，根据《民

事诉讼法》第一百七十条第一款第（二）的规定，判决如下：一、撤销本院
（2012）闽民终字第791号及宁德市中院（2012）宁民初字第25号民事判决；
二、驳回叶某某的诉讼请求。

作者分析

本案争议焦点是涉破保证责任的期间问题。

本案中，锦宏重工公司向叶某某借款390万元，锦宏房地产公司和胡某某
提供连带责任保证。叶某某提起保证合同诉讼，请求判令锦宏房地产公司、胡
某某承担连带偿还责任。法院一审、二审均认为，债权人有权在主债务人破产
程序结束后的六个月内继续要求担保人承担保证责任，所以支持了原告叶某某
的诉讼请求，并已作出生效判决。保证人锦宏房地产公司、胡某某向最高人民
法院申请再审认为，保证期间不因破产而发生中断、中止、延长的法律后果，
本案保证责任已超过法定保证期间，依法不承担保证责任。福建省高院再审
判决推翻了一审及二审的观点，认为锦宏房地产公司、胡某某的保证责任因叶
某某申报债权前保证期间已届满而已免除，最终判决驳回叶某某的诉讼请求。

根据最高人民法院《适用〈中华人民共和国担保法〉若干问题的解释》第
四十四条的规定，债权人申报债权后在破产程序中未受清偿的部分，保证人仍
应当承担保证责任；债权人要求保证人承担保证责任的，应当在破产程序终结
后六个月内提出。但此规定的"六个月内"期限也是有限制适用的。

最高人民法院于2003年12月24日关于对云南省高级人民法院就如何适
用《关于适用〈中华人民共和国担保法〉若干问题的解释》第四十四条请示的
答复中指出："《关于适用〈中华人民共和国担保法〉若干问题的解释》（以下简
称担保法司法解释）第四十四条第二款规定的债权人应在破产程序终结后六个
月内要求保证人承担保证责任的规定，仅适用于债务人在破产程序开始时保证
期间尚未届满，而在债权人申报债权参加清偿破产财产程序期间保证期间届满
的情形。即在上述情况下，考虑到债权人在债务人破产期间不便对保证人行使
权利，债权人可以在债务人破产终结后六个月内要求保证人承担保证责任。你
院请示的昆明电缆厂与交通银行昆明分行、昆明电缆股份有限公司担保借款合
同纠纷案中，债权人交通银行昆明分行已经在保证期间内、债务人破产程序前
要求保证人承担保证责任，因此，不适用担保法司法解释第四十四条第二款的

规定。"据此答复，当债权人在申报债权时，保证期限已经届满，保证责任因此已被依法免除的，不可能因被保证人进入破产程序而恢复保证责任；债权人进入破产程序时保证期限未届满，才会涉及保证人在破产程序中及破产程序结束后的六个月内承担保证责任的问题。

本案中，福建省高院再审认定，本案连带保证责任保证期间为 2010 年 8 月 3 日至 2011 年 2 月 3 日，叶某某于 2011 年 3 月 3 日才向破产管理人申报债权，且没有提供证据证明其在保证期间届满前曾向保证人主张债权，故保证人锦宏房地产公司、胡某某的保证责任依法已经免除，所以福建省高院再审驳回叶某某的诉讼请求。

第二节　民企破产后股东的连带清偿责任问题

《企业破产法》第一百二十四条规定中的"其他连带债务人"是指保证人以外的连带债务人，"其他连带债务"是指保证连带债务以外的连带债务。其中，民企股东在本民企破产后承担连带清偿责任是民企破产的一大特色。

一、民企股东否定公司法人人格

《公司法》第三条第一款规定："公司是企业法人，有独立的法人财产，享有法人财产权。公司以其全部财产对公司的债务承担责任。"第二款规定："有限责任公司的股东以其认缴的出资额为限对公司承担责任；股份有限公司的股东以其认购的股份为限对公司承担责任。"据此，公司与股东是两个不同的法律主体，在通常情况下，股东只要履行了出资义务，公司股东与公司债权人之间不存在任何直接的关联，公司债权人主张权利对象是公司，而非公司股东；公司股东对公司承担有限责任，公司经营亏损的，由公司承担清偿债务责任，即使严重亏损，资不抵债，最终破产不能偿还全部债务，公司债权人也不能要求公司股东以个人财产偿还公司债务。

但在实践中，民企股东滥用公司法人独立地位而否定公司人格，进而损害公司债权人利益的情况并不少见。对此，《公司法》第二十条规定："公司股东应当遵守法律、行政法规和公司章程，依法行使股东权利，不得滥用股东权利损害公司或者其他股东的利益；不得滥用公司法人独立地位和股东有限责任损害公司债权人的利益。公司股东滥用股东权利给公司或者其他股东造成损失的，应当依法承担赔偿责任。公司股东滥用公司法人独立地位和股东有限责任，逃避债务，严重损害公司债权人利益的，应当对公司债务承担连带责任。"第六十四条规定："一人有限责任公司的股东不能证明公司财产独立于股东自己的财产的，应当对公司债务承担连带责任。"这是股东利用公司法人独立地位、滥用股东权利否定公司人格需要承担民事责任的规定。

国有企业的财权、物权、人权和经营权有严格的管控和监督，股东和高管难以利用国企滥用权利否定公司人格，而民营企业不一样。民企的所有权力都掌控在大股东或实际控制人手中，股东滥用公司权利的情况很普遍，公司人格与股东人格混同的情况也特别严重。股东滥用公司法人独立地位和股东有限责任会造成公司法人人格与股东个人人格混同等。人格混同主要表现为，股东对公司不正当控制，造成财产混同、业务混同、组织机构混同等。民企股东上述行为严重损害民企债权人利益，在破产程序中未得以处置的，债权人在破产程序终结后仍可追究股东的民事责任。

二、股东怠于履行破产义务的连带责任

《最高人民法院关于关于正确审理企业破产案件为维护市场经济秩序提供司法保障若干问题的意见》第16条规定，有限责任公司股东、股份有限公司董事及控股股东、实际控制人是清算义务人。根据《企业破产法》有关规定，上述破产义务人应妥善保管债务人的财产、印章和账簿、文书等资料，在破产管理人接管破产企业时应当将财产及上述资料移交至管理人，并保障所移交会计账簿等资料的真实性及完整性。

我们在实践中经常发现，不少债务民企的董事、控股股东、实际控制人在民企破产时不履行或怠于履行上述义务，不移交规定的资产和资料，或者故意移交不真实不完整的资产和资料，致使管理人无法进行清算，严重阻碍破产程

序的进行。对此，《公司法司法解释（二）》第十八条第二款规定："有限责任公司的股东、股份有限公司的董事和控股股东因怠于履行义务，导致公司主要财产、账册、重要文件等灭失，无法进行清算，债权人主张其对公司债务承担连带清偿责任的，人民法院应依法予以支持。"第三款规定："上述情形系实际控制人原因造成，债权人主张实际控制人对公司债务承担相应民事责任的，人民法院应依法予以支持。"

上述义务人在民企破产程序中不履行或怠于履行上述义务，原因是多方面的，有的是股东不甘心破产故意不移交；有的是股东因与公司有着严重的财产混同，担心牵连个人责任，故意不移交或移交虚假资料；有的是资产管理和财务管理混乱，平时就账目不清，破产时无法完整移交；也有些民企濒临破产时因混乱而灭失、损坏财务资料无法移交或不能完整移交。但是，不论上述义务人出于什么原因，只要未尽妥善保管义务，致使管理人无法进行清算，破产程序因此被法院裁定终结的，对此负有责任的股东、董事或实际控制人都应按照上述规定对公司债务承担相应的连带责任。

三、股东未缴出资的连带责任

股东出资是股东对其企业必须履行的义务。股东在公司成立前未履行出资义务属合同法上的违约行为；在公司成立后，股东未履行出资义务，构成公司法上的违法行为和损害公司利益的行为，则应承担违约责任或赔偿责任。民企进入破产程序，股东尚未缴纳出资的，管理人有权追缴，并将追回的出资资金作为清算财产进行处置。

《公司法司法解释（二）》第二十二条规定，公司解散时，股东尚未缴纳的出资均应作为清算财产；股东尚未缴纳的出资，在公司财产不足以清偿债务时，债权人主张未缴出资股东，以及公司设立时的其他股东或者发起人在未缴出资范围内对公司债务承担连带清偿责任的，人民法院应予支持。《公司法司法解释（三）》第十三条第二款规定，公司债权人请求未履行或者未全面履行出资义务的股东在未出资本息范围内对公司债务不能清偿的部分承担补充赔偿责任的，人民法院应予支持。由此可见，在破产程序中，股东仍未缴出资的，法院裁定终止公司破产程序后，股东应当在未缴出资范围内继续对公司债务承担

连带清偿责任。

四、股东抽逃出资的连带责任

抽逃出资，是指在公司验资注册后，股东将所缴出资暗中撤回，却仍保留股东身份和原有出资数额的一种欺诈性行为。《公司法》第三十五条规定，公司成立后，股东不得抽逃出资。抽逃出资包括抽逃出资注册资本和抽逃股东出资。在公司负有债务尚未清偿的情况下，股东抽逃出资一方面侵犯了公司的利益，另一方面侵害了公司债权人的利益。《公司法司法解释（三）》第十四条第二款规定，公司债权人请求抽逃出资的股东在抽逃出资本息范围内对公司债务不能清偿的部分承担补充赔偿责任、协助抽逃出资的其他股东、董事、高级管理人员或者实际控制人对此承担连带责任的，人民法院应予支持。据此，管理人在破产程序中应当追回抽逃出资，破产程序中未追的，债权人在破产程序终结后仍有权直接要求股东承担清偿责任。

五、股东逃避企业债务的连带责任

企业逃避债务的表现形式较多，如隐匿转移财产、无偿转让财产、放弃到期债权、通过虚假交易虚构债权债务等等。民企采用种种手段避债务，从表面上看是单位行为，而实际上实际控制人和股东的行为，这种行为的后果是直接损害公司债权人利益。对此，《公司法》第二十条第三款规定："公司股东滥用公司法人独立地位和股东有限责任，逃避债务，严重损害公司债权人利益的，应当对公司债务承担连带责任。"据此，对股东逃避公司债务，在破产程序中未予处置，债权人在破产程序终结后仍可以向法院提起诉讼，请求法院判令股东在股东逃避债务的范围内承担清偿债务责任。

破产程序终结后，债权人以上述事由向法院提起诉讼，主张破产企业原股东、董事、实际控制人承担清偿责任的，根据《民事案件案由规定》规定，案由为"股东损害公司债权人利益责任纠纷"。

此外，公司利益与股东收益不加区分、公司资金与股东资金混同使用等，也属于公司人格与股东人格混同，债权人破产程序终结后也可主张股东承担清

偿债务责任。

【裁判案例】

提示：股东未提供完整的财务账册导致公司无法破产清算应对公司的债务承担连带清偿责任。

名艺鞋业公司成立于2010年7月6日，登记的股东为巨某、林某某，巨某为该公司法定代表人。2011年2月12日，李某作为甲方，与乙方巨某、丙方名艺鞋业公司签订了《合股协议书》，该协议书中约定：名艺鞋业公司注册资本为300万元，登记股东为巨某、林某某，实际由巨某、李某共同出资成立，李某出资210万元占70%，巨某出资90万元占30%，林某某为名义股东，实际没有出资，不占任何股份。名艺鞋业公司成立之后，由巨某、李某实际经营。

2013年5月16日，鹿城区法院根据案外人李B的申请，裁定受理名艺鞋业公司破产清算一案。2014年11月18日，鹿城区法院作出（2013）温鹿商破字第22-2号民事裁定书，裁定确认大南机械公司对名艺鞋业公司享有的债权为1037340元。同日，名艺鞋业公司管理人以名艺鞋业公司可供清偿的财产为0元，财产已经不足以清偿破产费用为由，申请法院终结名艺鞋业公司破产清算程序。鹿城区法院作出（2013）温鹿商破字第22-3号民事裁定书，裁定宣告名艺鞋业公司破产，并终结了名艺鞋业公司破产程序。在破产程序中大南机械公司的债权未得到清偿。

因名艺鞋业公司的部分账册遗失，该公司股东在破产清算程序中仅向管理人提供了部分账册，导致无法进行清算。

大南机械公司向鹿城区法院起诉称：被告巨某、李某、林某某系名艺鞋业公司的股东。原告于2010年下半年开始陆续供机械设备给名艺鞋业公司。经结算，名艺鞋业公司合计欠原告货款1393400元。期间，名艺鞋业公司支付了357000元，尚欠1037340元至今未付。2014年11月18日，鹿城区法院在名艺鞋业公司破产清算程序中确认了原告对名艺鞋业公司享有债权1037340元，并于当日宣告名艺鞋业公司破产并终结破产程序。根据《最高人民法院关于适用〈中华人民共和国公司法〉若干问题的规定（二）》第十八条规定，请求判

令被告巨某、李某、林某某连带清偿名艺鞋业公司欠原告的货款1037340元及逾期利息。

被告巨某答辩称：1.名艺鞋业公司的实际股东是巨某、李某，林某某是该公司名义股东，本案的债务与林某某无关。2.名艺鞋业公司欠原告货款1037340是事实，同意偿还，但是目前没有能力偿还，不同意原告的利息请求。3.名艺鞋业公司账册部分是委托会计师事务所做的，因受委托的会计师事务所搬家导致该部分账册遗失。另外一部分账册保存在名艺鞋业公司厂房中，因名艺鞋业公司拖欠员工工资，厂房被劳动局查封、拍卖，该部分账册也已经遗失。巨某因客观原因不能提供公司完整的账册，但已经将名艺鞋业公司尚存的账册全部移交给了管理人。

被告林某某答辩称：林某某只是将身份证借给被告李某去办理股东登记手续，并根据李某的要求在办理登记手续过程中进行了签字。名艺鞋业公司成立后，林某某并没有参加名艺鞋业公司的经营管理，对于名艺鞋业公司的情况不清楚。不同意原告的诉讼请求。

被告李某答辩称：1.名艺鞋业公司的实际股东是巨某和李某，该公司亦由二人实际经营管理。林某某虽然是名艺鞋业公司登记的股东，但本案债务与林某某无关。2.名艺鞋业公司已经被宣告破产，公司的债务不应由股东承担。

被告巨某、林某某、李某均未向本院提供证据。

鹿城区法院认为：《最高人民法院关于适用〈中华人民共和国公司法〉若干问题的规定（二）》第十八条规定：有限责任公司的股东因怠于履行义务，导致公司主要财产、账册、重要文件等灭失，无法进行清算，债权人可主张其对公司债务承担连带清偿责任。被告林某某在明知被告李某借用其身份证是用于名艺鞋业公司股东登记的情况下，仍向李某提供其身份证件，并前往工商部门配合签字，表明其具有被登记为名艺鞋业公司股东的意思表示，并且完成了工商登记。即使林某某没有实际出资，其仍为名艺鞋业公司的名义股东。企业工商登记信息具有对外公示效力，名义股东与实际股东之间的约定为其内部约定，不具有外部对抗效力。登记于公司登记机关的股东，不论是否实际参与了公司的经营管理，都应当履行其作为股东的义务，不能以其仅为名义股东而非实际出资人为由对抗债权人。现林某某以其为名艺鞋业公司的名义股东，未参加公司实际经营为由进行抗辩，本院不予采纳。

三被告作为名艺鞋业公司的股东，怠于履行股东义务，致使名艺鞋业公司部分的账册灭失，在名艺鞋业公司破产清算程序中没有提供完整的财务账册，导致无法进行清算，应当对名艺鞋业公司的债务依法承担连带清偿责任。名艺鞋业公司欠原告货款 1037340 元事实清楚，原告要求三被告连带清偿名艺鞋业公司欠原告的货款，符合法律规定，本院予以支持。被告李某关于名艺鞋业公司被宣告破产后，公司债务不应由股东承担的抗辩意见，本院不予采纳。原告要求赔偿自起诉之日起的利息，缺乏依据，本院不予支持。

鹿城区法院依照《公司法》第二十条第一款、第三款、《最高人民法院关于适用〈中华人民共和国公司法〉若干问题的规定（二）》第十八条第二款的规定，予 2015 年 06 月 01 日作出（2015）温鹿商初字第 1551 号民事判决书，判决：一、被告巨某、林某某、李某对名艺鞋业公司欠原告大南机械公司的货款 1037340 元承担连带清偿责任，于本判决生效之日起十日内偿付；二、驳回原告大南机械公司的其他诉讼请求。